中国社会科学院创新工程学术出版项目

国际城市蓝皮书
BLUE BOOK OF WORLD CITIES

总 编／王 战 于信汇

# 国际城市发展报告
# （2016）

ANNUAL REPORT ON WORLD CITIES
(2016)

## 丝路城市——世界城市网络新板块

主　编　屠启宇
副主编　苏　宁　张剑涛　邓智团

社会科学文献出版社
SOCIAL SCIENCES ACADEMIC PRESS (CHINA)

图书在版编目(CIP)数据

国际城市发展报告.2016,丝路城市:世界城市网络新板块/屠启宇主编.—北京:社会科学文献出版社,2016.2
（国际城市蓝皮书）
ISBN 978-7-5097-8657-4

Ⅰ.①国… Ⅱ.①屠… Ⅲ.①城市经济-经济发展-研究报告-世界-2016 Ⅳ.①F299.1

中国版本图书馆CIP数据核字（2015）第313957号

国际城市蓝皮书
## 国际城市发展报告（2016）
### 丝路城市——世界城市网络新板块

主　　编／屠启宇
副 主 编／苏　宁　张剑涛　邓智团

出 版 人／谢寿光
项目统筹／郑庆寰
责任编辑／郑庆寰

出　　版／社会科学文献出版社·皮书出版分社（010）59367127
　　　　　地址：北京市北三环中路甲29号院华龙大厦　邮编：100029
　　　　　网址：www.ssap.com.cn

发　　行／市场营销中心（010）59367081　59367018
印　　装／北京季蜂印刷有限公司

规　　格／开　本：787mm×1092mm　1/16
　　　　　印　张：25　字　数：378千字
版　　次／2016年2月第1版　2016年2月第1次印刷
书　　号／ISBN 978-7-5097-8657-4
定　　价／79.00元

皮书序列号／B-2012-233

本书如有印装质量问题，请与读者服务中心（010-59367028）联系

版权所有 翻印必究

# 致　谢

本书撰写获得如下资助：

上海社会科学院蓝皮书出版资助；

上海市科技发展基金软科学研究基地项目资助。

本书为上海社会科学院创新型智库团队"全球城市发展战略研究"标志性成果。

欢迎关注本蓝皮书微信公众号"国际城市观察"

# 上海蓝皮书编委会

**总　　编**　王　战　于信汇

**副总编**　王玉梅　黄仁伟　叶　青　谢京辉　王　振
　　　　　何建华

**委　　员**　（按姓氏笔画排序）
　　　　　王世伟　石良平　刘世军　阮　青　孙福庆
　　　　　李安方　杨　雄　杨亚琴　肖　林　沈开艳
　　　　　季桂保　周冯琦　周振华　周海旺　荣跃明
　　　　　邵　建　屠启宇　强　荧　蒯大申

## 《国际城市发展报告（2016）》编委会

**顾　　问**　（按姓氏笔画排列）

于信汇　王　战　王　旭　左学金　宁越敏
杨剑龙　连玉明　吴志强　吴缚龙　张幼文
张鸿雁　周振华　郁鸿胜　洪民荣　顾朝林
诸大建　黄仁伟　曾　刚　潘世伟

**编委会委员**　（按姓氏笔画排列）

于燕燕　王红霞　邓智团　任　远　闫彦明
肖黎春　汤　伟　汤蕴懿　苏　宁　杜德斌
李　健　张剑涛　陈雅薇　林　兰　罗守贵
周海旺　周蜀秦　春　燕　胡苏云　陶希东
黄建中　屠启宇

**特约撰稿人**　（按姓氏笔画排列）

赵晓梅　樊豪斌

**特别致谢**　（按姓氏笔画排列）

于天旭　杨润泽　夏帅伟

# 主要编撰者简介
（按文序排列）

**屠启宇** 本书主编，博士，上海社会科学院城市与人口发展研究所副所长、研究员，华东师范大学兼职教授、博士生导师，上海市规划委员会社会经济文化专业委员、北京市"十三五"规划专家咨询委员会委员、上海市软科学研究基地"上海社会科学院创新型城市发展战略研究中心"首席专家。主要研究方向：城市战略规划、城市创新体系、社会系统工程。

**苏　宁** 本书副主编，博士，上海社会科学院世界经济研究所副研究员，主要研究方向：城市经济、国际城市比较。

**张剑涛** 本书副主编，博士，上海社会科学院城市与人口发展研究所副研究员，中国城市规划学会学术工作委员会委员，主要研究方向：城市开发、城市空间结构。

**邓智团** 本书副主编，博士，上海社会科学院城市与人口发展研究所副研究员，主要研究方向：城市经济。

**李　健** 博士，上海社会科学院城市与人口发展研究所副研究员，主要研究方向：城市经济与空间规划，近些年聚焦于全球生产网络视角下的地方产业升级与高科技城市转型研究。

**胡苏云** 博士，上海社会科学院城市与人口发展研究所研究员，主要研究方向：人口经济学、社会保障、医疗卫生改革和人口老龄化。

**汤　伟**　博士，上海社会科学院国际关系研究所副研究员，主要研究方向：国际体系—城市网络—环境变化。

**闫彦明**　经济学博士，金融学博士后，上海社会科学院经济研究所研究员。主要研究方向：区域金融、金融产业组织。

**陶希东**　理学博士，上海社会科学院社会调查中心研究员。主要研究方向：社会治理、城市管理。

**肖黎春**　上海社会科学院城市与人口发展研究所副研究员，主要研究方向：人口经济学、社会保障。

**林　兰**　博士，上海社会科学院城市与人口发展研究所副研究员，主要研究方向：技术创新、高技术产业、城市文化。

**春　燕**　工学博士，上海社会科学院城市与人口发展研究所助理研究员，主要研究方向：城市与区域发展战略、决策分析。

**赵晓梅**　建筑历史与理论博士，北京建筑大学讲师，上海社会科学院城市与区域研究中心兼职研究员。主要研究方向：城市文化遗产保护。

**樊豪斌**　美国克莱姆森大学经济系博士研究生，主要研究方向：计量经济学、城市经济与城市政策。

# 摘　要

本年度报告确定"丝路城市"为2016年度主题，源自于2015年中国政府制定并发布《推动共建丝绸之路经济带和21世纪海上丝绸之路的愿景与行动》，"一带一路"发展倡议成为全球关注的焦点，获得广泛的国际关注和响应。该倡议的精神旨在连接全球的"南""北"板块，应对新千年发展目标与全球增长的新努力，预示着从基于单向发展援助、备受争议的"华盛顿共识"干预下的传统南北关系，开始向供需衔接、市场互补、全球化深化的包容性南北关系转变。从区域与空间节点布局上看，这一构想的意义不仅在于为中国对外发展提供新的契机，也将为沿线国家、区域发展提供巨大的机遇，并为世界城市新板块的崛起提供了新的契机。长期以来，世界城市网络基本以西方发达国家的大都市作为主要节点和要素流动枢纽，城市网络的板块属性被忽略。而"一带一路"倡议，为我们提供了一个发现世界城市网络新板块的重要视角，即欧亚大陆"世界岛"腹地的新兴城市板块——"丝路城市"。

今天，我们讨论"丝路城市"，是对历史意义上的丝路沿线驿站、口岸、城市的集成和超越。继承的是城市在多元文化交流，经济往来互通，科技和思想传播意义上的门户枢纽功能和开放包容的精神风尚；超越的，主要是空间范围和交流深度方面。传统陆上丝绸之路以及海上丝路所涉及的还主要是欧亚大陆及部分东南亚和北非地区，并以商品流通（丝绸、香料）为主。今天中国所倡导的"一带一路"，在范围上，直接的参与国就延展到了欧亚北美大洋等洲；在深度上，原材料、制成品、资金、服务、信息、人员、文化、适用技术，乃至发展经验与治理理念都是交流讨论的事项。

从地缘视角上看，"一带一路"倡议的实施与发展必然带动一批沿线城市作为联系枢纽、控制节点而加速发展崛起。值得关注的是,"一带一路"倡议的深层次内涵在于关注沿线区域和城市的互联互通与产能合作,这就使得"丝路城市"未来发展的关键之一在于城市间网络体系的建构,从而使这一城市群体必须共同塑造网络属性和获得可持续发展能力。另外,"丝路城市"之间的发展程度也有较大差异,同时各地区的城市普遍面临大城市病、"伪城市化"、基础设施供给不足等问题。因此,"丝路城市"间通过网络互动合作解决城市与区域的发展问题,树立城市发展的新模式,便成为"一带一路"战略的题中应有之义。

"丝路城市"在世界城市体系中的区域性差异,也使我们更为深刻地理解这一城市群体的当前状况及未来发展潜力。例如,根据2012年全球化与世界城市(以下简称GaWC)排名,在273座中亚城市中,仅有两座城市能够入选世界城市行列。而在城市化迅速发展的南亚,拥有30万人口以上城市有239个,其中有12个城市入选GaWC。这种差异性,反映了"南方"世界的城市网络尚不完善,这也带来相关城市在提升自身能级方面的潜力和需求,在这一背景下,"丝路城市"作为新的国际城市群体,也为我们进一步归纳本报告长期聚焦的"国际城市2.0"的升级路径提供了新的课题。本报告提出的"国际城市2.0"概念,在于关注国际城市发展内涵和外延的双重提升,其关键之处在于对传统世界城市/全球城市理论的修正与反思。本年度的报告对中亚、南亚、东南亚、西亚等"一带一路"区域"丝路城市"进行了研究和分析,从而发现发展中区域和新兴市场区域城市的经验和规律,以期寻找与西方城市主导的世界城市网络不同的城市互动模式,并对广大"南方"区域的城市发展思路有所助益。

# 2015国际城市十大关注

## 一 巴黎气候变化大会缔结未来气候治理新章程，凸显城市绿色循环低碳发展新命题

2015年11月30日至12月11日，第21届联合国气候变化大会在巴黎召开，此次会议期望达成一项没有时间终点、普遍适用的新协议，以采取强有力的应对行动，确保全球气温升高不超过2摄氏度。此次会议最大不同在于气候谈判模式的根本性转变，即自上而下的强制减排已被自下而上的"国家预期自主贡献"所取代。随着全球城市化率的不断攀升，国家预期自主贡献是否可以如期履约关键在于城市的正确行动，而城市的正确行动涉及政治领导、规划、设计、融资、交通和土地使用等基础设施状况和其他条件。尽管城市迫切需要国家赋予法律权力和给予制度支持进行投资和创新，但就目前而言城市只能依托有限资源来有所作为，从国内外市场获取分析工具、人力资源、技术和资金，这进一步提出绿色循环低碳发展可信度和透明性问题。由此，构建整套的碳排放标准框架和方法，不仅可以提升城市应对气候变化承诺的可信度，也打开了从多边机构获取技术和资金援助的机会。

## 二 中国全面放开二孩政策引起全球关注，老龄少子化问题已成新兴市场城市的普遍挑战

2015年10月29日，中共十八届五中全会公报宣布，要"促进人口均衡发展，坚持计划生育的基本国策，完善人口发展战略，全面实施一对夫妇

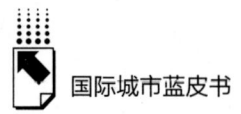

可生育两个孩子政策,积极开展应对人口老龄化行动。"这是继2013年中共十八届三中全会决定实施"单独二孩"政策之后的又一次人口政策调整。这一政策的具体实施从2016年开始,同时意味着中国实施了35年的"独生子女政策"宣告终结。就全球而言,老龄化、少子化问题已从成熟市场经济国家向新兴市场国家蔓延,在新兴市场国家中俄罗斯老龄化程度最高、中国次之,巴西老龄化速度最快,印度和南非预计也将于2020年之前进入人口老年型国家的行列。而各国老龄化问题又集中于城市。与西方发达国家城市不同,新兴市场国家的城市老龄化是未富先老。为此各国、各城市都采取措施积极应对。中国这一新生育政策的实施,将主要放宽对城市人的生育限制。这对改善城市人口年龄结构,保障未来劳动力供给,延缓人口老龄化速度,促进人口长期均衡发展,增强家庭养老抚幼功能,建设和谐社会具有十分重大而积极的意义,也必将对全球和新兴市场城市人口发展产生深远影响。

## 三 亚投行、TPP等国际经济新机构、新机制带动世界城市网络重构

2015年6月29日,《亚洲基础设施投资银行协定》签署仪式在北京举行,57个国家成为意向创始成员。10月5日,美国、日本等12个国家正式达成"跨太平洋伙伴关系协定"(TPP)。上述国际经济新机构、新机制的建构成型,预示世界经济的地缘格局即将出现重要变化。一方面,大西洋、太平洋沿岸传统经济发达和新兴区域,将面对以TPP、TTIP为代表的新贸易投资规则的影响和约束。另一方面,长期被忽视的亚欧大陆"世界岛"腹地区域,在亚投行、"一带一路"倡议等新基础设施投资与产能合作机遇的影响下,可能成为全球要素的新流动方向。而这一地缘经济变化也将不可避免地影响基于经济全球化发展的世界城市网络体系。处于上述"两洋"区域的世界城市间的经济联系将受到新贸易投资规则的影响,城市网络间的连接强度和要素流动方向将发生变化。同时,欧亚大陆内陆区域以基础设施投

资为先导的新发展机遇，也将提升这一区域的城市发展水平和城市与全球经济的互动水平。这一新的城市发展趋势，有助于构建世界城市网络的新板块，进而影响世界城市体系的覆盖面和影响力。

## 四 欧洲新一轮难民潮规模空前，引发城市治理挑战和社会包容问题

2015年，中东许多逃避叙利亚内战和ISIS的难民，加上非洲多国的难民通过多种路径纷纷涌入欧洲发达国家，数量已达近百万人，预计本轮难民潮总数将达300万人。难民是国际社会的一个特殊群体，目前有90多个国家加入了1951年通过的联合国《关于难民地位的公约》，公约是各国接纳难民的准则，并成为难民人道主义保护的有力屏障，欧洲高福利国家惠及难民的政策更使其成为难民的"天堂"。作为难民收容大国的德国成为本轮难民潮的首选地，预计2015年全年就将有80万难民涌入。欧盟内部已就普遍的难民问题制订一系列应对方案，其中包括成员国分摊难民配额、支援周边国家控制难民流等。但是面对源源不断、愈演愈烈的难民潮，人道主义原则的坚持和欧洲各国国家、城市治理能力冲突之间的矛盾日益凸显，各国在两难窘境之下开始以后者为重，不仅采取了申根内边境管制措施，而且要违背联合国难民公约原则对部分难民进行遣返。巴黎恐怖袭击和科隆跨年夜大规模性侵案的发生更是火上浇油，让这波欧洲难民潮的走向和处理结果与以往难民处理发生较大的甚至根本性变化，并有可能改变欧盟治理生态和国际难民公约原则，也将挑战和改变欧洲各大城市的社会包容性，加剧移民和难民的社会融入问题。

## 五 积极应对气候变化与自然灾害，海绵城市、弹性城市等新理念得到广泛关注

根据联合国政府间气候变化专门委员会的评估，未来洪水、干旱、风暴

潮和热浪会日趋频繁且愈加剧烈，对人口集聚的城市及其居民、基础设施等都将构成巨大威胁。在这样背景下，海绵城市、弹性城市（也译作韧性城市）等一系列全新城市发展理念得到理论界大力推崇和实践界迅速响应。这些新理念的共同特点是引导城市借助先进的信息技术和通信服务，以新技术、新方法规划、设计、管理和维护城市能源、交通、给排水和建筑系统等基础设施，提高城市应对灾害的能力。全球的城市政府对这些新理论和理念亦积极响应。2015年9月联合国第70届大会通过的《改变我们的世界：2030年可持续发展议程》中，专门提出可持续城市和人类住区的建设特征，包括包容性、安全性和有韧性。在中国，由于近些年持续的洪涝和干旱灾害，海绵城市受到从中央到地方政府的广泛关注，中央和地方希望通过海绵城市新的规划建设理念，修复城市水生态、涵养水资源，增强城市防涝能力，扩大公共产品有效投资，提高新型城镇化质量。以问题解决为导向的城市规划新理念和理论在城市实践应用中体现了勃勃生机和巨大价值。

## 六 雾霾困扰全球多地城市，转变生产和生活方式控制环境污染成为城市合作重要议题

2015年欧洲多国遭遇严重雾霾，西欧国家中的英国、意大利和法国，东欧国家波兰、捷克和俄罗斯成为重灾区。在亚洲，印尼人为烧芭活动导致的森林大火引发严重雾霾，并影响马来西亚、新加坡、泰国、菲律宾等东南亚多国。印尼全国3/4地区被烟霾笼罩，有超过13.5万人因此感染了呼吸道疾病。马来西亚的大部分学校因受到雾霾影响而停课。11~12月，中国华北、东北大部分地区遭受持续的严重雾霾影响，北京、沈阳等城市一度实测$PM_{2.5}$浓度接近和超过1000微克/立方米，污染形势之严峻已接近1952年的伦敦烟雾事件，12月7日18时北京首次发布最高级别的空气重污染红色预警，停课、限行、停产措施全面启用。以控制雾霾为显著特征的环境污染应对问题已成为多国、多城市之间区域发展和合作的重要议题。欧盟各国正在展开积极合作，制定高的标准，以改善欧盟的环境质量。东盟也在开展积

极的区域协调与合作,以改善本地区的环境质量。9月初北京的"阅兵蓝"证明了通过区域协调,转变现有生产和生活方式,以可持续发展的理念追求高效、节能、环保的发展途径是控制污染,改善环境的有效途径。

## 七 联合国人居署公布《城市与区域规划国际导则》,明确城市发展共同原则

2015年4月,联合国人居署正式完成《城市与区域规划国际导则》(以下简称《国际导则》)最终方案。该方案汇集国际权威专家团队,经过3年3轮工作而形成,将作为2016年"联合国人居Ⅲ大会"的关键成果。联合国人居署明确提出,在全球范围的城市和区域规划领域存在多种方法和实践,但缺乏一组简明且有共同认同的原则来引导决策者实施可持续的城市发展。《国际导则》就旨在建立一个以提升城市发展可持续性和应对气候变化弹性适应能力为目标的,更为紧凑、更为包容、高度一体化和连接的城市和区域规划的全球性框架,来指导全球城市发展中的政治决策、规划和设计实践。《国际导则》还向政府、规划专家和民众分别说明了其在规划中的角色和任务:政府应建立一个包括反映清晰政治意愿一致目标的、共享的战略规划,并在城市扩展、升级、重建和复兴方案中充分考虑现有城市形态,避免一切推倒重建;规划专家及专家的任务是开发新的工具(包括知识工具),推动跨界、跨部门的规划合作,促进城市和区域规划的高整合性、强参与性和战略前瞻性;公民则有义务督促政府制定全方位的与土地利用相关的规划和法规。

## 八 巴黎等欧美主要城市遭遇重大恐怖袭击和威胁,城市反恐形势严峻

2015年1月7日,巴黎《查理周刊》总部遭遇袭击,导致12名工作人员死亡;8月21日,阿姆斯特丹开往巴黎的国际高速列车发生未遂恐怖袭

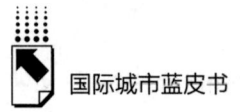

击事件，嫌疑犯持有军用制式武器，险酿重大人员伤亡；10月10日，土耳其首都安卡拉遭遇恐怖爆炸袭击，95人遇难；11月13日，巴黎又发生连环重大袭击事件，造成至少132人死亡；恐怖组织还直接针对罗马、伦敦、华盛顿、纽约等城市发出恐怖袭击威胁。恐怖主义发生频率和造成影响的急剧加大正改变国际社会的整体气氛，而恐怖袭击的主要目标往往是城市特别是对国家乃至全球有重大政治影响力的城市，城市恐怖主义成为国际恐怖主义新的发展态势。城市的开放性、高度流动性和人员复杂性使得城市反恐工作变得异常艰难。

## 九 城市恶性公共安全事件频发，亟须以新一代信息技术为基础的智慧城市建设助力应对能力提升

2015年1月上海外滩踩踏事件、8月天津滨海新区爆炸事件、10月麦加朝觐踩踏事件、12月深圳光明新区渣土受纳场滑坡事故等，反映了在全球范围内城市公共安全挑战仍然十分严峻。面临严峻的城市安全挑战，在全球范围内，地方政府正创造性地将互联网、大数据、云计算等新一代信息技术应用到城市安全突发事件前、中和后等阶段的预测、应对和善后处理中，充分利用创新技术，事发前做到精准、及时、有效地获取风险动态信息，提前预防、阻止可能发生的城市公共安全突发事件，并在突发事件发生后，推动各方信息共享与协调联动，推动智慧城市与智慧社区的建设在城市公共安全管理方面做到高效、安全。以新一代信息技术为基础的智慧城市和智慧社区建设，将大大提升城市公共安全管理效率，从而提升城市管理服务水平。

## 十 联合国达成"2015年后发展议程"，可持续城市化入选2030年全球目标

2015年9月25~27日，"2015年后发展议程"联合国首脑会议在纽约召开并达成了题为《改变我们的世界：2030年可持续发展议程》（以下简称

《2030年可持续发展议程》）的决议。这是继"联合国千年发展目标"之后，全球再一次为人类、地球与繁荣制订行动计划。《2030年可持续发展议程》在继续"千年发展目标"未竟事业基础上，宣布了17大类可持续发展目标和169项具体目标。这些目标覆盖经济、社会和环境三个方面的可持续发展。其中，"建设包容、安全、有韧性的可持续城市和人类住区"成为第11大类的目标。正是有鉴于城市化在过去15年中对实现"千年发展目标"发挥的重大作用。本次《2030年可持续发展议程》更希望推动"好的城市化"。在具体目标上，提出到2030年时，所有人都能获得适足、安全和价廉的住房和基本服务；为所有人提供安全、价廉和无障碍的可持续交通系统；在所有国家加强包容和可持续的城市化建设；进一步努力保护和捍卫世界文化遗产和自然遗产；大幅减少包括水灾在内的各种灾害造成的死亡人数和受影响人数；减少城市对环境造成的人均不利影响；让所有人都有安全、包容、无障碍的绿色公共空间等7项具体目标。并提出：加强规划促进城乡联系；统筹政策建立抗灾能力；和通过援助支持最不发达国家建造可持续、有韧性的建筑等3项举措。

# 目　录

## Ⅰ　总报告

**B.1** 丝路城市——世界城市网络新板块
　　……………………………… 苏　宁　屠启宇　张剑涛　邓智团 / 001
　　一　"丝路城市"的发展状况与特点 …………………………… / 003
　　二　南亚"丝路城市"发展态势 ………………………………… / 013
　　三　东南亚"丝路城市"发展态势 ……………………………… / 031
　　四　中亚"丝路城市"发展态势 ………………………………… / 041
　　五　西亚"丝路城市"发展态势 ………………………………… / 055
　　六　中国城市与国际"丝路城市"的合作维度 ………………… / 065

**B.2** 国际城市综合能力分化减缓与创新能力极化趋强
　　——2016年国际城市2.0指标评价 ……… 邓智团　屠启宇 / 071

## Ⅱ　城市创新篇

**B.3** "城市实验室"引导城市创新空间塑造 ……………… 李　健 / 112
**B.4** 伦敦科技产业对城市空间布局的改造 ……… 邓智团　樊豪斌 / 120
**B.5** 巴塞罗那创新城区的功能体系建设 …………………… 李　健 / 134

001

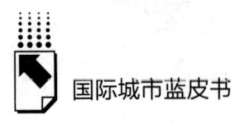

国际城市蓝皮书

## Ⅲ 城市战略篇

B.6 《城市竞争力》报告提出城市实力构成新内涵 …………苏 宁 / 144
B.7 《波士顿2030年住房规划》为城市发展提供保障 ……张剑涛 / 157
B.8 新《伦敦规划》展示2036年伦敦人生活愿景 …………胡苏云 / 166

## Ⅳ 城市经济篇

B.9 城市应对气候变化和保证经济增长之道 ………………汤 伟 / 177
B.10 新加坡石化产业践行"绿色发展"之路 ………………闫彦明 / 188
B.11 移民创业对全球城市经济做出重要贡献 ………………胡苏云 / 196
B.12 纽约市培育小微企业带动城市创新创业 ………………张剑涛 / 204

## Ⅴ 城市社会篇

B.13 伦敦通过沟通战略推进城市建设 …………………………陶希东 / 213
B.14 首尔2030年规划提升社会福利和妇女地位 ……………肖黎春 / 221
B.15 美国"太阳城"模式引领社区养老新趋势 ……………闫彦明 / 232

## Ⅵ 城市文化篇

B.16 《2015年后发展议程》强调文化推动城市
  可持续发展 ……………………………………………………张剑涛 / 241
B.17 艺术家视角下的国际文化大都市评价 …………………春 燕 / 252
B.18 城市遗产保护中的历史景观方法 ………………………赵晓梅 / 263

## Ⅶ 城市生态篇

- B.19 建设综合有效的城市传染病防控体系 ………………… 汤　伟 / 274
- B.20 全球重要城市空气质量监控和比较 ………… 樊豪斌　邓智团 / 282
- B.21 欧洲城市治理噪声污染的创新思路 ………………… 肖黎春 / 294

## Ⅷ 城市治理篇

- B.22 新加坡公共部门促进健康品质生活 ………………… 林　兰 / 303
- B.23 国际视角下中国的未来城市交通战略 ……………… 张剑涛 / 310
- B.24 美国华盛顿特区的社区安全政策 …………………… 陶希东 / 321

## Ⅸ 城市空间篇

- B.25 伦敦以功能混合与可持续思路推进滨河
  机遇区更新 …………………………………………… 邓智团 / 330
- B.26 台湾都市产业园区转型发展与空间规划创新动向 …… 李　健 / 341
- B.27 国外城市重视贫民区改造中的街道功能重塑 ………… 林　兰 / 351

Abstract …………………………………………………………… / 360
Contents …………………………………………………………… / 362

# 总 报 告

General Reports

## B.1
## 丝路城市——世界城市网络新板块[*]

苏 宁 屠启宇 张剑涛 邓智团

**摘 要：** 2015年中国政府发布《推动共建丝绸之路经济带和21世纪海上丝绸之路的愿景与行动》后，"一带一路"发展倡议成为全球关注的焦点。该倡议的推进提供了一个新的视角，即发现世界城市网络的新板块——欧亚大陆"世界岛"腹地出现的新兴城市板块。其中的门户城市和通商城市可被称为"丝路城市"。本文主要从世界地缘经济新变化的视角，归纳总结了"丝路城市"的概念、特点，以及理论和现实意义，并对这一城市群体对"一带一路"倡议发展的主要贡献，以及面临的主要问题进行了分析。文中指出，"丝路城市"概

---

[*] 上海社会科学院金芳研究员、闫彦明研究员、陶希东研究员、汤伟副研究员、李健副研究员、林兰副研究员、春燕助理研究员参与了本文初稿的讨论，研究生吴艺参与了部分资料整理和数据处理工作，在此致以诚挚谢意。

念是对世界城市体系理论的修正和补充。"丝路城市"作为世界城市网络的新板块,发挥了沿线国家主要增长极和地缘经济新发展区域的战略功能,其在"一带一路"中处于网络骨干的地位,并在供需匹配和国际治理等方面起到重要作用。这一群体具有对内对外的双重战略功能,其发展依托于沿线区域的城市间网络建构。"丝路城市"的发展也要面对历史与现实、规模与功能、板块与网络等多方面的落差,同时还要面对过度城市化、单一城市过度发展、基础设施水平有限等诸多挑战。在理论归纳的基础上,文中对南亚、中亚、东南亚、西亚等重要地理板块的"丝路城市"进行了区域板块的特征分析,并总结出"丝路城市"发展的主要需求及中国城市在其中的地位和作用。

关键词: 丝路城市 世界城市网络 地缘经济 一带一路

2015年3月,中国政府正式发布了《推动共建丝绸之路经济带和21世纪海上丝绸之路的愿景与行动》(简称"一带一路战略愿景与行动"),这一战略的推进路径明确为两条传统路径:"一带"聚焦在欧亚大陆,"一路"重点在东南亚及由此延伸至波斯湾和西亚、北非。"一带一路"倡议在国际上引起广泛热议。而作为"一带一路"发展的重要空间节点,其沿线区域的重要城市无疑对这一倡议的未来发展具有重要的支撑作用。更为重要的是,以世界城市网络的视角观之,这些城市作为一个整体,既是一个长期以来未得到充分重视与整体研究的城市板块,也是未来有重要发展潜力的新兴城市群体。因此,对于"丝路城市"的关注,既具有理论上的创新性,也具有实践推进的前瞻性。本报告对"丝路城市"的概念、标准、发展趋势以及主要特点进行了分析,并对南亚、中亚、东南亚、西亚这四个"一带一路"重要板块的城市发展状况进行了针对性分析,从中总结出"丝路城市"未来发展的主要需求,以及中国城市在与国际"丝路城市"开展合作中所承担的责任。

## 一 "丝路城市"的发展状况与特点

### (一)"丝路城市"的概念与意义

1. "丝路城市"的概念

(1)"丝路城市"的定义与识别标准

历史上的丝绸之路是一个自公元1世纪开始显现直到公元19世纪在陆上和海上都出现的贸易路线网络。陆上丝路依托商队驿站(Caravanserais),从陆上穿越东欧、西亚和中亚地区,并最终抵达东亚地区;海上丝路依托沿海港口,从海上自南欧经地中海,通过阿拉伯海、印度洋连接西亚、南亚、东南亚和东亚地区,最终形成一张多样化线路的网络,覆盖了中国、东南亚、印度次大陆、伊朗、高加索、土耳其甚至北非、俄罗斯和东欧地区。正是沿着这些驿站与港口,不单是丝绸、香料等商品物资实现了交换,更有许多不同文化、宗教和语言的人民相接触,交流思想,相互影响,从而成就了人类文明中一段互相交流与对话的独特历史。也正是通过沟通历史语境中的东方和西方,成就了一批由驿站和港口升级而来的丝路沿线城市(Cities alongside the Silk Roads),不少至今仍屹立于世界名城行列。

我们认为,当代意义上的"丝路城市"(Silk Road Cities)主要指处于"一带一路"沿线国家和区域范围内,在所在国家和地区的经济、社会、文化、对外经济交往等方面占有重要战略地位和具有影响力的枢纽性城市。这些城市大部分是所在国家的要素流动节点和增长极,对所在国家的发展具有重要的支撑作用。更为可贵的是这些城市多秉承着开放、沟通的丝路精神。

今天,"丝路城市"概念的提出,与世界地缘经济格局的变动息息相关。随着经济全球化力量的进一步扩展以及后危机时期全球经济格局的转变,传统的以美、欧、日"大三角"为核心的国际投资、贸易空间模式,以及基于这一要素流动模式的世界经济"中心-外围"格局逐渐发生变化。"一带一路"倡议的提出,其意义在于顺应这种新的全球性变化(Global Shift),① 并促进地缘经济新格局的形成。这种新格局的特点反映在两个方面:其一,国际资本流动的投资方更为多样化,既有发达经济体,也有以中国为代表的新兴经济体;其二,资本、技术、产品、劳务等要素的空间流向也出现变化的趋势,国际贸易、投资流动趋向新的方向,并进一步向"一带一路"沿线的欧亚大陆腹地转移。

2016年,亚洲基础设施投资银行的成立和跨太平洋伙伴关系协定(TPP)的生效,预示着国际经济新机构、机制的渐趋完善,进一步凸显了这种地缘经济变化的趋势。一方面,大西洋、太平洋沿岸传统经济发达和新兴区域,将面对以TPP、TTIP为代表的新贸易投资规则的影响和约束。另一方面,长期被忽视的亚欧大陆"世界岛"腹地区域,在亚投行、"一带一路"倡议等新基础设施投资与产能合作机遇的影响下,可能成为全球要素的新流动方向。而这一地缘经济的变化无疑将不可避免地影响基于经济全球化发展的世界城市网络体系。处于上述"两洋"区域的世界城市间的经济联系将受到新贸易投资规则的影响,城市网络间的连接强度和要素流动方向将发生变化。同时,欧亚大陆内陆区域新的发展机遇,也将提升这一区域的城市发展水平和城市与全球经济的互动能力。这一新的城市发展趋势,有助于世界城市网络板块的构建,进而影响世界城市体系的覆盖面和影响力。

在这一国际地缘经济格局新变化的背景下,"丝路城市"的战略作用和发展机遇便在于对新的国际要素流动方向的承载和拓展,进而成长为世界经济新成长板块的核心节点,以及世界城市网络的新板块。因此,理解"丝路城市"的主要特性和识别标准,应主要基于两个方面的认识:其一,"丝路城市"应是所在区域的"门户城市",其二,"丝路城市"应是所在

---

① Peter Dicken, *Global Shift: Mapping the Changing Contours of the World Economy*, The Guilford Press, 2007.

区域的"通商城市"。具体而言，在特征内涵上，"门户城市"主要反映"丝路城市"在承载国际经济要素流方面的能力和地位，其核心评价指标在于相关城市的资金、人员、技术、商品等的流量规模。"通商城市"则反映"丝路城市"对国际要素的配置能力，主要评价标准在于贸易规模、投资规模、金融水平、基础设施水平以及在文化、社会、政治、安全等领域的配套能力。

（2）"丝路城市"的主要特性

从空间范围上看，"丝路城市"位于"一带一路"沿线，主要空间板块包括东亚、东南亚、中亚、南亚、西亚、北非、中东欧的主要区域。其中东南亚、中亚、南亚、西亚构成了空间板块的连接主体，其城市发展也基本处于崛起阶段。

从空间关系上看，"丝路城市"一般具有空间区位优势，是所在区域的主要枢纽节点，能够集聚国际国内要素，并与区域内外多层次、不同等级的城市进行频繁互动。

从战略作用上看，"丝路城市"有对内对外的双重功能。一方面，"丝路城市"是所在国的主要发展节点和"中心地"，对于国内、区域内部的发展起到重要的"支撑点"作用。另一方面，"丝路城市"是所在区域与外部联系和经贸互动的主要门户和枢纽，可促进区域的国际化。

从发展依托来看，就"一带一路"倡议的原则和内涵而言，"丝路城市"的发展在于关注沿线区域和城市的互联互通与产能合作，这就使得"丝路城市"未来发展的关键之一在于城市间网络体系的建构，从而使这一城市群体必须具备网络属性和可持续发展特性。

从发展潜力上看，"丝路城市"的数量与功能有逐渐增大的趋势。目前"一带一路"沿线区域的诸多枢纽性城市的发展水平仍然相对较低，其对外经贸联通互动能力也处在发展的初级阶段。因此，这一群体仍有较大的成长空间。而这种成长，将随着国际投资贸易流在"一带一路"区域的落地和拓展而逐渐加速。因此，从整体规模、个体能级、连接程度等层面看，"丝路城市"的发展都体现了"动态性"的特征。

### (3)"丝路城市"概念与世界城市体系理论的关系

从理论基础上看,"丝路城市"与世界城市体系之间存在共同之处。二者都与经济全球化力量在城市层面的体现密切相关。但二者间也存在一定的差异性。世界城市体系概念的产生,主要基于20世纪80年代以来经济全球化条件下国际劳动分工的新发展。约翰·弗里德曼(John Friedmann)阐述世界城市概念内涵的七大著名论断和假说便立足于新国际劳动地域分工。①因此,世界城市体系的理论建构更多依托以跨国公司生产体系全球布局为核心的新国际分工体系。而"丝路城市"概念的关注焦点,不仅在于对世界经济的控制力,还进一步扩展到国际要素与城市所在区域之间的结合与互动。

从城市数量来看,"丝路城市"包含沿线国家和区域中不同等级的世界城市,但其所包含的城市并不限于被纳入传统世界城市等级体系或世界城市网络的城市。对于所在国起到要素枢纽作用及国际商贸功能,以及具备上述作用与功能发展潜力的城市,都应被视为"丝路城市"。从这一角度上看,"丝路城市"概念的提出,本身也是对世界城市体系理论的修正和补充。这种新认识,可从"一带一路"相关区域内城市数量与世界城市数量之间的差异性得以管窥。以南亚为例,2014年,这一地区人口超过200万的城市有32个,而根据全球化与世界城市研究小组与网络(GaWC)团队的研究,2014年该地区仅有12个城市入选世界城市网络体系。事实上,在"一带一路"倡议影响下,当前及未来能够发挥区域要素枢纽和配置作用的南亚城市远远超过12个。这种数量上的差异,体现了"丝路城市"与相关区域世界城市之间的关系,即"丝路城市"包含所在区域的世界城市,但其总体数量大于后者。

### 2."丝路城市"发展的重要意义

### (1)世界城市网络新板块

对"丝路城市"的认识,不仅应从"一带一路"倡议的地缘角度出发,更应从这一群体在世界城市网络中的地位出发。传统全球化理论的出发点是基于西方(传统认知的"北方"世界)中心史观。长期以来,国际城市的

---

① John Friedmann, *The World City Hypothesis*, Development and Change, 1986, 17: 69—83.

发展面向的基础在于同"北方"世界的全面衔接。而"一带一路"倡议提出之后，其蕴含的新地缘经济发展方向主要关注对"南方"世界的全面辐射，即发展中国家，特别是新兴经济体。而从城市化的发展程度上看，欧亚大陆腹地的"南方"区域的城市网络尚不完善，其全球化的融入程度仍然有限，需要大力开辟新的发展空间。连接亚非欧及大洋的"一带一路"倡议恰恰是要使这块新的地缘战略拓展空间可以联通，其影响力将在未来数十年间逐渐释放。

居于国际城市学界主流地位的"世界城市网络"研究，[①] 就是循着各个世界城市辐射力的范围和强度予以划分。世界城市的崛起、成长集中表现在辐射范围的扩展方面，并由此划分出"世界中心地带－半边缘地带－边缘地带"，或是"全球－洲际－区域－国际"的等级。顶级世界城市（也称为"全球城市"[②]）的竞争就是聚焦在全球尺度的辐射力和对于"世界中心地带"（或是世界经济重心迁移）的控制力方面。而随着全球化深化和人类发展目标的不断拓展，新的世界城市发展方向，理应增加促进包容性发展，推动所谓"边缘地带"的发展区域"去边缘化"，并融入全球化的发展等内容。这也正是促进位于所谓"边缘区域"的"丝路城市"的崛起和发展，以及为世界城市网络的演进和升级所起的积极意义。

（2）沿线国家主要增长极

从"丝路城市"的地方性功能（Local Function）看，这一城市群体对于所在国主要起到"增长极"的支撑作用。相关城市是所在国的经济发展"高地"，具有对内外部要素进行配置的功能。同时，这些城市的发展需求

---

① 21世纪初至今，以拉夫堡大学彼得·泰勒（P. J. Taylor）教授和毕沃斯托克教授（J. V. Beaverstock）为首的"全球化与世界城市研究小组与网络"（GaWC Study Group and Network）团队，在世界城市与全球城市静态分析的基础上，进一步讨论了城市之间的关系和网络特征，提出"世界城市网络"（World City Network）的概念，即一个由枢纽层、节点层、次节点层城市相互连接的城市网络结构。而世界城市则作为这一网络体系中的"全球服务中心"。

② Saskia Sassen, *Global City：New Yok，London，Tokyo*，1991.

和潜力,也为周边区域以及所在国的发展,提供发展所需的贸易、创新、就业、人才发展的动力和增量空间。

从"一带一路"沿线国家的发展状况而言,城市无疑是其经济、社会、文化、环境发展的重要空间载体。同时,城市化本身也为沿线国家的发展带来新的动力和需求。"丝路城市"因其自身的门户地位和通商功能,一方面能够为所在国的发展集聚所需的外部要素和资源,另一方面也能带动周边区域的发展,提升所在国的整体城市化水平。

(3)地缘经济新发展区域

从地缘经济角度看,"丝路城市"的发展,是对"跨太平洋伙伴关系协定"(TPP)、"跨大西洋贸易与投资伙伴协议"(TTIP)影响下传统"两洋"(太平洋-大西洋)沿岸发展板块的重要补充。长期以来,经济全球化的扩展,使得临近太平洋、大西洋的沿海区域板块得到快速发展。世界城市网络的布局范围和发达区域,也主要是在全球贸易-投资流向的"美-欧-日"大三角区域。但全球性经济发展的力量始终对各个大陆的"腹地"(hinterland)影响有限。近期快速推进的TPP、TTIP投资贸易新规则,将进一步提升"两洋"沿岸板块的发展层次和规模。

而随着中国及诸多新兴经济体的崛起,国际经济要素流动也开始悄然出现新的变化。中国"一带一路"倡议的提出,无疑将有助于沿线区域成为新的国际投资和经济要素流动方向。在这一背景下,"丝路城市"的发展,有助于在欧亚大陆这一"世界岛"的核心区形成新的发展网络,提供新的发展板块,以推动全球经济发展"由海到陆"的新平衡。

### (二)"丝路城市"的发展特点

1. "丝路城市"发展的重要性

(1)"丝路城市"的发展引领作用

"丝路城市"的建设与成长,对于所在国的长期可持续发展具有重要的引领作用。"丝路城市"一般是所在国的重要节点性城市,属于国家或区域中的相对发达节点。这些城市的经济水平发展、区域能级提升、基础设施改善、环境资源合理开发,一方面对所在国的资源合理配置、社会文化融合、经济贸易繁荣具有重要的提升作用,另一方面也能够形成一种理性发展的增长模式,对于其他区域的发展起到标杆和带动作用。

(2)"丝路城市"的网络推动力

"丝路城市"的发展优势,并不在于单一城市自身的崛起,而在于城市间的网络建构。从历史上看,"丝路城市"的发展,在于沿线要素的借力传递,以及不同区域间的贸易需求。而当前"丝路城市"的发展,也依赖于其自身对多层次城市网络的联通程度。"丝路城市"的这种网络化属性和需求,有利于其自身及周边区域的快速国际化,同时也对所在区域乃至国家融入全球化浪潮起到重要的推动作用。

(3)"丝路城市"的后发优势

"丝路城市"的发展特点之一,在于其具有重要的后发优势,能够实现城市化的"跨越式"发展。这些城市的建设与成长,是在当前世界城市化快速发展,以及世界经济格局发生重大变化的背景下进行的。这种情况就使相关城市一方面能够以众多国际城市的发展经验作为参照,规避传统世界城市发展中的诸多问题和风险,另一方面也能够充分利用全球化、信息化以及世界城市网络等现实资源促进自身发展,进而超越"线性"发展的传统道路。

(4)"丝路城市"对互联互通的推进

与其他发展中、欠发达区域的城市相比,"丝路城市"的发展有助于所在区域的互联互通。大量的丝路城市在历史上便扮演了"丝绸之路"贸易节点的角色,其空间区位即具有枢纽的属性,这就使得这些城市在发挥网络化连接节点方面具有独特的优势。同时,"一带一路"倡议对"政策沟通""道路联通""贸易畅通""货币流通""民心相通"等多层次联通的关注,也将为"丝路城市"的互联互通功能提升提供新的契机。

2. "丝路城市"对落实"一带一路"构想起到的主要作用

(1)网络骨干作用

"丝路城市"作为重要的空间节点和沿线国家的主要经济枢纽,其相互之间的多层次互动,将有助于促进"一带一路"主要骨干城市的出现。"丝

路城市"之间通过网络互动的相互整合，使"一带一路"所覆盖的区域内的发展"点"得以连接，并呈网络状向周边区域辐射，最终形成"点"-"网"-"面"一体的发展带。

（2）供需匹配作用

在"丝路城市"中，不同城市间具有不同的要素条件和发展条件，其中既有第二、第三产业较为发达的新兴城市，也有资源富集而开发能力较为有限的发展中城市。这种要素结构的多样性，带来了相关城市之间产能、要素间供需匹配的有利条件，也带来了"一带一路"各区域间多层面互动的需求和空间。"丝路城市"的经贸连接网络，不仅具有来自全球层次的要素流动功能，也可促成"一带一路"沿线城市之间的要素流动，进而为"一带一路"沿线国家和区域间的供需匹配提供重要的平台和支撑作用。

（3）全球治理角色

"丝路城市"不仅能够发挥区域性的经济互动功能，同时也具有全球性议题的作用力和影响力。"丝路城市"网络涵盖的区域，具有重要的国际地缘战略地位。同时"丝路城市"自身的发展模式也对全球的可持续发展产生重要的影响。因此，"丝路城市"在全球安全、环境、社会等治理领域起到推动作用。"丝路城市"之间的城市组织和联合体，能够发挥不同于全球性国际组织的次国家行为体的独特作用，进而在全球治理中扮演重要角色。

3. "丝路城市"发展面临的主要问题

（1）城市的历史地位与现实作用的落差

"丝路城市"中有诸多历史名城，不少城市对人类文明的发展起到过重要的启蒙和承载作用。这些城市的国际交流地位及历史积淀早已得到时间的检验。但由于经济全球化发展方向的影响和相关因素的制约，这些城市目前的发展状况与历史地位和应有的作用明显不匹配。这种落差，是世界经济发展不平衡的表现，也是认识"丝路城市"发展方向的重要起点。

（2）城市的规模体量与功能地位落差

从总体上看，"丝路城市"的规模和体量均具有一定水准，其中不乏人口规模上千万的特大型城市或巨型城市。这些城市的人口高度密集，城市空间规模也较大，且往往位于关键性的枢纽地区，因此具有重要的战略地位和潜在实力。但这些城市的规模并未给其带来在城市功能和世界城市等级地位方面的优势，其在全球经济流量方面的控制和配置能力与其规模并不匹配。"丝路城市"的发展现状可用"大而不强"来形容。这种情况也使相关城市需要在城市能级提升，以及对外影响力释放方面有所作为。

（3）城市的板块发展与网络作用的落差

历史上的"丝路城市"，主要通过贸易商业网络得以串联。而近代以来，这种传统的网络联系纽带逐渐断裂，相关城市更倾向于在现有国际分工体系下的自我发展。在"城市竞争力"等理论思路的影响下，城市对于合作和传统网络的关注，被自我强化的竞争性战略所取代。从板块上看，目前"丝路城市"的东亚、西亚、中亚、南亚等城市板块之间的互动也较少，即便在板块内，城市间的合作和网络连接也较为有限。

（4）城市对外枢纽功能与内部治理能力的落差

在"丝路城市"中，目前已经有一部分城市在承接全球化力量的基础上得到了较快发展，其国际要素流动枢纽的地位得到凸显。这些国际化程度较高的"丝路城市"在世界城市体系中的地位已经得到确认，其国际功能的迅速拓展使城市的对外影响力迅速提升，城市规模也急剧膨胀，成长为世界经济的枢纽城市和特大型城市。但这些城市的发展更多的是依托外部要素和外部需求，对外职能的提升速度与城市治理能力的成长并不匹配，从而带来了城市发展的诸多不协调。这种不协调体现在经济结构单一、基础设施不堪重荷、分配不公、环境资源过度消耗等方面。"丝路城市"对外和对内功能的平衡和调整，不仅是城市自身可持续发展的需求，也是提升全球化要素本土化的重要尝试。

（5）低水平"过度城市化"

"一带一路"沿线国家和区域普遍存在整体水平不高的同时又存在着"过度城市化"的问题，即城市的发展跟不上城市人口的扩张速度，进而引发一系列的城市问题，如基础设施不足、城市贫困人口涌现、贫民窟及环境问题等。这种"过度城市化"现象与沿线国家其他区域的低城市化状态相伴，反映了"丝路城市"快速发展过程中的不确定性和治理缺失。

（6）城市化水平差异过大

"丝路城市"发展的一个重要特性，便在于沿线国家的城市化水平差异较大，以东南亚国家为例，该区域国家的城市化水平差异主要体现在三个层面：东南亚地区整体的城市化水平低于发达国家，东南亚国家之间的城市化水平差异大，东南亚各国国内城市之间的城市化水平差异大。东南亚地区2014年的整体城市化水平为47.0%，远低于欧洲、北美洲、大洋洲和拉美及加勒比地区（见表1）。同时，东南亚国家之间的城市化水平差异巨大，新加坡早已实现全面城市化，而柬埔寨、老挝、缅甸、越南、东帝汶等国2014年的城市化水平仍低于40%。

表1　2014年东南亚地区和世界其他发达地区的城市化水平比较

单位：%

| 地区 | 东南亚 | 欧洲 | 北美洲 | 大洋洲 | 拉美及加勒比地区 |
|---|---|---|---|---|---|
| 城市化水平 | 47.0 | 73.4 | 81.5 | 70.8 | 79.5 |

资料来源："Department of Economic and Social Affairs of the United Nations (UNDESA)," 2014, *World Urbanization Prospects: The 2014 Revision*。

（7）单一城市过度发展

"一带一路"沿线国家存在的单一城市过度发展，集聚过多要素的"一城独大"的现象并不鲜见。这种现象是"丝路城市"发展过程中需要特别关注的。例如曼谷城市首位度之高，不仅在东南亚，即使在发展中国家乃至全世界都是罕见的。据统计，曼谷的人口占泰国城市总人口的比重，1960年为65%，1980年则上升到69%，1990年仍达57%。1970年曼谷人口是泰国第二大城市清迈的33倍，1980年更增至50倍。1950~1990年，泰国曼谷的人口猛增4.3倍，达到716万人，而该国第2~5位的4个城市的人口合计尚不及曼谷的1/10。这种"一城独大"的单极化发展状况，一方面表明特大型城市在"一带一路"沿线区域的经济中心地位，另一方面也反映了所在国产业结构不合理、区域城市化水平差异过大的问题。

（8）城市基础设施水平有限

由于发展阶段和所在国公共服务能力的限制，"丝路城市"中许多城市的基础设施建设处于较低水平。同时，由于维护和资金等因素的制约，已建成的基础设施也处于老化或供应不足的局面。例如，哈萨克斯坦在2009年有73%的电网、63%的供暖设备和54%的煤气管道需要维修或更换，陈旧的设施所导致的热能损失达到17.5%。而哈萨克斯坦的小城市基础设施的状态更差，有60%~95%的集中供热、供水和污水管网已经磨损。在小城镇，公用事业大多无利可图，难以吸引商业投资。这种基础设施方面的短板，一方面制约了城市的快速发展，另一方面也带来了巨大需求，从而使"丝路城市"中各城市的产能合作有了重要的发展空间。

"丝路城市"实际上是动态增长的城市群体，这取决于"一带一路"战略的合作对象是动态拓展的。"一带一路"潜在的合作对象覆盖亚洲、非洲和大洋洲，乃至欧洲和南、北美洲地区。同时，随着城市的发展，能具有门户地位、起到通商功能的"丝路城市"将是持续增加的。那么，鉴于中国陆海疆界的邻国全部为亚洲国家（俄罗斯属于横跨欧亚），亚洲"丝路城市"显然是"丝路城市"考察的重中之重。由于东亚城市的前期研究比较丰富，以下本文将主要对南亚、东南亚、中亚和西亚板块予以重点考察。

## 二 南亚"丝路城市"发展态势

南亚地区的丝路历史可以追溯到公元1世纪的贵霜帝国。其不仅参与了陆上丝路，更是利用印度河沟通了印度洋和阿拉伯海。早在16世纪大航海时代前一千四五百年就开辟了分别以罗马和中国两广地区为目的地的海上贸易线路。今天，根据联合国（2014）的统计数据，南亚共有9个国家，其中阿富汗、尼泊尔、不丹为内陆国，印度、巴基斯坦、孟加拉国和伊朗为临海国，斯里兰卡、马尔代夫为岛国。该地区北有高大的喜马拉雅山脉，与亚洲大陆主体相隔，东、西和南三面被孟加拉湾、阿拉伯海和印度洋所环绕，在地理上有一定的独立性，故亦称"南亚次大陆"（或简称次大陆）。在当前城市已成为代表国家参与全球及地区竞争与合作的主要载体的背景下，研究和分析南亚地区的城市发展状况对理解和推进"丝路城市"网络建设，有着重要的基础性意义。

### （一）城市化水平缓慢提升的南亚

1. 城市化迅速发展，速度落后于世界和亚洲平均水平：南亚＜亚洲＜世界

南亚作为世界人口密度最高的地区，其经济发展水平相对较低，是一个有超过2000个民族、国家发展水平差异较大的地区。因为经济发展水平的差异，该地区人口城市化的发展也相对较为缓慢，与全世界和亚洲的城市化水平相比，南亚一直相对较低，1950年南亚的城市化水平大约为16%，低于亚洲的17.5%，约为全世界城市化水平（29.6%）的一半（见图1）。经过60年的发展，到2014年，其城市化水平有了较大的提升，大约增长了一倍，达到34.4%。但与此同时，亚洲的城市化水平上升到了48.2%，全世界的城市化水平超过了50%，达到53.6%。

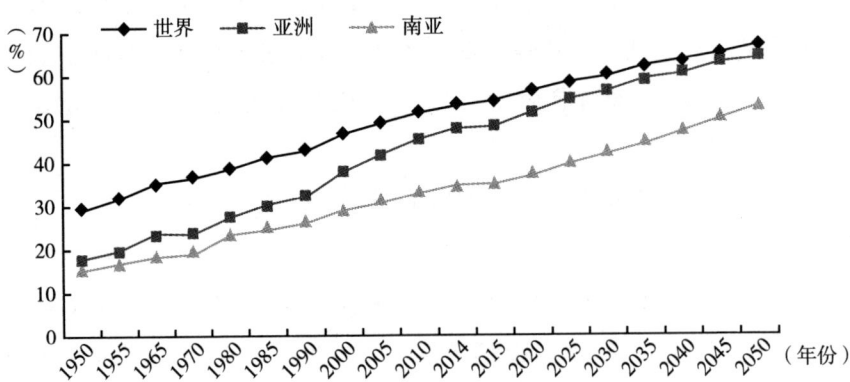

图1　南亚城市化水平发展历史与预测（1950~2050）

资料来源：United Nations, "Department of Economic and Social Affairs, Population Division (2014)"。

根据联合国（2014）的预测，南亚城市化水平也将迅速提升，到2050年时将超过50%，达到52.5%，相对2014年将提升近20个百分点，与彼时世界和亚洲的城市化水平仅提升10~15个百分点相比，南亚的城市化水平提升速度相对较快。但总体来看，到2050年前，南亚城市化水平与亚洲和世界的平均水平相比，均呈现了一个明显的格局：南亚＜亚洲＜世界。

2. 城市化水平内部分化明显

尽管南亚平均城市化水平远低于亚洲和世界水平，但由于其内部各国经济发展水平和资源禀赋的差异，城市化发展也明显分化，大致可以划分为三类：高于世界平均城市化水平的国家、接近世界平均城市化水平的国家和大大落后于世界平均城市化水平的国家。

（1）接近或高于世界平均城市化水平的国家

从考察的1950~2014年段来看，伊朗城市化水平从1950年接近世界平均水平，到2014年远高于世界平均水平，成为南亚国家中城市化水平最高的国家。因为亚洲和南亚都低于世界平均水平，所以，伊朗也就成为该地区城市化唯一高于亚洲和世界水平的国家。该地区另一个城市化水平较为接近世界平均水平的是马尔代夫，其从1950年的10.6%快速提升到了2014年接近世界平均水平，但仍约有10个百分点的差距。马尔代夫由于是非常小的岛国，对南亚整体城市化水平的带动和影响有限（见图2）。

（2）落后世界平均水平、接近南亚平均水平的国家

南亚地区的整体城市化水平较低，包括印度、孟加拉国、巴基斯坦和不丹等四国的城市化水平超过了30%，在2014年分别达到了32.7%、34.3%、38.8%和38.6%，与南亚地区的34.4%较为接近。这四个国家基本上是南亚地区人口最为密集的地区，加快和推动该地区的城市化发展，将直接推动南亚城市化水平的提升，预计到2050年，这四个国家的城市化水平都将超过50%，成为以城市化为主导的国家。

（3）大大落后于世界并远低于南亚平均水平的国家

由于内部分化明显，该地区余下的阿富汗、尼泊尔和斯里兰卡三个国

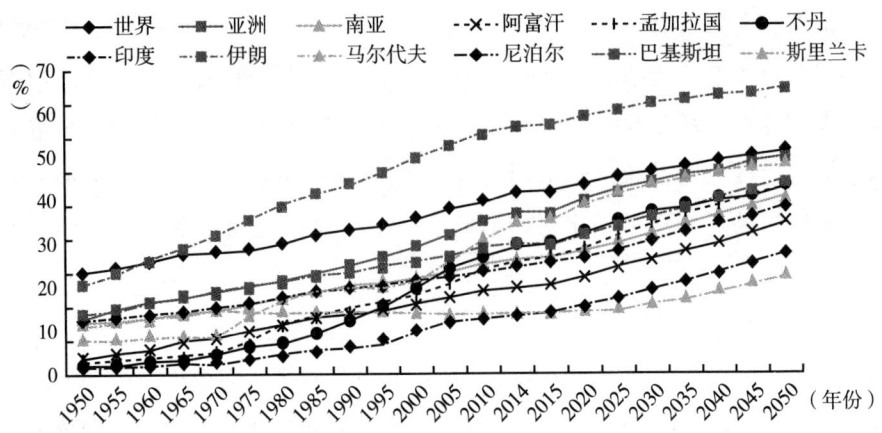

图2 南亚各国城市化水平的发展历史与预测（1950~2050）

资料来源：United Nations，"Department of Economic and Social Affairs，Population Division（2014）"。

家，其城市化水平不仅远低于世界平均水平，甚至也远低于南亚的平均水平，成为南亚地区城市化发展最为滞后的国家，2014年的城市化水平仅分别为26.7%、18.6%和18.4%，即使到2050年，其城市化水平也相对较低，如斯里兰卡为30.2%、尼泊尔为35.6%。

### （二）南亚的城市发展和规模等级演化

**1. 迅速增长的城市数量和城市人口**

随着南亚地区城市化水平的逐步提升，该地区的城市数量也快速增加。根据联合国（2014）发布的数据，2015年（预计）南亚地区城市人口总数将达到6.245亿人，其中58%的人口居住在规模为30万以上人口的城市，导致30万以上人口的城市数量从1950年的22个迅速增长到了2015年的239个。1995~2015年的20年时间是南亚地区城市人口数量增长最快的时期，人口增长了70%，这个时期也是城市数量快速增长的时期。根据预测，到2030年，该地区30万人口以上的城市数量将增加到332个，而居住在该规模以上的城市的人口也将急速增加，占城市总人口的比重将达到62%（见表2）。

## 2. 城市规模等级不断演化

随着南亚地区的城市数量快速增加，该地区的城市等级体系也出现了显著的变化，特别是大城市的等级提升最快。从该地区城市规模等级的演化可以发现，2015年的分布曲线要比1995年陡峭，表明特大城市的规模增长明显，而且曲线比1995年和1950年的曲线离横坐标远，也进一步表明南亚地区的城市规模有显著增长（见图3）。

表2 1950～2030年南亚地区城市数量与等级规模的发展与预测

| 城市等级 | 项目 | 1950 | 1965 | 1980 | 1995 | 2010 | 2015 | 2030 |
| --- | --- | --- | --- | --- | --- | --- | --- | --- |
| 1 | 城市数量(个) | 0 | 0 | 0 | 3 | 5 | 6 | 10 |
| | 城市人口占比(%) | 0 | 0 | 0 | 11 | 15 | 17 | 23 |
| | 城市人口总数(百万) | 0 | 0 | 0 | 38.6 | 84.5 | 105.9 | 200.2 |
| 2 | 城市数量(个) | 0 | 1 | 5 | 4 | 6 | 7 | 6 |
| | 城市人口占比(%) | 0 | 5 | 15 | 8 | 8 | 9 | 5 |
| | 城市人口总数(百万) | 0 | 6.3 | 33.4 | 29.3 | 46.1 | 54.7 | 47.1 |
| 3 | 城市数量(个) | 7 | 10 | 11 | 33 | 59 | 68 | 82 |
| | 城市人口占比(%) | 17 | 18 | 11 | 17 | 19 | 20 | 20 |
| | 城市人口总数(百万) | 13.4 | 21.9 | 25.1 | 61.4 | 105.7 | 122.8 | 177.2 |
| 4 | 城市数量(个) | 5 | 11 | 41 | 46 | 56 | 69 | 113 |
| | 城市人口占比(%) | 5 | 6 | 13 | 9 | 7 | 7 | 9 |
| | 城市人口总数(百万) | 3.7 | 7.0 | 28.2 | 33.8 | 38.7 | 44.5 | 79.0 |
| 5 | 城市数量(个) | 10 | 25 | 30 | 53 | 79 | 89 | 121 |
| | 城市人口占比(%) | 5 | 8 | 5 | 6 | 6 | 5 | 5 |
| | 城市人口总数(百万) | 3.7 | 9.7 | 11.0 | 21.0 | 30.3 | 33.1 | 46.5 |
| 6 | 城市人口占比(%) | 74 | 63 | 56 | 50 | 45 | 42 | 37 |
| | 城市人口总数(百万) | 58.1 | 76.9 | 123.7 | 182.1 | 245.3 | 263.5 | 325.1 |
| 合计 | 城市数量(个) | 22 | 47 | 87 | 139 | 205 | 239 | 332 |
| | 城市人口总数(百万) | 78.9 | 121.8 | 221.4 | 366.2 | 550.6 | 624.5 | 875.1 |

注：1级＝城市人口1000万及以上；2级＝城市人口500万～1000万；3级＝城市人口100万～500万；4级＝城市人口50万～100万；5级＝城市人口30万～50万。城市数量只统计30万人口规模以上的城市。

资料来源：United Nations, "Department of Economic and Social Affairs, Population Division (2014)"。

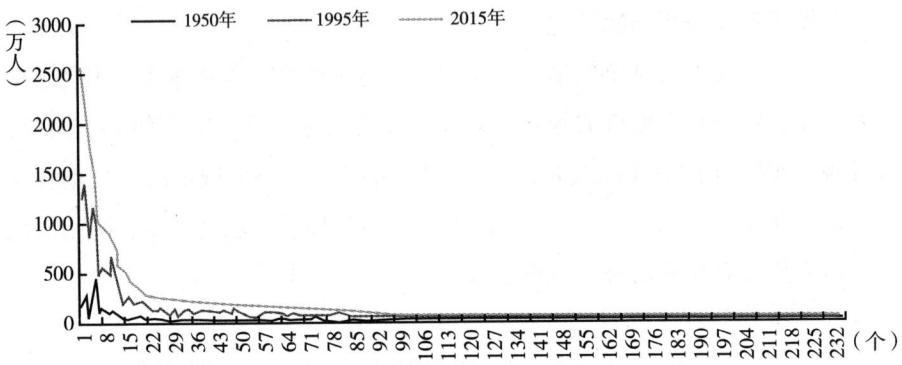

**图 3 南亚城市规模分布与变化**

资料来源：United Nations, "Department of Economic and Social Affairs, Population Division (2014)"。

（1）1000 万人口以上等级城市数量增加明显

根据联合国（2014）发布的数据，到 1980 年以前南亚地区都还没有出现第 1 等级城市（城市人口 1000 万及以上）。然而此后的 30 年，城市人口 1000 万及以上第 1 等级城市数量迅速增加到 2015 年的 6 个，居住在此的城市人口占所有城市人口的比重也高达 17%，预计到 2030 年将有 10 个第 1 等级的城市。

（2）500 万~1000 万人口等级城市迅速增加后保持稳定

该地区第 2 等级的 500 万~1000 万人口规模的城市在 1965 年开始出现第 1 个，到 1980 年迅速增加到 5 个，该规模等级是 20 世纪 80 年代的最高等级城市，因此城市成长空间巨大，随后迅速成长为 1000 万人口以上城市。加之该地区还处在工业化初期，地区发展差异巨大，作为国家发展极的核心城市成为人口和其他资源要素集聚的首选地，因而其他城市的成长空间受到限制，这些城市则迅速膨胀为 1000 万人口以上的超级城市。到 2015 年，该等级城市数量也仅有 7 个，甚至预计到 2030 年该等级城市数量将减少为 6 个。表明该地区的工业化相对集中，城市化还处于初期阶段，以特大城市发展集聚为主。

（3）第 3 等级城市数量呈爆发式增长，占城市总人口的比例迅速提升与第 2 等级城市数量基本保持稳定不一样，南亚第 3 等级城市数量呈爆发式增长，且呈现的特征是南亚的城市化以特大城市和中型城市为主要城市化路径。与第 2 等级的城市相对发育缓慢不同，根据联合国（2014）数据，2015 年南亚地区第 3 等级的城市数量将达到 68 个，且居住在这一等级的城市人口占城市总人口的比重达到 20%，将高于居住在第 1 等级城市的 17%，成为前 5 个等级中居住城市人口最多的城市类型。

（4）第 4 等级及以下等级城市数量呈爆发式增长

南亚第 4 等级及以下等级城市占南亚城市总人口比例基本稳定，第 6 等级城市人口占城市总人口比例逐步下降。与第 3 等级城市数量呈爆发式增长一样，第 4 等级及以下等级城市的数量增加明显。根据联合国（2014）数据，2015 年南亚地区第 4 和第 5 等级的城市数量将分别达到 69 个和 89 个，但居住在第 4 等级和第 5 等级的城市人口分别占城市总人口的 7% 和 5%。随着小城市规模的不断提升，居住在第 6 等级的城市人口占城市总人口的比重也逐步从 1950 年的 74% 下降到 2015 年的 42%。

3. 大城市数量不断增加

根据上文分析，南亚作为世界人口较为密集的区域之一，其城市化的一个显著特征就是大城市数量的迅速增加。根据联合国（2014）数据，2014 年整个南亚地区人口规模 200 万以上的城市数量达到 32 个，而 1950 年时，该地区在 200 万人口以上的城市仅有加尔各答（451 万人）和孟买（286 万人），即使到 1980 年的时候也仅仅有 11 个（前 30 年），而后 30 年则增加了 21 个。总体来说，这些城市主要分布在印度（22 个）、巴基斯坦（5 个）、孟加拉国（2 个）、伊朗（2 个）和阿富汗（1 个）等。

另一个比较明显的特点是超级城市数量的显著增长，其中印度的新德里有 2495 万人，孟买有 2074 万人，两个城市的人口均超过了 2000 万人，而孟加拉国的达卡有 1698 万人、巴基斯坦的卡拉奇有 1613 万人、印度的加尔各答有 1477 万人，三者均在 1000 万人以上，是该地区规模等级最高的城市。预计到 2030 年，该地区人口规模接近和超过 2000 万的城市将达到 5 个，其中印度新德里的人口预计在 3600 万人以上（见表 3）。

表3 南亚地区大城市（人口200万以上）的发展与预测

单位：10万人

| 国家 | 城市 | | 1950 | 1980 | 2010 | 2014 | 2030 |
|---|---|---|---|---|---|---|---|
| 印　度 | Delhi | 新德里 | 13.7 | 55.6 | 219.4 | 249.5 | 360.6 |
| 印　度 | Mumbai | 孟买 | 28.6 | 86.6 | 194.2 | 207.4 | 278.0 |
| 孟加拉国 | Dhaka | 达卡 | 3.4 | 32.7 | 147.3 | 169.8 | 273.7 |
| 巴基斯坦 | Karachi | 卡拉奇 | 10.6 | 50.5 | 140.8 | 161.3 | 248.4 |
| 印　度 | Calcutta | 加尔各答 | 45.1 | 90.3 | 142.8 | 147.7 | 190.9 |
| 印　度 | Bangalore | 班加罗尔 | 7.5 | 28.1 | 82.8 | 97.2 | 147.6 |
| 印　度 | Chennai | 金奈（马德拉斯） | 14.9 | 42.0 | 85.2 | 96.2 | 139.2 |
| 印　度 | Hyderabad | 海得拉巴 | 11.0 | 24.9 | 75.8 | 86.7 | 127.7 |
| 巴基斯坦 | Lahore | 拉合尔 | 8.4 | 28.8 | 74.9 | 85.0 | 130.3 |
| 伊　朗 | Tehran | 德黑兰 | 10.4 | 50.8 | 80.6 | 83.5 | 99.9 |
| 印　度 | Ahmadabad | 艾哈迈达巴德 | 8.6 | 24.8 | 62.1 | 71.2 | 105.3 |
| 印　度 | Pune(Poona) | 浦那 | 5.8 | 16.4 | 49.5 | 55.7 | 80.9 |
| 印　度 | Surat | 苏拉特 | 2.3 | 8.8 | 44.4 | 54.0 | 86.2 |
| 孟加拉国 | Chittagong | 吉大港 | 2.9 | 13.4 | 41.1 | 44.5 | 67.2 |
| 阿富汗 | Kabul | 喀布尔 | 1.7 | 9.8 | 37.2 | 44.4 | 82.8 |
| 巴基斯坦 | Faisalabad | 费萨拉巴德 | 1.7 | 10.8 | 30.2 | 34.6 | 54.2 |
| 印　度 | Jaipur | 斋浦尔 | 2.9 | 9.8 | 30.2 | 33.7 | 48.9 |
| 印　度 | Lucknow | 勒克瑙 | 4.9 | 9.9 | 28.5 | 31.5 | 44.9 |
| 印　度 | Kanpur | 坎普尔 | 6.9 | 16.1 | 29.0 | 30.0 | 39.5 |
| 伊　朗 | Mashhad | 马什哈德 | 1.7 | 8.9 | 26.6 | 29.4 | 38.6 |
| 印　度 | Nagpur | 那格浦尔 | 4.7 | 12.7 | 24.7 | 26.4 | 36.2 |
| 印　度 | Coimbatore | 哥印拜陀 | 2.8 | 9.1 | 21.0 | 24.6 | 37.8 |
| 巴基斯坦 | Rawalpindi | 拉瓦尔品第 | 2.3 | 7.8 | 21.3 | 24.3 | 38.1 |
| 印　度 | Indore | 印多尔 | 3.0 | 8.1 | 21.3 | 23.8 | 34.6 |
| 印　度 | Kozhikode | 科泽科德 | 1.6 | 5.3 | 19.7 | 23.7 | 37.8 |
| 印　度 | Kochi(Cochin) | 高知（科钦） | 1.6 | 6.7 | 20.8 | 23.5 | 34.7 |
| 印　度 | Thrissur | 特里苏尔 | 0.7 | 2.0 | 17.9 | 22.2 | 36.5 |
| 印　度 | Patna | 巴特那 | 2.8 | 8.8 | 20.2 | 21.7 | 30.2 |
| 印　度 | Malappuram | 马拉普兰 | 0.3 | 1.1 | 16.3 | 20.9 | 36.0 |
| 印　度 | Gujranwala | 吉兰瓦拉 | 1.2 | 5.8 | 17.7 | 20.5 | 32.7 |
| 巴基斯坦 | Bhopal | 博帕尔 | 1.0 | 6.6 | 18.5 | 20.5 | 29.6 |
| 印　度 | Kannur | 坎努尔 | 0.4 | 1.5 | 15.8 | 20.3 | 35.1 |

资料来源：United Nations，"Department of Economic and Social Affairs，Population Division（2014）"。

### 4. 全球化进程相对较高的南亚城市

历史及语言的原因,南亚地区城市的国际化水平要大大领先于其国家的城市化水平。根据英国拉夫堡大学全球化与世界城市项目的研究,在α、β、γ三级世界城市以及"高度满足条件"和"满足条件"二级准世界城市的5级评价中,南亚城市功能与影响的国际化程度相对较高。在2014发布的GaWC城市等级体系中,共有12个城市入选,比2000年增加了2个:α级别城市包括孟买和新德里两个,分别为α级和α-级;β级的城市有5个,其中β+级1个,β级2个,β-级2个;γ级4个,其中γ+级2个,γ-级2个;此外还包括一个高度满足条件的准世界城市——孟加拉国的达卡。总体而言,印度的入选城市达到8个,巴基斯坦为3个,孟加拉国为1个(见表4)。

表4  南亚城市在全球化与世界城市历次评级中的位置

| 城市 | 国别 | 2012 评级 | 2000 评级 |
| --- | --- | --- | --- |
| 孟买 | 印度 | α级世界城市 | α - |
| 新德里 | 印度 | α - 级世界城市 | β |
| 班加罗尔 | 印度 | β + | γ + |
| 金奈 | 印度 | β | γ |
| 卡拉奇 | 巴基斯坦 | β | γ + |
| 加尔各答 | 印度 | β - | γ |
| 海得拉巴 | 印度 | β - | γ |
| 伊斯兰堡 | 巴基斯坦 | γ + | 高度满足条件的准世界城市 |
| 拉合尔 | 巴基斯坦 | γ + | 高度满足条件的准世界城市 |
| 艾哈迈达巴德 | 印度 | γ - | — |
| 浦那 | 印度 | γ - | — |
| 达卡 | 孟加拉国 | 高度满足条件的准世界城市 | 高度满足条件的准世界城市 |

资料来源:GaWC的历次报告,参见 http://www.lboro.ac.uk/gawc。作者做了归纳整理。

### (三)南亚各国城市等级体系的发展

南亚各国城市等级体系的发展与变化差异相对较大,其中印度、巴基斯坦和孟加拉国的城市体系相对较为完整,而伊朗、阿富汗、不丹、尼泊尔和马尔代夫则是整个区域中的辅助体系。

## 1. 相对完整、自成体系的印度城市

**（1）1000万及以上人口等级城市数量较多**

根据联合国（2014）发布的数据，到1980年以前印度都还没有出现第1等级城市（城市人口1000万及以上），到2010年增加到3个，到2015年将增加到4个，预计到2030年将增加到7个。2015年，在该等级城市居住的城市人口占所有城市人口的比重达到17%。

**（2）500万~1000万人口等级城市保持稳定**

印度第2等级的500万~1000万人口规模的城市在1980有3个，随后该等级城市的数量基本保持稳定，2015年为5个，并预计到2030年将减少为2个。2015年，在该等级城市居住的城市人口占所有城市人口的比重达到9%。

**（3）第3等级城市数量呈爆发式增长，占城市总人口比例迅速提升**

与第2等级城市数量基本保持稳定不一样，印度第3等级城市数量呈爆发式增长，2015年印度第3等级的城市数量将达到49个，且居住在这一等级的城市人口占城市总人口的比重达到20%，将高于居住在第1等级城市的17%，成为第1~5等级城市中居住城市人口最多的城市类型。

**（4）第4等级及以下等级城市数量呈爆发式增长，但占城市总人口的比例基本稳定，第6等级居住城市人口占城市总人口的比例逐步下降。**2015年印度第4和第5等级的城市数量将分别达到50个和61个，居住在这两个等级的城市人口占城市总人口的比重分别为8%和5%。随着小城市规模的不断提升，居住在第6等级的城市人口占城市总人口的比例也逐步从1950年的73%下降到2015年的41%（见表5）。

## 2. 相对完整的巴基斯坦城市等级体系

**（1）拥有1000万及以上人口等级城市**

根据联合国（2014）发布的数据，到2010年时巴基斯坦开始出现第1等级城市（城市人口1000万及以上），预计到2030年增加到2个。2015年，在该等级城市居住的城市人口占所有城市人口的比重达到23%，集聚度非常高。成为第1~5等级城市中居住城市人口最多的城市类型。

表5 1950～2030年印度城市等级规模的变化与预测

| 城市等级 | 项目 | 1950 | 1980 | 2010 | 2015 | 2030 |
|---|---|---|---|---|---|---|
| 1 | 城市数量（个） | 0 | 0 | 3 | 4 | 7 |
|   | 城市人口占比（%） | 0 | 0 | 15 | 17 | 23 |
|   | 城市人口总数（百万） | 0.0 | 0.0 | 55.6 | 71.7 | 134.9 |
| 2 | 城市数量（个） | 0 | 3 | 4 | 5 | 2 |
|   | 城市人口占比（%） | 0 | 14 | 8 | 9 | 3 |
|   | 城市人口总数（百万） | 0.0 | 23.2 | 30.6 | 37.6 | 16.7 |
| 3 | 城市数量（个） | 5 | 7 | 42 | 49 | 60 |
|   | 城市人口占比（%） | 18 | 10 | 20 | 20 | 23 |
|   | 城市人口总数（百万） | 11.3 | 16.5 | 73.2 | 83.0 | 131.9 |
| 4 | 城市数量（个） | 4 | 29 | 42 | 50 | 76 |
|   | 城市人口占比（%） | 4 | 12 | 8 | 8 | 9 |
|   | 城市人口总数（百万） | 2.9 | 19.7 | 29.2 | 32.2 | 54.4 |
| 5 | 城市数量（个） | 8 | 27 | 55 | 61 | 93 |
|   | 城市人口占比（%） | 5 | 6 | 6 | 5 | 6 |
|   | 城市人口总数（百万） | 3.0 | 9.9 | 20.9 | 22.4 | 36.0 |
| 6 | 城市人口占比（%） | 73 | 57 | 44 | 41 | 36 |
|   | 城市人口总数（百万） | 46.9 | 92.1 | 163.4 | 173.2 | 209.1 |

注：1级=城市人口1000万及以上；2级=城市人口500万～1000万；3级=城市人口100万～500万；4级=城市人口50万～100万；5级=城市人口30万～50万。

资料来源：United Nations, "Department of Economic and Social Affairs, Population Division (2014)"。

（2）出现500万～1000万人口等级城市

巴基斯坦第2等级的500万～1000万人口规模的城市在1980有1个，随后该等级城市的数量基本保持稳定，2015年仍为1个。在该等级居住的城市人口占所有城市人口的比重达到12%，但预计到2030年其比重会下降到5%。

（3）第3等级城市数量呈爆发式增长，占城市总人口比例迅速提升

巴基斯坦第3等级城市数量呈爆发式增长，从1950年的1个增加到2015年的8个，居住在这一等级的城市人口占城市总人口的比重达到22%。

（4）低等级小城市数量涨落互现

第4、5等级城市数量有所增长，而居住在第6等级的城市人口占城市总人口比例逐步下降。2015年巴基斯坦第4和第5等级的城市数量将分别达到6个和9个，居住在这两个等级的城市人口占城市总人口的比重都为

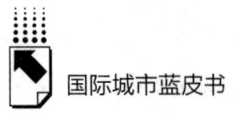

5%。居住在第6等级的城市人口占城市总人口的比例也逐步从1950年的71%下降到2015年的33%（见表6）。

3. 以超大城市和小型城市为主的孟加拉国城市等级体系

（1）该国目前拥有1000万及以上人口等级城市，缺少第2等级城市。根据联合国（2014）发布的数据，到2010年孟加拉国出现第1等级城市。在该等级居住的城市人口占所有城市人口的比重达到32%，是前1~5等级城市中居住城市人口最多的城市类型。但孟加拉国缺少第2等级城市，预计到2030年才会出现。

表6 1950~2030年巴基斯坦城市等级规模的变化与预测

| 城市等级 | 项目 | 1950 | 1980 | 2010 | 2015 | 2030 |
| --- | --- | --- | --- | --- | --- | --- |
| 1 | 城市数量（个） | 0 | 0 | 1 | 1 | 2 |
| | 城市人口占比（%） | 0 | 0 | 21 | 23 | 35 |
| | 城市人口总数（百万） | 0 | 0 | 10.0 | 16.6 | 37.9 |
| 2 | 城市数量（个） | 0 | 1 | 1 | 1 | 1 |
| | 城市人口占比（%） | 0 | 22 | 11 | 12 | 5 |
| | 城市人口总数（百万） | 0 | 5.0 | 5.5 | 8.7 | 5.4 |
| 3 | 城市数量（个） | 1 | 2 | 6 | 8 | 9 |
| | 城市人口占比（%） | 16 | 18 | 18 | 22 | 20 |
| | 城市人口总数（百万） | 1.1 | 4 | 8.4 | 16.1 | 21.8 |
| 4 | 城市数量（个） | 1 | 5 | 2 | 6 | 11 |
| | 城市人口占比（%） | 13 | 15 | 3 | 5 | 7 |
| | 城市人口总数（百万） | 0.8 | 3.3 | 1.2 | 3.9 | 7.7 |
| 5 | 城市数量（个） | 0 | 0 | 6 | 9 | 4 |
| | 城市人口占比（%） | 0 | 0 | 5 | 5 | 2 |
| | 城市人口总数（百万） | 0 | 0 | 2.3 | 3.4 | 1.8 |
| 6 | 城市人口占比（%） | 71 | 45 | 42 | 33 | 31 |
| | 城市人口总数（百万） | 4.7 | 10.1 | 20.2 | 24.2 | 33.3 |

注：1级=城市人口1000万及以上；2级=城市人口500万~1000万；3级=城市人口100万~500万；4级=城市人口50万~100万；5级=城市人口30万~50万。

资料来源：United Nations,"Department of Economic and Social Affairs, Population Division (2014)"。

（2）第3等级城市数量基本稳定。2015年，孟加拉国第3等级的城市数量有2个，且居住在这些等级的城市人口占城市总人口的比重达到10%，并预计居住在此的城市人口比重将有所下降。

（3）第4、5等级城市数量较多，但城市人口所占比重较低，第6等级城市人口占城市总人口比例相对稳定，2015年为50%，预计到2030年将有所下降（见表7）。

表7 1950~2030年孟加拉国城市等级规模的变化与预测

| 城市等级 | 项目 | 1950 | 1980 | 2010 | 2015 | 2030 |
| --- | --- | --- | --- | --- | --- | --- |
| 1 | 城市数量（个） | 0 | 0 | 1 | 1 | 1 |
| | 城市人口占比（%） | 0 | 0 | 32 | 32 | 33 |
| | 城市人口总数（百万） | 0.0 | 0.0 | 14.7 | 17.6 | 27.4 |
| 2 | 城市数量（个） | 0 | 0 | 0 | 0 | 1 |
| | 城市人口占比（%） | 0 | 0 | 0 | 0 | 8 |
| | 城市人口总数（百万） | 0.0 | 0.0 | 0.0 | 0.0 | 6.7 |
| 3 | 城市数量（个） | 0 | 2 | 2 | 2 | 4 |
| | 城市人口占比（%） | 0 | 38 | 11 | 10 | 6 |
| | 城市人口总数（百万） | 0.0 | 4.6 | 5.2 | 5.6 | 4.7 |
| 4 | 城市数量（个） | 0 | 1 | 2 | 3 | 6 |
| | 城市人口占比（%） | 0 | 5 | 3 | 4 | 5 |
| | 城市人口总数（百万） | 0.0 | 0.6 | 1.3 | 2.1 | 3.9 |
| 5 | 城市数量（个） | 1 | 0 | 5 | 5 | 6 |
| | 城市人口占比（%） | 21 | 0 | 4 | 4 | 3 |
| | 城市人口总数（百万） | 0.3 | 0.0 | 1.9 | 2.0 | 2.1 |
| 6 | 城市人口占比（%） | 79 | 57 | 50 | 50 | 46 |
| | 城市人口总数（百万） | 1.3 | 7.0 | 22.9 | 27.7 | 38.4 |

注：1级＝城市人口1000万及以上；2级＝城市人口500万~1000万；3级＝城市人口100万~500万；4级＝城市人口50万~100万；5级＝城市人口30万~50万。

资料来源：United Nations, "Department of Economic and Social Affairs, Population Division (2014)"。

**4. 以中型城市和小型城市为主的伊朗城市等级体系**

（1）缺少1000万及以上人口等级城市，以第2等级城市为主导。根据联合国（2014）发布的数据，到1980年伊朗出现1个第2等级城市，此后，一直保持为1个。在该等级居住的城市人口占所有城市人口的比重有所下降，2010年以后保持在15左右，表明伊朗的城市化以人口向第3、4等级城市集聚为主。

（3）第3等级及以下等级城市数量呈爆发式增长，占城市总人口比例迅速提升。与第2等级城市数量基本保持稳定不一样，伊朗第3等级城市数量增长迅速，伊朗第3等级的城市数量从1950年的1个增长到2015年的7个（其中1950年的3等级城市在1980年前后上升为第2等级城市，因而该时期伊朗缺少第3等级城市），居住在这一等级的城市人口占城市总人口的比重相对稳定（约为20%），成为第2~5等级中居住城市人口最多的城市类型。

（4）第4等级及以下等级城市数量增长较快，但占城市总人口的比例基本稳定，居住在第6等级的城市人口占城市总人口的比例逐步下降。2015年伊朗第4和第5等级的城市数量将分别达到9个和11个，居住在这两个等级的城市人口占城市总人口的比重分别为10%和7%。随着小城市规模的不断提升，居住在第6等级的城市人口占城市总人口的比例也逐步从1950年的78%下降到2015年的48%（见表8）。

表8 1950~2030年伊朗城市等级规模的变化与预测

| 城市等级 | 项目 | 1950 | 1980 | 2010 | 2015 | 2030 |
| --- | --- | --- | --- | --- | --- | --- |
| 2 | 城市数量（个） | 0 | 1 | 1 | 1 | 1 |
|   | 城市人口占比（%） | 0 | 26 | 15 | 14 | 14 |
|   | 城市人口总数（百万） | 0.0 | 5.1 | 8.1 | 8.4 | 10.0 |
| 3 | 城市数量（个） | 1 | 0 | 7 | 7 | 8 |
|   | 城市人口占比（%） | 22 | 0 | 21 | 21 | 24 |
|   | 城市人口总数（百万） | 1.0 | 0.0 | 10.9 | 12.4 | 17.1 |
| 4 | 城市数量（个） | 0 | 4 | 6 | 9 | 16 |
|   | 城市人口占比（%） | 0 | 15 | 7 | 10 | 14 |
|   | 城市人口总数（百万） | 0.0 | 2.9 | 3.7 | 5.6 | 10.4 |
| 5 | 城市数量（个） | 0 | 3 | 10 | 11 | 14 |
|   | 城市人口占比（%） | 0 | 6 | 8 | 7 | 7 |
|   | 城市人口总数（百万） | 0.0 | 1.1 | 4.0 | 4.2 | 5.1 |
| 6 | 城市人口占比（%） | 78 | 53 | 49 | 48 | 41 |
|   | 城市人口总数（百万） | 3.7 | 10.2 | 25.9 | 27.8 | 30.0 |

注：2级=城市人口500万~1000万；3级=城市人口100万~500万；4级=城市人口50万~100万；5级=城市人口30万~50万。

资料来源：United Nations, "Department of Economic and Social Affairs, Population Division (2014)"。

**5. 以大城市带动小城市发展的阿富汗城市等级体系**

（1）该国目前缺少第1、2等级城市，第3等级城市刚刚涌现。根据联合国(2014)发布的数据,到 2010 年左右阿富汗才有了第 1 个第 3 等级的城市,到 2030 年将出现第 2 等级城市。2015 年,在第 3 等级居住的城市人口占所有城市人口的比重高达 54%,超过该国城市人口的一半,表明阿富汗城市化以向核心城市集聚为主。

(2)该国目前缺少第 4 等级城市,拥有少量第 5 等级城市,第 6 等级城市居住的城市人口较多。2015 年阿富汗第 5 等级的城市数量有 2 个,到 2030 年将升级到第 4 等级。2015 年,居住在第 6 等级的城市人口占城市总人口的比重达到 37%(见表 9)。

表 9　1950~2030 年阿富汗城市等级规模的变化与预测

| 城市等级 | 项目 | 1950 | 1980 | 2010 | 2015 | 2030 |
| --- | --- | --- | --- | --- | --- | --- |
| 2 | 城市数量(个) | 0 | 0 | 0 | 0 | 1 |
|  | 城市人口占比(%) | 0 | 0 | 0 | 0 | 56 |
|  | 城市人口总数(百万) | 0 | 0.0 | 0.0 | 0.0 | 8.3 |
| 3 | 城市数量(个) | 0 | 0 | 1 | 1 | 0 |
|  | 城市人口占比(%) | 0 | 0 | 53 | 54 | 0 |
|  | 城市人口总数(百万) | 0.0 | 0.0 | 3.7 | 4.6 | 0.0 |
| 4 | 城市数量(个) | 0 | 1 | 0 | 0 | 2 |
|  | 城市人口占比(%) | 0 | 47 | 0 | 0 | 9 |
|  | 城市人口总数(百万) | 0.0 | 1.0 | 0.0 | 0.0 | 1.3 |
| 5 | 城市数量(个) | 0 | 0 | 1 | 2 | 1 |
|  | 城市人口占比(%) | 0 | 0 | 5 | 9 | 3 |
|  | 城市人口总数(百万) | 0.0 | 0.0 | 0.4 | 0.8 | 0.4 |
| 6 | 城市人口占比(%) | 100 | 53 | 41 | 37 | 33 |
|  | 城市人口总数(百万) | 0.4 | 1.1 | 2.9 | 3.1 | 4.8 |

注:2 级 = 城市人口 500 万~1000 万;3 级 = 城市人口 100 万~500 万;4 级 = 城市人口 50 万~100 万;5 级 = 城市人口 30 万~50 万。

资料来源:United Nations,"Department of Economic and Social Affairs, Population Division (2014)"。

6. 以中小城市为主的尼泊尔、不丹、马尔代夫和斯里兰卡城市结构

不丹和马尔代夫两个国家的城市人口均居住在 30 万人以下的城市中,不丹的城市人口从 1950 年的 4000 人上升到 2015 年的 30 万人,而马尔代夫从 1950 年的 8000 人上升到 2015 年的 16.3 万人。尼泊尔相对较大,目前拥

有一个100万人口左右的城市,占全国城市人口的比例为22%,还有1个30万~50万人口的城市,其余均为30万人口以下城市,第6等级居住的城市人口占全国城市人口的比例超过71%,预计到2030年将有所下降,减少到58%。斯里兰卡拥有一座50万~100万人口等级的城市,目前其人口规模为70.7万,占全国城市人口的比例为18%,其他城市人口均居住在30万人以下城市,占比为82%,预计这一现状将持续到2030年(见表10)。

表10 不丹、马尔代夫、尼泊尔和斯里兰卡城市等级

| 国家或地区 | 城市等级 | 项目 | 1950 | 1980 | 2010 | 2015 | 2030 |
| --- | --- | --- | --- | --- | --- | --- | --- |
| 不丹 | 6 | 城市人口占比(%) | 100 | 100 | 100 | 100 | 100 |
|  |  | 城市人口总数(万) | 0.4 | 4.2 | 24.9 | 30 | 43 |
| 马尔代夫 | 6 | 城市人口占比(%) | 100 | 100 | 100 | 100 | 100 |
|  |  | 城市人口总数(万) | 0.8 | 3.4 | 13 | 16.3 | 24.5 |
| 尼泊尔 | 3 | 城市数量(个) | 0 | 0 | 0 | 1 | 1 |
|  |  | 城市人口占比(%) | 0 | 0 | 0 | 22 | 23 |
|  |  | 城市人口总数(万) | 0 | 0 | 0 | 118.3 | 185.5 |
|  | 4 | 城市数量(个) | 0 | 0 | 1 | 0 | 1 |
|  |  | 城市人口占比(%) | 0 | 0 | 22 | 0 | 7 |
|  |  | 城市人口总数(万) | 0 | 0 | 97.1 | 0 | 54.9 |
|  | 5 | 城市数量(个) | 0 | 0 | 0 | 1 | 3 |
|  |  | 城市人口占比(%) | 0 | 0 | 0 | 6 | 13 |
|  |  | 城市人口总数(万) | 0 | 0 | 0 | 32.9 | 103 |
|  | 6 | 城市人口占比(%) | 100 | 100 | 78 | 71 | 58 |
|  |  | 城市人口总数(万) | 21.8 | 87.6 | 354.5 | 378.2 | 480.1 |
| 斯里兰卡 | 4 | 城市数量(个) | 0 | 1 | 1 | 1 | 1 |
|  |  | 城市人口占比(%) | 0 | 21 | 18 | 18 | 17 |
|  |  | 城市人口总数(万) | 0 | 58.6 | 68.6 | 70.7 | 84.5 |
|  | 5 | 城市数量(个) | 1 | 0 | 0 | 0 | 0 |
|  |  | 城市人口占比(%) | 32 | 0 | 0 | 0 | 0 |
|  |  | 城市人口总数(万) | 400 | 0 | 0 | 0 | 0 |
|  | 6 | 城市人口占比(%) | 68 | 79 | 82 | 82 | 83 |
|  |  | 城市人口总数(万) | 838 | 223.7 | 311.7 | 326 | 402.3 |

注:3级=城市人口100万~500万;4级=城市人口50万~100万;5级=城市人口30万~50万。

资料来源:United Nations, "Department of Economic and Social Affairs, Population Division (2014)"。

## （四）南亚城市发展的挑战与"丝路城市"合作需求

**1. 快速工业化进程中的南亚，正成为世界经济发展最快的地区，为"丝路城市"的广泛合作提供可能性**

南亚地区城市网络相对完整，与世界的联系相对较好，而且作为世界第二大人口国家的印度正进入国家经济和城市发展的快速增长期。根据世界银行发布的2015年上半年期的《南亚经济聚焦》报告，由于旺盛的消费和不断增加的投资，南亚经济增长预计将进入一个不断上升的通道，从目前的7%（2015年）稳步上升至2017年的7.6%。事实上，南亚地区经济发展的预期主要源自当前印度经济发展的良好表现。印度在地区GDP中所占的比重大，而当前以营商为导向的改革和投资者情绪的改善极大提升了印度经济的发展速度和世界对其的预期，2015~2016财年GDP增长预计为7.5%，2017~2018财年为8.0%。印度正面临与中国相反的情况，经济增长模式正在从消费主导型转变为投资主导型。阿富汗虽然亟待安全环境的塑造和财政危机的处理，但2015年GDP增长预期仍可达2.5%，2016年可达5.0%。孟加拉国仍面临政局动荡、结构性限制和全球性波动等问题，不过经济仍保持稳定增长，2015年增长率预计为5.6%。2015年不丹的实际GDP增长率预计为6.7%；尼泊尔的增长率将保持在4.5%~5%，消费仍是尼泊尔主要的增长驱动力；巴基斯坦，在低通胀和财政整顿的支撑下，增长率可望逐渐恢复在4.5%左右；斯里兰卡，2015年增长率预计降至6.9%（见表11）。

**2. 工业化滞后带来的过度城市化，形成对城市基础设施和公共服务等方面的巨大需求，是"丝路城市"广泛合作的关键领域**

南亚地区的城市对基础设施与公共服务等有着巨大需求，对基础设施和公共服务的需求成为"丝路城市"战略合作的关键领域。尽管南亚地区的城市化水平相对亚洲和世界来说均处于较低水平，但事实上与南亚地区的工业化水平和经济发展状况相比较而言，仍出现了脱节的情况，出现了与中国的半城市化相比更为严重的问题，即过度城市化。以该地区城市人口最多的

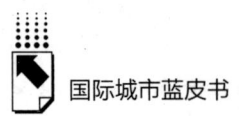

表 11 南亚地区的经济发展趋势

单位：%

| 南亚实际 GDP（市场价，按日历年） | 2013 | 2014 | 2015 | 2016 | 2017 |
|---|---|---|---|---|---|
| 百分比变化 | 6.3 | 6.8 | 7.0 | 7.4 | 7.6 |
| 南亚地区经济账户余额（GDP 占比，日历年） | -2.1 | -0.8 | -0.8 | -1.5 | -2.3 |
| 实际 GDP 增长（市场价，按财年） | 2013 | 2014 | 2015 | 2016 | |
| 阿富汗 | 3.7 | 2.0 | 2.5 | 5.0 | |
| 孟加拉国 | 6.0 | 6.1 | 5.6 | 6.3 | |
| 不丹 | 2.0 | 5.2 | 6.7 | 5.9 | |
| 印度 | 6.9 | 7.2 | 7.5 | 7.9 | |
| 马尔代夫 | 4.7 | 5.0 | 5.0 | — | |
| 尼泊尔 | 3.9 | 5.5 | 5.0 | 5.0 | |
| 巴基斯坦 | 3.7 | 4.1 | 4.4 | 4.6 | |
| 斯里兰卡 | 7.3 | 7.4 | 6.9 | 6.6 | |

资料来源：世界银行。

印度最为明显，2014年该国高达17%的城市人口居住在4个人口规模在1000万以上的超级大城市中，即新德里、孟买、加尔各答和班加罗尔。印度在城市数量增加、城市化水平提高的时候，却对城市的基础设施建设和公共服务供给不够重视，仍有16%的城市人口没有自来水饮用，有54%的城市居民生活中没有排污系统。同时，住房缺口十分巨大。因此过度城市化问题的出现，导致整个南亚地区的城市发展出现就业、医疗卫生、教育、交通、住房和环境等基础设施建设和公共服务建设方面的全方位压力，其核心表现就是资源缺乏、环境污染、交通拥挤、住房困难和失业人口增多，从而成为社会的不稳定因素，成为影响地区发展的核心问题。自然，这些城市发展问题同时也成为"丝路城市"建设推进进程中的巨大合作需求。

3. 南亚的重要战略地位，以及对亚洲合作发展的共同诉求，为"丝路城市"合作提供保障

与中国比邻的巴基斯坦是中国一直以来坚定的战略伙伴，中国与巴基斯坦的战略合作走廊，为中国与巴基斯坦的"丝路城市"合作提供巨大机遇

和保障。而"一带一路"战略的全面推进与孟中印缅经济走廊同样为中国与印度的合作带来巨大机遇,其中孟中印缅经济走廊的一个标志性推进是所谓"K2K",即从昆明到加尔各答的通道,这两点将孟中印缅四国连接起来,这一通道的建设需要基础设施和通信设施的建设,并将同时吸引来大量的产业投资,为"丝路城市"的建设与合作提供另一个重要的保障。

## 三 东南亚"丝路城市"发展态势

东南亚的丝路历史是同海上丝绸之路(也称香料之路)紧密衔接的,而且往往是在陆上丝路因战乱阻断之际,而显示其价值。东南亚地区的真正战略要津价值则要到大航海时代到来之后方才确立。今天,东南亚是全球政治经济最具活力和潜力的地区之一。该地区共有 11 个国家,包括近年独立的东帝汶,以及文莱、柬埔寨、印度尼西亚、老挝、马来西亚、缅甸、菲律宾、新加坡、泰国和越南。其中后 10 个国家组成了东南亚国家联盟(Association of Southeast Asian Nations),简称东盟(ASEAN)。自 1998 年亚洲金融危机之后,东南亚国家恢复了强劲的增长态势,特别是迅速发展的城市化帮助成千上百万的人口脱离了贫困。但是该地区的城市发展模式、阶段之间仍存在很多差异。东南亚地处亚洲与大洋洲、太平洋与印度洋的"十字路口"的位置,地理位置非常重要。马六甲是亚洲联系欧洲和中东地区的重要海运通道,全球 1/4 的海运贸易和全球每年近一半的油轮都途经马六甲海峡。东南亚人口众多,在全球政治、经济上起着重要的作用和拥有重要的战略地位,绝大多数国家自古以来就与中国交往密切,是中国古代海上丝绸之路的必经之路,也是中国建设"一带一路"的战略通道。

(一)东南亚城市化现状

1. 东南亚是世界上最具活力的发展区域之一

东南亚国家在全球经济版图上占有重要地位。如果东盟各国作为一个整体,其经济实力可以排在全球第七位(见表 12)。2008 年全球经济危机爆发至今，东盟国家的政府债务占GDP的比重不到50%，甚至低于许多发达国家。东南亚国家人口总数超过6亿，超过了欧盟或北美的人口总数；其劳动人口的数量位列全球第三，仅次于中国和印度。

表12　2000~2013年东盟国家的经济发展状况与全球主要国家的比较

单位：万亿美元，%

| 2013年GDP | | 2000~2013年GDP实际增长率 | | 2000~2013年GDP增长的波动率 | | 2013年的政府债务占GDP比例 | | 2013年通货膨胀率 | |
|---|---|---|---|---|---|---|---|---|---|
| 美　国 | 16.8 | 中　国 | 10.0 | 俄罗斯 | 4.2 | 日　本 | 243.2 | 印　度 | 7.0 |
| 中　国 | 9.3 | 印　度 | 7.0 | 印　度 | 2.4 | 意大利 | 132.5 | 俄罗斯 | 6.5 |
| 日　本 | 4.9 | 东　盟 | 6.1 | 英　国 | 2.3 | 美　国 | 104.5 | 巴　西 | 6.5 |
| 德　国 | 3.6 | 俄罗斯 | 4.4 | 意大利 | 2.3 | 法　国 | 93.9 | 东　盟 | 2.8 |
| 法　国 | 2.7 | 巴　西 | 3.2 | 德　国 | 2.3 | 英　国 | 90.1 | 德　国 | 2.3 |
| 英　国 | 2.5 | 加拿大 | 1.9 | 日　本 | 2.2 | 加拿大 | 89.1 | 英　国 | 2.1 |
| 东　盟 | 2.4 | 美　国 | 1.8 | 巴　西 | 2.2 | 德　国 | 78.1 | 中　国 | 1.7 |
| 巴　西 | 2.2 | 英　国 | 1.5 | 中　国 | 1.8 | 印　度 | 66.7 | 美　国 | 1.5 |
| 俄罗斯 | 2.1 | 德　国 | 1.1 | 美　国 | 1.7 | 巴　西 | 66.3 | 加拿大 | 1.5 |
| 意大利 | 2.1 | 法　国 | 1.0 | 加拿大 | 1.7 | 东　盟 | 48.7 | 意大利 | 1.4 |
| 印　度 | 1.9 | 日　本 | 0.8 | 法　国 | 1.6 | 中　国 | 22.4 | 法　国 | 1.1 |
| 加拿大 | 1.8 | 意大利 | 0.0 | 东　盟 | 1.6 | 俄罗斯 | 13.4 | 日　本 | -0.6 |

资料来源：McKinsey Global Institute, 2014, *Southeast Asia at the Crossroads*: *Three Paths to Prosperity*.

2012年全球的货物、服务和金融贸易额达到26万亿美元，占全球GDP的36%。这个贸易额是1990年的1.5倍，而到2025年，这个贸易额预计可以达到2012年的3倍。东南亚国家有潜力在这个全球快速发展的过程中巩固和提升自身的地位。预计到2030年，东盟可以成为全球第四大经济体，GDP达到4.5万亿美元。东盟计划将目前与其他国家和地区的所有一揽子自贸协议统合为"区域全面经济伙伴关系"（Regional Comprehensive Economic Partnership，RCEP），在此基础之上与中国、日本、韩国、澳大利亚、新西兰和印度达成全面的自贸关系，成为一个自贸整体，为区域的可持续发展打下坚实的基础。

## 2. 东南亚各国城市化水平差异

东南亚作为全球人口聚集的主要区域之一，人力资源丰富（见表13至表15），区域内各国自20世纪90年代以来城市化发展迅速（见表16），但是水平各有差异。2014年，新加坡、文莱和马来西亚的城市化水平已经达到或接近发达国家；印度尼西亚、泰国和菲律宾的城市化水平刚超过或接近50%，进入城市化关键阶段；而柬埔寨、老挝、缅甸和越南的城市化水平仍处于起步阶段。预计到2050年，东盟各国中有近半数即新加坡、文莱、马来西亚、印度尼西亚和泰国的城市化水平能够达到或接近发达国家（见表16）。

表13　1990~2013年东盟各国人口

单位：千人

| 国家 | 1990 | 2006 | 2007 | 2008 | 2009 | 2010 | 2011 | 2012 | 2013 |
|---|---|---|---|---|---|---|---|---|---|
| 文莱 | 253 | 365 | 370 | 375 | 380 | 387 | 393 | 400 | 406 |
| 柬埔寨 | 8600 | 14081 | 14364 | 13396 | 14085 | 14303 | 14521 | 14741 | 14963 |
| 印度尼西亚 | 179248 | 222747 | 225642 | 228523 | 231370 | 237641 | 241991 | 245425 | 248818 |
| 老挝 | 4140 | 5747 | 5873 | 6000 | 6128 | 6256 | 6385 | 6514 | 6644 |
| 马来西亚 | 18102 | 26550 | 27058 | 27568 | 28082 | 28589 | 29062 | 29518 | 29948 |
| 缅甸 | 40786 | 56515 | 57504 | 58377 | 59130 | 59780 | 60384 | 60976 | 61568 |
| 菲律宾 | 60703 | 86973 | 88575 | 90457 | 92227 | 94013 | 95804 | 97594 | 99385 |
| 新加坡 | 3047 | 4401 | 4589 | 4839 | 4988 | 5077 | 5184 | 5312 | 5399 |
| 泰国 | 55839 | 65574 | 66041 | 66482 | 66903 | 67313 | 67597 | 67911 | 68251 |
| 越南 | 66017 | 83311 | 84218 | 85118 | 86024 | 86932 | 87840 | 88773 | 89709 |
| 东盟 | 436736 | 566263 | 574233 | 581136 | 589316 | 600291 | 609161 | 617865 | 625091 |

资料来源：Association of Southeast Asian Nations (ASEAN), 2015, *ASEAN Statistical Yearbook 2014*.

表14　1990~2013年东盟各国人口增长速度

单位：%

| 国家 | 1990~1995 | 2006 | 2007 | 2008 | 2009 | 2010 | 2011 | 2012 | 2013 |
|---|---|---|---|---|---|---|---|---|---|
| 文莱 | 2.5 | 1.7 | 1.5 | 1.4 | 1.4 | 1.8 | 1.7 | 1.6 | 1.6 |
| 柬埔寨 | 5.7 | 2.0 | 2.0 | 1.5 | 1.5 | 1.5 | 1.5 | 1.5 | 1.5 |
| 印度尼西亚 | 1.4 | 1.3 | 1.3 | 1.3 | 1.2 | 2.7 | 1.8 | 1.4 | 1.4 |
| 老挝 | 2.2 | 2.2 | 2.2 | 2.2 | 2.1 | 2.1 | 2.1 | 2.0 | 2.0 |
| 马来西亚 | 2.7 | 1.9 | 1.9 | 1.9 | 1.9 | 1.8 | 1.7 | 1.6 | 1.5 |

续表

| 国家 | 1990~1995 | 2006 | 2007 | 2008 | 2009 | 2010 | 2011 | 2012 | 2013 |
|---|---|---|---|---|---|---|---|---|---|
| 缅甸 | 1.9 | 2.0 | 1.7 | 1.5 | 1.3 | 1.1 | 1.0 | 1.0 | 1.0 |
| 菲律宾 | 2.5 | 2.0 | 1.8 | 2.1 | 2.0 | 1.9 | 1.9 | 1.9 | 1.8 |
| 新加坡 | 3.0 | 3.2 | 4.3 | 5.5 | 3.1 | 1.8 | 2.1 | 2.5 | 1.6 |
| 泰国 | 1.2 | 0.7 | 0.7 | 0.7 | 0.6 | 0.6 | 0.4 | 0.5 | 0.5 |
| 越南 | 1.7 | 1.1 | 1.1 | 1.1 | 1.1 | 1.1 | 1.0 | 1.1 | 1.1 |
| 东盟 | 1.8 | 1.5 | 1.4 | 1.2 | 1.4 | 1.9 | 1.5 | 1.3 | 1.3 |

资料来源：Association of Southeast Asian Nations (ASEAN), 2015, *ASEAN Statistical Yearbook 2014*.

表15 1990~2013年东盟各国人口密度

单位：平方公里，人/平方公里

| 国家 | 面积 | 1990 | 2006 | 2007 | 2008 | 2009 | 2010 | 2011 | 2012 | 2013 |
|---|---|---|---|---|---|---|---|---|---|---|
| 文莱 | 5769 | 44 | 63 | 64 | 65 | 70 | 67 | 68 | 69 | 70 |
| 柬埔寨 | 181035 | 48 | 78 | 79 | 74 | 78 | 79 | 80 | 81 | 83 |
| 印度尼西亚 | 1860360 | 95 | 118 | 121 | 123 | 124 | 128 | 130 | 132 | 134 |
| 老挝 | 236800 | 17 | 24 | 25 | 25 | 26 | 26 | 27 | 28 | 28 |
| 马来西亚 | 330290 | 55 | 80 | 82 | 83 | 85 | 87 | 88 | 89 | 91 |
| 缅甸 | 676577 | 60 | 84 | 85 | 86 | 87 | 88 | 89 | 89 | 91 |
| 菲律宾 | 300000 | 203 | 290 | 295 | 302 | 307 | 313 | 319 | 325 | 331 |
| 新加坡 | 7161 | 4617 | 6298 | 6552 | 6846 | 7025 | 7146 | 7273 | 7419 | 7540 |
| 泰国 | 513120 | 109 | 128 | 129 | 130 | 130 | 131 | 132 | 132 | 133 |
| 越南 | 330951 | 200 | 252 | 254 | 257 | 260 | 263 | 265 | 268 | 271 |
| 东盟 | 4435618 | 98 | 127 | 129 | 131 | 133 | 135 | 137 | 139 | 141 |

资料来源：Association of Southeast Asian Nations (ASEAN), 2015, *ASEAN Statistical Yearbook 2014*.

表16 1990~2050年东南亚各国城市化展望

单位：千人，%

| 国家 | 城市人口 | | | 农村人口 | | | 城市人口比例 | | | 2010~2015年均城市人口变动比例 |
|---|---|---|---|---|---|---|---|---|---|---|
| | 1990年 | 2014年 | 2050年 | 1990年 | 2014年 | 2050年 | 1990年 | 2014年 | 2050年 | |
| 文莱 | 169 | 325 | 458 | 88 | 98 | 88 | 66 | 77 | 84 | 0.4 |
| 柬埔寨 | 1408 | 3161 | 8167 | 7649 | 12247 | 14402 | 16 | 21 | 36 | 0.9 |

续表

| 国家 | 城市人口 | | | 农村人口 | | | 城市人口比例 | | | 2010~2015年均城市人口变动比例 |
|---|---|---|---|---|---|---|---|---|---|---|
| | 1990年 | 2014年 | 2050年 | 1990年 | 2014年 | 2050年 | 1990年 | 2014年 | 2050年 | |
| 印度尼西亚 | 54634 | 133999 | 227770 | 123999 | 118813 | 93607 | 31 | 53 | 71 | 1.5 |
| 老挝 | 655 | 2589 | 6435 | 3589 | 4305 | 4144 | 15 | 38 | 61 | 3.1 |
| 马来西亚 | 9068 | 22342 | 36163 | 9143 | 7846 | 5950 | 50 | 74 | 86 | 1.0 |
| 缅甸 | 10350 | 18023 | 32206 | 31773 | 35696 | 26439 | 25 | 34 | 55 | 1.6 |
| 菲律宾 | 30101 | 44531 | 88381 | 31848 | 55566 | 68737 | 49 | 44 | 56 | -0.4 |
| 新加坡 | 3016 | 5517 | 7065 | 0 | 0 | 0 | 100 | 100 | 100 | 0 |
| 泰国 | 16649 | 33056 | 44335 | 39934 | 34167 | 17406 | 29 | 49 | 72 | 2.7 |
| 越南 | 13958 | 30495 | 55739 | 54952 | 62053 | 47958 | 20 | 33 | 54 | 2.0 |
| 东帝汶 | 157 | 370 | 1007 | 595 | 782 | 1079 | 21 | 32 | 48 | 2.1 |

资料来源：Department of Economic and Social Affairs of the United Nations（UNDESA），2014，*World Urbanization Prospects: The 2014 Revision*.

### （二）东南亚的城市体系

1. 金字塔形城市体系

绝大多数东南亚国家的城市都在经历着快速的城市化进程，但是它们的水平和在全球城市体系中的地位不尽相同。根据2012年亚洲竞争力研究所（The Asia Competitiveness Institute）针对64个全球城市考察分析的《全球城市活力排名报告》（*Global Ranking of Livability*），新加坡作为一个城市型国家和全球城市，在全球城市中排名第3位，同样在东南亚城市体系中也是遥遥领先于其他城市。在这个报告中，马来西亚的吉隆坡名列全球城市第32位，泰国曼谷名列第41位，越南河内和胡志明市并列第52位，柬埔寨的金边名列第61位，菲律宾的马尼拉名列第63位，印度尼西亚的雅加达名列第64位（见表17）。根据全球化与世界城市研究小组与网络2012年的全球城市排名，东南亚城市中，新加坡名列全球第5位，吉隆坡名列第22位，雅加达名列第30位，曼谷名列第38位，马尼拉名列第57位，胡志明市名列第70位，河内名列第100位（见表18）。

表17　2012年东南亚各主要城市在亚洲竞争力研究所
64个全球城市活力研究报告中的排名

单位：位

| 城市 | 综合排名 | 分类排名 | | | | |
|---|---|---|---|---|---|---|
| | | 经济活力和竞争力 | 环境品质和可持续性 | 国内治安和稳定 | 社会文化状况 | 政治治理 |
| 新加坡 | 3 | 5 | 14 | 1 | 5 | 3 |
| 吉隆坡 | 32 | 23 | 27 | 39 | 34 | 37 |
| 曼谷 | 41 | 42 | 32 | 61 | 39 | 55 |
| 胡志明市 | 52 | 51 | 40 | 37 | 55 | 61 |
| 河内 | 52 | 51 | 40 | 37 | 55 | 61 |
| 金边 | 61 | 44 | 53 | 51 | 63 | 58 |
| 马尼拉 | 63 | 61 | 44 | 64 | 60 | 54 |
| 雅加达 | 64 | 54 | 64 | 49 | 64 | 56 |

资料来源：McKinsey Global Institute，2014，*Southeast Asia at the Crossroads*：*Three Paths to Prosperity*.

表18　2012年东南亚各主要城市在GaWC全球城市体系中的排名

单位：位

| 城市 | 新加坡 | 吉隆坡 | 雅加达 | 曼谷 | 马尼拉 | 胡志明市 | 河内 |
|---|---|---|---|---|---|---|---|
| 等级 | Alpha + | Alpha | Alpha – | Alpha – | Beta + | Beta | Beta – |
| 排名 | 5 | 22 | 30 | 38 | 57 | 70 | 100 |

资料来源：http：//www.lboro.ac.uk/gawc/world2012t.html，2015年10月5日。

根据这些权威机构的统计排名，可以发现东南亚的城市体系是一个清晰的金字塔形结构。新加坡作为排名全球前10位的国际大都市，实力明显领先于东南亚的其他区域性大城市，属第一等级，位于金字塔的塔尖。吉隆坡、雅加达、曼谷、马尼拉、胡志明市、河内等东南亚经济强国的核心城市属第二等级，它们的实力处于金字塔的中间层面。区域内的其他城市，尽管实力、规模不尽相同，都处于金字塔的底层，是第三等级。

2. 首都单极化现象

东南亚国家相比于发达国家，城市化水平较低，但首都单极化的现象明显，首位度很高。1990年，菲律宾首都马尼拉市人口为850万，占全国城市人口的31.9%，1995年已经接近1000万人。雅加达不仅是印尼最大的城市，而且是全国的政治、经济、商业和交通中心。马来西亚的吉隆坡也集中了城市移民的大部分，并且经济总量占马来西亚的30%以上，但相对印尼、泰国、菲律宾来说，集中程度稍低（见表19）。

表19　1960~2015年东南亚主要国家的首都人口占全国人口的比例

单位：%

| 城市 | 1960 | 1970 | 1980 | 1990 | 1995 | 2000 | 2015 |
| --- | --- | --- | --- | --- | --- | --- | --- |
| 雅加达 | 19.1 | 19.1 | 17.9 | 16.5 | 16.4 | 16.4 | 15.6 |
| 吉隆坡 | 15.9 | 12.4 | 15.9 | 12.6 | 11.5 | 10.8 | 10.1 |
| 马尼拉 | 27.2 | 28.6 | 32.9 | 26.9 | 25.3 | 24.6 | 27.5 |
| 曼谷 | 65.1 | 65.5 | 59.3 | 56.6 | 55.7 | 54.0 | 48.8 |
| 胡志明市 | 25.9 | 25.6 | 26.5 | 24.4 | 23.0 | 21.7 | 19.6 |
| 仰光 | 22.6 | 22.9 | 27.3 | 31.9 | 31.6 | 30.8 | 28.3 |

资料来源：饶本忠，《论东南亚国家城市化的特征及其成因》，《新乡学院学报》（社会科学版）2008年第4期。

东南亚国家首都单极化现象有其深层次的原因。第一，产业布局和产业结构的因素。东南亚国家原先都是经济落后的发展中国家，而且都有着被殖民的历史。国内产业基础薄弱，面积也不大，因此仅有的产业集中在首都。首都成为国家的唯一政治经济中心。这个现象在亚非拉的发展中国家中常见。第二，社会文化因素。亚洲文化有中央集权的传统，首都往往是一个国家的政治、经济、文化等多种功能的中心。大多数亚洲国家，包括日本、韩国等发达国家的首都的单极化现象也十分明显。第三，经济发展的必然阶段。东南亚国家为了快速发展产业和经济，最便捷和直接的措施就是在原有的产业基础上进行升级和扩张，必然导致作为经济和产业中心的首都进一步拉大与其他城市的差距，同时又吸引了更多的人口流入首都就业。只有当首都对其他城市产生辐射效应，产业梯度扩散后，这种单极化现象才可能逐步缓解。

### 3. 城市化水平差异显著

制约东南亚国家发展更为重要的城市化差异因素是各国国内各地区城市化发展水平的差异较大。印尼人口的60%集中在仅占总面积不到7%的爪哇岛和马都拉岛上，而爪哇岛以外的占总面积93%的13000个岛屿上居住着不到40%的人口。在菲律宾，其城市人口及其经济中心主要在吕宋岛上，其面积只占全国的1/3，但人口占了全国总人口的一半。马来西亚也是如此，其城市人口、经济中心主要在马来半岛上。马来半岛的面积仅为全国的2/5，人口和国民生产总值占了85%，制造业的比重更是高达95%。其中，半岛西侧是马来西亚的城市、人口及其经济的聚集地，集中了全国80%以上的人口、90%的种植园和工矿企业。马来西亚的主要城市也大都分布在这里，其中吉隆坡是最大城市。越南经济发展的地区不平衡性也十分明显。越南四个直辖市胡志明市、河内、岘港、海防的人均国民生产总值是少数贫困地区人均国民生产总值的5~8倍。

### 4. 低水平的快速城市化

基础设施问题主要反映在城市市政设施不足和交通拥堵方面。东南亚国家的城市市政基础设施的建设与城市扩展和人口增长的速度严重脱节，导致许多城市的不同区域缺少配套的给水排水、电力、燃气、通信等市政基础设施，或者限时供应，或者经常中断服务。人口激增和公共交通不足会带来严重的交通拥堵，曼谷、马尼拉、雅加达这些大都市就是典型案例。曼谷车满为患，泰国每十辆车中就有一辆在曼谷。曼谷市内车速仅为每小时9~11公里，高峰期间车速更慢。城市环境的恶化是东南亚地区"过度城市化"的另一个表现。工业和车辆的集中严重污染了城市空气。曼谷市的空气污染是东南亚国家中较严重的，空气中的悬浮粒物和铅的比重分别是人体器官所能接受的最高限度的2倍和3倍。大量贫民窟的出现是东南亚地区"过度城市化"的另一个问题。雅加达和马尼拉市有100万人居住在贫民区，这些地方缺少必需的安全用水和排污系统，交通、保健、教育服务不足或根本没有。

东南亚国家的"过度城市化"的本质是在短时间内乡村人口大量涌入

城市，而城市本身并不具备与这些人口数量相配套的就业岗位、住房、基础设施、公共服务。这还只是人口的迁徙，这部分涌入城市的农村人口并未真正城市化、享有城市居民的条件。因此这种城市化是一种虚假城市化。东南亚国家的经济、管理、建设基础非常薄弱，城市化进程相对于西方发达国家的城市化是一种短期剧变，不可避免地会导致秩序混乱和功能失调。而这种城市化过程中存在的结构性扭曲和失衡的问题只能依靠城市化进程本身来加以解决。

### （三）"一带一路"政策给东南亚城市发展带来机遇

#### 1. 东南亚国家与中国的密切联系

中国与东南亚国家有着悠久的交往历史，政治经济合作互动密切。虽然中国与一些东南亚国家存在种种争议，但是作为比邻的发展中国家，双方有着巨大的共同利益。近年双方合作发展所取得的成果也见证了"求同存异""合则两利"的原则。

东南亚国家立足于巩固和加深与中国的战略伙伴关系，对中国提出的"一带一路"战略以及成立"亚洲基础设施投资银行"（亚投行）积极响应。2014年8月开始的中国-东盟自贸区的升级谈判着重提升双方的经贸合作，为东南亚国家和城市的经济发展开拓了广阔的空间。除了经贸关系之外，东盟国家与中国的政治、文化、科技、社会交往也越发密切。2014年是东盟与中国的文化交流年。东盟和中国正在共同起草双方2016～2020年的合作行动计划。通过合作与发展来化解争议是务实的途径，因此"一带一路"战略对于中国与东南亚国家的区域繁荣和稳定具有重大的战略意义。

#### 2. 中国与东南亚国家的经济互利

中国是东南亚国家重要的经贸伙伴。中国是东盟最大的贸易伙伴（见表20）。同时中国还是东盟大多数成员国的重要出口市场和进口来源国（见表21）。

表20 2013年东盟主要贸易伙伴及双边贸易占总量的比例

单位：%

| 国家或地区 | 东盟国家之间 | 新西兰 | 加拿大 | 中国 | 欧盟 | 印度 |
|---|---|---|---|---|---|---|
| 比例 | 24.2 | 3.1 | 0.5 | 14.0 | 9.8 | 2.7 |
| 国家或地区 | 日本 | 韩国 | 俄罗斯 | 美国 | 巴基斯坦 | 其他 |
| 比例 | 9.6 | 5.4 | 0.8 | 8.2 | 0.2 | 21.4 |

资料来源：Association of Southeast Asian Nations (ASEAN), 2014, *ASEAN Community in Figures – Special Edition 2014: A Closer Look at Trade Performance and Dependency, and Investment*。

表21 2013年东盟各国对中国的进出口贸易占各国进出口贸易总量的比例

单位：%

| 国家 | 文莱 | 柬埔寨 | 印度尼西亚 | 老挝 | 马来西亚 | 缅甸 | 菲律宾 | 新加坡 | 泰国 | 越南 |
|---|---|---|---|---|---|---|---|---|---|---|
| 出口 | 1.4 | 3.0 | 12.4 | 14.0 | 13.4 | 26.7 | 12.2 | 11.8 | 11.9 | 10.0 |
| 进口 | 11.3 | 32.6 | 16.0 | 15.5 | 16.4 | 30.5 | 13.1 | 11.7 | 15.1 | 27.9 |

注：按照东盟标准，贸易伙伴分类：非常重要＞15%，10%＜重要≤15%，5%＜一般≤10%，不重要≤5%。

资料来源：Association of Southeast Asian Nations (ASEAN), 2014, *ASEAN Community in Figures – Special Edition 2014: A Closer Look at Trade Performance and Dependency, and Investment*。

从2005年开始，中国对东南亚各国的直接投资迅速增长。2013年中国对东盟国家的直接投资数额（FDI）仅次于欧盟、日本，在东盟以外国家和地区中排名第三位。自从2010年中国-东盟自贸区正式全面启动以来，中国公司对东盟各国的投资飞速增长，特别是在基础设施、采矿、房地产、金融、商贸等领域（见表22）。如2013～2017年，中国公司在东盟的基础设施项目投资总额达到500亿美元。在东盟投资的中国企业规模不等，从大型国企到小型民企都有。吸引这些企业的因素包括丰厚的利润、巨大的发展潜力和低廉的成本。除了中国-东盟自贸区的支撑之外，中国政府和银行的大力支持也是中国-东盟经贸发展迅速的重要原因。

表22  2010~2013年中国对东盟各行业的直接投资金额

单位：百万美元

| 行业 | 2010 | 2011 | 2012 | 2013 | 平均 |
|---|---|---|---|---|---|
| 农、林、渔、牧业 | 45.0 | 55.4 | 58.7 | 88.2 | 61.8 |
| 矿山与采掘业 | 352.1 | 172.6 | 285.6 | 558.1 | 342.1 |
| 制造业 | 84.9 | 393.5 | 342.5 | 1140.2 | 490.3 |
| 工程业 | -21.4 | 128.0 | 108.1 | 21.6 | 59.1 |
| 商贸业 | 76.4 | 877.7 | 594.5 | 2711.8 | 1065.1 |
| 金融业 | 1106.6 | 3704.0 | 602.6 | 1143.9 | 1639.3 |
| 房地产业 | 759.2 | 1678.5 | 1903.1 | 1522.7 | 1465.9 |
| 服务业 | 100.5 | -205.1 | 990.7 | 576.5 | 365.7 |
| 其他行业 | 29.0 | 107.8 | 10.4 | 87.8 | 58.7 |
| 未细分行业 | 1521.1 | 944.0 | 480.5 | 792.6 | 934.6 |
| 合计 | 4053.4 | 7856.4 | 5376.7 | 8643.4 | 6482.6 |

资料来源：Association of Southeast Asian Nations (ASEAN), 2014, *ASEAN Investment Report 2013 - 2014: FDI Development and Regional Value Chains*。

## 四 中亚"丝路城市"发展态势

公元纪年以来的中亚历史几乎就是丝路历史的核心篇章，中亚地区也毫无疑问是丝路地区的核心板块。公元1~2世纪的贵霜帝国时代、公元7~8世纪的阿拉伯帝国时代和公元13世纪的"蒙古统治下的和平"时代既构成了陆上丝路的三个黄金时代，也构成了中亚地区史的和平稳定时代，也正是地区的稳定促成了中亚成为洲际贸易通道。作为通道节点，一批城市（玉龙杰赤、锡斯坦、萨莱）崛起又湮灭，一些城市（撒马尔罕）终成名城。当代认识中的中亚地区包括了5个国家，分别是哈萨克斯坦、土库曼斯坦、吉尔吉斯斯坦、乌兹别克斯坦、塔吉克斯坦。这些国家都是在1991年苏联解体后取得独立的，从主权国家意义上都属于新生国家。然而，中亚城市在中亚地区发展史上则是长期扮演着决定性的作用。早在现代史意义上的民族国家在本地区诞生之前，由丝路驿站发育而成的城市以及城市间网络，是中亚地区政治、经济、文化由游牧体系转向地居体系，由农牧经济逐步发展为商贸经济的核心因素。当今，城市仍是介入中亚经济、文化的关键切入点。中亚城市不仅是"丝路城市"网络中的重要组成板块，也是连接中东、南欧、北非的枢纽型板块。可以预见，"丝路城市"网络的形成，离不开枢纽型中亚城市的崛起；同样可以预见，开放性、国际化的中亚城市的崛起，也是拉动中亚国家和地区整体发展与开放的关键节点。截至2012年，该地区的人口有6400多万，其中47.4%生活在城市（见表23）。根据联合国经社部（UNDESA）的估计，到2050年，中亚地区的人口将达到8200万，其中的55.2%将生活在城市。随着经济的改革、重组以及一些其他因素，该地区的人口可能增长得更快。

表23 中亚地区人口和城市化指标（截至2012年1月1日）

| 国家或地区 | 英文名称 | 人口（千人） | | 城市人口占比（%） | 人口增长率,2006~2022(%) | | 人口密度（人/平方公里） |
|---|---|---|---|---|---|---|---|
| | | 总人口 | 城市人口 | | 总人口 | 城市人口 | |
| 哈萨克斯坦 | Kazakhstan | 16675.4 | 9114.5 | 54.7 | 1.70 | 1.01 | 6.1 |
| 吉尔吉斯斯坦 | Kyrgyzstan | 5551.9 | 1884.4 | 33.9 | 1.14 | 0.86 | 27.8 |
| 塔吉克斯坦 | Tajikistan | 7800.5 | 2063.3 | 26.5 | 2.00 | 2.12 | 54.5 |
| 土库曼斯坦 | Turkmenistan | 5054.8 | 2527.4 | 50.0 | 1.14 | 2.20 | 10.4 |
| 乌兹别克斯坦 | Uzbekistan | 29599.1 | 15069.6 | 51.0 | 1.96 | 9.11 | 66.1 |
| 中亚 | Central Asia | 64641.7 | 30659.3 | 47.4 | 1.59 | 3.06 | 16.1 |

资料来源：Center for Economics Research, Tashkent, *Urbanization in Cental Asia: Challenges, Issues and Prospects*, 2013。

### （一）中亚城市体系变迁与现状

**1. 历史与转型期的中亚城市**

历史地观察，中亚城市及其城市体系的兴衰变迁频繁而显著。历史上，丝绸之路的多条驿道在中亚地区延伸。取决于安全状况，不同的驿道被使用或弃用，互为交替。相应的，不同的驿站城市由此兴或衰。反过来，驿站城市所集聚的人气，又反作用于驿道的发育，串联了欧洲与亚洲。因此，中亚城市在发育之初，就非孤立立城，而是一直就在城市间形成多维动态的城市网络。可以说网络化是中亚城市的本色。苏联时期，中亚城市的网络化特征被更为垂直化的苏联城市体系所消解。无论是传统城市还是新兴城市，多数中亚城市转型为服务于苏联计划经济大系统的单一功能城市（Mono-cities），中亚的整体城市化率也经历了最为显著的提升期（见图4）。

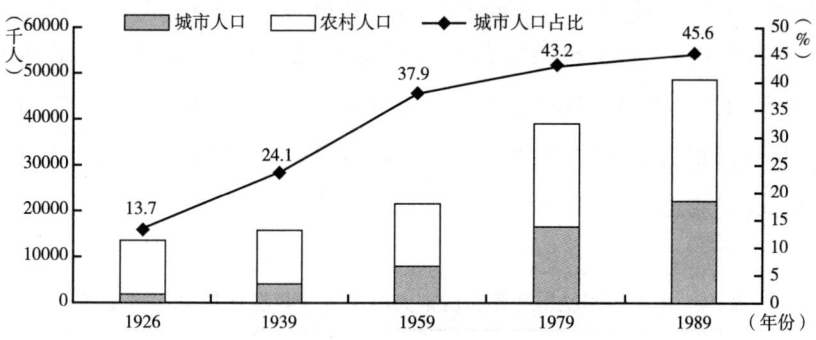

**图4　1926~1989年中亚城市化的动态进程**

资料来源：苏联人口普查数据（USSR Census Data）。

20世纪末以来，中亚地缘政治格局发生根本性变化，由一国（苏联）的几个加盟共和国，变身为多个独立主权国家。苏联时期的统一市场格局、经济分工体系、资源互济安排皆不复存在。作为苏联治下的遗产，中亚大量单一功能城市一时间甚至难以独立维持正常的运转，20世纪90年代到21世纪初，甚至部分中亚国家出现了"逆城市化"。20年间，吉尔吉斯斯坦城市人口比重下降了2%，而在塔吉克斯坦更是下降了9%。

进入21世纪，中亚城市体系经历了重大调整。首先，一批城市从地区中心上升为国家首都，甚至个别中心城市（中亚最大都市阿拉木图）不再作为国家首都。其次，从苏联时期一体化的城市体系，转变为各国独立建设各自的城市体系。最后，中亚城市主要对外联系方向，在延续与俄罗斯联邦主要城市联系的同时，也开始向更大的地域范围拓展联系。延续丝路传统，同中东城市、中国西部城市、西欧城市的联系都得到了优先加强。中亚城市与上述地区城市的经贸、文化联系得到了加强，使领馆也优先在上述地区的国家建立。

2. 当前中亚城市体系

目前中亚地区有273座城市（中亚各国对城市的界定有一定差异，大致以1万~5万人口作为小城市的标准。但哈萨克斯坦也将13个人口规模小于1万的人居地设为城市），其承载的总人口规模达到2360万，占整个地区城市总人口的77%。大部分的城市和城市居民都分布在乌兹别克斯坦（拥有中亚地区43.6%的城市，38%的城市人口）。其次是哈萨克斯坦（分别为31.9%和37.7%），然后是土库曼斯坦（分别为9.2%和10%）、吉尔吉斯斯坦（分别为9.2%和8%）和塔吉克斯坦（分别为6.2%和6.4%）（见表24）。

表24　中亚各国城市数量和城市人口规模（截至2012年1月1日）

| 国家或地区 | 城市数(个) | 城市占比(%) | 城市人口(千人) | 城市人口占比(%) |
|---|---|---|---|---|
| 哈萨克斯坦 | 87 | 31.9 | 8893.3 | 37.7 |
| 吉尔吉斯斯坦 | 25 | 9.2 | 1883.2 | 8.0 |
| 塔吉克斯坦 | 17 | 6.2 | 1502.6 | 6.4 |
| 土库曼斯坦 | 25 | 9.2 | 2348.1 | 10.0 |
| 乌兹别克斯坦 | 119 | 43.6 | 8951.0 | 38.0 |
| 中亚 | 273 | 100.0 | 23578.2 | 100.0 |

资料来源：Center for Economics Research, Tashkent, Urbanization in Cental Asia: Challenges, Issues and Prospects, 2013。

21世纪以来，中亚的城镇人口越来越多地集中在大城市。2000~2010年，中亚地区的首都等主要大城市的人口平均增长了19.4%。但当前中亚城市并没有形成一个紧密一体化的城市体系，而主要表现为以各国首都为核心的多个国家城市体系。在整个地区相对处于核心地位、具有一定区域尺度辐射功能的则是阿拉木图。这也使得阿拉木图成为该地区唯一一个非首都的大城市（见表25）。

表25　2000~2010年中亚地区主要城市的人口数

| 国家 | 主要城市(首都) | 2000年,主要城市 | | 2010年,主要城市 | | 10年增长率(%) |
|---|---|---|---|---|---|---|
| | | 城市人口(千人) | 占总人口比重(%) | 城市人口(千人) | 占总人口比重(%) | |
| 哈萨克斯坦 | 阿斯塔纳 | 381.0 | 2.5 | 697.3 | 4.5 | 45.3 |
| | 阿拉木图 | 1132.0 | 7.6 | 1417.2 | 9.1 | 20.1 |
| 吉尔吉斯斯坦 | 比什凯克 | 762.0 | 15.6 | 846.5 | 15.1 | 9.9 |
| 塔吉克斯坦 | 杜尚别 | 562.0 | 9.2 | 704.0 | 14.1 | 20.2 |
| 土库曼斯坦 | 阿什哈巴德 | 590.0 | 11.3 | 637.0 | 12.7 | 7.4 |
| 乌兹别克斯坦 | 塔什干 | 1902.0 | 7.5 | 2201.0 | 7.8 | 13.6 |

资料来源：Center for Economics Research, Tashkent, Urbanization in Cental Asia: Challenges, Issues and Prospects, 2013。

哈萨克斯坦有87座城市，其中2个国家级城市（阿拉木图和阿斯塔纳）、40个州级城市（其中14个为州中心）、45个地区级城市。16个州级及以上中心城市的人口（包括阿拉木图和阿斯塔纳）占到了哈萨克斯坦城市总人口的67%（见表26）。

表26　哈萨克斯坦的城市结构（截至2012年1月1日）

| 城市分类(按人口规模,人) | 城市数量(个) | 城市占比(%) | 人口数(千人) | 人口占比(%) |
|---|---|---|---|---|
| 少于10000 | 13 | 14.9 | 85.5 | 1.0 |
| 10000~20000 | 13 | 14.9 | 184.7 | 2.1 |
| 20000~50000 | 33 | 37.9 | 1153.3 | 13.0 |
| 50000~100000 | 7 | 8.0 | 493.2 | 5.5 |
| 100000~150000 | 4 | 4.6 | 509.3 | 5.7 |
| 150000~500000 | 14 | 16.1 | 3631.4 | 40.8 |
| 大于500000 | 3 | 3.4 | 2835.8 | 31.9 |
| 总计 | 87 | 100.0 | 8893.2 | 100.0 |

资料来源：Center for Economics Research, Tashkent, Urbanization in Cental Asia: Challenges, Issues and Prospects, 2013。

吉尔吉斯斯坦有25座城市，这25座城市的人口占吉尔吉斯斯坦全国城镇总人口的90%以上。其中包括2个国家级城市、13个州级和10个区级城市。比什凯克和奥什两大城市集中了全国近60%的城镇人口。4个中型城市（人口规模5万～10万）——贾拉拉巴德、卡拉科尔、托克马克和乌兹根，仅贡献了全国城镇人口的15%。大部分的州级城市都位于南部：包括贾拉拉巴德州的5座城市和巴特肯州的3座城市（见表27、表28）。

表27  吉尔吉斯斯坦行政区划（截至2012年1月1日）

| 全国或地区 | 英文名称 | 面积(千平方公里) | 人口密度(人/平方公里) | 地区数(个) | 城市数(个) | 城市类定居点数(个) | 定居点(个) | 地方社区(个) |
|---|---|---|---|---|---|---|---|---|
| 吉尔吉斯斯坦 | Kyrgzy | 199.9 | 28 | 40 | 25 | 28 | 3 | 400 |
| 比什凯克 | Bishkek city | — | — | — | 1 | 1 | — | — |
| 奥什州 | Osh city | — | — | — | 1 | — | — | — |
| 巴特肯 | Batken | 17.0 | 26 | 3 | 4 | 5 | — | 29 |
| 贾拉拉巴德 | Jalal-Abad | 33.7 | 31 | 8 | 7 | 7 | 3 | 66 |
| 伊塞克湖州 | Issyk-Kul | 43.1 | 10 | 5 | 3 | 5 | — | 58 |
| 纳伦 | Naryn | 45.2 | 6 | 5 | 1 | 2 | — | 61 |
| 奥什 | Osh | 29.0 | 40 | 7 | 3 | 2 | — | 86 |
| 塔拉斯 | Talas | 11.4 | 21 | 4 | 1 | 2 | — | 36 |
| 楚河州 | Chui | 20.2 | 41 | 8 | 4 | 5 | — | 104 |

资料来源：Center for Economics Research, Tashkent, Urbanization in Cental Asia: Challenges, Issues and Prospects, 2013。

表28  1989～2012年吉尔吉斯斯坦的城市结构变化

| 城市分类（按人口规模） | 城市数(个) | | | | 人口规模(千人) | | | |
|---|---|---|---|---|---|---|---|---|
| | 1989 | 1999 | 2009 | 2012 | 1989 | 1999 | 2009 | 2012 |
| 小城镇(少于50000人) | 15 | 15 | 20 | 19 | 366.4 | 379.7 | 444.7 | 478.9 |
| 中型城市(50000～100000人) | 4 | 3 | 3 | 4 | 259.2 | 194.1 | 205.6 | 274.0 |
| 大城市(超过100000人) | 2 | 2 | 2 | 2 | 821.4 | 958.8 | 1054.7 | 1130.2 |
| 总计 | 21 | 20 | 25 | 25 | 1447.0 | 1532.6 | 1705.0 | 1883.1 |

资料来源：Center for Economics Research, Tashkent, Urbanization in Cental Asia: Challenges, Issues and Prospects, 2013。

塔吉克斯坦有 17 座城市,这些城市总的人口规模达到 150 万。其中首都杜尚别是直辖市,另外还有 3 个国家级城市、7 个州级城市和 6 个区级城市。

塔吉克斯坦拥有一座人口超过 25 万的大都市(杜尚别)、一座人口规模在 10 万~25 万的大城市(苦盏)、12 座中型城市(人口规模为 2 万~10 万)和三个小城镇(人口规模不到 2 万)。苏联解体后,塔吉克斯坦的城市人口逐渐向首都杜尚别集中——那里有将近全国一半(48.5%)的城市人口。索格特州的行政中心苦盏生活着全国近 11% 的城市人口。而塔吉克斯坦的大多数中型城市(12 个)加总的人口规模仅略超过全国城市人口规模的 1/3(38.1%)。一小部分城市人口(2.5%)居住在小城镇(见表29)。

表29　1991~2010 年塔吉克斯坦城市结构变化

| 城市分类(按人口规模) | 城市数(个) | 占城市总人口的比重(%) | | | | |
|---|---|---|---|---|---|---|
| | | 1991 | 2001 | 2008 | 2009 | 2010 |
| 小城镇(少于20000人) | 3 | 3.5 | 2.5 | 2.5 | 2.5 | 2.5 |
| 中型城市(20000~100000人) | 12 | 38.8 | 39.8 | 39.0 | 38.8 | 38.1 |
| 大城市(100000~250000人) | 1 | 12.7 | 11.6 | 10.8 | 10.8 | 10.9 |
| 超大城市(超过250000人) | 1 | 45.0 | 46.1 | 47.7 | 47.9 | 48.5 |
| 总　计 | 17 | 100.0 | 100.0 | 100.0 | 100.0 | 100.0 |

资料来源:Center for Economics Research, *Tashkent*, *Urbanization in Cental Asia*:*Challenges*, *Issues and Prospects*, 2013。

乌兹别克斯坦共有 119 座城市,其中有 1 个直辖市、2 个国家级城市、26 个州级城市、90 个区级城市。21 世纪的头 10 年,乌兹别克斯坦城市人口增长超过 105%。截至 2011 年 1 月 1 日,这些城市共有人口 8951000,占城市总人口的 61.2%。其余 38.8% 的城市居民生活在 1079 个城镇类定居点。乌兹别克斯坦的城市构成以中小型城市为主(占城市总数的 69.75%),但中小城市只承载了城市总人口的 21.36%(见表30)。

表30 乌兹别克斯坦的城市结构（截至2011年1月）

| 城市分类（按人口规模，人） | 城市数量(个) | 城市占比(%) | 人口数(千人) | 人口占比(%) |
| --- | --- | --- | --- | --- |
| 少于10000 | 5 | 4.20 | 43.9 | 0.49 |
| 10000~20000 | 30 | 25.21 | 439.9 | 4.91 |
| 20000~50000 | 48 | 40.34 | 1428.9 | 15.96 |
| 50000~100000 | 19 | 15.97 | 1229.6 | 13.74 |
| 100000~150000 | 12 | 10.08 | 2072.2 | 23.15 |
| 150000~500000 | 4 | 3.36 | 1482.8 | 16.57 |
| 大于500000 | 1 | 0.84 | 2253.7 | 25.18 |
| 总计 | 119 | 100.00 | 8951.0 | 100.00 |

资料来源：Center for Economics Research, Tashkent, Urbanization in Cental Asia: Challenges, Issues and Prospects, 2013。

土库曼斯坦截至2012年6月1日，拥有57区、25个城市、78个定居点、560个农村自治区、1927个村（见表31）。城市分为省级以上城市（人口超过500000）、区级城市（人口30000以上）、区级以下的城市（人口超过8000）和定居点（人口超过2000）。截至2012年1月1日，土库曼斯坦总人口的12.7%居住在首都阿什哈巴德。据2005年官方估计，阿什哈巴德人口为871500。

表31 土库曼斯坦的行政区划（截至2012年6月1日）

| 全国或地区 | 英文名称 | 面积（平方公里） | Etraps（个） | 城市数（个） | 定居点（个） | Gengeshliks（个） | 村镇（个） |
| --- | --- | --- | --- | --- | --- | --- | --- |
| 土库曼斯坦 | Turkmenistan | 491.21 | 57 | 25 | 78 | 560 | 1927 |
| 阿什哈巴德 | Ashgabat city | 0.47 | 5 | 1 | 1 | — | — |
| 阿哈尔 | Akhal | 97.16 | 9 | 5 | 12 | 104 | 278 |
| 巴尔坎 | Balkan | 139.27 | 6 | 7 | 16 | 40 | 128 |
| 达沙古兹 | Dashoguz | 73.43 | 9 | 2 | 8 | 140 | 654 |
| 列巴普 | Lebap | 93.73 | 16 | 5 | 27 | 119 | 485 |
| 马雷 | Mary | 87.15 | 12 | 5 | 14 | 157 | 382 |

资料来源：Center for Economics Research, Tashkent, Urbanization in Cental Asia: Challenges, Issues and Prospects, 2013。

## (二)中亚城市对外联系现状与改善前景

中亚地区在摆脱农牧经济形态的历次努力中,对外商贸联系特别是沟通欧亚的商贸联系一直以来都是关键因素。历史上,处于丝绸之路上的塔什干、奥什、苦盏、撒马尔罕、布哈拉、希瓦以及其他城市曾经是洲际贸易、外交和文化交流的中心。苏联时期,中亚城市的洲际沟通功能基本丧失。中亚城市被整体纳入苏联的经济分工体系,且更多是以资源城市、工业城镇的单一功能进入苏联的城市体系。中亚国家独立以来,该地区的城市在政治、经济、社会和文化领域发生了一系列复杂的变革,并开始影响到这些城市在相关领域所处的地位和所扮演的角色。为此,中亚城市对外开放的程度几乎决定着中亚经济的发展命脉。

1. 极为有限的全球化参与度

目前而言,只有少数中亚的大城市具备开展国际化合作的实力。根据英国拉夫堡大学全球化与世界城市项目的研究。在 Alfa、Beta、Gamma 三级世界城市以及"高度满足条件"和"满足条件"二级准世界城市的 5 级评价中,中亚城市功能与影响的国际化显然是很不充分的,在全球超过 500 个入选城市中,只有 1 个中亚城市入选。哈萨克斯坦的阿拉木图(Almaty)作为地区的经济、金融中心是唯一持续保持国际化发展态势的城市,从 2000 年的"准世界城市"位置连续跨越多个台阶,在 2012 年进阶到 Beta – 世界城市。此外,塔什干(Tashkent)是阿拉木图之外,唯一一个连续进入 GaWC 评价备选视野的准世界城市,但是自 2002 年首度被评为"满足条件"级准世界城市以来,塔什干的进步动力显然不足,近 10 年来仅维持在原来等级没有新的进展(见表 32)。

2. 至为关键的地区空间发展框架再造

中亚地区具有相当的经济增长潜力。但要开发这些潜力,需要将中亚从一个相对隔离地区转换为一个连接亚洲新经济体和欧洲的交通运输、工业和金融中心。这其中,塑造中亚地区的整体空间发展格局尤其重要。

第一,以地区范围洲际尺度的交通基础设施建设为先导。根据亚洲开发

表32 中亚城市在全球化与世界城市历次评级中的位置

| 城市 | 国家 | 2000评级 | 2002评级 | 2008评级 | 2010评级 | 2012评级 |
|---|---|---|---|---|---|---|
| 阿拉木图 | 哈萨克斯坦 | 高度满足条件的准世界城市 | 高度满足条件的准世界城市 | Gamma-世界城市 | Gamma世界城市 | Beta-世界城市 |
| 塔什干 | 乌兹别克斯坦 | 未达标 | 满足条件的准世界城市 | 满足条件的准世界城市 | 未达标 | 满足条件的准世界城市 |

资料来源：GaWC历次报告，参见http://www.lboro.ac.uk/gawc。作者做了归纳整理。

银行的一项测算（"中亚区域经济合作"发展计划，CAREC），一旦中亚地区洲际尺度基础设施网络建成，经由中亚承担的欧洲和东亚之间的洲际贸易量将从2005年的不足1%（约340万吨）增加到2017年的5%；同期，中亚区域内贸易量也应在2005年水平（约320万吨）基础上增加50%。目前，该地区的各国正在落实加强交通基础设施建设的方案，这些基础设施将为构建区域发展网络打下基础。例如，将"多斯塔克（Dostuk，靠近中-哈边境城市）-阿拉木图-奇姆肯特"的交通走廊与"塔什干-基地-马扎里沙里夫"的运输通道连接起来可能会成为增加中亚地区运输能力一个关键点，并有望将阿富汗整合到这个区域交通和运输体系中。另一个轴向的空间布局是基于连接"喀什-奥什（吉尔吉斯斯坦）-安集延-塔什干（乌兹别克斯坦）"的高速公路和铁路。这些构成了连接西欧和中东的交通走廊。交通连接后进而形成的轴带发展的模式将有助于加强中亚地区那些相互孤立的经济区之间的联系，降低区域内和区域间的运输成本，促进对外贸易和该地区融入世界经济。运输网络也将促进各行业的跨国集聚，这些行业涵盖了消费品制造业和食品加工服务业等。

第二，重视枢纽型中心城市的培育。要改变中亚地区与全球经济分离的状态，需要重新定位城市的角色，创建新的城市框架。新的范式要求在国家和区域层面重新定位城市的角色，包括：建成一批具有工业、创新、交通、物流优势的龙头城市；将一批现存的在新环境下能发挥竞争优势的外围城市转换为中心城市。目前已有一些城市进入了发展正轨。阿拉木图正在朝区域性金融中心发展;艾拉姆正努力将自身打造成航空运输及物流枢纽;土库曼斯坦的 Tedjen 正在成为一个重要的区域交通和物流枢纽。

第三,培育新型产业集群是中亚经济发展的又一个重要途径。苏联时期,在 1960~1990 年,中亚地区曾建立过一批区域性工业组织(TICs),包括位于塔吉克斯坦的南塔吉克斯坦 TIC、位于乌兹别克斯坦的纳沃伊的矿冶 TIC、Almalyk-安格尔 TIC、费尔干纳石油化工 TIC、位于哈萨克斯坦的 Kustanai TIC、巴甫洛达尔-埃基巴斯图兹 TIC。虽然这些工业组织多数从事的是矿产采掘业,且在中亚国家独立后组织体系也不复存在,但仍构成整个中亚地区的工业基础。在 1990~2010 年的 20 年转型期里,正是这些工业基础的运行情况以及相关矿产品国际市场的供需情况,决定了中亚各国的经济发展。今天,以新丝绸之路经济带的开放视野来看待中亚的经济复兴,在经贸之外的另一个出路就是以市场经济的规则和适用的技术装备重塑一批产业集群。而这些新型产业集群的塑造也将直接推动从单一城市的独秀式发展转向城市群的发展。

## (三)中亚城市发展挑战和"丝路城市"合作需求

整体而言,中亚城市的发展前景很好。根据联合国的预测,目前中亚城市人口平均每年 1.51% 的增长速度将持续到 2050 年,该增长率超过了总人口的年增长率。而且中亚地区的人口结构相对年轻,平均年龄在 26 岁。2010 年,劳动年龄(15~64 岁)人口的比重大约占总人口的 67.4%,从中长期来看,这一比例预计将维持在 65%~67%,提供了具有前景的充沛的劳动力市场。但同时,中亚城市也存在诸多问题与不足。这恰恰又提供了中国城市与其开展合作交流的切入点。

1. 少数城市独大造成大城市病,以及带来机遇和挑战

中亚地区总体上还保持着农业和工业的二元经济结构,且以农村人口为主。相对较高的人口自然增长率及农村地区有限的工作机会,导致了人口向大中型城市迁移以及劳动力流向国外。个别大城市(多数情况下是国家首都)成为经济发展的主要得益者,吸引人口向少数大城市聚集,导致大城市人口规模的急剧增长。目前哈萨克斯坦的三大城市(阿拉木图、阿斯塔纳、奇姆

肯特）容纳了全国32%的城市人口；吉尔吉斯斯坦的两大城市（比什凯克和奥什）容纳了全国60%的城市人口；塔吉克斯坦的两个城市（杜尚别和苦盏）容纳了全国59%的城市人口；乌兹别克斯坦的塔什干容纳了全国25%的城市人口；土库曼斯坦的阿什哈巴德容纳了全国35%的城市人口。

来自农村的移民大多定居在大城市，但大城市的住房、基础设施和就业机会不能满足这些新居民的需要。在人口最稠密地区，有限的电力供应和偏远地区中小企业高昂的运输成本使这些问题进一步突出。

在政府资源有限的情况下，多数中亚国家现阶段仍倾向于集中发展大城市。虽然哈萨克斯坦大部分是小城镇（占比70%），但政府将发展的重点集中到两个到三个具有带动国家发展潜力的大城市上。一些区域中心被当作所属区域发展的引擎而得到支持。同样，尽管小城镇在吉尔吉斯斯坦城市中占有相当的比重，但由于该国自然环境的限制，吉尔吉斯斯坦的大多数小城镇仍与当地的社会经济中心处于分离状态。与此同时，不断增长的发展压力集中落在了首都比什凯克上。塔吉克斯坦以中等规模的城市居多（超过70%），但这些城市经济结构单一、效率低下。该国采取的城镇化方式是：支持大城市、中小型城市、乡镇的平行发展，将农村居民转化为城市居民，促进当地小企业的发展（见图5、图6）。

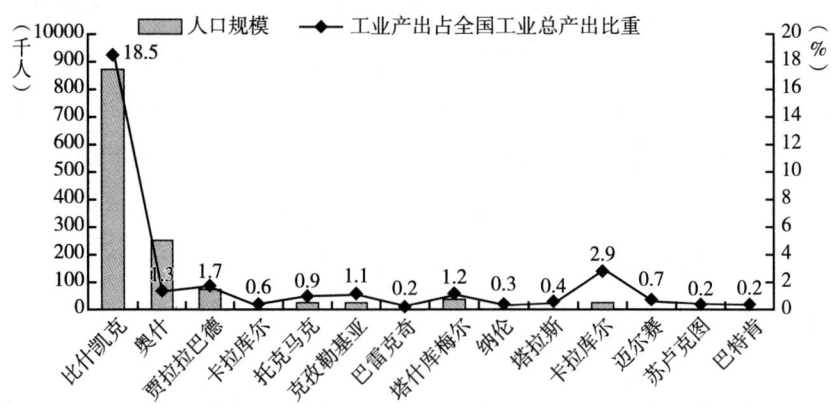

**图5　2011年吉尔吉斯斯坦城市人口和工业产出份额**

资料来源：吉尔吉斯斯坦统计委员会，2012。

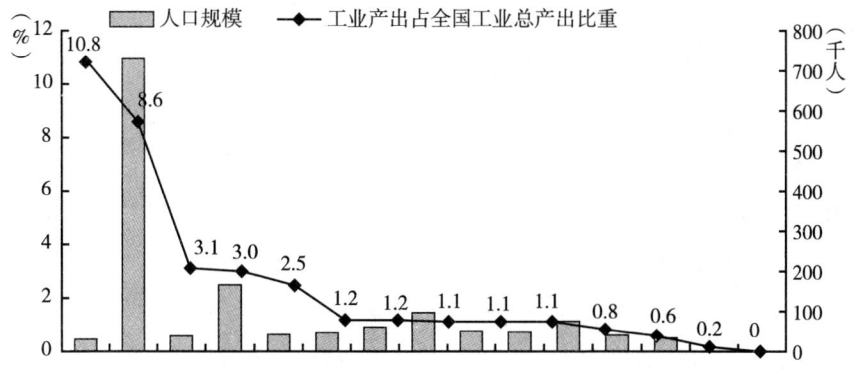

**图 6　2010 年塔吉克斯坦城市人口和工业产出份额**

资料来源：塔吉克斯坦统计局，2011。

总的来说，中亚各国没有一个全面的城市化方案，加剧了这些国家"虚假城市化"的情况，即快速增长的城市人口并没有带来与之相适应的就业岗位增加，却给城市基础设施、就业和社会资本，以及环境带来了巨大的压力。应该认识到，中亚城市在 21 世纪初的发展仍以大城市为主。通过重点城市的率先发展，引领开拓地区和国家的国际空间；同时作为大城市增长极发挥辐射带动区域和中小城市发展的作用。中国的资本、企业、政府乃至学界智库在参与和支援中亚主要城市的基础设施完善升级、城市产业功能培育、城市规划与治理等诸多方面可以发挥作用。

2. 中小型城市发育不成熟带来的挑战与机遇

中亚国家的城市化特点是人口和经济要素主要集中在少数大城市，导致这些国家在空间上发展不平衡。中小城市面临着一系列的社会经济问题。特别是缺乏有效的政策、计划和发展资金，并对核心企业有依赖性，且存在破旧的生产、运输基础设施和环境污染等问题。由于区域中心到其周边城镇距离较远，这加剧了破旧的运输和通信基础设施的影响。低生活水平和高失业率导致了小城镇在经济的各个领域都缺少熟练工人和专业人员。这严重抑制了数量众多的中小城市正常发挥作为地方和区域中心的经济和社会功能。对此，各国也推出了一系列应对策略。比如吉尔吉斯斯坦

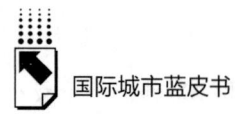

政府2001年12月批准了"小城镇和城市聚居点发展框架",以应对小城镇日益严重的失业、生活水平低和人口流失问题。但总体上,目前中亚各国尚无力凭一己之力全面扶持中小城市的发展。那些坐拥战略资源、处于战略要道的中小城市,完全可以作为中国城市开展国际对口支援、定向协助开发的对象。

3. 单一功能城市转型面临的挑战与机遇

大多数的中亚城镇是为满足苏联国民经济发展的需要而建立的,因此存在大量的单一功能城市。城市功能、经济、就业往往锁定于单一产业(往往是资源密集型产业)甚至单一企业。结果单个城市的独立抵御经济供求波动风险的能力和更全面满足市民多样化需求的能力都很差。例如,哈萨克斯坦的大部分工业产能都集中在"单一功能城市",如鲁德内有一个重点矿业企业,其产出占该地区工业产值的62.4%,并贡献了该地区57%的税收。还有一些以单一企业为主的城市(如铁克利、阿尔卡雷克和zhitikara等)的经济发展前景,随着当地矿产储量的枯竭和矿产品需求的下降,而日趋暗淡。哈萨克斯坦自2012年5月启动了2012~2020年"单一城市"(Mono-cities)发展计划,配套了93.9亿美元。单一城市的划定标准是城市人口在1万~20万,且满足:①单一营收:城市20%以上的产出源自一个核心企业(往往是矿业企业);②单一就业:城市20%以上的就业源自一个核心企业;③城市核心企业已大幅裁员或歇业。

中国在治理和复兴资源枯竭性城市、老工业基地城市方面已经取得了一批实践成果,积累了不少宝贵的经验。同样可以将亚洲基础设施投资银行、丝路基金以及政府间援助的资金优势和经过实践检验的城市复兴治理软经验相结合,投放到中亚单一功能城市的转型复兴上。

4. 城市基础设施普遍老化带来的挑战与机遇

中亚地区城市普遍面临城市基础设施老化,且资金缺口庞大的问题:既有基础设施(包括:煤气、水、电和下水道)不能满足实际需要,同时也缺少资金来维修和新建。吉尔吉斯斯坦中央政府自1994年开始停止对住房和公共基础设施的维护进行补贴,这导致了这些设施更加迅速地老化。多达70%的城市基础设施要么磨损，要么已经超过使用年限。一些非常严重的问题在各大城市（奥什、贾拉拉巴德、卡拉科尔）普遍存在，比如，供水管道的漏水率达到70%，而且经常断水。塔吉克斯坦75%的基础设施已经磨损，城市中50%的供水系统和泵站已无法使用。在乌兹别克斯坦，供水、污水和供热管网的磨损率分别为39%、20%和19%。超过50%的地下燃气管道超出了标准使用年限。据估计，供热、饮用水和电力供应中的损耗分别达到60%、40%和25%。中亚地区城市的社会基础设施同样不完善，比如学前教育机构短缺，医疗保险覆盖率非常低。迅速改善主要中亚节点城市的基础设施状况，事关其作为欧亚陆上枢纽功能的发挥，同时这也是中国既有产能与建设经验的集中领域，应予以优先关注。

## 五　西亚"丝路城市"发展态势

西亚，主要是指位于亚洲、非洲、欧洲三大洲的交界地带，阿拉伯海、红海、地中海、黑海和里海（内陆湖）之间的区域。该区域被称为"五海三洲之地"。是联系亚、欧、非三大洲和沟通大西洋、印度洋的枢纽，地理位置十分重要。西亚地区的丝路历史显然同阿拉伯帝国崛起与扩张紧密联系。从公元7世纪中叶到公元8世纪中叶，阿拉伯人通过阿拉伯海—阿拉伯半岛—地中海的"路海联运"，有效串联了东方和西方一百年。鼎盛时期，商路上的驿站达到千个，并成就了麦加、巴格达、大马士革、亚历山大和大不里士等一批名城的崛起。今天，联合国对西亚的定义共包括18个国家，除阿拉伯半岛的主要国家之外，土耳其和外高加索国家（格鲁吉亚、亚美尼亚、阿塞拜疆）也包含在西亚之内。① 随着经济全球化与城市化进程的深入，西亚的城市化得到了迅猛发展，主要城市已成为世界城市等级体系中的

---

① United Nations,"Department of Economic and Social Affairs, Population Division (2014)," *World Urbanization Prospects：The 2014 Revision*, CD‐ROM Edition. p. xiii.

重要节点。西亚的部分大都市已经初步具备了"全球城市"的特质,呈现了地区经济控制力增强,媒介信息中心、文化中心地位提升,以及国际国内劳动力聚集等特征。然而在经济全球化视域下,新国际劳动分工、全球性资本与技术的自由流动以及地方政府积极应对经济全球化的相关政策等,给西亚大都市发展带来了巨大提升空间,同时信息化程度低、城市经济应对经济全球化能力脆弱以及城市治理缺乏等也成为约束当前西亚大都市崛起的主要因素。

## (一)西亚城市体系变迁与现状

西亚城市具有悠久的历史,被视为世界城市的起源区域之一。杰里科被认为是世界最早的城市之一,该市的起源在9000年前。进入中世纪后,该地区的伊斯兰文化兴起,带动了区域的城市发展。西亚城市在这一时期的城市化水平已达到较高的程度。1800年,西亚已成为全球城市化水平最高的地区。近代以来,西亚城市的发展速度进一步加快,城市人口占总人口的比重持续上升。例如,埃及城市人口占全部人口的比例从1897年的17%上升至1907年的19%,1917年为20.9%;土耳其城市人口在1927年占全部人口的24.4%。[①]

第二次世界大战前,西亚城市集中分布在土耳其和东地中海沿岸地区。"二战"后,随着政治形势的变化,以及许多国家经济的繁荣和石油工业的发展,西亚城市化速度明显加快,进入城市化加速发展阶段。1960~1970年城市人口年均增长率为5.95%,1970~1975年为5.1%,这样的增速使西亚城市人口12~14年就翻了一番。20世纪80年代后,西亚城市化进程进一步加快,到20世纪末,许多国家已成为高度城市化的国家,并跨入城市化成熟阶段。西亚城市化的高速发展集中体现在以下几个方面。

1. 城市化区域分布不均衡

社会经济基础、城市发展的历史和自然环境的不同,西亚各国之间城

---

① 车效梅:《中东城市化的原因、特点与发展趋势》,《西亚非洲》2004年第6期,第42页。

市化进展,以及城市分布有明显差异,造成各国城市化水平也差距很大。总体来看,西亚国家的城市化率较高,基本在50%以上。根据世界银行的统计,2014年,阿拉伯世界的城市化率达到57%,西亚与北非区域城市化率达到60%。[①]其中海湾沿岸的产油国城市化发展突出,联合国的数据表明,2010年,海湾区域城市人口基本占各国总人口的85%以上,这一水平达到或超过发达国家的城市化水平。卡塔尔甚至达到98.7%,几乎成为完全城市化国家;而两河流域地区的国家,其城市人口占总人口的比例大多在70%以上,如土耳其、伊拉克2010年城市化率分别为70.7%、69.0%;而紧邻亚丁湾,靠近非洲的也门,城市人口仅为全部人口的31.7%,是西亚地区城市化水平较低的国家之一。从经济板块上看,产油国城市化水平普遍高于非产油国,但以色列、约旦与黎巴嫩等国,由于经济结构的优化,2010年,其城市化率也保持较高水平,分别为91.8%,82.5%,87.2%(见表33)。

表33 西亚各国的城市化水平

单位:%

| 国家/地区 | 2000 | 2005 | 2010 | 2015 | 2020 | 2030 | 2040 | 2050 |
| --- | --- | --- | --- | --- | --- | --- | --- | --- |
| 西亚 | 63.8 | 65.9 | 68.1 | 69.9 | 71.4 | 74.1 | 76.7 | 79.2 |
| 亚美尼亚 | 64.7 | 64.2 | 63.6 | 62.7 | 62.3 | 63.5 | 66.8 | 70.5 |
| 阿塞拜疆 | 51.4 | 52.4 | 53.4 | 54.6 | 56.1 | 59.8 | 64.0 | 68.0 |
| 巴林 | 88.4 | 88.4 | 88.5 | 88.8 | 89.1 | 90.0 | 90.9 | 91.8 |
| 塞浦路斯 | 68.6 | 68.3 | 67.6 | 66.9 | 66.7 | 67.4 | 69.6 | 72.1 |
| 格鲁吉亚 | 52.6 | 52.5 | 52.9 | 53.6 | 54.7 | 57.7 | 61.8 | 66.0 |
| 伊拉克 | 68.5 | 68.8 | 69.0 | 69.5 | 70.2 | 72.4 | 75.2 | 78.0 |
| 以色列 | 91.2 | 91.5 | 91.8 | 92.1 | 92.5 | 93.2 | 93.8 | 94.5 |
| 约旦 | 79.8 | 81.2 | 82.5 | 83.7 | 84.8 | 86.6 | 88.1 | 89.3 |
| 科威特 | 98.1 | 98.2 | 98.3 | 98.3 | 98.4 | 98.6 | 98.7 | 98.8 |
| 黎巴嫩 | 86.0 | 86.6 | 87.2 | 87.8 | 88.4 | 89.6 | 90.7 | 91.7 |

---

① World Bank, *Urban Development Data*, http://data.worldbank.org/topic/urban-development.

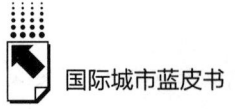

续表

| 国家/地区 | 2000 | 2005 | 2010 | 2015 | 2020 | 2030 | 2040 | 2050 |
|---|---|---|---|---|---|---|---|---|
| 巴勒斯坦国 | 72.0 | 73.1 | 74.1 | 75.3 | 76.4 | 78.8 | 81.1 | 83.2 |
| 阿曼 | 71.6 | 72.4 | 75.2 | 77.6 | 79.7 | 82.8 | 84.8 | 86.5 |
| 卡塔尔 | 96.3 | 97.4 | 98.7 | 99.2 | 99.5 | 99.7 | 99.8 | 99.8 |
| 沙特阿拉伯 | 79.8 | 81.0 | 82.1 | 83.1 | 84.1 | 85.9 | 87.4 | 88.7 |
| 叙利亚 | 51.9 | 53.8 | 55.7 | 57.7 | 59.7 | 63.8 | 67.8 | 71.5 |
| 土耳其 | 64.7 | 67.8 | 70.7 | 73.4 | 75.7 | 79.3 | 81.7 | 83.7 |
| 阿拉伯联合酋长国 | 80.2 | 82.3 | 84.1 | 85.5 | 86.8 | 88.5 | 89.7 | 90.8 |
| 也门 | 26.3 | 28.9 | 31.7 | 34.6 | 37.5 | 43.2 | 48.6 | 54.1 |

资料来源：United Nations, "Department of Economic and Social Affairs, Population Division (2014)," *World Urbanization Prospects: The 2014 Revision*, CD-ROM Edition。

从历史角度上看，第二次世界大战前，由于伊朗、土耳其等国家的发展水平较高，西亚的城市发展重心位于上述国家的城市化区域。"二战"后，随着石油经济的发展，阿拉伯半岛的城市迅速崛起，这一区域的诸多国家的城市人口占比迅速提升。其中，海湾地区的部分产油国几乎实现了国家的整体城市化，如科威特、卡塔尔等国城市人口占比在90%以上，接近甚至超过许多发达国家的城市化水平，其城市化发展水平令人瞠目。

同时，海湾区域国家的首都城市首位度极高，这种"一城独大"的现象也成为相关国家城市发展的重要特点。海湾地区石油生产国巴林、科威特和卡塔尔首位城市人口的占比都非常高，其中，卡塔尔几乎所有的人口都集中在首都多哈，首位城市人口占总人口的93.1%。2005年，黎巴嫩贝鲁特的人口为100万，而该国第二大城市西顿人口仅有9万多，贝鲁特的首位度高达11。①

2. 大城市发展势头迅猛

西亚的城市规模分布，呈现金字塔形的结构。根据联合国的统计，2010年，该区域内500万~1000万人口的城市有2个，100万~500万人口的城

---

① 车效梅：《中东城市化的原因、特点与发展趋势》，《西亚非洲》2004年第6期，第47页。

市有 18 个，50 万~100 万人口的城市有 24 个，30 万~50 万人口的城市有 36 个，30 万以下人口城市有 35 个。① 但这种金字塔形的结构，并不表示其人口的分布均衡性。西亚大城市的发展速度十分迅猛，国家人口向大城市快速集聚的趋势很明显。这表现在西亚大多数国家中，最大城市占全国人口的比例不断上升。例如，20 世纪 30 年代至 1966 年，约旦首都安曼的人口增长了 10 倍；1947~1977 年，巴格达增长了 6 倍。在西亚国家中，最大城市人口普遍约占全国人口的 1/10，沙特阿拉伯为 1/5，约旦为 1/4，叙利亚为 1/4，以色列为 1/3，黎巴嫩为 1/2。②

## （二）西亚城市的对外网络连接状况与特点

### 1. 世界城市网络中处于中等层级

从总体上看，西亚的主要大都市在当前世界城市网络中的影响力处于中等层级水平，更多发挥区域性的连接作用。西亚城市在 2012 年 GaWC 世界城市排名 Alpha 层级（共 46 个）中共有 2 个城市，分别为迪拜（Alpha +）和伊斯坦布尔（Alpha -）。在 Beta 层级（共 84 个）有 7 个，分别是特拉维夫（Beta +）、贝鲁特（Beta +）、利雅得（Beta）、多哈（Beta）、阿布扎比（Beta -）、安曼（Beta -）、科威特城（Beta -）。在 Gamma 层级（共 59 个）中共有 2 个，分别为吉达（Gamma +）、安卡拉（Gamma）。

从个体的对外网络连接度上看，西亚的主要大城市显示了新兴"世界城市"的主要特征，其发展速度和区域影响力迅速提升，但其并不追求在每个领域都确立领先优势，而是在某些方面有所专长。同时，部分西亚的国际性大都市注重产业化的多样性发展，从而为世界城市的建设模式提供了新的样板。例如，迪拜的对外经济影响力和链接度十分显著。而值得注意的是，该市的经济并不主要依存于石油行业，而是更多依靠多样化的服务业、知识行业与先进制造业的活动。这种多样化的经济活动使得迪拜具有世界城

---

① United Nations, "Department of Economic and Social Affairs, Population Division（2014）", *World Urbanization Prospects: The 2014 Revision*, CD-ROM Edition.
② 车效梅：《中东城市化的原因、特点与发展趋势》，《西亚非洲》2004 年第 6 期，第 43 页。

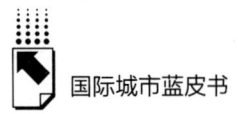

市的新特征。2010年，在海湾地区城市对世界其他城市的国际性企业并购中，通过在迪拜的企业进行的并购占总数的35%，阿布扎比位居第二，为18%。同时，在迪拜的企业所并购企业的数量占中东地区总并购数的19%，所占份额最高。

2. 地区经济控制能力强大

西亚大城市作为正在崛起中的世界城市（全球城市），其功能更多地体现为地区经济控制能力的强大。这种控制力首先反映在相关大都市对区域财富的控制能力上。2009年，利雅得控制了沙特阿拉伯91%的财富，以及海湾地区38%的财富。沙特阿拉伯全国城市控制的财富总额占海湾地区的41%。从这一视角看，沙特阿拉伯拥有海湾地区最高份额的财富，紧随其后的是阿联酋、卡塔尔与巴林。从城市在海湾地区总体财富的所占比例上看，利雅得控制了该区域最大比例的财富，达到38%，随后是阿布扎比，为18%，迪拜为17%，多哈为11%。

其次，西亚较为发达城市的产业发展水平也相对较高。从经济结构上看，在西亚大城市，特别是海湾国际大城市的经济体系中，金融业无疑是最为强大的行业。2009年，利雅得的金融产值占海湾地区该行业总产值的22%，阿布扎比为12%，迪拜为12%。仅上述三城拥有的金融财富就接近海湾地区的一半。[①] 同时，部分城市拥有特定领域的金融优势，如多哈的金融体系主要服务于金属加工业。巴林的麦纳麦曾经长期担当伊斯兰金融体系的中心城市职能，但其地位在进入21世纪后迅速被沙特阿拉伯以及阿联酋的相关城市所取代。

在金融之外，西亚的主要大都市也拥有特色产业。如利雅得的化工产业、阿布扎比的电子业、天然气与水务服务行业都较有特色。房地产业与通信基础设施行业是西亚大都市普遍发展迅猛的行业。以迪拜为例，该市的房地产业在海湾地区处于领先地位，其次是该市的航运业。迪拜与西亚其他城

---

① R. Wall, "Gulfworld: Corporate Profiles and Networks of Gulf Cities," *GaWC Research Bulletin* 347, http://www.lboro.ac.uk/gawc/rb/rb347.html.

市较为不同的是其工程、会计以及企业管理等部门在城市经济中具有较高的影响力。这也反映了该市的知识经济发展有一定基础。

3. 信息文化的区域枢纽作用

20世纪80年代后,随着经济全球化和技术的进步,信息和文化日益成为世界城市发挥自身影响力的重要渠道。世界城市的全球经济控制职能,也使全球信息文化要素资源进一步向上述枢纽节点集聚。在这一背景下,西亚的大都市不仅发挥经济、贸易中心节点的职能,也成为区域的文化和信息中心。从产业上看,西亚相关城市的媒体、信息服务和文化创意产业和企业实现了较快的发展。

在石油经济迅速发展的背景下,西亚诸多的大都市为了摆脱经济结构对于石油的依靠,着力提升自身产业的多元化,其中文化产业和信息产业成为重要的产业拓展方向。迪拜的迅速崛起,就反映了文化信息对该区域城市的重要推动作用。在20世纪50年代,迪拜仍是海湾区域的一个滨海小城,而到20世纪90年代,该市凭借对城市基础设施、文化、商业、金融等产业的大力投资,已成为以环境优雅、文化丰富多彩著称的中东知名城市之一。沙特的利雅得则在2000年被联合国教科文组织和阿盟教科文组织评选为2000年阿拉伯文化之都,以表彰沙特阿拉伯王国及其首都的文化成就,以及该城在为阿拉伯文化服务、保持传统、促进发展和现代化方面发挥的重要作用。[1]

随着信息化技术的发展应用,以及西亚大都市在国际经济文化中的地位提升,相关城市迅速发展为所在国的信息枢纽,并快速提升了相关国家的信息化水平。2000年,阿联酋的个人互联网使用率仅为22.64%,而到了2014年,其个人互联网使用率已达90.4%。同期美国的这一比例则是从43.08%提升至87.36%。沙特阿拉伯的个人互联网使用率提升速度也令人瞠目,2000年该比例仅为2.21%,2014年则增长至63.7%。[2]

---

[1] 孔令涛:《2000年的阿拉伯文化之都——利雅得》,《阿拉伯世界》2000年第3期。
[2] International Telecommunication Union, *Percentage of Individuals using the Internet*, http://www.itu.int/en/ITU-D/Statistics/Documents/statistics/2015/Individuals_Internet_2000-2014.xls.

#### 4. 区域移民的重要聚集地

西亚大城市的国际化和城市建设水平的提升，使之成为移民的重要枢纽和目的地。从总体上看，西亚主要大都市的移民枢纽作用表现在对国内移民的集聚作用，和对国际移民的吸引和辐射作用两个方面。从国内移民角度上看，西亚的主要城市是吸纳本土农业和游牧区域富余劳动力的重要空间节点，这点从前述西亚区域迅速增长的城市化率可见一斑。而除国内移民外，西亚城市还承载了大量的国际移民流动和集聚功能。往来于西亚大都市的国际移民流包括洲际间各国的劳工移民和西亚本地区内的国家间劳工移民两个部分。前者包括来自欧洲、亚洲和美洲的劳工，其中包括美、欧、日等西方发达国家和区域的外籍人员。这些移民人口主要集中在首都。①

以迪拜为例，该城在1968年首次出口石油时，即有38%的人口是外国移民。而在1976年法塔赫油田开始生产的7年之后，外来人口约占总人口的60%。1998年的一次家庭收入调查显示，迪拜3/4的人口是亚洲人、非洲人、欧洲人或其他非阿拉伯人。②

#### 5. 大都市对国际经济要素的集聚辐射力

随着经济全球化力量的拓展和国际经济格局的变化，资本、技术、资源、人力等要素日益向新兴发展区域流动。西亚区域也成为国际经济要素流动的重要区域。在石油美元增长和区域产业结构优化的背景下，西亚成为国际投资流入的重要区域。同时，海湾地区的西亚国家对国际投资、金融流动采取诸多的优惠和便利化政策，也促进了相关要素的集聚。而西亚的城市，由于自身在交通、信息等基础设施和人力资本的优势，则成为国际经济要素流动的主要集聚空间。迪拜、利雅得、阿布扎比等大都市迅速崛起为西亚区域的国际金融、贸易、航运中心，以及国际人才的集聚地。

以土耳其为例，2005~2010年土耳其境内的外国公司数量增加了两倍，

---

① 车效梅、李晶：《经济全球化与中东大都市的崛起》，《城市问题》2011年第12期。
② 克里斯托弗·戴维森：《迪拜：脆弱的成功》，社会科学文献出版社，2014，第192页。

截至2010年6月，土耳其境内的外国公司超过25000家。外国公司首选地是伊斯坦布尔，其拥有的外国公司数量达13613家。① 同时，海湾地区的大都市发挥地缘优势，建设面向全球的航运枢纽的努力也取得了成功。迪拜的航空枢纽建设就是典型的案例。自2001年起，迪拜机场货运增长十分迅速，平均增长率超过10%，2012年货邮吞吐量达228万吨，排名世界第6位。根据迪拜机场最新的战略规划，2020年货邮吞吐量将超过410万吨。②

## （三）西亚城市的发展问题与"丝路城市"发展需求

### 1. 过度城市化

西亚地区整体上已基本实现了城市化，特别是中东地区，城市化的水平已超过世界平均水平。2010年，西亚地区的城市化率已经超过68%，而同年世界城市化水平刚刚超过50%。虽然有此成绩，但西亚的城市化速度与所在国的产业发展水平和社会管理水平并不同步，其过快的城市化缺乏产业依托和管理支撑，往往带来一系列过度城市化引发的问题。以伊拉克为例，1977年伊拉克制造业就业者占全国就业人口的比例仅为8.4%，而1975～1980年伊拉克城市化比例已为61.4%～65.5%。③ 产业发展水平相对于人口集聚速度的不足，往往带来诸多的失业人口、贫困问题，影响城市发展的质量。另外，过快膨胀的城市，也给城市管理带来诸多挑战。西亚城市中的贫民窟和贫困人口数量较多，基础设施难以满足城市发展的要求，交通体系和城市供水问题长期困扰伊斯坦布尔等城市。

西亚城市这种过度城市化的特点，一方面需要依托于城市网络和大都市区建设的疏解功能进行化解，另一方面需要提升城市的产业结构水平。而"丝路城市"的发展原则，恰恰在于形成城市间的互动网络和城市枢纽功能的建构，进而推动区域经济结构的整体提升。因此，西亚"丝路城市"的

---

① 中华人民共和国驻伊斯坦布尔经商室：《土耳其境内外国公司数量超2万5千家》，http://istanbul.mofcom.gov.cn/aarticle/jmxw/201009/20100907139195.html，2010-09-14。
② 张卫景：《迪拜打造国际航空枢纽港的成功经验及特点》，《港口经济》2014年第5期。
③ 王泽壮、李晶、车效梅：《中东过度城市化与社会稳定》，《史学集刊》2011年第4期。

网络建设,将从空间疏解和产业支撑两方面缓解该地区过度城市化的问题。

2. 城市化的区域差别明显

西亚地区的城市化整体水平较高,但不同国家间的城市化发展水平和城市的空间分布则有较大的差异。这种差异性主要源于国家间的发展水平以及西亚各国间自然、社会、经济、地理环境以及资源要素条件的不同。从国别上看,海湾地区的产油国,由于石油经济的助推,其城市化发展水平较高。部分国家几乎成为完全城市化国家。临近地中海的以色列、黎巴嫩等国也保持了很高的城市化率,其中以色列城市的产业发展较为均衡,其城市发展保持了较高的水平。区域内的伊朗、伊拉克、土耳其等大国,也保持了较高的城市化水平,其国家的城市化率在60%~70%。但西亚的格鲁吉亚、阿塞拜疆和也门等国,受国家经济发展水平和安全局势等多重因素影响,城市化率处于较低水平。也门的城市化率一度仅为40%左右。

从地理区位上看,西亚大城市的分布显示了依托海岸线、河流的重要趋势。西亚诸多大都市分布在波斯湾、红海、地中海沿岸的三条轴线上,许多城市依托沿岸的港口或河流出海口形成发展的路径。这种地理空间的分布特征体现了西亚大都市对石油航道、对欧贸易的依赖,同时也反映航运中心对西亚大城市的发展所起到的重要作用。而相对沿海、沿河区域而言,西亚内陆的城市发展水平则较为有限。

"丝路城市"的发展,在于形成区域性的城市节点网络,并以产能合作的形式促进相关城市的基础设施改善和经济发展水平提升。西亚城市化的区域差异,为这种产能合作和网络连接提供了巨大需求。西亚地区欠发达城市的对外发展需求,一方面为多层次产能合作提供了契机,另一方面也为西亚"丝路城市"的总体网络布局从沿海区域向腹地拓展提供了机遇。

3. 全球性风险的影响

随着西亚城市在国际经济体系中地位的上升和作用的加大,该地区的重要城市也日益受到经济全球化以及其他国际因素的影响。在这一背景下,全球性的经济、安全风险也不可避免地影响西亚的主要城市,特别是国际性大都市。这种风险在经济层面突出体现在国际金融流动中潜在的不确定性。

2009年11月底,迪拜爆发债务危机,由政府持有的迪拜世界公司的数十亿美元债务违约引发各界关注,其主权信用风险明显增加,引发全球金融市场发生震荡。随后,迪拜的房地产业、证券业、旅游业受到严重影响。仅迪拜世界公司的负债就达590亿美元。尽管西亚具备独特的伊斯兰金融体系特征和对金融体系的监管,有助于金融和经济体系的稳定,但相关城市受全球金融风险以及世界石油市场波动的影响不断加深,使全球性经济不确定性的传导和影响变得更为直接。

另外,西亚城市也受到地区和全球性安全风险的影响。中东地区的复杂政治、安全局势,以及相关城市内部的贫富分化问题,使得诸多城市的安全和社会治理面临了众多挑战。全球性和地区移民的不断增加,使得西亚的国际性大都市也受到宗教极端组织和国际恐怖主义组织的威胁。同时,城市内部的安全治理也受到外部不稳定因素的影响。

西亚城市面对的全球性风险,使这些城市群体需要反思其长期以来依赖西方主导下传统经济全球化模式和石油经济的发展路径。经济结构的多样化和对外经济合作方的进一步丰富,有助于相关城市增强综合实力,并提升应对外部风险的能力。这种对于多样化的经济体系和经济合作伙伴的需求,也成为西亚城市融入"丝路城市"网络,共建"一带一路"的重要条件和前提。

## 六 中国城市与国际"丝路城市"的合作维度

### (一)"丝路城市"发展的主要需求

#### 1. 城市管理水平提升

"丝路城市"所迫切需要的不仅在于对基础设施改造升级的援助和工业、服务业项目投资,还在于城市发展设计与城市管理经验。其中,城市的行政能力是城市化得以顺利推行的保证。"一带一路"沿线国家普遍面临着新一代官员组成的国家和城市政府,但是腐败问题和行政低效仍然是政府需要解决的主要问题的情况。这需要完善管理、监督和追责体系，同时避免其受到官僚体制的影响。因此，诸多"丝路城市"的未来发展，在很大程度上有赖于城市管理形式与管理手段的创新和升级，以使城市运行的有序性及可持续性能够有制度上的保障。

2. 城市危机应对能力

应对危机能力是城市发展的重要保障条件和城市成熟的重要体现，而这一能力恰恰是"丝路城市"亟待提升的重要领域。根据亚洲开发银行预测，到2100年，东南亚地区仅受到气候变化影响所导致的损失就相当于该地区每年GDP的6.7%。而全球受到气候变化影响导致的损失仅相当于每年GDP的2.6%。因此"丝路城市"需要进一步强化和完善基础设施规划和建设，形成应对危机的反应机制，以保证在受到短期灾害和长期气候变化的影响时，都有充分的适应能力和恢复能力。

3. 城市发展新技术

科技进步有助于迅速提升城市综合竞争能力。大多数"丝路城市"发展的基础薄弱，受发展起点、资金、能力等多方面因素的影响，城市规划、建设和管理中对新技术的应用不足。而在当今城市化和全球城市的竞争中，新技术的应用尤为关键。因此，如何引进新技术，引进哪些新技术，如何应用新技术，成为"丝路城市"实现高效发展需要面对的重要挑战。

4. 城市品牌与信誉

城市发展的"软实力"对于吸引投资和经济发展至关重要。对于"丝路城市"的发展而言，城市的发展和城市化需要大量的资金及外部要素，这就需要城市具有优质的品牌和良好的信誉，以吸引发展所需的重要资源。因此，如何改变相关城市长期以来因发展状况不佳而呈现的负面形象，构建起富有生机和吸引力的城市品牌，是"丝路城市"发展需要高度关注的问题。同时，城市品牌的塑造不仅仅是政府的职责，也是城市所有组织和个人的集体的责任，这就还需要进一步在"丝路城市"内部形成对于城市的认同。

5. 城市建设资金

资金不足，是制约"一带一路"沿线区域城市发展的重要因素。如何获取来源稳定、条件适当的城市发展资金，是"丝路城市"发展的重要前提。这一问题，一方面需要依托对现有国际金融组织的深度参与，获得更多的存量资金；另一方面也需要建构有针对性的新型金融主体，以提供城市建设的增量资金。在这一方面，2015年底成立的亚洲基础设施投资银行提供了新的范本。

## （二）中国城市在"丝路城市"中的地位与作用

1. 中国城市是"丝路城市"的核心力量和发展模式引领者

从数量和经济规模上看，中国城市无疑是"丝路城市"群体中的领头羊。近年来中国城市的快速稳定发展，为"丝路城市"的整体发展提供了重要的基础，同时，中国城市对于可持续发展、创新驱动发展的关注和实践，也为"一带一路"沿线区域城市的崛起提供了城市发展模式的样板和借鉴。

2. 中国城市能够为"丝路城市"发展提供综合解决方案

中国城市，特别是沿海区域城市的发展当前已经进入较为成熟的阶段，并形成了发展中地区快速城市化的模式。在这一背景下，地方政府、企业、银行、学界全面参与"丝路城市"的建设、复兴、发展，将成为推动"一带一路"战略在城市层面落地生根的一个主要抓手。而这一参与将可以是全方位的，是中国资金、技术、管理乃至关于后发地区城市化和城市转型发展理论的"一揽子"综合参与。

3. 中国城市能够提升"丝路城市"的世界城市网络地位

经历了三十年的开放发展，特别是加入世贸组织，融入经济全球化之后，中国城市，尤其是东部沿海地区主要城市已经成为世界城市网络的重要节点以及全球要素的配置区域。"丝路城市"通过与中国城市的互动，能够充分发挥后者的全球要素配置节点功能以及门户枢纽作用，与发达国家群体建立起多层地的互动体系。而中国城市也应以"丝路城市"等新兴

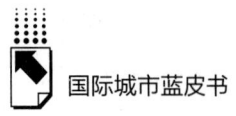

城市群体为要素互动节点,推动形成全球范围内更为完整的城市互动网络。

**4. 中国城市可持续发展能够为"丝路城市"提供"绿色发展"样板**

城市的可持续发展,是"丝路城市"面对的普遍问题。中国城市在经历了快速发展期之后,已普遍意识到低碳、绿色的可持续发展道路的重要性。中国城市对于"绿色城市""低碳城市"理念的追求与实践,以及在技术、资金、人才、基础设施、制度建设、治理手段方面的探索和推进,有助于为"丝路城市",乃至"一带一路"区域的多层次主体提供科学发展方式的样板。同时,这种新兴城市的"绿色发展"道路,也为全球范围的气候和环境治理提供动力,且具有全球意义。

**参考文献**

J. Friedmann & G. Wolff, "World City Formation: An Agenda for Research and Action," *International Journal of Urban and Regional Research*, 1982 (6).

D. Massey, *Spatial Division of Labour*, London: Macmillan, 1985.

J. Friedmann, "The World City Hypothesis," *Development and Change*, 1986 (17) 3.

M. Castell, *The Information City*, Cambridge, MA: Blackwell. 1989.

S. Sassen, *The Global City*, Princeton: Princeton University Press, 1991.

N. Brenner. eds, *The Global Cities Reader*, Routledge, 2006.

Allen J. Scott, *Social Economy of the Metropolis: Cognitive - Cultural Capitalism and the Global Resurgence of Cities*, Oxford University Press, 2009.

Allen J. Scott. eds, *Global City - Regions*, New York: Oxford University Press, 2001.

Allen J. Scott, *Social Economy of the Metropolis: Cognitive - Cultural Capitalism and the Global Resurgence of Cities*, Oxford University Press, 2009.

P. J. Taylor, "Specification of the World City Network," *Geographical Analysis*, 2001, 33, pp. 181 - 94.

P. J. Taylor, *World City Network*, London: Routledge, 2004.

Peter Taylor, *Extraordinary Cities: Millenia of Moral Syndromes, World - Systems and City/State Relations*, Edward Elgar Press, 2013.

Peter Taylor, Pengfei Ni, Ben Derudder, Michael Hoyler, Jin Huang, Frank Witlox eds, *Global Urban Analysis: A Survey of Cities in Globalization*, Earthscan Publications Ltd. 2010.

Ben Derudder (Editor), Frank Witlox (Editor), *Commodity Chains and World Cities*, Wiley-Blackwell, 2011.

Ben Derudder, Peter Taylor, Pengfei Ni, *Pathways of Change: Shifting Connectivities in the World City Network*, 2000-08, Urban Studies, 2010-8.

Segbers, Klaus. *The Making of Global City Regions: Johannesburg, Mumbai/Bombay, So Paulo, and Shanghai*, The Johns Hopkins University Press, 2007.

Fulong Wu, *China's Emerging Cities: The Making of New Urbanism*, Routledge, 2008.

David Jin, David C. Michael, Paul Foo, Jose Guevara, Ignacio Pena, etc, *Winning in Emerging-Market Cities: A Guide to the World's Largest Growth Opportunity*, The Boston Consulting Group, Inc., 2010-9.

UNESCO, *Cities alongside the Silk Roads*, http://en.unesco.org/silkroad/silk-road-themes/cities-alongside-silk-roads, 2015-11-1.

Peter Dicken, *Global Shift: Mapping the Changing Contours of the World Economy*, The Guilford Press, 2007.

United Nations, "Department of Economic and Social Affairs, Population Division (2014)," *World Urbanization Prospects: The 2014 Revision*, CD-ROM Edition.

World Bank, *Urban Development Data*, http://data.worldbank.org/topic/urban-development.

R. Wall, *Gulfworld: Corporate Profiles and Networks of Gulf Cities*, GaWC Research Bulletin 347, http://www.lboro.ac.uk/gawc/rb/rb347.html.

International Telecommunication Union, *Percentage of Individuals using the Internet*, http://www.itu.int/en/ITU-D/Statistics/Documents/statistics/2015/Individuals_Internet_2000-2014.xls.

国家发展和改革委员会、外交部、商务部:《推动共建丝绸之路经济带和21世纪海上丝绸之路的愿景与行动》,2015年3月28日。

金立群、林毅夫:《"一带一路"引领中国》,中国文史出版社,2015。

国家发展和改革委员会学术委员会办公室编《"一带一路":构建全方位开放新格局》,中国计划出版社,2015。

李向阳:《一带一路——定位内涵及需要优先处理的关系》,社会科学文献出版社,2015。

任远、陈向明、DieterLapple主编《全球城市-区域的时代》,复旦大学出版社,2009。

周振华:《崛起中的全球城市:理论框架与中国模式研究》,上海人民出版社,2008。

周振华:《上海迈向全球城市:战略与行动》,上海世纪出版集团,2012。

屠启宇:《金融危机后全球化态势与世界城市发展模式的转变》,《南京社会科学》2009年第11期。

屠启宇:《"世界城市":现实考验与未来取向》,《学术月刊》2013年第1期。

车效梅:《中东城市化的原因、特点与发展趋势》,《西亚非洲》2004年第6期。

孔令涛:《2000年的阿拉伯文化之都——利雅得》,《阿拉伯世界》2000年第3期。

车效梅、李晶:《经济全球化与中东大都市的崛起》,《城市问题》2011年第12期。

王泽壮、李晶、车效梅:《中东过度城市化与社会稳定》,《史学集刊》2011年第4期。

克里斯托弗·戴维森:《迪拜:脆弱的成功》,社会科学文献出版社,2014。

张卫景:《迪拜打造国际航空枢纽港的成功经验及特点》,《港口经济》2014年第5期。

# B.2
# 国际城市综合能力分化减缓与创新能力极化趋强

——2016年国际城市2.0指标评价*

邓智团 屠启宇

**摘 要：** 基于《国际城市发展报告》提出的国际城市2.0评价指标体系，本文从综合升级能力等7个维度对所观察的40个城市进行分析。结果表明，综合升级能力、社会升级能力、生态升级能力、治理升级能力和空间升级能力整体呈现逐步趋同的态势，升级能力得分较高的城市相对较多，而涉及创新的经济升级能力和文化升级能力得分分化明显，表明当前国际城市在经济和文化间的升级能力差距有扩大趋势。综合能力趋同、创新能力极化的总体趋势，表明城市政府亟须重视经济与文化在创新方面的提升。

**关键词：** 国际城市2.0评价 趋同 极化

国际城市2.0评价指标体系在2014年由本课题组研究提出，用来考察相关城市的升级能力。进入21世纪第二个10年以来，城市发展理念、范式已发生重大变化。城市升级能力评价从原先的经济集中、资本控制等单维度评价，向经济发展、社会包容和谐、环境优美、政治善治、文化引人入胜和

---

\* 感谢于天旭、杨润泽和夏帅伟三位硕士研究生在数据收集整理过程中的工作。

空间通达性好等全方位考察转变。国际城市2.0评价指标体系经过三年努力，在方法和数据源收集上逐步成熟。2016年国际城市2.0评价在原有指标体系的基础上，通过对原有数据的更新处理，在研究分析上逐步固定，为2017年的对比分析打下好的基础。

# 一 国际城市评价体系

基于城市升级的内涵与动力认识，指标设计思路确定为经济、社会、文化、治理、生态和空间6个方向，进而根据以上国际城市的六个基本特征，形成国际城市评价指标体系的基本框架（见图1）。

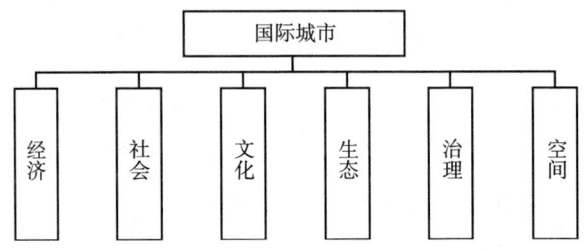

**图1 国际城市评价指标体系基本框架**

在此基础上考虑到城市统计指标取得的可能性和数据质量，建立由6个一级指标和18个二级指标组成的国际城市评价指标体系（见表1、表2）。

国际城市评价指标的选取除了依据国际城市基本特征外，还遵循了以下一些原则。

（1）公开性。基础数据以公开发布指标为准，便于社会各界进行核实和索引。

（2）标准化。基础数据尽量以各国统一的统计指标为基础，以保证指标口径的一致性。

（3）简洁化。在由基础指标形成三级指标的过程中，尽可能遵守统计规范，即使用规范的指标名称，规范的合成方法，以真实反映指标值的变化和波动。

**表 1　国际城市评价指标体系**

单位：%

| 一级指标 | 二级指标（$x_{ij}$） | 指标性质 | 权重（$\alpha_j$） |
|---|---|---|---|
| 经济 | 金融市场指数 | 指数、正向指标 | 5.93 |
| | 经济指数 | 指数、正向指标 | 4.82 |
| | 智力资本和创新指数 | 指数、正向指标 | 5.93 |
| 社会 | 公平指数 | 指数、正向指标 | 6.67 |
| | 生活成本指数 | 指数、正向指标 | 5.37 |
| | 城市准入门槛指数 | 指数、正向指标 | 4.63 |
| 文化 | 创作环境 | 指数、正向指标 | 4.26 |
| | 美术馆、博物馆数 | 数值、正向指标 | 5.37 |
| | 旅游目的地（10亿美元） | 数值、正向指标 | 7.04 |
| 生态 | 宜居指数 | 指数、正向指标 | 6.57 |
| | 环境指数 | 指数、正向指标 | 5.37 |
| | 污染指数 | 指数、逆向指标 | 4.72 |
| 治理 | 健康、保障指数 | 指数、正向指标 | 5.52 |
| | 安全指数 | 指数、正向指标 | 4.48 |
| | 政治权利指数 | 排名、逆向指标 | 6.67 |
| 空间 | 交通和基础设施指数 | 指数、正向指标 | 6.20 |
| | 通勤时间指数 | 指数、逆向指标 | 5.93 |
| | 城市面积占大都市区面积比重 | 数值、适中指标 | 4.54 |

**表 2　国际城市评价指标说明**

| 二级指标 | 含义 | 参考数据来源 | 发布机构 |
|---|---|---|---|
| 金融市场指数 | 金融市场指数是对国际金融中心城市的发展核心优势的测度。金融市场指标包括4个子要素，分别是资本市场、外汇市场、银行市场和保险市场。着重反映资本市场、外汇市场、银行市场、保险市场等金融市场的规模、稳定性和成熟度 | 《新华-道琼斯国际金融中心发展指数（2014）》 | 新华社中经社控股集团指数中心和标普道琼斯指数有限责任公司共同发布 |

续表

| 二级指标名称 | 含义 | 参考数据来源 | 发布机构 |
| --- | --- | --- | --- |
| 经济指数 | 对市场规模、市场吸引力、经济活力、人力资本、商业环境、规章和风险进行评估 | 《全球城市实力指数2014年度报告》(Global Power City Index 2014) | 森(Mori)纪念基金会都市战略研究所 |
| 智力资本和创新指数 | 智力资本和创新是社会发展和经济增长的"发动机"。通过研发占国内生产总值的百分比来测算 | 《机遇之都7》(Cities of Opportunity 7) | 普华永道会计师事务所(Pricewaterhouse Coopers LLP) |
| 公平指数 | 公平涉及经济发展的利益的系统性分配,通过法律框架确保一个"公平的竞争环境",保护穷人等弱势群体的权利 | 《世界城市年度状况报告 2012/2013》(State of the World's Cities 2012/2013) | 联合国人居署 United Nations Human Settlements Programme (UN-Habitat) |
| 生活成本指数 | 通过城市的市民体验判断一个城市的生活质量 | 《机遇之都7》 | 普华永道会计师事务所 |
| 城市准入门槛指数 | 该指标反映了城市的世界结网程度,以及其在社会、经济、文化等方面的吸引力 | 《机遇之都7》 | 普华永道会计师事务所 |
| 美术馆、博物馆数 | 在主流旅游书中介绍的美术馆、博物馆数 | 《全球城市实力指数2014年度报告》 | 森纪念基金会都市战略研究所 |
| 创作环境 | 基于对具体目标城市工作居住人员以及曾在多个目标城市工作居住过人员的问卷 | 《全球城市实力指数2014年度报告》 | 森纪念基金会都市战略研究所 |
| 旅游目的地(10亿美元) | 在该城市停留至少一个晚上以上的国际游客产生的消费支出 | 《万事达全球旅游目的地城市指数(2015)》(Master Card 2015 Global Destination Cities Index) | 万事达公司(MasterCard Worldwide) |

续表

| 二级指标名称 | 含义 | 参考数据来源 | 发布机构 |
|---|---|---|---|
| 宜居指数 | 对工作环境、生活成本、安全和保障、生活环境、生活设施进行评估 | 《全球城市实力指数2014年度报告》 | 森纪念基金会都市战略研究所 |
| 环境指数 | 对生态、污染、自然环境进行评估 | 《全球城市实力指数2014年度报告》 | 森纪念基金会都市战略研究所 |
| 污染指数 | 评估城市的总体污染，涉及水污染、空气污染 | 《城市生活质量指数2015年中期》（Quality of Life Index for Country 2015 Mid Year） | 能比奥（Numbeo）城市数据门户网站 |
| 健康、保障指数 | 考察市民的活力、凝聚力和先进的社会经济成就 | 《机遇之都7》 | 普华永道会计师事务所 |
| 安全指数 | 犯罪指数是对某一个城市或国家整体犯罪水平的评估。安全指数是犯罪指数的反面 | 《城市生活质量指数2015年中期》 | 能比奥城市数据门户网站 |
| 政治权利指数 | 该数据考察城市对全球思想和观点的影响力。具体涵盖了对城市中国家政治组织总部、国际非政府组织总部、大使馆和智库数量的评估 | 《世界财富报告2015》（The Wealth Report 2015） | 莱坊（Knight Frank）顾问公司 |
| 交通和基础设施指数 | 指标关注整个城市交通和基础设施的角色，使人们高效地结合在一起，加深了城市的生活方式 | 《机遇之都7》 | 普华永道会计师事务所 |
| 通勤时间指数 | 关于花费在工作通勤上的时间、消耗时间的不满程度、交通的$CO_2$消耗量和在交通系统中的整体低效率的综合指数 | 《城市生活质量指数2015年中期》 | 能比奥城市数据门户网站 |
| 城市面积占大都市区面积比重（%） | 该指标用来评估城市的紧凑程度 | 《经济合作与发展组织大都市地区的土地和人口》（Land and Population of the OECD Large Metropolitan Areas） | 经济合作与发展组织秘书处（Secretary-General of the OECD） |

城市的选择主要基于以上报告的前50名城市，具体指标选择这些机构在某些单项领域具有权威的数据，最终形成现有的18个二级数据和40个考察城市。如新华社中经社控股集团指数中心和标普道琼斯指数有限责任公司共同发布的《新华－道琼斯国际金融中心发展指数（2014）》，普华永道会计师事务所的《机遇之都7》，森纪念基金会都市战略研究所的《全球城市实力指数2014年度报告》，万事达公司的《万事达全球旅游目的地城市指数（2015）》，全球最大数据网络公司之一的能比奥的《城市生活质量指数2015年中期》，以及莱坊顾问公司的《世界财富报告2015》和经济合作与发展组织秘书处的《经济合作与发展组织大都市地区的土地和人口》。

## 二 国际城市评价方法

国际城市评价采用统计综合评价方法，即在国际城市评价指标体系的基础上，应用综合评价方法将不同量纲的指标加以综合而形成无量纲化的二级评价值，将这些评价值按照经济、社会、文化、生态、治理、空间等六个模块加以合成为六个一级评价值（一级指数），然后再将这六个一级指数合成为总指数。各级评价值指数的计算方法如下。

（1）数据收集。一是从联合国人居署（United Nations Human Settlements Programme，UN-Habitat）的《世界城市年度状况报告2012/2013》等报告中获取原始数据；二是针对部分缺失数据（缺失数据在18%左右），采用专家打分法进行补充，数据值取专家打分的平均值。

（2）标准化处理。为方便对于数据进行统一比较，对数据进行无量纲标准化处理。本报告采取较为常用的极值（min-max）标准化方法。处理过程包括以下几个步骤。

对于正向指标的处理公式：

$$y_{ij} = \frac{x_{ij} - \min_{1 \leq i \leq m} x_{ij}}{\max_{1 \leq i \leq m} x_{ij} - \min_{1 \leq i \leq m} x_{ij}} \times 100, (1 \leq i \leq m, 1 \leq j \leq n)$$

对于逆向指标的处理方法：

$$y_{ij} = \frac{\max\limits_{1 \leq i \leq m} x_{ij} - x_{ij}}{\max\limits_{1 \leq i \leq m} x_{ij} - \min\limits_{1 \leq i \leq m} x_{ij}} \times 100, (1 \leq i \leq m, 1 \leq j \leq n)$$

对于适中指标的处理方法，步骤如下：

$$y_{ij} = \frac{\max\limits_{1 \leq i \leq m} |x_{ij} - X_0| - |x_{ij} - X_0|}{\max\limits_{1 \leq i \leq m} |x_{ij} - X_0| - \min\limits_{1 \leq i \leq m} |x_{ij} - X_0|} \times 100, (1 \leq i \leq m, 1 \leq j \leq n)$$

其中，$y_{ij}$为标准化数据，$x_{ij}$为原始数据，$X_0$为适中参考值，$m$为城市数，本文为40，$j$为指标数，本文为18。其中经专家打分和讨论，本报告唯一适中指数的"城市面积占大都市区面积比重"的适中参考值为38%。

标准化后的变量值范围在0~100，数据基本呈正态分布，最大值为100，最小值为0。

（3）指标权重赋值。通过专家打分法，取得各个指标的权重。

（4）指标得分计算。通过计算得到各个指标的得分情况，通过加总得到各个分类的得分，以及总得分，并对得分进行排序，得到各个分类指标以及总得分的排名数据。得分计算公式为：

$$Z_i = \sum \alpha_j \cdot y_{ij}$$

$Z_i$为第$i$个城市的分项得分或综合升级能力得分，$\alpha_j$为第$j$个指标的权重，$y_{ij}$为标准化后的第$i$个城市第$j$指标的标准化数据。

## 三　计算结果与分析

利用柱形分布图和层级划分，在观察的40个城市中，包括综合升级能力、社会升级能力、生态升级能力、治理升级能力和空间升级能力均呈现向好的态势，升级能力得分较高的城市相对较多，而涉及创新的两个方面的升级能力评价，包括经济升级能力和文化升级能力，则得分较低，表明当前国际城市的创新升级能力难度较大，亟须政府层面重视经济升级能力和文化升级能力的提升。

1. 排名概览

2016年度国际城市2.0指标包括反映城市整体升级能力的城市综合排名，以及6项次级排名，分别考察经济升级能力、社会升级能力、文化升级能力、生态升级能力、治理升级能力、空间升级能力。并按排名的差距划分了5个集团：第Ⅰ集团（α≥0.8）、第Ⅱ集团（0.8＞α≥0.7）、第Ⅲ集团（0.7＞α≥0.6）、第Ⅳ集团（0.6＞α≥0.5）、第Ⅴ集团（α＜0.5），其中α为某个城市某项指标得分与40个城市中该指标第一位城市得分的比值。2016年40个观察城市的整体情况表现如下。

- 综合升级能力方面，西方城市在整体上仍占据优势，与2015年排名基本相似，前10位中除东京和新加坡外，基本上都是欧美城市。亚洲城市多数得分处于中间位置，如处于第Ⅲ、Ⅳ集团。金砖国家城市在转型升级方面出现显著分流，上海、北京进入第Ⅲ集团，圣保罗、莫斯科、孟买、约翰内斯堡都处于最后的第Ⅴ集团。在贯穿欧亚和非洲的"丝路城市"中，亚洲区域的城市相对较少，除新加坡和香港排名靠前之外，北京和上海的排名居中，其他有排名的仅吉隆坡和孟买，但排名靠后。

- 经济升级能力方面：传统意义上的伦敦、纽约和东京三大全球城市经济升级能力最强，得分要大大高于其他城市。大多数城市的经济升级能力得分都不及排名第一位伦敦的一半，甚至排名前10位中的得分存在低于60分的情况，如苏黎世和法兰克福。东亚城市排名靠前的有香港、新加坡、上海、北京和首尔。其他亚洲地区的"丝路城市"如台北、吉隆坡和孟买的得分仍然不高。

- 社会升级能力方面：前10位都被亚洲城市和欧洲城市所占据，特别是中国的北京、上海分别居第1位和第2位。北美城市表现较差，排名最高的仅为第21位（温哥华），与除中国以外的其他金砖国家城市一起处于排名末端。总体而言，处于欧洲和亚洲的"丝路城市"其社会升级能力总体较好，位于非洲的"丝路城市"表现较差。

- 文化升级能力方面：在40个观察城市中，文化升级能力呈现明显的金字塔形，特别是领先城市与落后城市间分化明显。根据划分规则，第Ⅰ集团（α≥0.8）有两个城市，第Ⅱ集团（0.8＞α≥0.7）只有一个城市，而第Ⅲ集团（0.7＞α≥0.6）没有城市，第Ⅳ集团（0.6＞α≥0.5）也仅有三个城市，其他34个城市得分十分集中，都处于第Ⅴ集团。虽然新加坡、东京、首尔和北京的得分不是太高，但均进入了前十位。

- 生态升级能力方面：40个城市的得分总体较好，第一集团包括了11个城市，除了温哥华和东京之外全部为欧洲城市，特别以北欧城市、西欧城市居多。圣保罗、上海、约翰内斯堡、孟买、北京和莫斯科等6个金砖国家城市排名最后，显示其生态水平亟待提升。

- 治理升级能力方面：第一集团全部为重要的首都城市或一些重要的政治中心城市，如美国的华盛顿、联合国办公地的纽约，欧盟办公地的布鲁塞尔，以及众多国际组织办公地的日内瓦和巴黎等欧美城市。

- 空间升级能力方面：40个观察城市的空间升级能力总体表现较好，是所有6个分维度评价中得分差距最小的，最高得分约为73分，最低得分约为30分。第一集团有14个城市，第二集团有10个城市，前两个集团的城市占所有观察城市总数的60%。

表3 国际城市2.0选定40个城市的排名与分组

| 综合升级能力 | | | | 经济升级能力 | | | |
|---|---|---|---|---|---|---|---|
| 排名 | 城市 | 得分 | 分组 | 排名 | 城市 | 得分 | 分组 |
| 1 | 伦敦 | 75.28 | Ⅰ | 1 | 伦敦 | 93.48 | Ⅰ |
| 2 | 巴黎 | 68.59 | | 2 | 纽约 | 91.71 | |
| 3 | 东京 | 68.37 | | 3 | 东京 | 90.66 | |
| 4 | 纽约 | 63.36 | | 4 | 香港 | 74.93 | |
| 5 | 新加坡 | 63.32 | | 5 | 巴黎 | 69.25 | Ⅱ |
| 6 | 苏黎世 | 60.26 | | 6 | 新加坡 | 68.44 | |
| 7 | 日内瓦 | 60.23 | | 7 | 多伦多 | 63.84 | Ⅲ |
| 8 | 华盛顿 | 55.81 | Ⅱ | 8 | 悉尼 | 62.72 | |

续表

| 综合升级能力 | | | | 经济升级能力 | | | |
|---|---|---|---|---|---|---|---|
| 排名 | 城市 | 得分 | 分组 | 排名 | 城市 | 得分 | 分组 |
| 9 | 斯德哥尔摩 | 55.34 | | 9 | 苏黎世 | 57.95 | |
| 10 | 法兰克福 | 54.81 | | 10 | 法兰克福 | 56.79 | Ⅲ |
| 11 | 维也纳 | 54.59 | | 11 | 上海 | 56.02 | |
| 12 | 首尔 | 54.38 | | 12 | 旧金山 | 55.50 | |
| 13 | 香港 | 53.75 | Ⅱ | 13 | 北京 | 54.18 | |
| 14 | 阿姆斯特丹 | 53.26 | | 14 | 芝加哥 | 53.41 | |
| 15 | 布鲁塞尔 | 53.01 | | 15 | 斯德哥尔摩 | 49.22 | |
| 16 | 柏林 | 52.97 | | 16 | 华盛顿 | 48.03 | Ⅳ |
| 17 | 慕尼黑 | 52.43 | | 17 | 日内瓦 | 47.31 | |
| 18 | 悉尼 | 52.41 | | 18 | 首尔 | 47.04 | |
| 19 | 哥本哈根 | 51.95 | | 19 | 慕尼黑 | 46.94 | |
| 20 | 北京 | 50.42 | | 20 | 波士顿 | 46.76 | |
| 21 | 多伦多 | 49.13 | | 21 | 阿姆斯特丹 | 45.22 | |
| 22 | 墨尔本 | 48.63 | | 22 | 温哥华 | 44.59 | |
| 23 | 上海 | 47.91 | Ⅲ | 23 | 洛杉矶 | 41.76 | |
| 24 | 马德里 | 47.42 | | 24 | 柏林 | 40.85 | |
| 25 | 大阪 | 47.17 | | 25 | 哥本哈根 | 39.62 | |
| 26 | 温哥华 | 46.71 | | 26 | 大阪 | 39.21 | |
| 27 | 台北 | 46.05 | | 27 | 布鲁塞尔 | 36.64 | |
| 28 | 巴塞罗那 | 45.29 | | 28 | 维也纳 | 36.55 | |
| 29 | 旧金山 | 44.07 | | 29 | 台北 | 35.70 | |
| 30 | 福冈 | 43.65 | | 30 | 墨尔本 | 32.13 | Ⅴ |
| 31 | 米兰 | 43.40 | | 31 | 马德里 | 27.50 | |
| 32 | 芝加哥 | 42.73 | Ⅳ | 32 | 莫斯科 | 27.03 | |
| 33 | 波士顿 | 41.89 | | 33 | 米兰 | 24.21 | |
| 34 | 洛杉矶 | 40.50 | | 34 | 福冈 | 24.00 | |
| 35 | 吉隆坡 | 37.35 | | 35 | 巴塞罗那 | 23.86 | |
| 36 | 布宜诺斯艾利斯 | 34.52 | | 36 | 圣保罗 | 17.37 | |
| 37 | 莫斯科 | 30.40 | | 37 | 吉隆坡 | 16.52 | |
| 38 | 圣保罗 | 29.10 | Ⅴ | 38 | 约翰内斯堡 | 15.48 | |
| 39 | 孟买 | 25.38 | | 39 | 布宜诺斯艾利斯 | 13.13 | |
| 40 | 约翰内斯堡 | 19.14 | | 40 | 孟买 | 8.44 | |

续表

| 社会升级能力 | | | | 文化升级能力 | | | |
|---|---|---|---|---|---|---|---|
| 排名 | 城市 | 得分 | 分组 | 排名 | 城市 | 得分 | 分组 |
| 1 | 北京 | 96.14 | I | 1 | 伦敦 | 91.12 | I |
| 2 | 上海 | 78.38 | I | 2 | 纽约 | 75.37 | I |
| 3 | 东京 | 77.85 | I | 3 | 巴黎 | 69.45 | II |
| 4 | 新加坡 | 77.62 | I | 4 | 新加坡 | 53.19 | IV |
| 5 | 伦敦 | 77.23 | I | 5 | 东京 | 46.92 | IV |
| 6 | 巴黎 | 76.84 | I | 6 | 首尔 | 45.41 | IV |
| 7 | 法兰克福 | 70.45 | II | 7 | 北京 | 39.56 | V |
| 8 | 香港 | 69.87 | II | 8 | 悉尼 | 38.05 | V |
| 9 | 哥本哈根 | 67.18 | II | 9 | 洛杉矶 | 35.95 | V |
| 10 | 维也纳 | 66.58 | III | 10 | 华盛顿 | 32.99 | V |
| 11 | 马德里 | 65.04 | III | 11 | 香港 | 32.70 | V |
| 12 | 苏黎世 | 64.87 | III | 12 | 莫斯科 | 29.90 | V |
| 13 | 阿姆斯特丹 | 64.61 | III | 13 | 阿姆斯特丹 | 29.22 | V |
| 14 | 墨尔本 | 63.78 | III | 14 | 吉隆坡 | 28.96 | V |
| 15 | 日内瓦 | 63.60 | III | 15 | 巴塞罗那 | 28.01 | V |
| 16 | 首尔 | 63.32 | III | 16 | 柏林 | 27.15 | V |
| 17 | 布鲁塞尔 | 62.87 | III | 17 | 墨尔本 | 27.06 | V |
| 18 | 悉尼 | 62.79 | III | 18 | 维也纳 | 26.92 | V |
| 19 | 慕尼黑 | 62.53 | III | 19 | 苏黎世 | 26.70 | V |
| 20 | 大阪 | 60.99 | III | 20 | 上海 | 26.08 | V |
| 21 | 温哥华 | 60.34 | III | 21 | 慕尼黑 | 25.65 | V |
| 22 | 福冈 | 60.26 | III | 22 | 布鲁塞尔 | 25.40 | V |
| 23 | 巴塞罗那 | 60.14 | III | 23 | 马德里 | 24.90 | V |
| 24 | 米兰 | 60.13 | III | 24 | 米兰 | 23.67 | V |
| 25 | 斯德哥尔摩 | 58.85 | III | 25 | 日内瓦 | 20.93 | V |
| 26 | 台北 | 58.69 | III | 26 | 旧金山 | 20.72 | V |
| 27 | 华盛顿 | 57.79 | III | 27 | 斯德哥尔摩 | 20.70 | V |
| 28 | 莫斯科 | 55.23 | IV | 28 | 大阪 | 20.68 | V |
| 29 | 柏林 | 54.92 | IV | 29 | 芝加哥 | 20.38 | V |
| 30 | 波士顿 | 54.81 | IV | 30 | 多伦多 | 19.30 | V |
| 31 | 吉隆坡 | 53.11 | IV | 31 | 法兰克福 | 18.71 | V |
| 32 | 孟买 | 53.00 | IV | 32 | 波士顿 | 18.67 | V |
| 33 | 圣保罗 | 50.53 | IV | 33 | 台北 | 18.14 | V |
| 34 | 布宜诺斯艾利斯 | 48.95 | IV | 34 | 温哥华 | 14.07 | V |
| 35 | 纽约 | 48.11 | IV | 35 | 约翰内斯堡 | 13.02 | V |
| 36 | 旧金山 | 46.11 | V | 36 | 福冈 | 11.02 | V |
| 37 | 多伦多 | 44.83 | V | 37 | 孟买 | 10.15 | V |
| 38 | 洛杉矶 | 37.71 | V | 38 | 布宜诺斯艾利斯 | 9.47 | V |
| 39 | 芝加哥 | 35.30 | V | 39 | 哥本哈根 | 8.25 | V |
| 40 | 约翰内斯堡 | 13.77 | V | 40 | 圣保罗 | 7.41 | V |

续表

| 生态升级能力 ||||  治理升级能力 ||||  空间升级能力 ||||
|---|---|---|---|---|---|---|---|---|---|---|---|
| 排名 | 城市 | 得分 | 分组 | 排名 | 城市 | 得分 | 分组 | 排名 | 城市 | 得分 | 分组 |
| 1 | 斯德哥尔摩 | 88.61 | | 1 | 华盛顿 | 82.32 | | 1 | 布鲁塞尔 | 73.44 | |
| 2 | 日内瓦 | 87.39 | | 2 | 纽约 | 77.10 | | 2 | 日内瓦 | 72.16 | |
| 3 | 苏黎世 | 86.59 | | 3 | 布鲁塞尔 | 76.13 | | 3 | 苏黎世 | 67.78 | |
| 4 | 柏林 | 82.59 | | 4 | 日内瓦 | 69.96 | I | 4 | 巴塞罗那 | 64.47 | |
| 5 | 维也纳 | 77.87 | | 5 | 巴黎 | 69.92 | | 5 | 首尔 | 64.36 | |
| 6 | 温哥华 | 77.79 | I | 6 | 维也纳 | 67.33 | | 6 | 芝加哥 | 63.83 | |
| 7 | 哥本哈根 | 77.56 | | 7 | 东京 | 65.82 | | 7 | 吉隆坡 | 63.43 | I |
| 8 | 法兰克福 | 75.91 | | 8 | 柏林 | 65.62 | | 8 | 新加坡 | 62.54 | |
| 9 | 阿姆斯特丹 | 73.38 | | 9 | 伦敦 | 64.65 | | 9 | 台北 | 61.83 | |
| 10 | 东京 | 72.05 | | 10 | 新加坡 | 64.10 | | 10 | 布宜诺斯艾利斯 | 61.53 | |
| 11 | 巴黎 | 70.76 | | 11 | 多伦多 | 63.37 | | 11 | 伦敦 | 60.62 | |
| 12 | 墨尔本 | 70.34 | | 12 | 哥本哈根 | 62.79 | II | 12 | 北京 | 60.22 | |
| 13 | 福冈 | 65.84 | | 13 | 慕尼黑 | 61.01 | | 13 | 阿姆斯特丹 | 58.69 | |
| 14 | 马德里 | 65.60 | II | 14 | 斯德哥尔摩 | 59.34 | | 14 | 华盛顿 | 58.59 | |
| 15 | 慕尼黑 | 64.89 | | 15 | 苏黎世 | 57.63 | | 15 | 上海 | 57.16 | |
| 16 | 伦敦 | 64.57 | | 16 | 悉尼 | 56.84 | | 16 | 东京 | 56.95 | |
| 17 | 多伦多 | 62.45 | | 17 | 香港 | 54.88 | | 17 | 哥本哈根 | 56.32 | |
| 18 | 大阪 | 59.81 | | 18 | 首尔 | 54.09 | | 18 | 法兰克福 | 55.83 | |
| 19 | 悉尼 | 58.49 | | 19 | 马德里 | 53.38 | | 19 | 斯德哥尔摩 | 55.32 | II |
| 20 | 米兰 | 57.40 | III | 20 | 法兰克福 | 51.20 | III | 20 | 巴黎 | 55.30 | |
| 21 | 华盛顿 | 55.16 | | 21 | 温哥华 | 50.31 | | 21 | 福冈 | 55.07 | |
| 22 | 台北 | 54.02 | | 22 | 墨尔本 | 49.40 | | 22 | 大阪 | 54.03 | |
| 23 | 新加坡 | 54.01 | | 23 | 旧金山 | 49.28 | | 23 | 慕尼黑 | 53.55 | |
| 24 | 首尔 | 52.07 | | 24 | 阿姆斯特丹 | 48.41 | | 24 | 维也纳 | 52.26 | |
| 25 | 巴塞罗那 | 51.44 | IV | 25 | 大阪 | 48.28 | | 25 | 米兰 | 50.71 | |
| 26 | 波士顿 | 45.53 | | 26 | 台北 | 47.90 | | 26 | 旧金山 | 49.28 | |
| 27 | 纽约 | 44.98 | | 27 | 波士顿 | 47.14 | | 27 | 墨尔本 | 49.07 | |
| 28 | 布鲁塞尔 | 43.60 | | 28 | 福冈 | 45.68 | IV | 28 | 马德里 | 48.10 | |
| 29 | 旧金山 | 43.54 | | 29 | 芝加哥 | 44.82 | | 29 | 圣保罗 | 46.88 | III |
| 30 | 布宜诺斯艾利斯 | 43.51 | V | 30 | 米兰 | 44.28 | | 30 | 香港 | 46.74 | |
| 31 | 香港 | 43.39 | | 31 | 巴塞罗那 | 43.81 | | 31 | 柏林 | 46.71 | |
| 32 | 吉隆坡 | 42.57 | | 32 | 洛杉矶 | 43.35 | | 32 | 洛杉矶 | 44.97 | |
| 33 | 洛杉矶 | 39.26 | | 33 | 上海 | 38.06 | V | 33 | 孟买 | 43.98 | |

续表

| 生态升级能力 | | | | 治理升级能力 | | | | 空间升级能力 | | | |
|---|---|---|---|---|---|---|---|---|---|---|---|
| 排名 | 城市 | 得分 | 分组 | 排名 | 城市 | 得分 | 分组 | 排名 | 城市 | 得分 | 分组 |
| 34 | 芝加哥 | 38.63 | | 34 | 北京 | 35.16 | | 34 | 纽约 | 42.91 | |
| 35 | 圣保罗 | 38.50 | | 35 | 布宜诺斯艾利斯 | 30.51 | | 35 | 多伦多 | 40.99 | Ⅳ |
| 36 | 上海 | 31.78 | | 36 | 莫斯科 | 27.23 | | 36 | 波士顿 | 38.42 | |
| 37 | 约翰内斯堡 | 29.39 | Ⅴ | 37 | 吉隆坡 | 19.51 | Ⅴ | 37 | 悉尼 | 35.54 | |
| 38 | 孟买 | 24.19 | | 38 | 圣保罗 | 13.91 | | 38 | 莫斯科 | 33.51 | Ⅴ |
| 39 | 北京 | 17.25 | | 39 | 约翰内斯堡 | 13.32 | | 39 | 温哥华 | 33.14 | |
| 40 | 莫斯科 | 9.49 | | 40 | 孟买 | 12.55 | | 40 | 约翰内斯堡 | 29.86 | |

2. 排名分析

（1）综合升级能力

作为所有指标中用来反映城市整体升级能力的城市综合排名，是由经济升级能力、社会升级能力、文化升级能力、生态升级能力、治理升级能力、空间升级能力等六个次级指标加权计算得到。

通过利用柱形分布图（见图2），对2016年40个观察城市综合升级能力的分布进行分析，可以发现，与2015年分析的结果相似，城市得分在高得分区和低得分区域存在间断，并非连续，在70~75分区间以及20~25分区间缺少城市，柱形分布图中间柱形高且多，表明这些城市的得分相对集中，中间分值者较多。与2015年相比，城市的综合升级能力得分有所下降，与2015年所观察的40个城市中，有3个城市的得分在70分以上不同，2016年只有综合排名第一的伦敦得分在70分以上，为75.28分，且低于2015年的得分78.39分；2015年低于35分的城市只有2个，2016年上升到了5个，最后一名仍为约翰内斯堡，得分有所下降，为19.14分，低于2015年的20.16分。

在此基础上，依据40个城市的综合升级能力得分及分布情况，按得分从高到低可以分为5个集团：第Ⅰ集团（$\alpha \geq 0.8$）、第Ⅱ集团（$0.8 > \alpha \geq 0.7$）、第Ⅲ集团（$0.7 > \alpha \geq 0.6$）、第Ⅳ集团（$0.6 > \alpha \geq 0.5$）、第Ⅴ集团（$\alpha < 0.5$）。其中$\alpha$为某个城市某项指标得分与40个城市中该指标第一位城

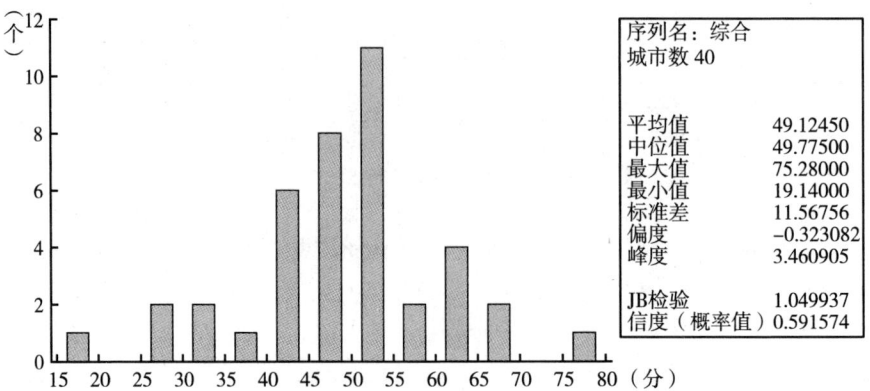

图2  40个城市综合升级能力得分排名的柱形分布

市得分的比值,其他6个分项指标得分排名在分组过程中,采用同样的方法,均划分为五个层级,每个层级不考虑城市的个数,只考虑城市的得分。

第一层级包括伦敦(75.28分)、巴黎(68.59分)、东京(68.37分)、纽约(63.36分)、新加坡(63.32分)、苏黎世(60.26分)、日内瓦(60.23分),比2015年多了4个,表明城市的相对差距在缩小,得分在70分以上仅有伦敦(75.28分)。而传统意义上的全球顶级城市纽约,其得分和排名则相对较低,包括公平指数、生活成本指数、宜居指数、环境指数、污染指数、安全指数及交通和基础设施指数等7个指标的得分甚至低于40个城市的平均值。

第二层级包括华盛顿(55.81分)、斯德哥尔摩(55.34分)、法兰克福(54.81分)、维也纳(54.59分)、首尔(54.38分)、香港(53.75分)、阿姆斯特丹(53.26分)、布鲁塞尔(53.01分)、柏林(52.97分)、慕尼黑(52.43分)和悉尼(52.41分)等11个城市。

第三层级包括哥本哈根、北京、多伦多、墨尔本、上海、马德里、大阪、温哥华、台北和巴塞罗那等10个城市,其得分在伦敦得分的60%~70%区间。这一区间的城市主要是欧美发达国家的次级中心城市,随着中国经济、社会的全面崛起,中国的北京、上海和台北处在这个层级,排名分别为第20位、第23位和第27位,相比2015年上海第16位和北京第21位,有了大的变化，北京上升了1位，而上海则下降了7位。

第四层级包括旧金山、福冈、米兰、芝加哥、波士顿、洛杉矶和吉隆坡等7个城市，其得分是伦敦得分的50%～60%。这个区间的城市主要是美国和亚洲的次级区域中心城市。

第五层级为布宜诺斯艾利斯、莫斯科、圣保罗、孟买和约翰内斯堡等5个城市，得分在伦敦得分的50%以下。从区域分布来看，除布宜诺斯艾利斯，全来自金砖国家。可以看出，金砖国家城市发展水平相较世界发达国家城市仍有一定的差距，整体竞争力仍然有限（见图3）。

（2）经济升级能力

经济指标设计基于的理论设想是国际城市功能正逐步由资本控制和流量节点向资本和创新双重功能的转化，然而国际贸易保护主义的兴起、全球资本流量的下降使得创新尤其科技创新对城市发展的影响日渐增大，由此国际城市2.0的发展动力应是资本流量和科技创新的有效融合。按照这种思路，这里的二级指标应该有3个，为金融市场指数、经济指数、智力资本和创新指数。金融市场指标主要用来测度资本流量，包括4个子要素，分别是资本市场、外汇市场、银行市场和保险市场，反映规模、稳定性和成熟度；经济指数是对市场规模、市场吸引力、经济活力、人力资本、商业环境、规章和风险进行评估；智力资本和创新指数是通过研发占国内生产总值的百分比来测算。

通过柱形分布图对经济升级能力得分数据进行分析（见图4），可以发现，与2015年情况相似，城市得分在高得分区和其他区域之间存在巨大的断层，并非连续，在75～90分区间缺少城市。城市经济发展的极化现象特别显著，得分在75分以上的城市仅纽约、伦敦和东京3个城市，且得分均高于90分，经济升级能力排名第一的城市为伦敦，得分为93.48分，不同于2015年第一位的纽约（94.04分）；最后一名的孟买得分为8.44分，其得分约相当于纽约的1/10。

在此基础上，依据40个城市的经济升级能力得分及分布情况，按得分从高到低可以分为五个层级。

伦敦
巴黎
东京
纽约
新加坡
苏黎世
日内瓦
华盛顿
斯德哥尔摩
法兰克福
维也纳
首尔
香港
阿姆斯特丹
布鲁塞尔
柏林
慕尼黑
悉尼
哥本哈根
北京
多伦多
墨尔本
上海
马德里
大阪
温哥华
台北
巴塞罗那
旧金山
福冈
米兰
芝加哥
波士顿
洛杉矶
吉隆坡
布宜诺斯艾利斯
莫斯科
圣保罗
孟买
约翰内斯堡
0
20
40
60
80（分）

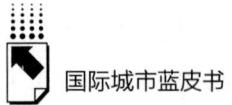

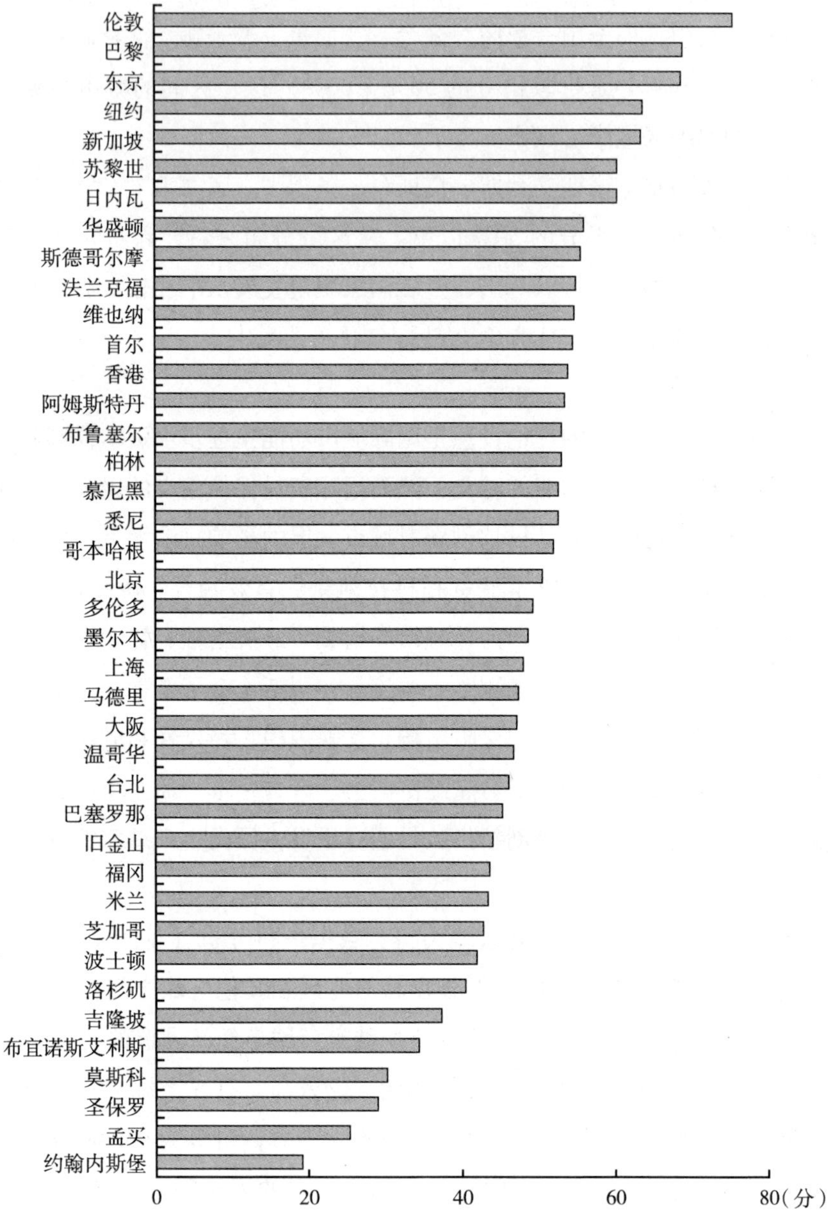

**图3　综合升级能力排名**

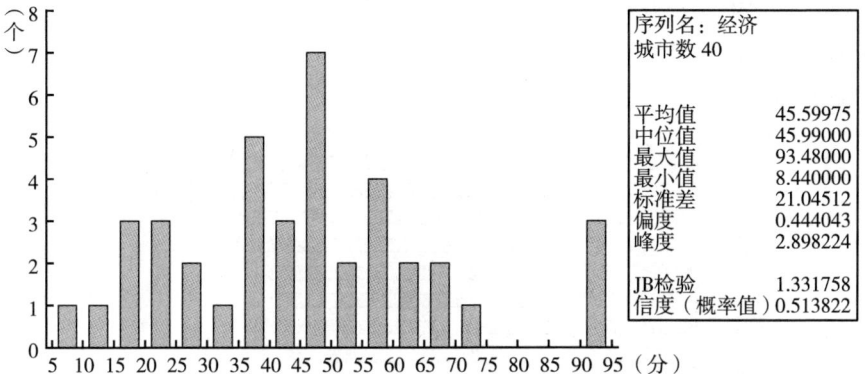

**图4 40个城市经济升级能力得分排名的柱形分布**

第一层级包括伦敦（93.48分）、纽约（91.71分）、东京（90.66分）和香港（74.93分）4个城市，与2015年的纽约（94.04分）、伦敦（91.82分）和东京（89.14分）有显著变化，伦敦和东京相对而言呈现上升趋势，但纽约有较明显下降，虽然香港划入了第一集团，但其与其他三个城市的差距巨大。

第二层级包括巴黎（69.25分）和新加坡（68.44分），其得分相当于伦敦的70%～80%。这个层级的城市相对较少。

第三层级包括多伦多（63.84分）、悉尼（62.72分）、苏黎世（57.95分）、法兰克福（56.79分）和上海（56.02分）等5个城市，其得分相当于伦敦的60%～70%。这一区间的城市主要是欧美发达国家的重点城市，但随着我国经济快速发展，上海进入了这个层级，排名为第11位，相对2015年有所下降，高于处于东亚地区的韩国的首尔和我国台湾地区的台北。

第四层级包括旧金山、北京、芝加哥、斯德哥尔摩、华盛顿、日内瓦、首尔、慕尼黑和波士顿等9个城市，其得分相当于伦敦的50%～60%。这个区间的城市主要是欧美的次级中心城市，以及我国的北京和韩国的首尔。

第五层级为阿姆斯特丹、温哥华、洛杉矶、柏林、哥本哈根、大阪、布鲁塞尔、维也纳、台北、墨尔本、马德里、莫斯科、米兰、福冈、巴塞罗那、圣保罗、吉隆坡、约翰内斯堡、布宜诺斯艾利斯、孟买等20个城市，

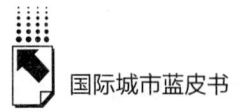

其得分低于伦敦得分的 50% 以下，城市总数达到所有观察城市的一半，表明受观察城市的经济发展整体上有待进一步提升，与顶级城市的差距仍然十分明显（见图 5）。

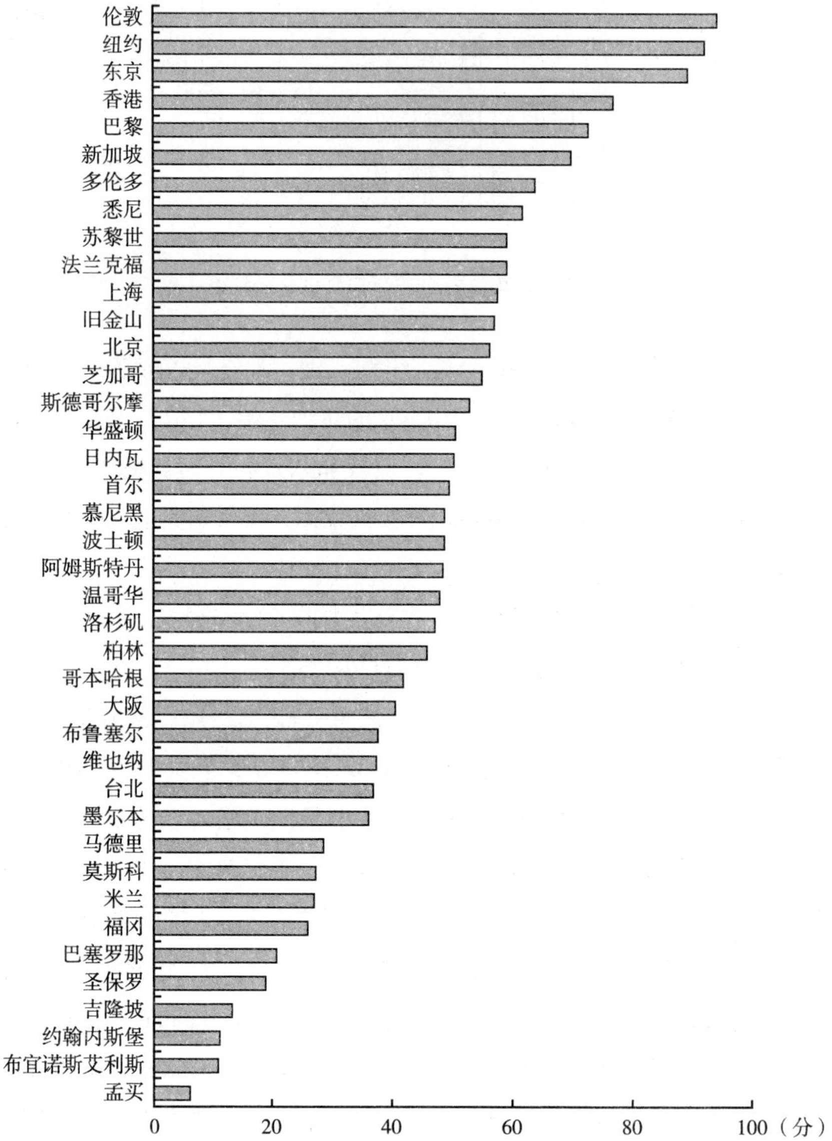

图 5　经济升级能力排名

(3) 社会升级能力

社会指标的设计主要依据包容性程度。包容性发展已成为社会主流价值，这种价值落实到城市方面需要量化测度，这里选取了 3 个二级指标，如公平指数，生活成本指数，城市准入门槛指数。公平指数涉及经济发展的利益的系统性分配，通过法律框架确保一个"公平的竞争环境"、保护穷人弱势群体的权利；生活成本指数意在通过城市的市民体验，判断一个城市的生活质量；而城市准入门槛指数反映了城市的世界结网程度，以及其在社会、经济、文化等方面的吸引力。

鉴于数据的可得性，2016 年中社会领域的 3 个指标不做更新，仍依据 2015 年的数据。利用柱形分布图，对社会升级能力得分分布进行分析（见图 6），可以发现，与综合升级能力相似，城市社会升级能力得分在高得分区和低得分区域存在显著的间断，在 80~95 分区间以及 15~35 分区间缺少城市，柱形分布图也进一步验证了这些城市的得分相对集中，有 17 个城市的得分在 60~70 分区间，且大多集中在 60~65 分。当然得分的两极化现象也是存在的，在观察的 40 个城市中，只有 1 个城市的得分在 90 分以上，随后得分迅速降低，第二名低于 80 分。综合排名第一的城市为北京，得分为 96.14 分；低于 40 分的城市只有 3 个，最后一名为约翰内斯堡，得分为 13.77 分。

虽然同样是 2015 年的数据，但 2016 年采用了新的分类依据和方法，在此基础上，依据 40 个城市的社会升级能力得分及分布情况，按得分从高到低可以分为五个层级。

第一层级包括北京（96.14 分）、上海（78.38 分）、东京（77.85 分）、新加坡（77.62 分）、伦敦（77.23 分）和巴黎（76.84 分）等 6 个城市。在这一层级中，北京和上海的得分相对较高，与基尼系数低（取决于官方公布的统计数据）以及北京、上海提供低廉的基本公共服务供给（交通、食物）有关，北京的公平指数和生活成本指数均为 40 个城市中的最大值。而东京、新加坡、伦敦和巴黎则都为发达国家的顶级城市。

第二层级包括法兰克福（70.45 分）、香港（69.87 分）、哥本哈根

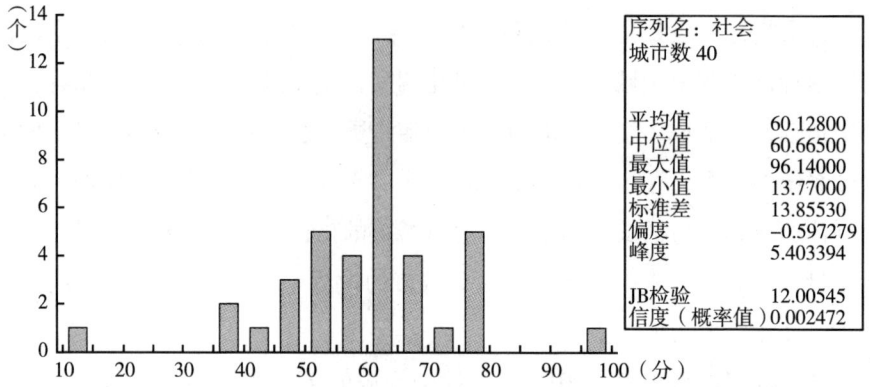

**图 6　40 个城市社会升级能力得分排名的柱形分布**

（67.18 分）等 3 座城市，其得分相当于北京的 70% ~ 75%。

第三层级维也纳（66.58 分）、马德里（65.04 分）、苏黎世（64.87 分）、阿姆斯特丹（64.61 分）、墨尔本（63.78 分）、日内瓦（63.6 分）、首尔（63.32 分）、布鲁塞尔（62.87 分）、悉尼（62.79 分）、慕尼黑（62.53 分）、大阪（60.99 分）、温哥华（60.34 分）、福冈（60.26 分）、巴塞罗那（60.14 分）、米兰（60.13 分）、斯德哥尔摩（58.85 分）、台北（58.69 分）、华盛顿（57.79 分）等 18 个城市，其得分相当于北京的 60% ~ 70%，占所有观察城市的比重相近一半，反映了当前全球范围内，社会发展呈现了很好的状态。

第四层级包括莫斯科（55.23 分）、柏林（54.92 分）、波士顿（54.81 分）、吉隆坡（53.11 分）、孟买（53.00 分）、圣保罗（50.53 分）、布宜诺斯艾利斯（48.95 分）、纽约（48.11 分）等 8 个城市，其得分相当于北京的 50% ~ 60%。这一区间集聚的城市，占 40 个城市的 1/5。这一区间的城市主要是欧美发达国家的重点城市，也包括来自发展中的印度孟买和巴西圣保罗等城市，表明社会的发展与所在国家的发展相关性要低于经济发展与国家间的关系。

第五层级包括旧金山（46.11 分）、多伦多（44.83 分）、洛杉矶

(37.71分)、芝加哥(35.30分)和约翰内斯堡(13.77分)等5个城市,其得分低于北京的50%。主要原因是这些城市公平指数和生活成本指数的得分都远低于观察城市的平均值。来自美国的洛杉矶和芝加哥成为这一层级的两个城市,与其城市过高的生活成本和较高的城市准入门槛相关。尽管南非的约翰内斯堡城市准入门槛不高,但使其成为所有观察城市中社会指数得分最低的城市,与其极低的公平指数和过高的城市生活成本相关(见图7)。

(4) 文化升级能力

文化指标依据的理念是文化已经成为城市发展的软实力,文化也不再仅仅为经济服务,而是基于文化本身真正的尊重。那么文化本身又表现在哪些方面呢?指标设计者给出3个二级指标,创作环境、美术馆和博物馆的数量、旅游目的地。文化作品的创作环境表现的是创作氛围,数据来源于对具体目标城市工作居住人员以及曾在多个目标城市工作居住过人员的问卷;美术馆、博物馆的数量是在主流旅游书中介绍的美术馆、博物馆数;旅游目的地指在该城市停留至少一个晚上以上的国际旅客数量。

可以利用柱形分布图对文化升级能力得分进行分析(见图8),城市得分在中、高得分区域存在明显间断,在40~45分区间、55~65分区间以及80~90分区间缺少城市,柱形分布图也进一步验证了这些城市的得分相对集中在低分区,高分值城市非常少。低于50分的城市达到36个,达到总数的90%,而40~50分的中间段的城市仅有2个,低于40分的城市有34个,低于30分的城市有29个,低于20分的城市有11个。文化升级能力得分排名第一的城市为伦敦,得分为91.12分,高于2015年度报告中的得分(89.82分),要远高于排名第二的巴黎(75.37分)。

在此基础上,依据40个城市的文化升级能力得分及分布情况,按得分从高到低可以分为五个层级。

第一层级只包括伦敦(91.12分)和纽约(75.37分)。在这一层级中,只有伦敦和纽约,其得分远超其他城市,两个城市文化影响力一直较大,但这两个城市间也存在较大差异,主要原因是伦敦的美术馆和博物馆指标要远高于其他城市。虽然纽约的创作环境指标得分较高,但美术馆与博物馆指标

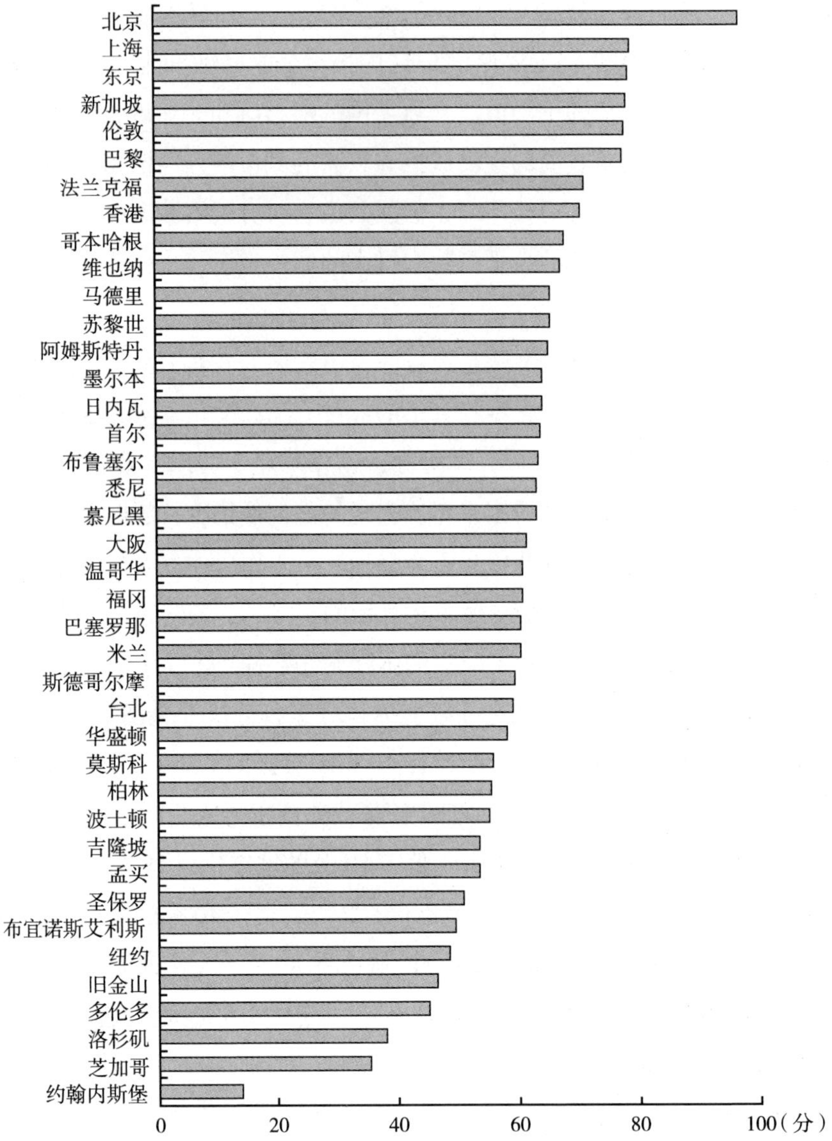

图7 社会升级能力排名

和旅游目的地指标较伦敦相对较低。

第二层级只包括巴黎（69.45分），得分相当于伦敦的76%。虽然这是第二层级，但与第一层级的差距非常明显。

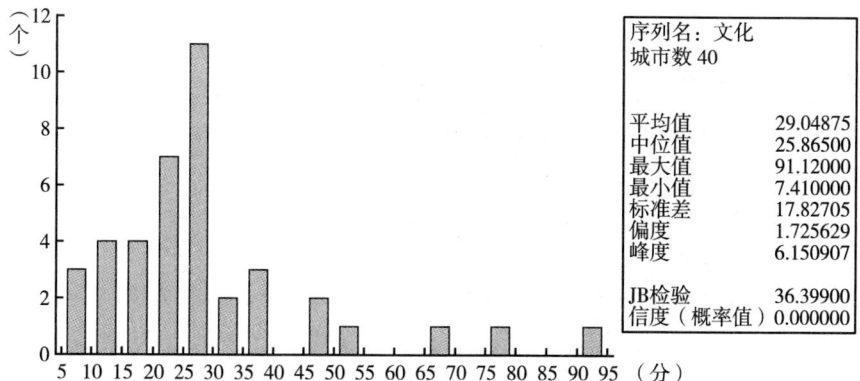

图8　40个城市文化升级能力得分排名的柱形分布

第三层级无。从文化升级能力得分分布来看，缺乏得分相当于伦敦得分60%~70%的城市。

第四层级包括新加坡（53.19分）、东京（46.92分）和首尔（45.41分），得分相当于伦敦的50%~60%。这一区间的城市全是东亚城市。

第五层级有北京（39.56分）、悉尼（38.05分）等34个城市，得分都低于伦敦的50%。其中北京（第7位）和悉尼（第8位）的得分相对较高，得分高于伦敦得分的40%，上海（26.08分）排名第20位，台北排在第33位，而其他的金砖国家城市排名都较为靠后，如约翰内斯堡排在第35位，孟买排在第37位，圣保罗排在第40位（见图9）。这些城市得分较低的原因主要是美术馆和博物馆指数及旅游目的地指数得分相对伦敦非常低（当然旅游目的地指数本身可能存在缺陷，像美国和中国之类幅员辽阔的大国，大量的旅游者是国内游客，而以伦敦、巴黎为代表的地域面积相对较小的国家，大量的游客都是国际游客，因此其得分相对较高）。

（5）生态升级能力

生态指标的设计采用以人为本的立场，充分尊重了人生活在其中的实际感受，因此二级指标采用了宜居指数、环境指数和污染指数。宜居指数主要评估工作环境、生活成本、安全和保障、生活环境和生活设施；环境指数主要评估生态和自然环境；污染指标主要评估城市的总体污染，涉及水污染和

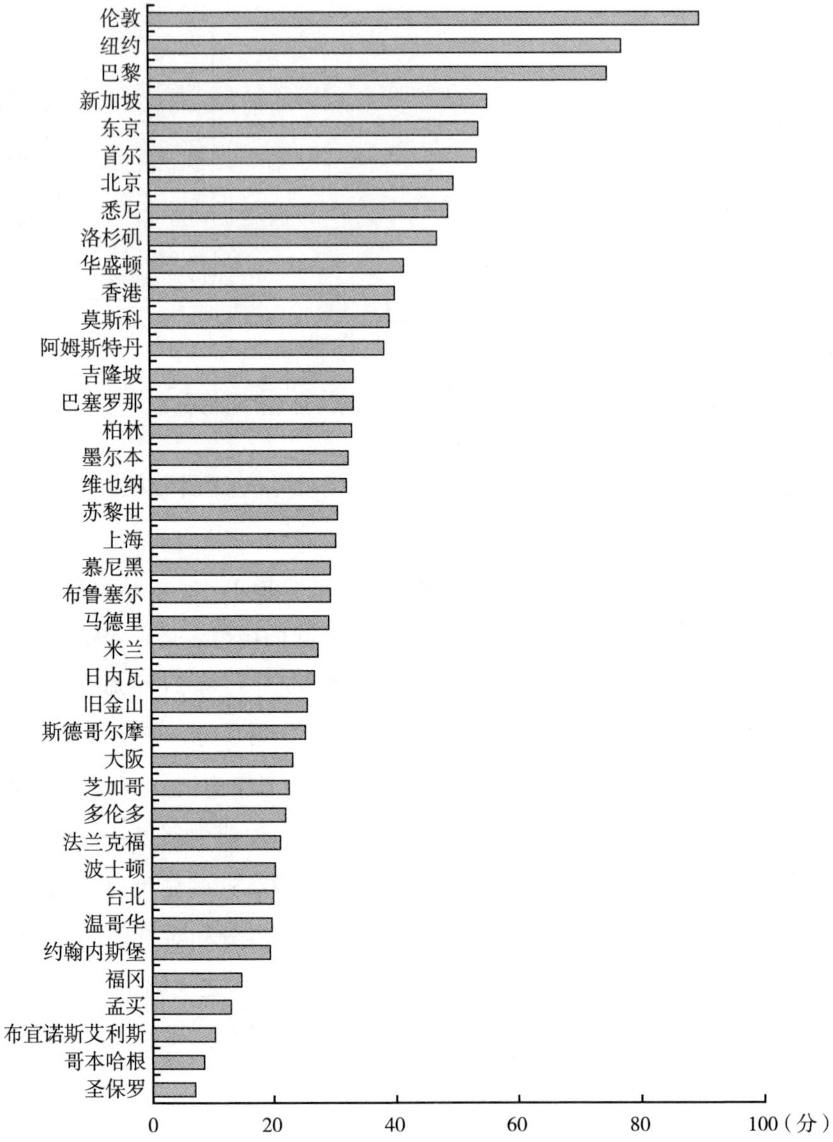

图9 文化升级能力排名

空气污染，其中空气污染起到重要作用。

利用柱形分布图对生态升级能力得分进行分析（见图10），可以发现，城市生态升级能力得分在高得分区非常集中。得分在 50 分以上的城市有 25 个，占比超过 60%，低于 40 分的城市仅有 8 个，而低于 30 分的城市有 4 个，表明该指标的情况要好于社会和文化指标的情况。综合排名第一的城市为斯德哥尔摩，得分为 88.61 分；得分最低的城市为莫斯科，得分为 9.49 分。

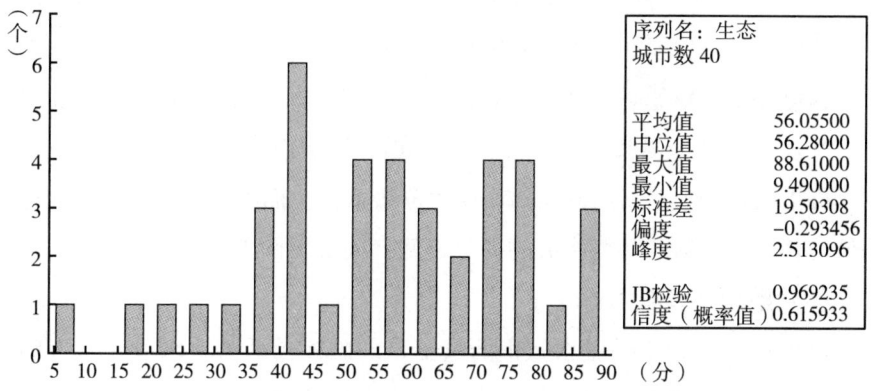

**图 10　40 个城市生态升级能力得分排名的柱形分布**

在此基础上，依据 40 个城市的生态升级能力得分及分布情况，按得分从高到低可以分为五个层级。

第一层级包括斯德哥尔摩（88.61 分）、日内瓦（87.39 分）、苏黎世（86.59 分）、柏林（82.59 分）、维也纳（77.87 分）、温哥华（77.79 分）、哥本哈根（77.56 分）、法兰克福（75.91 分）、阿姆斯特丹（73.38 分）、东京（72.05 分）、巴黎（70.76 分）等 11 个城市，其得分均在斯德哥尔摩得分的 80% 及以上。这些城市都是生态环境非常优越的城市，特别是北欧瑞典的斯德哥尔摩生态环境最好，得分近 90 分，其 3 个生态方面的指标得分均极高，而环境优美的瑞士有日内瓦和苏黎世两个城市排在前三名。

第二层级有墨尔本（70.34 分）、福冈（65.84 分）、马德里（65.60 分）、慕尼黑（64.89 分）、伦敦（64.57 分）和多伦多（62.45 分）等 6 个城市。其得分相当于斯德哥尔摩得分的 70%~80%。

第三层级包括大阪（59.81 分）、悉尼（58.49 分）、米兰（57.40 分）、

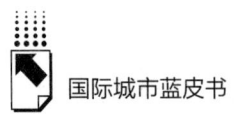

华盛顿(55.16分)、台北(54.02分)、新加坡(54.01分),其得分相当于斯德哥尔摩得分的60%~70%。

第四层级为首尔、巴塞罗那、波士顿和纽约4个城市,其得分相当于斯德哥尔摩得分的50%~60%。

第五层级为布鲁塞尔、旧金山、布宜诺斯艾利斯、香港、吉隆坡、洛杉矶、芝加哥、圣保罗、上海、约翰内斯堡、孟买、北京、莫斯科等13个城市,其得分低于斯德哥尔摩得分的50%。其中我国上海(第36位)和北京(第39位)等2个城市在该层级。可以看到该层级的城市数量不少,北京的污染指数得分成为所有观察城市中得分最低的。而莫斯科的生态指数得分较低与其宜居指数和环境指数的得分较低有关(见图11)。

(6)治理升级能力

治理指标设计主要考察城市的安全、公民社会活力,以及该城市的国际影响力,主要采取健康、保障指数,安全指数和政治权利指数。健康保障指数主要考察市民的活力、凝聚力和先进的社会经济成就,安全指数是犯罪指数的反面,是对某一个城市或是国家整体犯罪水平的评估,而政治权利指数主要考察该数据考察城市对全球思想和观点的影响力。具体涵盖了对于城市中国家政治组织总部、国际非政府组织总部、大使馆和智库数量的评估。

利用柱形分布图对治理能力得分情况进行分析(见图12),可以发现,40个城市的得分相对集中,中间分值者和高分值者较多。在观察的40个城市中,只有3个城市的得分在70分以上,综合排名第一的城市为华盛顿,得分为82.32分;而低于40分的城市有8个,最后一名的孟买得分为12.55分。

在此基础上,依据40个城市的治理升级能力得分及分布情况,按得分从高到低可以分为五个层级。

第一层级包括华盛顿(82.32分)、纽约(77.10分)、布鲁塞尔(76.13分)、日内瓦(69.96分)、巴黎(69.92分)、维也纳(67.33分)、东京(65.82分)和柏林(65.62分)等8个城市。处于第一位的华盛顿,

国际城市综合能力分化减缓与创新能力极化趋强

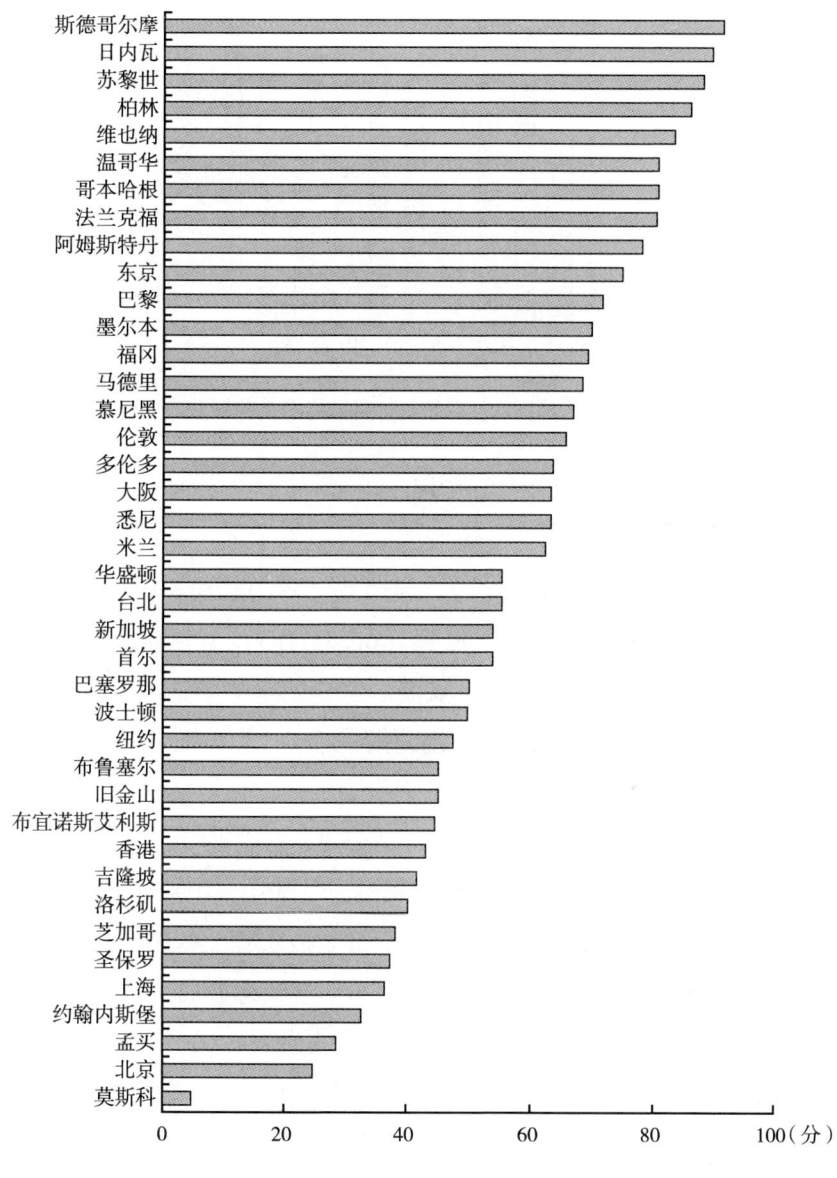

图11 生态升级能力排名

因其拥有最高的政治权利排名，且其安全指数也拥有极高的得分。而纽约、布鲁塞尔、日内瓦和巴黎等城市都拥有较多的政治机构和国际组织，因此其

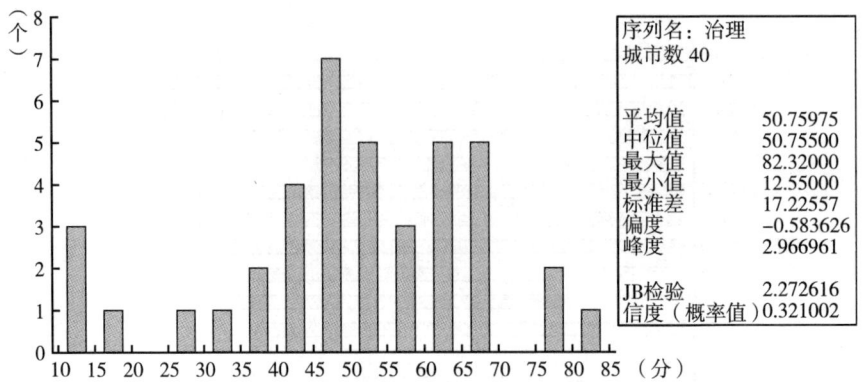

**图 12　40 个城市治理升级能力得分排名的柱形分布**

政治权利指数较高，东京和柏林，则因为较为均衡的、高的安全保障指数而使其得分较高。

第二层级包括伦敦（64.65 分）、新加坡（64.10 分）、多伦多（63.37 分）、哥本哈根（62.79 分）、慕尼黑（61.01 分）、斯德哥尔摩（59.34 分）、苏黎世（57.63 分）等 7 个城市，得分处于华盛顿得分的 70%~80%。这些城市的差异，主要是在安全指数得分上，特别是伦敦因安全指数得分相对较低，而使其总得分较低。

第三层级包括悉尼、香港、首尔、马德里、法兰克福、温哥华、墨尔本、旧金山等 8 个城市，得分处于华盛顿得分的 60%~70%。

第四层级包括阿姆斯特丹、大阪、台北、波士顿、福冈、芝加哥、米兰、巴塞罗那、洛杉矶 9 个城市，得分处于华盛顿得分的 50%~60%。这些城市的排名主要是受限于其政治权利指数得分相对较低。

第五层级为上海、北京、布宜诺斯艾利斯、莫斯科、吉隆坡、圣保罗、约翰内斯堡、孟买等 8 个城市，得分处于华盛顿得分的 50% 以下。上海（第 33 位）和北京（第 34 位）两个城市以及其他金砖国家的城市也都位于该层级，上海的政治权利排名低于北京，但上海在健康、安全和保障指数方面的得分要高于北京，从而导致上海治理升级能力排名较北京相对较高。但总体而言，包括上海、北京以及其他金砖国家的城市，除了在全球范围内的政治权利指数得分相对较低之外,健康、安全和社会保障指数得分差距也较大,这是总体治理升级能力得分较低的根本原因(见图13)。

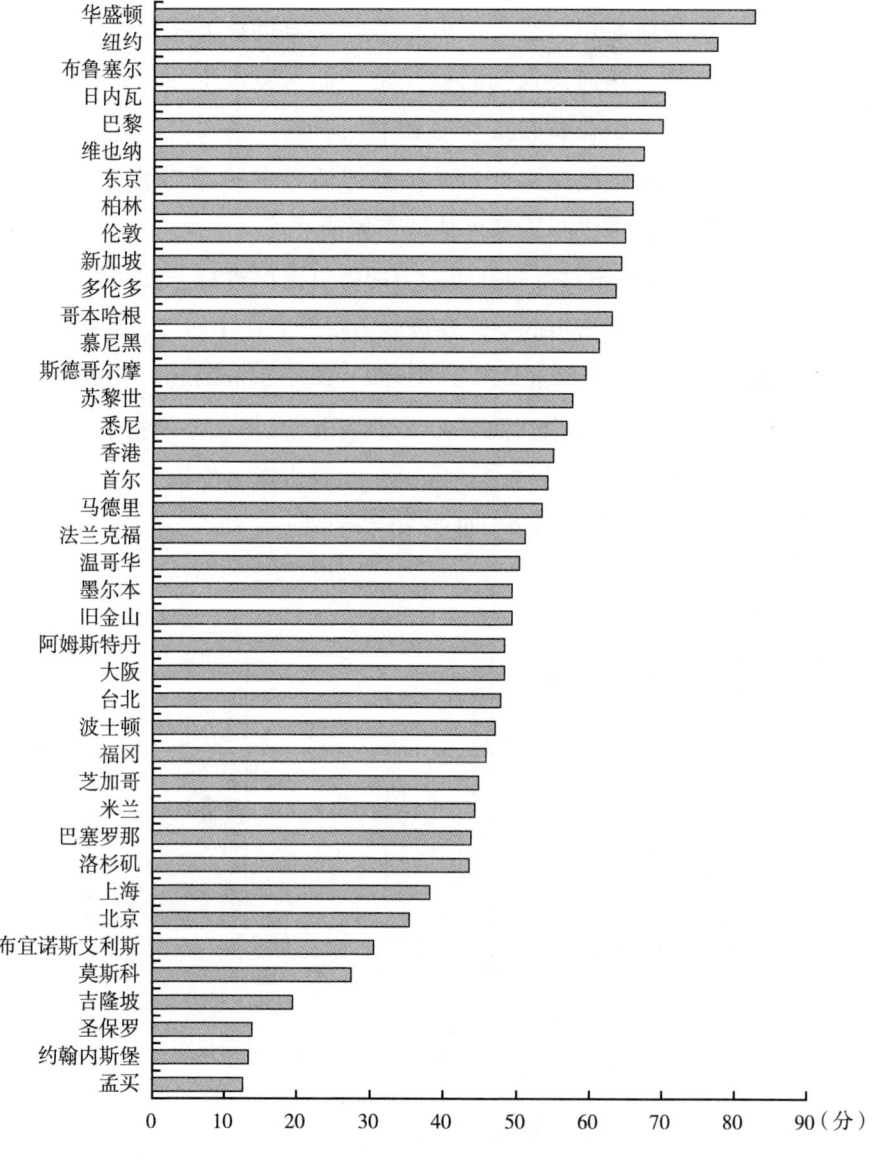

图13 治理升级能力排名

### （7）空间升级能力

城市经济、社会、文化、环境、政治都会落实到城市的空间，而对空间的测量主要基于三个方面：交通和基础设施指数、通勤时间指数、城市面积占大都市区面积比重。交通和基础设施指数关注整个城市交通和基础设施的作用，如何使人们高效互动，加深城市生活方式；通勤时间指数指的是一个关于花费在工作通勤上的时间、消耗时间的不满意程度、交通的二氧化碳消耗量和交通系统整体低效率的综合指数；城市面积占大都市区面积比重主要用来评估城市紧凑程度。

可以利用柱形分布图对空间升级能力的得分情况进行分析（见图14）。从图14可以看到，大多城市的空间升级能力得分处在中间区，呈现明显的橄榄型分布，70分以上的城市只有2个，50~70分区间的城市有23个，而40~50分区间的城市有10个，低于40分的城市有5个。空间指数得分排名第一的城市为布鲁塞尔，得分为73.44分；约翰内斯堡的得分为29.86分，是所有受观察城市中升级能力得分低于30分的唯一一个。

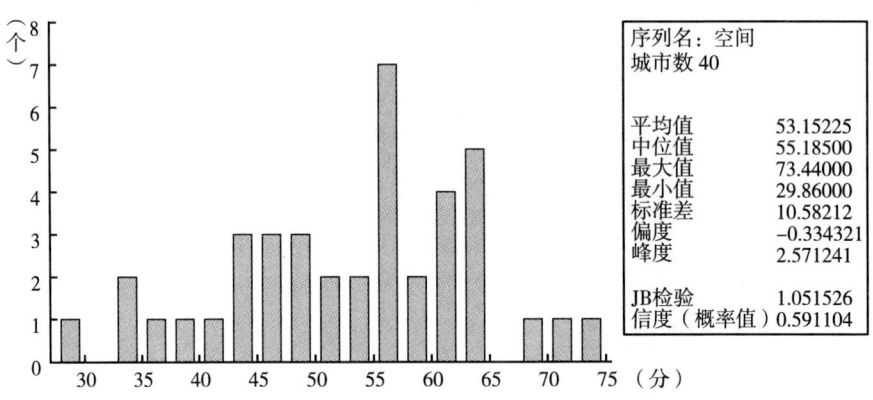

图14 40个城市空间升级能力得分排名的柱形分布

在此基础上，依据40个城市的城市空间升级能力得分及分布情况，按得分从高到低可以分为五个层级。

第一层级包括布鲁塞尔（73.44分）、日内瓦（72.16分）、苏黎世

(67.78分)、巴塞罗那（64.47分）、首尔（64.36分）、芝加哥（63.83分）、吉隆坡（63.43分）、新加坡（62.54分）、台北（61.83分）、布宜诺斯艾利斯（61.53分）、伦敦（60.62分）、北京（60.22分）、阿姆斯特丹（58.69分）、华盛顿（58.59分）等14个城市，从日内瓦到华盛顿城市的空间升级能力得分均为排在第一位的布鲁塞尔得分的80%及以上。比利时首都布鲁塞尔因通勤时间指数得分高，交通和基础设施指数及城市面积占大都市区面积比重得分较高而成为所有城市中空间指数得分最高者。中国的北京也进入该层级，主要受益于交通和基础设施指数以及通勤时间指数和城市面积占大都市区面积比重这三个指数得分均衡，且相对较高。但需要注意的是，北京的城市面积占大都市区面积比重（%）指数本身的计算与其他城市存在较大本质差别，主要原因是北京的大都市区范围大都以行政区市域范围为计算基础，而其他地区的城市则主要以通勤区为基础范围，相对范围较小。而伦敦则因通勤时间指数得分较低，而导致其空间的总体得分相对较低。

第二层级包括上海（57.16分）、东京（56.95分）、哥本哈根（56.32分）、法兰克福（55.83分）、斯德哥尔摩（55.32分）、巴黎（55.30分）、福冈（55.07分）、大阪（54.03分）、慕尼黑（53.55分）和维也纳（52.26分）等10个城市。这些城市空间升级能力得分为布鲁塞尔得分的70%~80%。

第三层级包括米兰、旧金山、墨尔本、马德里、圣保罗、香港、柏林、洛杉矶、孟买9个城市。这些城市的空间升级能力得分为布鲁塞尔得分的60%~70%。

第四层级包括纽约（42.91分）、多伦多（40.99分）和波士顿（38.42分）3个城市。这些城市的空间升级能力得分为布鲁塞尔得分的50%~60%。第五层级为悉尼（35.54分）、莫斯科（33.51分）、温哥华（33.14分）和约翰内斯堡（29.86分）4个城市。这4个城市空间升级能力得分较低，悉尼和温哥华两个城市得分较低的原因主要是其城市面积占大都市区面积比重（%）指数得分过低，温哥华城市面积占大都市区面积的比重仅为

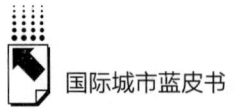

8.3%，这个数值是所有城市中最低的，虽然这样的比重能形成较好的生态环境，并降低通勤时间，但同时由于城市规模本身的规模经济需求无法实现，而出现效率过低的问题（见图15）。

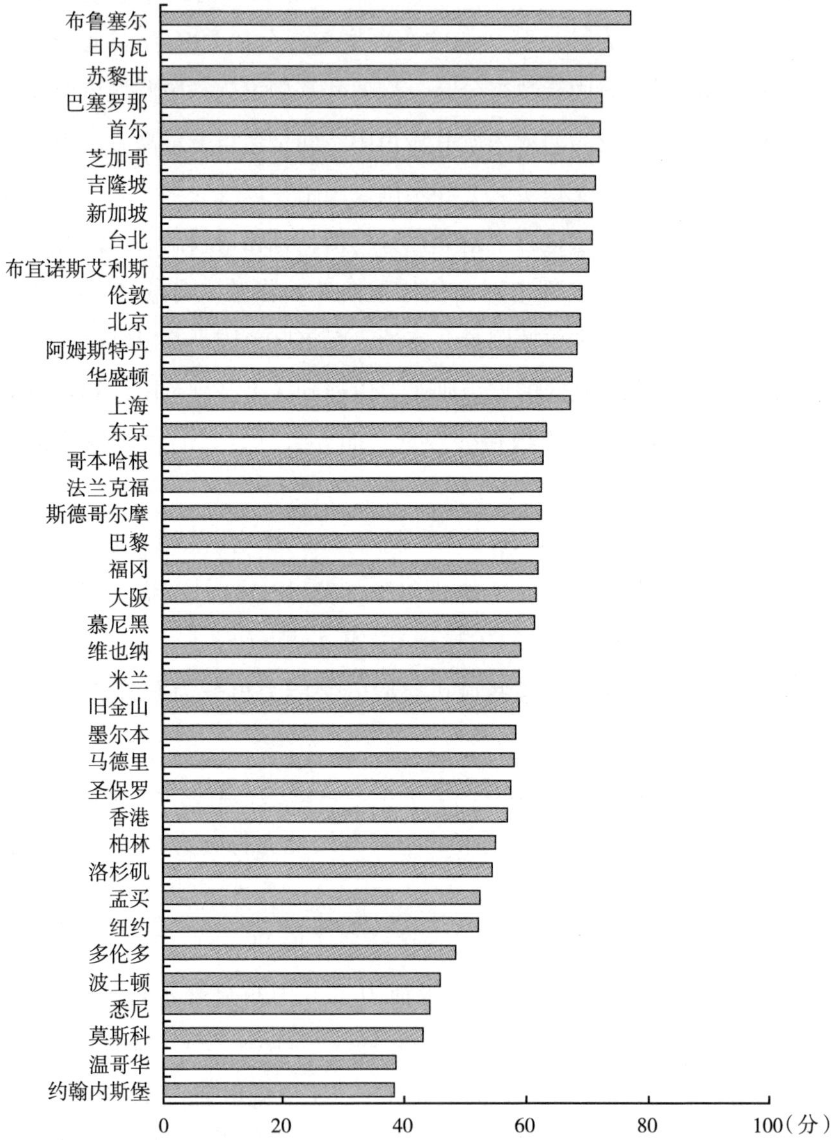

图15 空间升级能力排名

## 国际城市综合能力分化减缓与创新能力极化趋强

**典型城市**

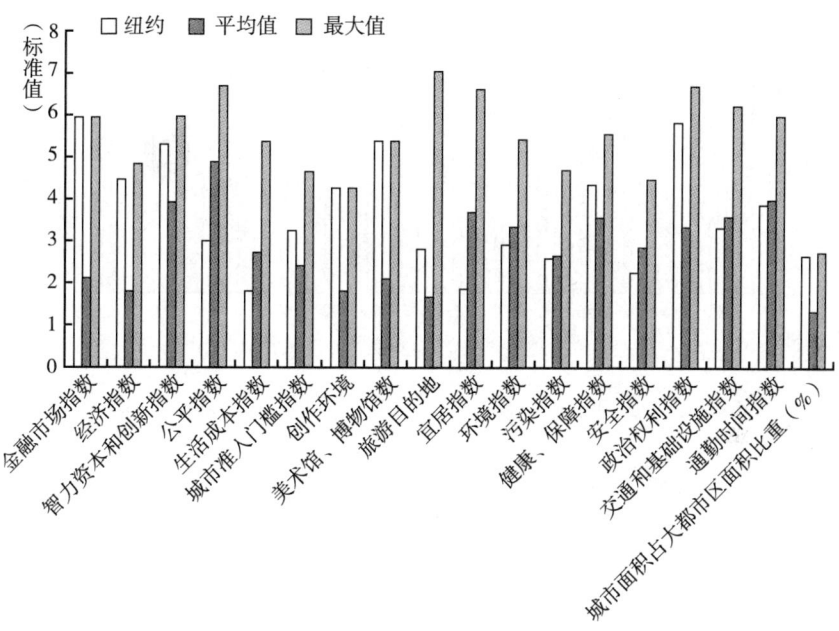

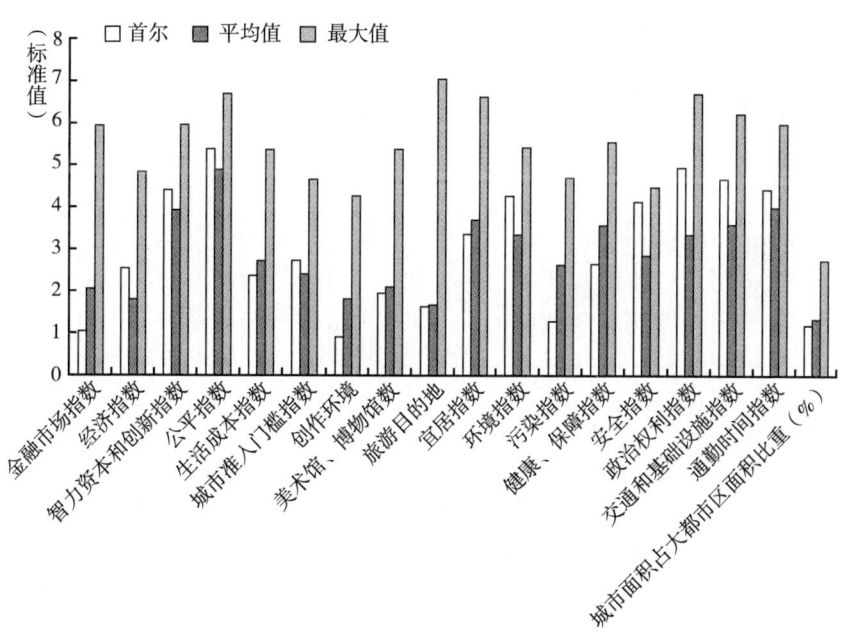

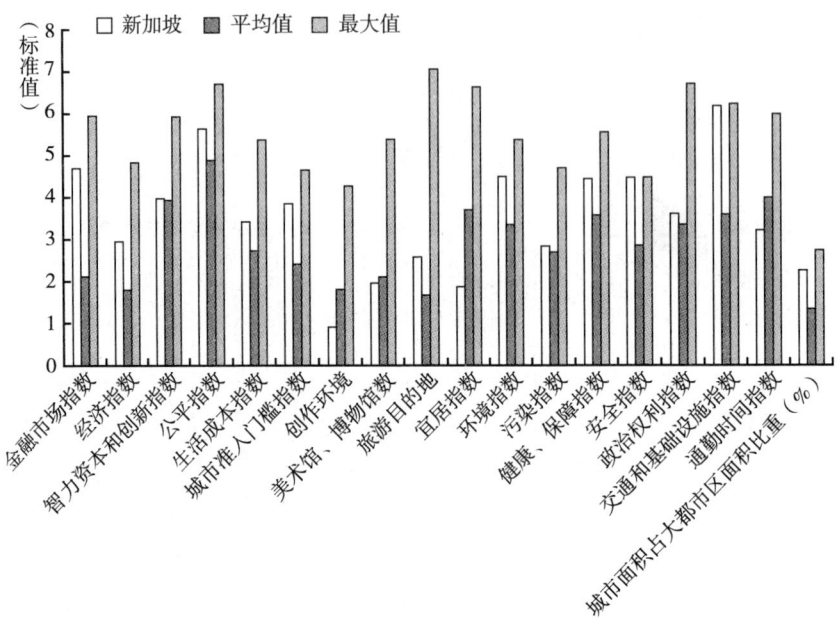

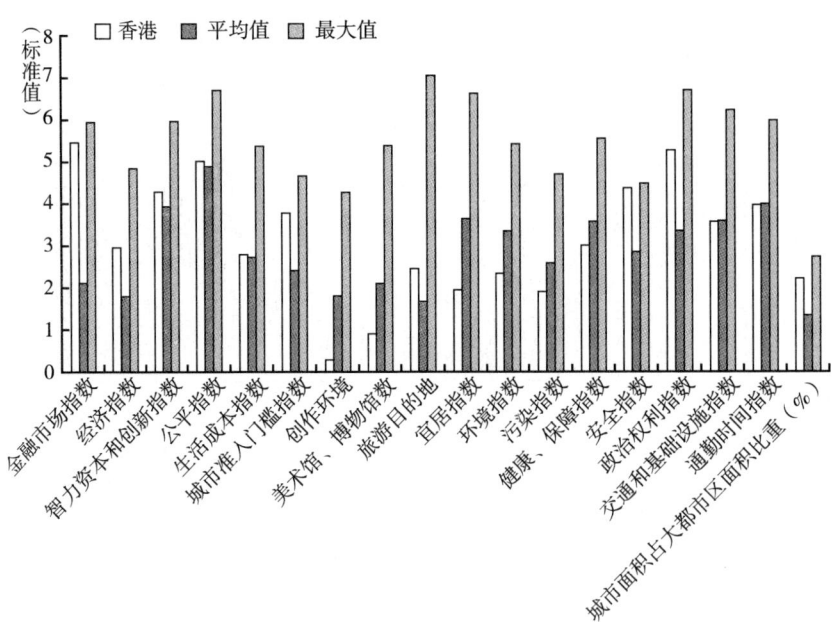

国际城市综合能力分化减缓与创新能力极化趋强

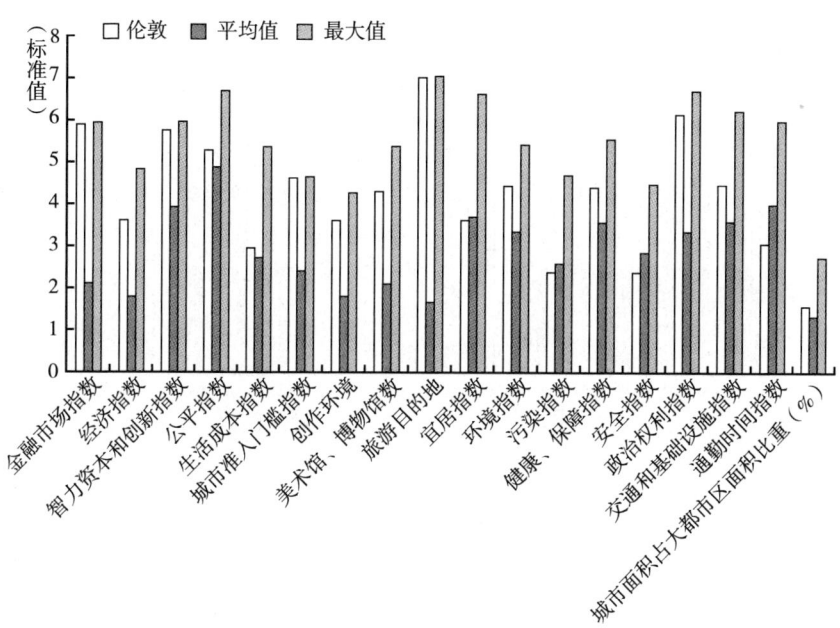

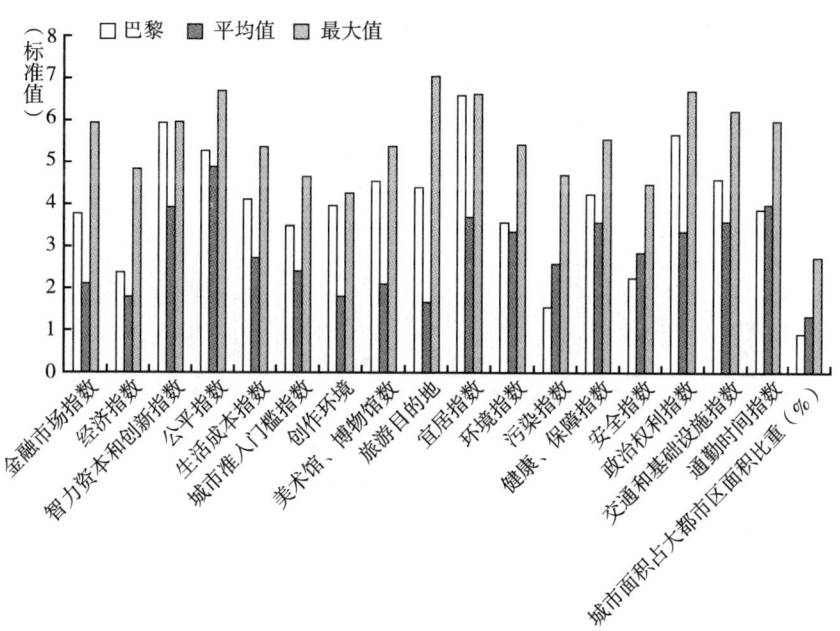

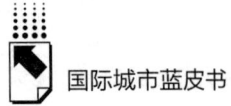

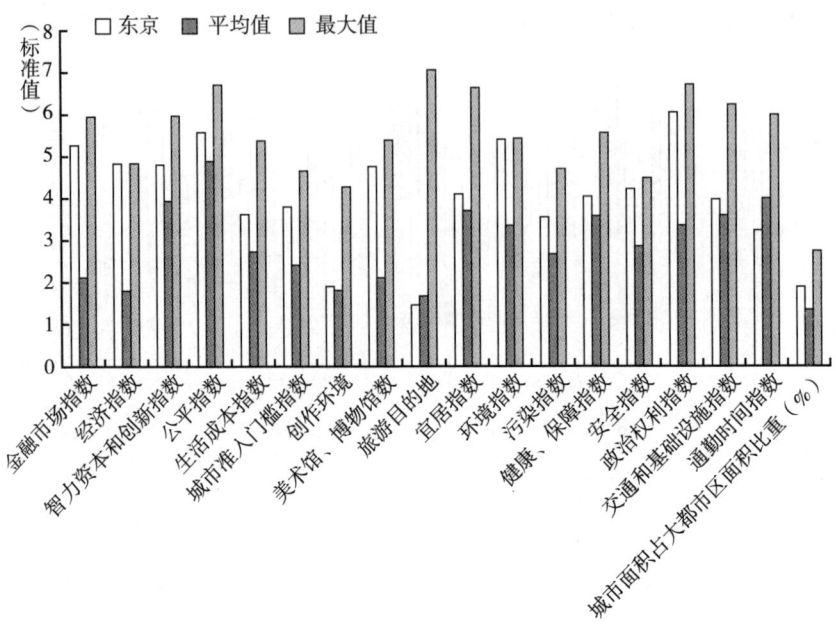

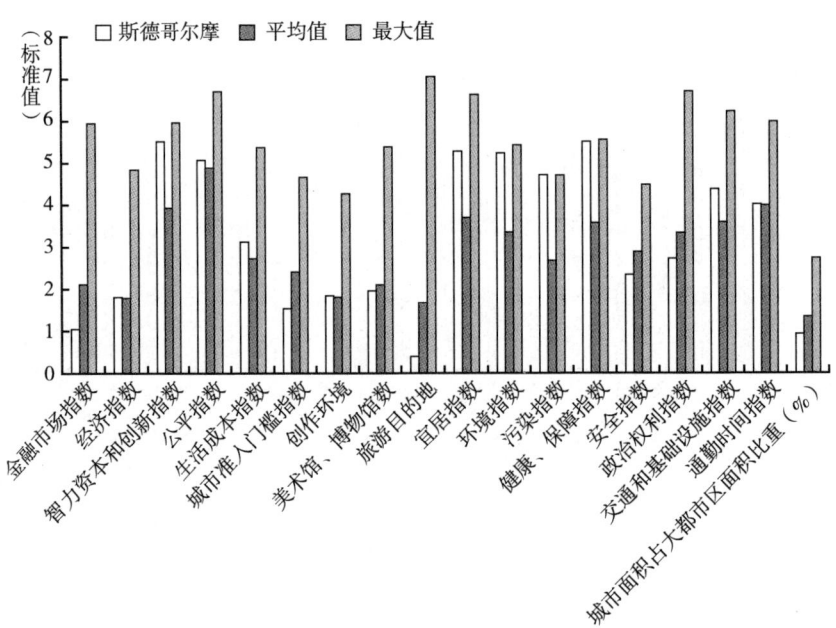

国际城市综合能力分化减缓与创新能力极化趋强

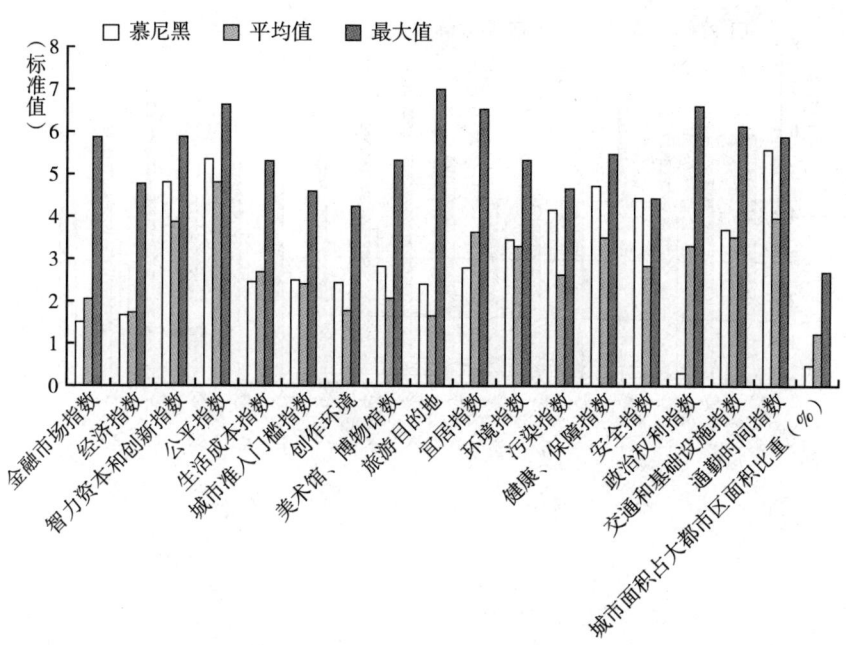

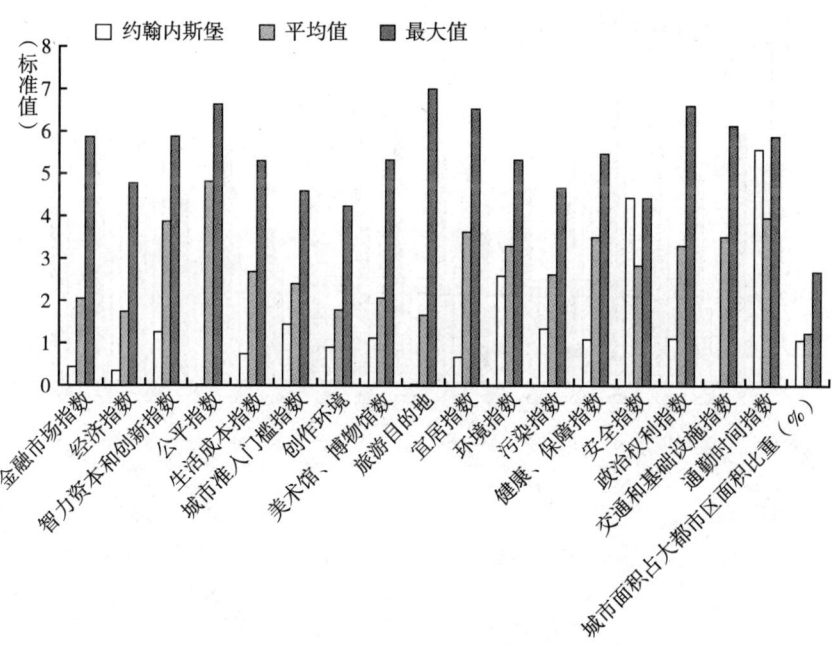

107

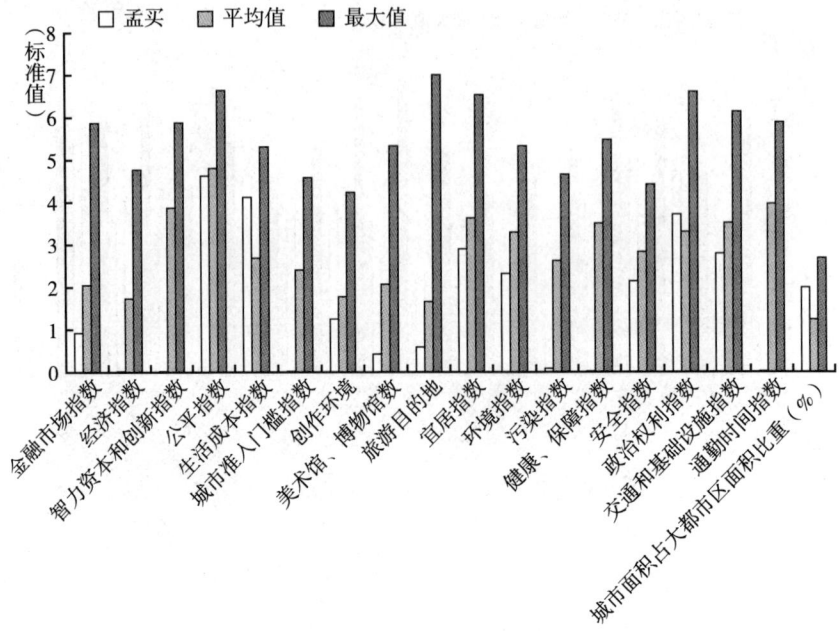

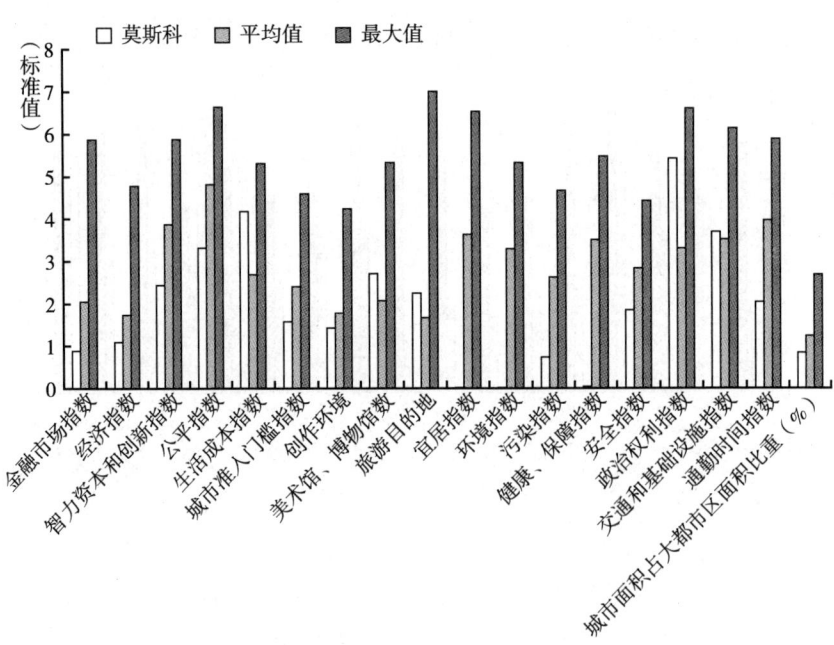

国际城市综合能力分化减缓与创新能力极化趋强

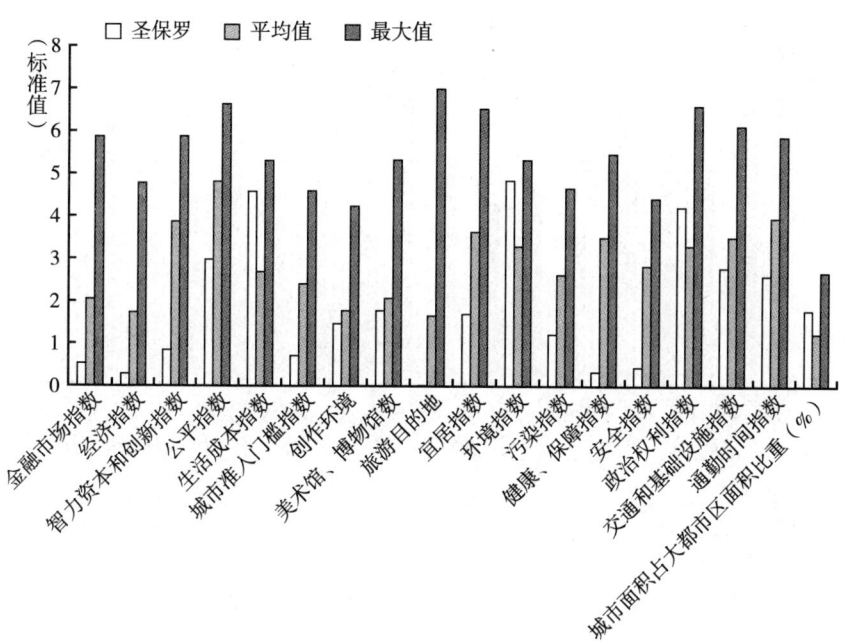

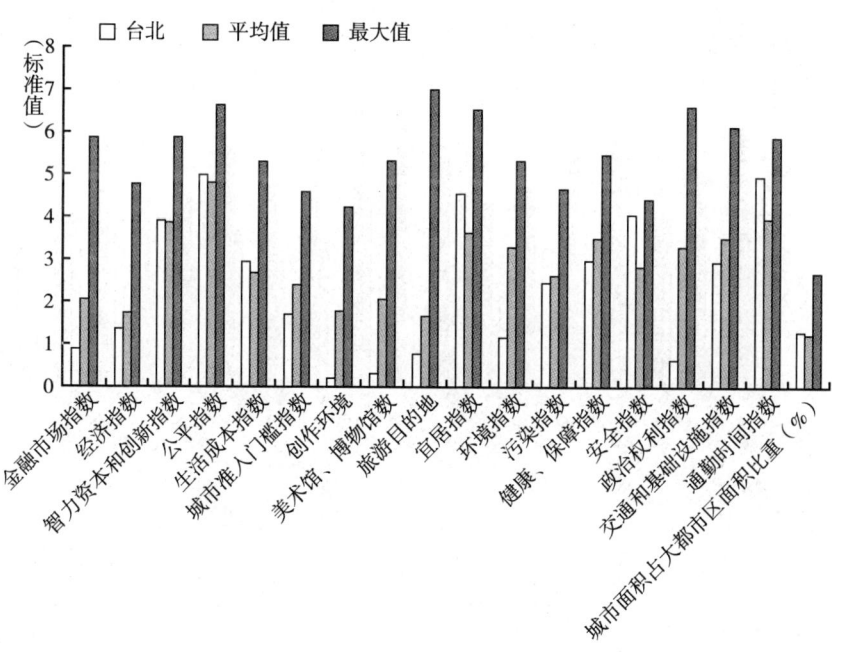

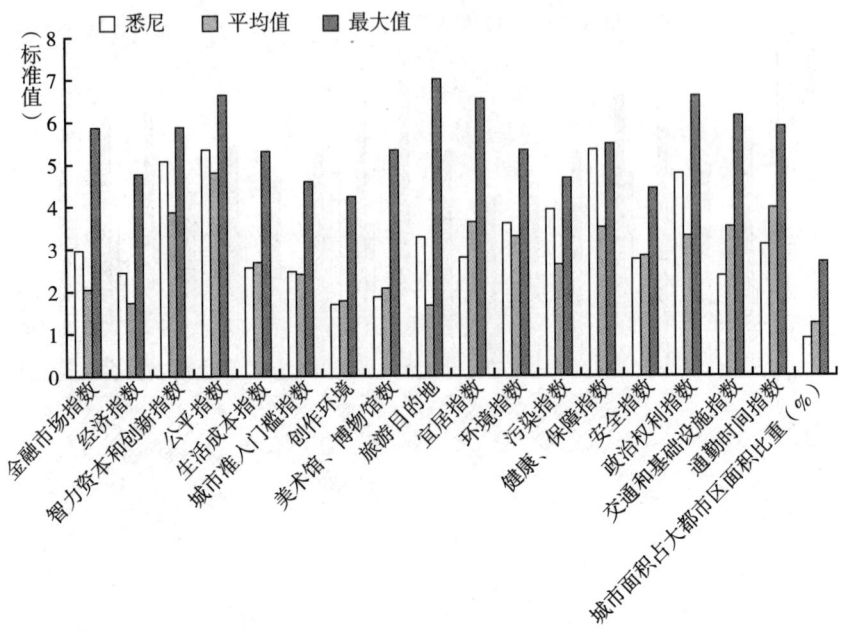

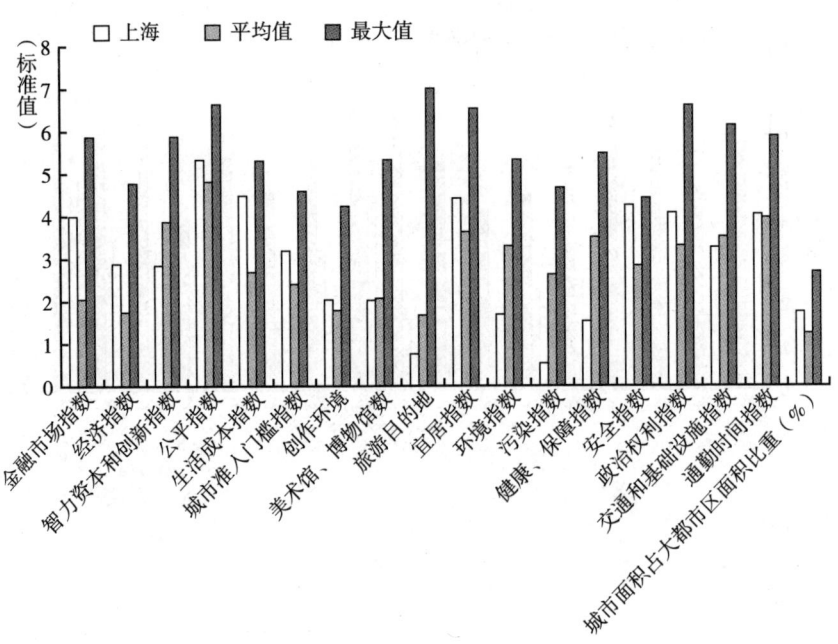

国际城市综合能力分化减缓与创新能力极化趋强

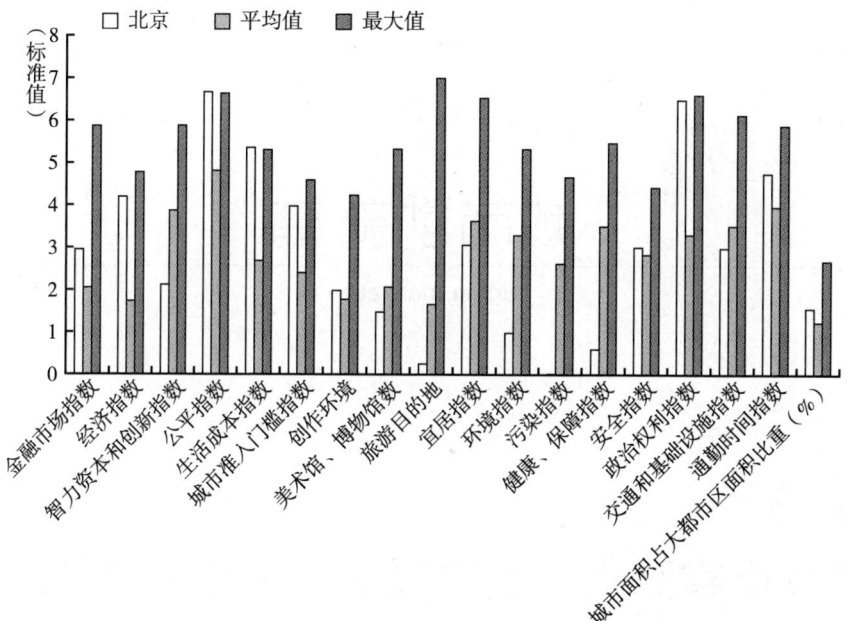

# 城市创新篇
## Urban Innovation

## B.3 "城市实验室"引导城市创新空间塑造[*]

李 健

**摘　要：** 当前城市成为社会创新和转型发展的重要试验室。本文以美国建筑师协会发布的《城市实验室：设计创新经济》报告为基础，挖掘国际领先城市借助空间设计推进创新经济发展、提升城市公共服务水平等领域的先进经验，提出空间规划是撬动中国城市转型与创新发展的基础工具，要重视弹性规划。本文进一步指出，创新空间规划仍需聚焦城市内部空间，智能、生态、分享及安全是创新空间设计的核心主题。

**关键词：** 空间设计　创新经济　创新城区　城市实验室

---

[*] 本文主要基于美国建筑师协会发布的《城市实验室：设计创新经济》，特此致谢。

在21世纪，随着政府治理、城市规划释放出日益强劲的政治、经济能量，政策的制定与执行从国家层面下移到地方区域层面，城市成为当前社会创新和转型发展的重要实验室。通过推动空间转型来孵化创新活动并适应未来的挑战、把握发展机遇已成为城市发展的新趋势，由人口、建筑、商业及交通系统组成的城市组织不断影响社会关系、商业行为并改变社会活动的游戏规则。美国建筑师协会发布《城市实验室：设计创新经济》报告，揭示了设计者如何通过培育创新空间来适应美国城市日益复杂的实际需求。报告认为，弹性和安全两个关键词已经成为当前城市政策及城市规划的重要尝试，随着创新设计能力与不断完善的技术解决方案的融合互动，城市完全有能力承担创新和引领社会经济发展的任务。其中，创新空间的规划与设计是关键要点。

## 一　城市实验室的发展背景

一个真正的创新城市不仅要对未来的发展有所反应，还要做好充分准备。如果城市不能为未来的不确定性做好弹性规划，所有工作都将没有效果。美国国家科学院发布的《灾难应对：国家的当务之急》报告中指出，长期的战略规划、土地利用、城市分区、保障政策实施，甚至是基础设施等要素都必须通过政府的强力控制进行弹性规划。在未来十年里，可能会发生更多自然灾害、资源短缺、挑战公共健康等问题，城市已经准备好工具和方法来应对这些现实挑战。城市政府再也不能采取过去传统的以不变应万变的思维方法，而应该不断抓住新机遇进行试验，弹性应变将成为新的绿色内涵。

通过城市实验室项目，可以挖掘出应用政策设计影响城市未来的关键环节：城市规划介入、有远见的城市设计、健康公私合作关系等。城市是思想和能量随意流动的好地方，其中伟大的设计更是关键，形成的创新城市更是期待通过社会和技术转型来重塑21世纪人们互动的关系网络。在实践发展过程中，有一些城市通过城市实验室建设，重构城市空间来适应新的模式和变化，其对城市的深刻影响涉及以下几个领域。

● 经济：依赖于知识网络的创新动力扩散速度更快、空间布局更加离心化，这导致新思想更快产生并形成规模化生产。

● 教育：快速的技术演化需要人们不断交流知识、经验和工具，这个过程包括学校教育和社会终身教育。

● 生活：通过设计带来积极的生活，能够鼓励更健康的行为和提升幸福感。

● 技术：无所不在的移动数据可以解开城市的秘密，增强依据性和友好度。

● 可持续性：区域尺度的解决方案可以将建筑物和人群联系起来，消除空间隔阂和减少重复性工作，共享城市公共空间和公共服务。

● 设计：当设计作为连接器整合城市资产和设施时，城市空间、思想和能量都能得到极大提升。

## 二 城市实验室的空间尺度

随着城市进入前所未有的基于知识经济竞争的时代，创新城区开始在全球范围出现。创新城区不断成长，正是适应了日益复杂的社会挑战及强化合作沟通的最新发展趋势。全球和各地不同尺度的创新城市都有不同的政策和设计选择，包括从区域到城市的小型临时建筑的尺度，这其中，创新成为提供智力资源以繁荣社区的关键要素，规划师和建筑师可发挥他们独特的设计和思考能力，帮助城市领导人和机构把握未来发展的方向。

城市实验室作为创新的一种尝试，更多出现在城市尺度方面，在实践活动中可以看到无数的政策选择及其所产生的未来城市环境。在城市内部，首先是生态区域，生态区域规划可以扩展到一个很大尺度的空间，同时又跟弹性设计捆绑在一起，以适应不确定的未来。生态区域政策选择需要落实到位，被设计的社区和城市领导人之间的合作可以打造成功的创新实践案例。如在北卡罗来纳州研究三角园，研发公园的实验室通过空间布局的临近性和知识的交流创造更多的发展机会。在芝加哥的典型项目案例，则是在一个废弃的肉类加工厂培育诸多小食品加工厂。波士顿先锋设计师通过重塑废弃的码头为多学科创新和制造提供物理性空间，吸引了200多家公司进入和提供了4000个工作岗位，同一场所发生的分享经济已注入我们日常生活的许多方面。旧金山正在推进的5M计划是将闲置的办公室改造成由艺术家和技术人才组成的有活力的社区。与此同时，工作场所经历转型和被重新思考形成新的创新空间，更好地为各年龄段的活动群体服务。从湾区到匹兹堡的技术枢纽城市中，非专业人士也可以加入产品设计复兴浪潮中，甚至还包括高科技商店的小规模制造，从小型的创新企业到福特公司都开始充分利用这种创新开发资源。

在城市，更加微观的空间尺度首先是灵活的办公室。在企业、非营利创业组织及联邦政府调研中，多数被调查者都认为，通过灵活办公空间的规划设计可以促使员工更加有效的工作。此外，对于城市街道设计的重新关注为建筑师创造新的街区空间提供了机遇，并可以重新审视人行步道和街道的社会内涵。在建筑物、街景和空地的层面，建筑师不断对新形式和思想进行实验，思考从尖端模块太阳能房屋到即时市场，该如何发挥更大空间功能。

总之，在政策制定和设计选择中，需要将城市空间组织弹性应变规划置于重要地位，才能更好地保证城市能够适应未来发展。大都市区层面的规划思维越来越固化，未来，在社区层面关于建筑、地区、区域以及城市等空间尺度的创新设计可保障它们发挥最大的空间能力。城市将是伟大思想的孵化器，不断成长的城市实验室将会推进这个发展进程。

## 三 城市实验室的成功案例

为培育城市创新能力，推进它们与国际其他城市展开竞争与合作，学习世界范围内的实践经验就非常有必要。领先城市的创新经验使得城市实验室具有可行性，并且为城市的创新实践提供了一个经验学习框架。

首选案例是阿姆斯特丹，该城市在弹性规划创新方面已经实践了几百

年，主要基于不断变化的城市环境而需要设计弹性空间来适应这种基础地形。作为一个低于海平面的城市，这样的地理环境塑造了城市特殊的文化脉络，城市居民理解全球气候变化，因为他们总是率先经历。在几个世纪中，阿姆斯特丹居民不断开垦土地和建设保护性障碍物用以隔断海水，这种历史创新和对自然力量的弹性应对，衍生了令人印象深刻的城市模型。阿姆斯特丹东边的艾瑟尔堡是一个容纳18000居民的发展体，现有12000人工作居住在内，而整个城市则是处于威廉·麦克唐纳和迈克尔·布朗嘉特"摇篮到摇篮"可持续概念之中。这个城市模型由八个不同特征的岛屿组成，它们是漂浮的家园，因此可以尽量利用水能并减少15%的能源利用。阿姆斯特丹将自身未来发展与智慧城市技术串联，形成有自己城市特色的生态区域，这种尝试开始于2009年，主要目标是减少能源利用和在可持续的公共空间、可持续交通、可持续生活和可持续发展工作四个关键领域减少二氧化碳的排放。

加拿大的温哥华是另一个在多方面都实现了创新的城市，其中最有名的就是在其生态区域建设中利用蒸汽作为改变小区环境的重要路径，而非仅仅改变建筑尺度的质量。在区域层面，包括温哥华奥运村、东南部福溪社区的功用能源设施（区域能源系统）都采用了这种方式。温哥华的生态区域利用了污水的热量，这比常规的暖通空调系统要减少55%的温室气体排放。当前，温哥华市正在推进一个零碳排放、零废物释放的长期规划，为了实现这一雄心勃勃的规划，他们利用强大的规划工具并与绿色城市2020行动计划结合，以更好地将实践行动落实。这个规划最深远的一点是，在2020年之后，所有的建筑物都要实现零碳排放的目标。当前，温哥华已经成为北美地区人均碳足迹最少的城市。如果每一个城市都能实现温哥华城市的发展目标，全球气候环境将会大大改善。

旧金山长期以来就是美国的创新枢纽，基于史诗般的历史、对企业家精神的聚焦以及邻近硅谷的区位，旧金山创新发展日益壮大。从开放数据到社会媒体的前沿技术，旧金山实现了技术与地方的完美融合，旧金山在集成电路设计、艺术、技术及城市项目策划等方面都处于领先地位。在旧金山，每年会有很多节庆活动,通过这些活动可以挖掘更多的创新思想,以解决城市存在的诸多问题。最为重要的两个活动包括 AIA 旧金山和 GOOD 杂志设计挑战赛,此外还包括每年的建筑与城市年会,都为应对城市当前存在的挑战及解决未来可能潜在的问题提出具有创新性的设计思想。在这些活动中,制造商提供各种机会和空间,包括 3D 打印及其他有趣的创作活动,在有限的时间内帮助人们实现从思维到生产的转换。在整个旧金山特别是城市南部及中部市场区域的社区,都可以共享生产空间。分享经济的创新理念通过多种方式产生和扩张,从分享建筑到企业再到居住,旧金山在设计、技术以及更重要的思想方面,都处于世界前端。

新加坡以高效率的政府管理闻名于世,其在城市发展规划中开展高效的实践活动,比如拥堵收费、历史文物保护等。创新思维贯穿于城市发展各个领域,包括区域尺度解决方案、有效政策适应、强有力的设计与技术融合能力。新加坡一直处于全球创新城市指数排名前十位,主要是因为新加坡自然资源方面的匮乏及传统社会经济要素的缺失等,新加坡必须通过不断寻求创新的思维来实现发展。新加坡邀请麻省理工学院可感知城市实验室与城市合作,设计强大的数据分析方案,通过获取和分析城市的系列实时数据来为城市发展实际问题提供解决方法。"直播新加坡计划"整合在城市中收集的实时数据,通过网络与社会的共同作用形成解决方案。最后的结果是,围绕着人们每天生活形成的数字叠加,可以帮助人们在更复杂的外部环境中形成更加科学的判断。这些创新的技术解决方案与中央政府正培育的好的营商环境结合在一起,形成一个创新思想火花碰撞、创新思维不断产生、解决方案持续形成的良好创新生态环境。

哥伦比亚麦德林也是这样一个通过空间生产和创造公共空间方式推进创新活动的城市。对麦德林的城市环境进行深入考察,可以更好地发现和理解处于建筑和民众之间的公共空间的真正价值。麦德林因为过去曾经是国际毒品交易的中心而成为一个非常危险的城市,在这个城市,一年最多发生过 3000 多起谋杀案。尽管不是所有的问题都得到了解决,但麦德林还是经历了一个较大的转变:从过去艰难的城市发展历史到当前被《华尔街》杂志

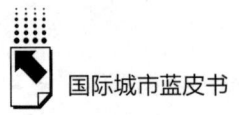

评为年度最具创新力城市。麦德林注重重振最贫困地区,并制定了很多相应政策来实现这个目标。首要是能改善交通状况,特别是畅通山上的贫民窟与山下工作空间的联系,为民众寻找更多的就业机会和为方便生活、工作空间的联系提供便捷。由于山坡过于陡峭而不便公共汽车通行,吊架平台和自动扶梯就成为交通联系的创新解决方案。迎接挑战的创新往往能够提供相应的解决方案,推动城市居民更好地生活。麦德林前任市长塞尔吉奥·法哈多推进和支持这些创新计划,包括一些主要由当地建筑企业创造的惊人的建筑设计,创新城市有着强烈的自我空间感觉。麦德林的车站、图书馆以及体育中心的功能都通过前瞻性的设计得到极大提升,成为城市振兴目标的重要组成部分。根据塞尔吉奥·法哈多的说法,"建筑也是社会项目",要抓住为城市居民创造革命性创新架构这一总体目标,麦德林的经验表明,政策创新和好的设计解决方案可以改造、创建新的城市,为所有的城市居民服务,同时还可以推进城市经济的快速增长。

## 四 城市实验室的中国启示

在资本推动的城市空间利用进程中,地租理论成为核心分析框架。但随着城市发展逐渐进入创新驱动阶段,或至少是资本、创新双轮驱动阶段,城市空间结构就可能形成与过去完全不同的模式,依赖地租理论作为核心主线的传统城市规划也开始在新阶段失效。但如何把握新阶段城市规划的核心主线,不管学术界还是实践应用者都尚未形成一个完整的新理论框架。从实践经验总结规律,并为其他城市提供学习框架,仍然是当前的普遍趋势。《城市实验室:设计创新经济》报告主要以城市问题解决为基本导向,所介绍的几个创新空间设计的案例为当前中国城市"创新驱动、转型发展"提供了重要借鉴。

第一,城市是适应外部环境变化的社会实验室。美国城市目前正在适应这种变化并推进创新活动,对中国的城市而言,这种发展趋势未来同样会日趋明显。未来的城市竞争显而易见将会是创新之争,包括空间规划、社会组织、创新环境营造、创新人才培育与引进等都是重要内容，其中空间规划会成为撬动城市转型与创新发展的基础工具。

第二，城市实验室是通过创新空间设计的理念引导城市社会经济整体的转型发展。但面对未来发展的不确定性，新的城市规划必须将弹性设计作为核心思维，改变过去目标框架式规划的传统，这需要城市规划理论与实践的同步转型。

第三，创新城市空间设计可以在不同层面予以推进，但从案例城市成功经验来看，仍然要以城市内部空间维度为主。创新的内涵可以扩展到无限，但基于管理主体及创新发展阶段的限制，中国城市创新空间规划仍需要聚焦到城市内部空间。

第四，智能、生态、分享、安全成为创新空间设计的核心主题。创新空间的设计必须适应社会发展的趋势、技术发展的趋势以及社会发展的需求，以问题的解决为基本导向，逐步实现创新空间的探索。

**参考文献**

The American Institute of Architects, *Cities as a Lab*：*Designing the Innovation Economy*, 2013.

Bruce Katz, Julie Wagner, *The Rise of Innovation Districts*：*A New Geography of Innovation in America*, Brookings Institution, 2014.

Richard Florida, *Startup City*：*The Urban Shift in Venture Capital and High Technology*, Toronto：Martin Prosperity Institute, 2014.

# B.4 伦敦科技产业对城市空间布局的改造

邓智团 樊豪斌

**摘　要：** 英国国家统计局与大伦敦市政府合作建立了首个科技行业分类系统，具体包含五个子类：数字技术、生命科学和卫生保健、出版和广播、其他科学/技术制造、其他科学/技术服务。并基于此分类系统对伦敦及下辖自治市进行研究，研究发现，伦敦及下辖自治市的科技行业就业岗位数和工作场所数均呈增长趋势，但区域分化明显，存在科技行业的中心化集聚现象。该分类系统的内涵与范畴相对我国的科技行业分类而言有较大差别，该结论的揭示，对我国大城市推进科技产业发展有着较为直接的借鉴启示意义。

**关键词：** 伦敦　科技产业分类　发展　空间分布

## 前　言

科技产业对伦敦的经济增长起着非常重要的作用，通过推动资本深化来提高劳动生产率，特别是利用集聚经济效应，将有助于知识在伦敦经济体中的传播，并能增强资本的国际竞争优势。1981~2013年，伦敦科技岗位数从21.9万个增长到61.7万个，增长了约1.8倍，而同一时期的制造业的就业人数从53.8万人减少到10.9万人，仅约为原来的1/5。

在数字技术领域，伦敦拥有特殊优势。最近的研究显示，有超过2.3万家通信技术及软件公司落户在伦敦，数量之多位列欧洲城市榜首，如数字公司扎堆的"科技城"肖尔迪奇已经引起了广泛的关注。而且，伦敦的科技优势正在向广度和深度方面拓展，并影响到其他行业部门，如3D打印制造、金融技术、医学技术和环境学技术等。

但在英国的标准产业分类中，还没有对"科学和技术"进行统一的统计学定义。2015年，英国国家统计局（ONS）与大伦敦市政府（GLA）一同建立了科技行业分类系统，发布了《伦敦的科技产业（2015）》报告，利用这一分类系统，以跨部门商业注册机构收集的数据为基础考察了伦敦的雇员工作岗位数据和工作场所数据。

## 一 伦敦市科技行业的全新定义与分类

针对当前英国的标准产业分类（UK SIC07）中没有"科学和技术"行业的统计学定义，2015年英国国家统计局与大伦敦市政府一起合作从英国标准产业分类出发建立了一个有关科学技术的分类系统（后文简写为STC）。其目的是分析商业统计数据，如来自跨部门商业注册机构、商业注册和就业调查机构、年度商业调查机构的数据都是以标准产业分类为基准收集和分析的。

根据《伦敦的科技产业（2015）》报告，科学技术分类系统含义较为宽泛，包括以下5个子分类系统。

①数字技术：计算机及电子元件制造与维修，包括软件开发、互联网服务和计算机咨询设计的计算机服务，及计算机游戏和其他软件发行。

②生命科学和卫生保健：医疗保健服务（包括人类和动物）、医学研究与开发（包含生物科技）、药物制造、医疗机械和精密光学仪器。

③出版和广播：通信设备的制造与维修及利用设备进行广播、出版与无线电通信、专业平面设计和营销服务、广告代理、摄影。

④其他科学/技术制造：精密工程、航空、国防、汽车、化学产品，发动机和机械装置（电气和非电气）的制造与维修。

⑤其他科学/技术服务：包括高等教育、工程学、建筑学、工料测量、航空运输服务在内的知识密集型服务和非医学研究与开发。

可以看到，在标准产业分类中的部门、分部门、群、类、子类均包含在科学技术分类系统（STC）之内（见表1）。

表1 科学技术分类（STC）的5大子分类系统

| 数字技术 | 计算机及电子元件制造(包括周边设备)<br>　电子元件制造与维修、加载电子版、计算机及周边设备、消费电子产品、电子工程过程控制设备和电子测量、测试和导航工具<br>数字&计算机服务 |
|---|---|
| 生命科学和卫生保健 | 医学(特别是药学)&光学仪器制造<br>　医学、电子医学、电子疗法、牙医和辐射设备的制造，精密光学仪器的制造<br>药品生产<br>生物科学研发<br>卫生保健服务(包含兽医) |
| 出版和广播 | 通信设备的制造<br>　通信设备(包括电话电报设备)及摄影与电影设备的制造与维修<br>出版、营销&平面设计<br>　书籍、报纸、期刊、目录和邮寄清单(消费者和商业)的出版,媒体宣传,广告代理,市场调研和民意测验活动,摄影和专业设计活动<br>视听广播<br>　无线电广播、电视节目、视频录像,及动画制作、后期制作、发行及放映活动,录音和音乐发行活动<br>通过有线、无线及卫星的电信服务(包括新闻结构的活动) |
| 其他科学/技术制造 | 宇宙飞船的制造与维修<br>国防科技(武器、弹药、炸药&军用车辆)<br>汽车工业(包括车辆、拖车、铁路、造船)<br>　自行车、机动车、摩托车、大篷车、拖车和半拖车、推土车、农业和森林用车、轮船、游艇及汽艇、漂浮式结构、铁路机车及其全部车辆、机动车辆部件(主体、电子设备、辅助设备)的制造<br>化学&化学产品制造(特别是药学)<br>矿物油提炼和石油产品生产<br>　工业煤气、染料、色素、印刷油墨、有机及非有机基本化学产品、胶水、人造纤维、化肥和氮化合物、杀虫剂及其他农用化学品、主要塑料和橡胶、油漆、清漆、乳香、密封剂、肥皂、清洁剂、清洁和抛光预备剂、香水、精油、卫生间用品和其他化学产品的制造 |

续表

| | |
|---|---|
| 其他科学/技术制造 | 电机制造<br>　暖气散热器及锅炉、电动机、发电机、变压器、配电装置、干电池和蓄电池、电子和光线电线电缆、布线设备、电气照明设备、家用电器,及其他电气设备的制造与维修<br>非电机制造<br>　蒸汽发电机,非媒介引擎和涡轮,泵,压缩机,闸门和阀门,轴承,齿轮,传动和驱动装置,焙炉,熔炉,起重机,办公设备,动力手工具,进口冷却和通风设备,金属锻造设备,机器工具,冶金机械设备,采矿、食物、饮料和烟草处理设备,纺织服装及皮革生产、造纸、纸板生产、塑料橡胶工业机械,专业和大型电玩、混凝土碾碎及道路工程筛选设备的制造<br>精密工程(手表、钟、珠宝、非电子仪器设备) |
| 其他科学/技术服务 | 航空运输<br>建筑、工程＆工料测量<br>　建筑活动包括景观设计与城市规划;工程活动包括设计、咨询、技术测量与分析,环境评估;工料测量活动<br>高等教育(学院、大学和研究生院)<br>人文学科、自然科学、社会科学及工程的研发 |

该科技行业分类系统有着自己显著的特点。与我国的科学与技术产业分类相比起来,有以下几个特点。

第一,形成了将科技制造业和科技服务业统一起来的完整的科技产业分类系统。当前,我国的科技产业划分还没有一个统一的分类,一般在研究时会涉及两个方面:以制造业为主的高新技术产业和以服务业为主的科技服务业。事实上,当前我国的科技服务业的统计分类也仅仅是在2015年4月颁布。从这个意义上而言,应加快推进我国科技行业统一分类的形成。

第二,在科技制造业领域,与我国的高新技术产业相比,两者的统计范围差异较大,英国科技行业分类(科技制造业)包括的内容更加广泛,甚至包括大量的被我国视为传统劳动力密集型的行业,如纺织服装及皮革生产、造纸、油漆、食物、饮料等。这说明,当前,在英国的制造业领域,技术的贡献水平在行业间的差异较小,传统产业的高技术化已经基本实现。反过来,也表明我国的传统制造业亟待推动技术升级。

第三,在科技服务业领域,与我国的科技服务业相比,两个统计分类也存在巨大差异，各有偏重，我国的科技服务业统计范围更为具体。英国的科技服务包括高等教育（学院、大学和研究生院）和人文学科、自然科学的研发等，甚至还包括出版、广播等相关内容。而我国科技服务业则相对较为具体，主要是指为科技活动提供服务的相关活动，如科技推广服务、专业化科技服务、科技金融服务、科技信息服务以及综合科技服务等。

## 二 伦敦科技行业的显著增长与空间集聚

1. 全市层面：伦敦科技行业就业岗位数增长显著

从2003年到2013年的十年内，在大东南区（包括东南英格兰、东英格兰和伦敦）①科技行业的雇员工作岗位增加了6.4%（见表2），其中伦敦增加了14.6%，约是大东南区增长率的两倍。而且伦敦增加的11.5万个工作岗位占据整个大东南区所有增加岗位数的89%。

表2 科学技术分类（STC）雇员工作岗位数量

单位：个，%

| 类别 | 伦敦 | 东英格兰 | 东南英格兰 | 大东南区 |
| --- | --- | --- | --- | --- |
| 2003 | 786700 | 450000 | 805800 | 2042500 |
| 2008 | 810400 | 446700 | 790100 | 2047200 |
| 2013 | 901900 | 449200 | 821200 | 2172300 |
| 变化量 2013/2003 | 115200 | -800 | 15400 | 129800 |
| 变化率 2013/2003 | 14.6 | -0.2 | 1.9 | 6.4 |

资料来源：根据伦敦全国统计办公室跨部门商业注册机构数据及大伦敦市政府经济学数据计算。

在2013年，伦敦有超过90万个雇员的工作岗位是来自科技类企业，基于跨部门商业注册机构数据显示，大约是当时所有伦敦雇员量的21%。总

---

① 大东南区不是一个行政层级名称，而是由于地理的临近统称之，具体包括英国9个次级行政区之中的三个：东南英格兰、东英格兰和伦敦。由于东南英格兰、东英格兰和伦敦地理紧密联系的特性（如伦敦、牛津和剑桥间的区域被称为黄金三角，同时该区域大规模的通勤客流也显示了这种相互连接性），聚焦于大东南区的分析更合理。

体来看，2003~2013年，伦敦科技范畴类雇员工作岗位数量占比基本保持稳定（见表3）。东英格兰下降2个百分点，东南英格兰下降1.3个百分点，在大东南区则只下降了1个百分点。

**表3 科学技术分类（STC）雇员工作岗位数量及占比**

单位：个，%

| 年份 | 伦敦 | | 东英格兰 | | 东南英格兰 | | 大东南区 | |
|---|---|---|---|---|---|---|---|---|
| | 科技类 | 百分比 | 科技类 | 百分比 | 科技类 | 百分比 | 科技类 | 百分比 |
| 2003 | 786700 | 20.8 | 450000 | 20.8 | 805800 | 23.6 | 2042500 | 21.8 |
| 2008 | 810400 | 20.4 | 446700 | 19.3 | 790100 | 21.9 | 2047200 | 20.7 |
| 2013 | 901900 | 20.6 | 449200 | 18.8 | 821200 | 22.3 | 2172300 | 20.8 |

资料来源：根据伦敦全国统计办公室跨部门商业注册机构数据及大伦敦市政府经济学数据计算。

进一步分析科学技术分类（STC）的五个子类（包括数字技术、生命科学和卫生保健、出版和广播、其他科学/技术制造、其他科学/技术服务），就雇员的工作岗位来看，伦敦最大的子类是出版和广播，其次是生命科学和卫生保健（见图1）。

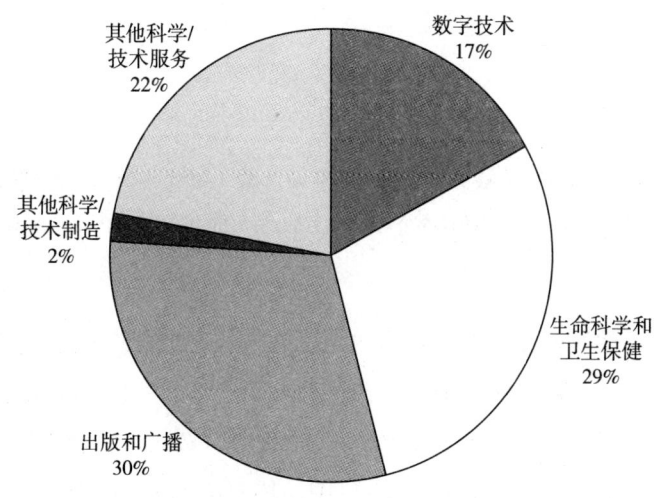

**图1 2013年伦敦科技类就业分类**

资料来源：伦敦全国统计办公室跨部门商业注册机构。

从2003年到2013年的十年内伦敦科技范畴子分类中雇员工作岗位数量增长最快的是数字技术子分类,增长了29%(见图2)。其次是生命科学和卫生保健,达到27%的增长[该子分类拥有最大的绝对增长就业量,其中包含英国国民健康保险制度(NHS)体系就业量的强劲增长]。在出版和广播与其他科学/技术服务两个子分类中显示了就业量的缓慢增长。而在其他科学/技术制造子分类中出现了雇员工作岗位的大量下降,这与整个伦敦制造行业就业量下降是一致的。

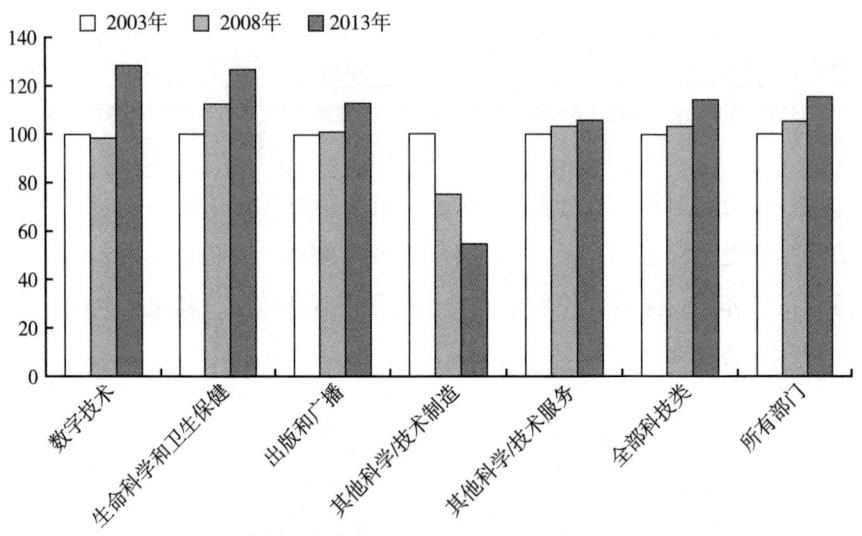

**图2　伦敦科技范畴子分类雇员工作岗位量(2003年指数化为100)**

资料来源:根据伦敦全国统计办公室跨部门商业注册机构数据及大伦敦市政府经济学数据计算。

2. 伦敦下辖自治市层面:科技分类行业就业增长空间分化明显

伦敦的自治市或区级层面科技分类行业就业增长空间分化明显,其中有几个自治市镇增长最为强劲(见图3),卡姆登(Camden)是雇员就业绝对增长量最大的,希灵顿(Hillingdon)则是增长率最高的。2013年,卡姆登科技分类行业的雇员就业量是所有自治市或区里面比例最高的,为32.9%。与此同时,有些自治市在过去十年科技分类行业的雇员就业量呈现下降态势,如布罗姆利(Bromley)、克里登、豪恩斯洛。在豪恩斯洛,科技分类行业雇员就业减少量高达2.5万个,但科技分类企业的雇员就业量仍然占据了该市镇就业量的25.2%。

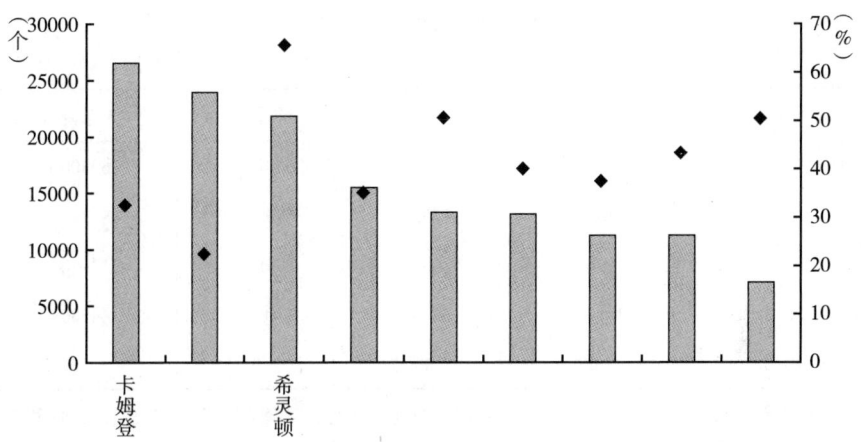

**图3 2003~2013年科技分类超过7000个雇员就业增长量的伦敦自治市镇**

注:柱状图为绝对雇员就业增长量,点状图为百分比变动。
资料来源:根据伦敦全国统计办公室跨部门商业注册机构数据及大伦敦市政府经济学数据计算。

2003~2013年的十年间发生在科技分类(STC)子分类中雇员就业令人瞩目的变化是生命科学和卫生保健子类就业量的大量上升,如卡姆登、朗伯斯、哈姆雷特塔和萨瑟克等。而且卡姆登出版和广播子类和其他科学/技术服务子类也都呈上升趋势。希灵顿则在其他科学/技术服务子类上升明显,但豪恩斯洛下降明显。可以发现,在伦敦的自治市或区级层面,科技产业的就业增长出现了明显的空间分化。

3. 伦敦科技类企业平均规模不断下降

跨部门商业注册机构数据同时也提供了有关工作单位分布的信息。在2003~2013年的十年间,英国大东南区科技分类行业的工作场所数量增加了26.3%,这比就业岗位数的上升幅度(6.4%)要大得多(见表4)。意味着单位工作场所的平均雇员就业量的下降,数据也显示该指标从12.1

降为10.2。伦敦科技产业的工作场所增加幅度比东区和东南区更大，为37%。一个可能的原因是快速增长的数字技术子类企业平均规模有下降的趋势。

表4 科技分类（STC）工作场所概况

单位：处，%

| 类别 | 伦敦 | 东区 | 东南区 | 大东南区 |
| --- | --- | --- | --- | --- |
| 2003 | 67845 | 36635 | 64920 | 169400 |
| 2008 | 75685 | 39755 | 69905 | 185345 |
| 2013 | 92965 | 43035 | 77980 | 213980 |
| 变化量 2013/2003 | 25120 | 6400 | 13060 | 44580 |
| 变化率 2013/2003 | 37.0 | 17.5 | 20.1 | 26.3 |

资料来源：根据伦敦全国统计办公室跨部门商业注册机构数据及大伦敦市政府经济学数据计算。

数据显示，伦敦单位工作场所雇员就业量在不同的科技子类是完全不同的。与伦敦科技行业就业岗位数量相比可以发现，数字技术类拥有占比37%的工作场所数量，但该子类只雇用伦敦科技分类中17%的员工。生命科学和卫生保健子类却正好相反，只拥有12%份额的工作场所，但有29%的雇员就业量。出版和广播子类同数字技术子类一样，工作场所的比例高于雇员就业量的比例。而其他科学/技术服务子类同生命科学和卫生保健子类类似，工作场所的比例低于雇员就业量比例。因此，数字技术类行业以及出版和广播行业的企业规模相对较小，而生命科学和卫生保健类行业的企业规模则相对较大。具体而言，数字技术子类的该指标只有4.5个。出版和广播子类为8.3个，低于整个伦敦的同一指标（见表5）。但是其他科学/技术服务子类与生命科学和卫生保健子类均有较高的平均工作场所雇员就业量。就生命科学和卫生保健子类来说，这反映了伦敦拥有大量的教学设施和医院。

表5 2013年伦敦科技分类（STC）工作场所数量与雇员工作岗位数量

| 科技分类 | 工作场所（处） | 占比（%） | 员工数量（个） | 占比（%） | 单位工作场所员工数量（个） |
| --- | --- | --- | --- | --- | --- |
| 数字技术 | 34400 | 37 | 155600 | 17 | 4.5 |
| 生命科学和卫生保健 | 10780 | 12 | 259200 | 29 | 24.0 |
| 出版和广播 | 32275 | 35 | 268900 | 30 | 8.3 |
| 其他科学/技术制造 | 2180 | 2 | 20200 | 2 | 9.3 |
| 其他科学/技术服务 | 13330 | 14 | 198100 | 22 | 14.9 |
| 加总 | 92965 | 100 | 902000 | 100 | 9.7 |
| 所有雇员工作岗位数量 | 426880 | — | 4371000 | — | 10.2 |

资料来源：根据伦敦全国统计办公室跨部门商业注册机构数据及大伦敦市政府经济学数据计算。

## 三 伦敦科技产业向城市中心集聚的趋势

1. 中心城区高度集聚的科技产业

事实上，从伦敦市域来看，所有科技行业的就业基本聚集在伦敦的中部、西部，及布罗姆利（这可能与皇家公主大学医院所在有关）。内伦敦同样如此，显示科技行业就业基本集中在自治市镇卡姆登、伊斯灵顿（Islington）、都会区（City）、哈姆雷特塔和西敏（Westminster）接壤的区域，并且穿过河流到达了朗伯斯和萨瑟克。另一片聚集区域主要在哈默史密斯（Hammersmith）和富勒姆（Fulham）的中北部（见图4）。

2. 集中分布的数字技术产业

以伦敦为基础的数字技术子类的雇员就业分布，主要集中在伦敦中部地区，即希斯罗（Heathrow）和特威克纳姆（Twickenham）地区。在内伦敦，显示数字技术子类的雇员就业集中分布于西敏、卡姆登、伊斯灵顿、都会区、哈克尼（Hackney）和哈姆雷特塔。同时，在哈默史密斯和富勒姆的中部和旺兹沃思（Wandsworth）及萨瑟克面向泰晤士河的区域有小范围的集中

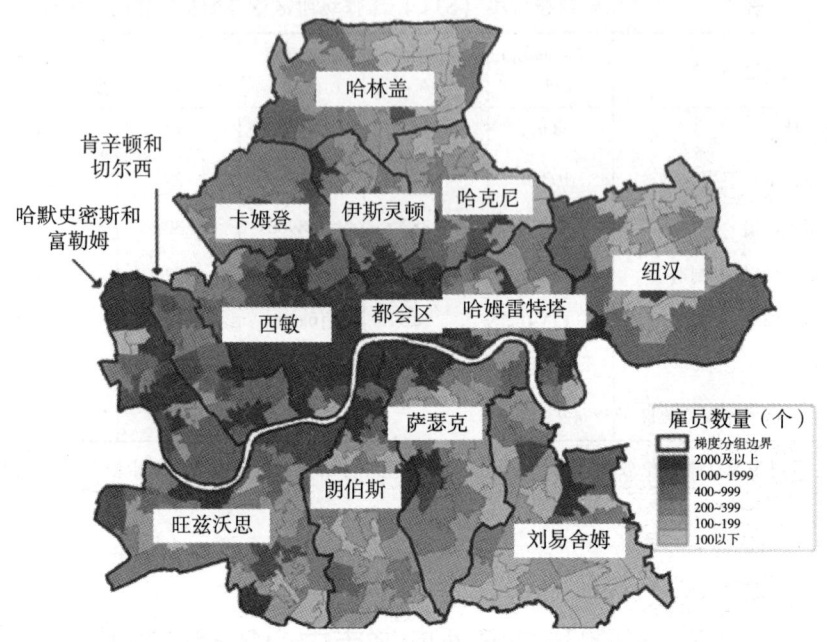

**图 4　2013 年伦敦科技产业的空间分布**

资料来源：伦敦全国统计办公室跨部门商业注册机构。

分布（见图 5）。

**3. 集聚与分散并存的生命科学和卫生保健产业**

伦敦生命科学和卫生保健子类的就业布局虽然相对分散，但也存在集中趋势。主要集中在伦敦的中部和布罗姆利（该区域有皇家公主大学医院）。同时也有集中在巴尼特（Barnet）（该区域有艾奇韦尔综合医院）、贝克斯利（Bexley）、布伦特（Brent）、埃菲尔德（Enfield）（该区域有蔡斯农场医院）、格林尼治（Greenwich）、哈罗（Harrow）（该区域有诺斯威克公园医院）、黑弗灵（Havering）、希灵顿（该区域有希灵顿医院）和雷德布里奇（Redbridge）（该区域有巴尔金、黑弗灵和雷德布里奇大学医院）。事实上，生命科学和卫生保健雇员就业分布在内伦敦集聚明显，主要集中在内伦敦的西敏、都会区、卡姆登和伊斯灵顿（见图 6）。

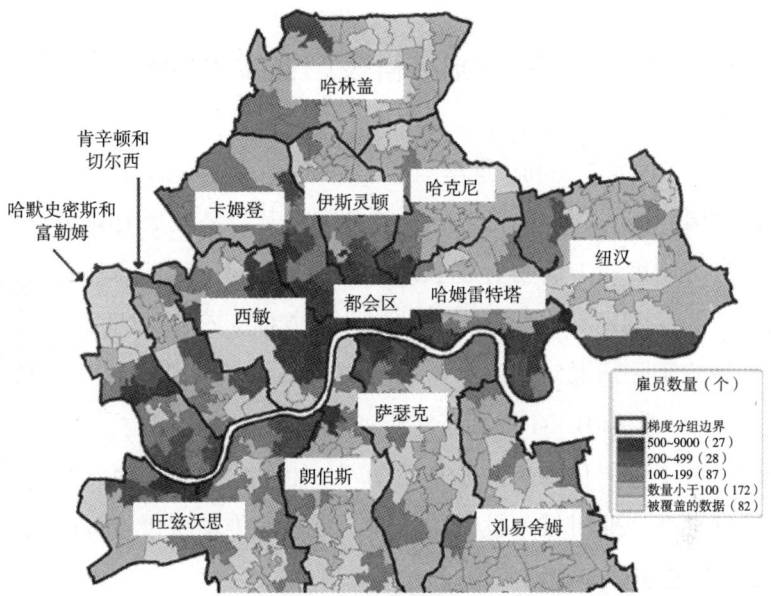

**图5 2013年伦敦数字技术子类产业的空间分布**

资料来源：伦敦全国统计办公室跨部门商业注册机构。

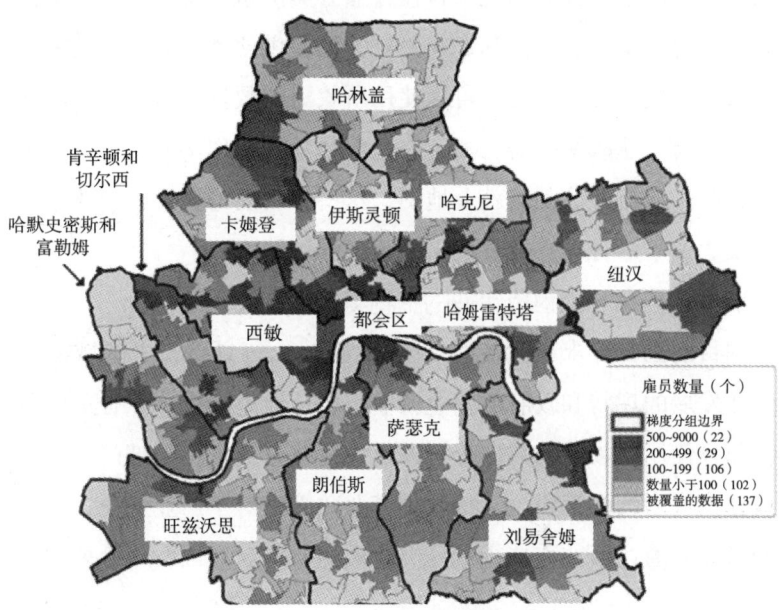

**图6 2013年伦敦生命科学和卫生保健子类产业的空间分布**

资料来源：伦敦全国统计办公室跨部门商业注册机构。

## 四 对中国城市科技产业发展的启示

1. 做好科技分类有利于理解科技产业对城市发展的作用

作为国际化大都市的伦敦，科技分类对其经济发展有着关键的作用。因为该分类制度一方面吻合伦敦政府企业就业和增长计划的目标，即优先发展"数字创新、科学和技术"；另一方面该分类制度又着眼于伦敦产业发展的实际情况。如这个科技分类所强调的专业、科学和技术活动三部门在1981~2013年增加了将近两倍的雇员工作岗位，而同一时期制造业的雇员工作岗位则仅为原来的20%。因此，推动做好科技分类能有助于理解科技产业对城市发展的作用，更好地推动城市经济的发展。

2. 加快推进统一的科技行业分类

基于英国标准产业分类中对"科学和技术"分类没有统一统计学定义的现状，英国国家统计局划定了科技行业分类。这一统一的分类不仅可以为研究人员在合作研究、验证和比较分析方面提供便利，而且根据伦敦科技和商业背景所开发的五个分类，可以使用所收集的数据分析评价不同部门的情况，以备政府产业政策之需。如工作岗位数量和工作场所数量，以及基于这两个指标结合分析并绘制的就业地图，这些分析能为就业、商业地产、优势产业开发、产学研合作等方面提供政策指导思路。

3. 积极响应和利用科技产业的空间集聚趋向

中国目前正在谋求产业转型升级[1]，在此大背景下，中国城市可以依托自身产业发展的现状和政府的企业就业与增长计划制定一个合适的科技行业分类。而且使用所收集的数据分析评价该科技分类中不同部门的情况，能够为政府提供许多的政策建议，特别是产业政策中对于产业规模、结构和空间布局的指导。通过新的科技行业分类所做的研究，可以发现伦敦的科技行业

---

[1] 《加快产业转型升级是中国转变的重要内容》，http：//www.chinairn.com/news/20140522/192243127.shtml。

在就业数上呈现了显著的上升趋势,并在空间分布上在自治市层面出现分化,存在空间集聚的特征。这些研究发现,对我国城市推进科技行业发展有着重要的借鉴意义。如应积极推动区一级政府响应科技行业发展的新特点,因地制宜制定不同的科技行业发展政策,推动科技行业在我国城市层面的健康有序发展,进而加快推动我国城市的创新能力提升。

**参考文献**

Gordon Douglass and Jonathan Hoffman,"The Science and Technology Category in London," March 2015, Working Paper 64, Glaeconomics.

Http://www.chinairn.com/news/20140522/192243127.shtml, 2014 年 5 月 22 日。

Harris, J. P., February 2015,"Identifying Science and Technology Businesses in Official Statistics," Office for National Statistics, http://www.ons.gov.uk/ons/dcp171766_394876.pdf.

#  B.5 巴塞罗那创新城区的功能体系建设

李 健

**摘 要：** 普布诺曾经是巴塞罗那的制造业中心，随着产业经济调整和转型，该区域的发展日渐衰落。后来，普布诺工业区通过实施改造计划，推动了知识密集型产业的发展，普布诺成为全球首家创新城区。普布诺地区经济复兴的经验，如规划理念、转型内容、政策手段、实施路径等都值得借鉴。

**关键词：** 巴塞罗那 普布诺 创新城区 22@计划

巴塞罗那是西班牙的第二大城市，在过去几个世纪里，普布诺一直是领导巴塞罗那制造业发展的中心，其主要集中了纺织、食品/酒类、建筑产品及金属结构产品等行业的诸多大型企业。随着西班牙乃至欧洲产业经济的调整与转型，特别是1963~1990年，巴塞罗那制造业中心地位开始衰落，普布诺这个曾经繁华的城区，出现企业和居民的大搬迁现象，其周边地区都变得破败不堪，土地开发价值也急剧下降，工业遗存成为烫手山芋，如何实现再开发成为一大难题。普布诺工业区改造计划（又称22@计划）通过对滨海地区废弃工业用地的改造，将以工厂、仓库、集装箱等为主的海岸区改造成充满活力的新兴功能地区，并带来港口地区复兴，从而成为全球首家创新城区，得到广泛赞誉。

## 一 普布诺工业区改造计划推动城市更新

作为西班牙的制造业中心，巴塞罗那以传统纺织、食品等为主的产业体系在全国占据重要地位。但随着信息社会的到来，以知识和技术为核心的产业开始占据领先地位，为重塑巴塞罗那在西班牙的制造业中心地位，城市政府开始着力推进经济转型。东部地区是巴塞罗那工业区主要集中的区域，成为城市重点改造区域，其中就包括普布诺地区。

普布诺地区地处巴塞罗那城市与贝塞斯河之间的沿海区域，水利资源丰富。该地区一直属于城市郊区，1992年的巴塞罗那奥运会为普布诺地区的开发带来机遇。在此期间，该地区进行了大量的基础设施改造和铁路线拆除工作，并通过建立公共交通体系与巴塞罗那其他活力地区进行了有机连接。至1999年，该计划通过打通对角线大街，将普布诺地区与巴塞罗那中心城区的商务区连接起来，普布诺被正式纳入巴塞罗那城市体系。

2000年7月，巴塞罗那城市委员会投票一致通过了针对普布诺工业区改造的总体规划修编（MMPG），规划提出以22@（新兴知识技术密集型产业）替代传统劳动密集型产业的22a（传统工业生产专用代码），对普布诺地区200公顷的废弃工业用地进行再开发，重塑了一个创新城区，又称22@计划。根据城市委员会的说法，普布诺工业区改造计划将重新恢复普布诺地区作为巴塞罗那城市经济枢纽的作用，并根据当前知识经济为基础的社会需求来塑造一种全新的城市空间模式。该计划包括三个具体目标。

①城市更新。通过经济和社会发展重塑普布诺地区的活力。在这个200公顷的更新区域将会形成一个多元开发、环境平衡的空间，该空间兼具生产中心、社会居住、公共设施和开发空间等功能，可提升生活和工作的质量。

②经济复兴。将整个区域重新发展成经济繁荣的区域，并吸引更多知识技术密集型企业进驻。其中的"@活动"概念，包括与信息技术、设计、出版、多媒体等相关的高技术活动，与知识、信息生产、交换等直接相关的活动，以及对环境无污染，可以在城市中心区开展的活动。

③社会再造。创造一个企业、机构乃至居民社会互动的城市网络空间。

国际城市蓝皮书

## 二 混合弹性开发主导普布诺地区改造

为了塑造一个全新的城市发展模式，普布诺工业区改造计划将传统的产业组织结构进行全新转型，这个过程大概持续了20年，此次转型充分利用该地区原有要素并根据需求增加新功能，在保持原有的风格基础上进行更新、替代。普布诺工业区改造计划改变原有的低密度特性，增加空间利用的高密度和复杂性，提升土地利用的效率和密度，推进地区活动者的互动和交流，最终有利于集聚经济效益的产生。通过一系列的更新改造或称之为再城市化过程的活动，产生部分可无偿供给社区开发的土地，可作为绿地或建造服务设施和公共租赁住房。

与20世纪50年代以来城市规划讲求的分区规划不同，城市空间利用讲究混合功能开发。城市的多元性保障了信息交流的畅通和推进了城市的可持续发展，居民可以生活在工作地点附近，这培育了社会的凝聚力和保障了公共空间活动的活力，普布诺工业区改造计划将原先的工业用地转化为公共设施用地、租赁住房用地、绿地空间等，以大大提升普布诺地区的城市社会质量。

普布诺工业区改造计划的一个特性即城市空间组织可形成多元化开发，并引导其他地区的开发。经过近些年卓有成效的工作，改造计划将普布诺地区的开发带入高峰，成为巴塞罗那海岸地区重新开发的重要部分，改造计划包括以下几个方面的关键工作。

- 桑特安德鲁－萨格雷拉计划。随着萨格雷拉城市枢纽火车站的建成，高速铁路可以直接连接巴塞罗那城市中心。由此，桑特安德鲁和萨格雷拉两个地区的土地得到有效开发。
- 荣耀广场的城市更新计划。该计划直接转化了37.8万平方米的土地储备，可以得到1.7万平方米的绿地及实现50%的政府承诺新建房屋和8个新建公共服务站点的用地。与此同时，该计划还提出拆除现在的立交桥，建设一条新的通向城市的地下道路。
- 贝塞斯岸线改造的基础设施建设。包括对角大街、通用文化论坛地区以及拉米那地区的建设更新。

通过以上开发，可塑造一个紧凑、多元开发、可持续发展的高质量城市模型，城市发展更加均衡、更加多元化、更加具备生态效率、更加紧密和更具经济活力。生产活动与居住、商业、研究、培训和技术转移等功能结合在一起，所有的活动都是高密度集中在特定开放空间，均衡有效地展开。紧凑开发可以促进城市不同群体之间的平衡，开发商可以得到经济利益，居民可以拥有更好的生活空间，城市内部空间结构更加协调。

与传统的城市规划不同，普布诺工业区改造计划中的城市规划并没有完全决定转型发展的未来结构，也即没有建立一个详细和精确的规划框架，而是根据每个子区域自身特点制定弹性的渐进式更新规划，保持尺度的多元化和多重要素介入，并能保留区域历史特色，这主要体现在以下几个方面。

第一，普布诺工业区改造计划在时间上是弹性的。采用渐进式规划，避免当前已经存在的情况与规划利用产生明显冲突。

第二，普布诺工业区改造计划中建筑的形状是弹性的。只是限定土地产权人的权利和责任而不会确定房屋建筑形状，这样可以与他们各自地区的功能要求实现完美对应。

第三，普布诺工业区改造计划中更新主体是弹性的。创新投资体系，包括各种公共和私人投资渠道，巴塞罗那城市委员会建立了六大战略部门作为城市公共部门主要投资主体，此外更鼓励私人部门积极参与其他领域的投资。

第四，普布诺工业区改造计划在转型机制方面是弹性的。允许各种形式的衍生规划来适应不同形势、需求及不同尺度的区域。

## 三 着眼于城市文化延续的再开发

历史文化古迹是城市社会的象征。在普布诺地区开发过程中，文化、经济和城市发展的要素非常重要，城市古迹早在18世纪就被纳入一个生产性的过程和技术系统中并延续到现在。为了保护工业文化历史，普布诺制订了工业遗产保护计划，保留了114个重要单位，在整个区域的改造过程中，这

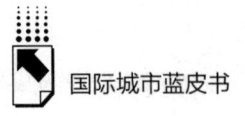

些文物都将被作为历史和文化遗产而进行严格保护。

目前所有保护性建筑已经通过城市规划及其他政策性措施得以妥善保护，从普布诺工业区改造计划看，包括几种不同的保护策略，特别是根据不同区域的实际需求，提出多样化的利用方式。

• 活动。企业总部或者研发中心可以布局于此。普布诺工业区改造计划鼓励非污染产业及创新性部门的入驻，吸纳高素质产业工人的集聚。为了进一步鼓励知识技术密集型产业的入驻并刺激经济发展，普布诺工业区改造计划提出有不少于20%的经济活动可以采用高建筑系数。该策略可以鼓励开发商与创新企业达成协议，以更好地满足企业或者个人实际需求。在城市建设中，所有创新活动与邻近区域传统经济活动共同创造了一个丰富而多元的产业体系，增强了区域综合竞争力。

• 公共设施。一些公共服务机构可以规划布局于此。普布诺工业区改造计划提出，10%的更新土地必须用于公共设施建设。早在2001年，桑特马蒂地区就通过了《普布诺公共设施规划》，针对未来可能产生的人口增长情况，推进公共服务设施布局的平衡，满足地区的需求。新增公共设施多数是在普布诺工业区改造计划的背景下才得以建立，包括地方尺度的中小学校、社区中心、养老院等，还包括城市尺度的大学、文化设施、博物馆等。

• 非居住功能。通过功能的置换，包括公共服务、经济活动及其他一些非普通居住功能的混合利用，最突出的是创新和培训中心可以进行居住、培训、研究、新技术开发等新经济活动，普布诺工业区改造计划实现大学、技术中心、研究中心和生产活动协同发展。通过混合开发利用提升生产效率，吸引高端人才和确保地区研发组织、研究机构及企业之间的合作。目前为止，所有加泰罗尼亚大学都已在普布诺地区设立机构，而根据最新的规划方案，每个大学都会在主要的经济区域设立一个技术中心。

## 四 通过基础设施改造提升地区发展空间

普布诺工业区改造计划着力推进生产和居住功能混合利用，鼓励人们居住在工作单位的附近，推动当地商业发展和促进消费，以此保证白天经济的活力。根据计划目标，这里将包括4600个原有家庭单位的改造，政府则将对现有的住房进行有效改造，提升利用功能和外观品质。此外，还将建造4000套新住房，这也将提升地区的功能多样性，并保证所有街道和公共空间内无障碍。当前已有2262套房子正在建造中，其余的房子则将在未来4年内全部完工。

为了培育普布诺地区技术和社会构成的多元化，普布诺工业区改造计划还为技术人才提供短期居住的房屋。如果居住房屋不足，或者为历史文化艺术保护遗迹，则通过建设阁楼等进行居住开发。普布诺工业区改造计划为了保护这些工业建筑遗产，提供了更多住房为地区服务。通过这些功能的开发，普布诺工业区改造计划完成了多种城市更新任务，并且将地区家庭户数增加到4万户。但是居住利用的比例仍然只占所有建成空间的50%，这可以保障地区生活和工作的平衡。

此外，普布诺工业区改造计划将约10%的工业用地改造为绿地空间（约为11.4万平方米），同时建立了达到最高标准要求的街道和公共空间。公共空间是城市空间组织的脊梁，承载着城市的关系结构和活动体系，因此必然成为城市空间组织的焦点。现今的绿地结构是采取很多措施修建而成的，包括城市尺度的空间——包括滨海公园、荣耀广场、中央公园等都慢慢变成小的广场和居住街道，这被看作城市活动的延伸，这些公共空间真正成为区域活动者交流的空间。传统的区域交会点，也将由四条新的主干道所连接，这样可以更好地将区域内部的区块紧密联系在一起，并给予平等的发展机会。街道作为开放空间脊柱的概念也被改变，以更好地为行人服务，并能够适应机动交通的发展。

随着普布诺工业区改造计划的实施，对基础设施网络的需求日益明显，由此制定了一个新的基础设施规划，改造更新了37公里长的街道，并且提供了水平领先的服务和设施。新的基础设施投资计划超过1.8亿欧元，为地区提供现代化的电力设施、中央空调控制系统和气动重复收集系统。新的电力系统网络的设计将重点放在能源效率和自然资源的有效管理上，以便更好

地为城市系统和有关设施服务。

- 新的光纤网消除了路政服务商和电信服务商之间的矛盾，新的网线更容易被处置并且不影响之后的路政工作，这也相当于提升了城市环境的可持续性发展。
- 相比较传统的系统，新的中央空调系统能够将现有的能源效率提升40%。
- 新的电力系统保证电力供应的质量，能够提供现有系统五倍的电力。
- 新的交通规划将保证普布诺地区70%的出行完全依靠公共交通、步行或者自行车。为达到这个目标，普布诺工业区改造计划将公共交通网络进行再组织，并建立自行车道路网络系统，还通过拓展停车空间，保障工作人员和旅游者有足够的空间停车，采取措施限制噪声和环境污染。
- 无线网络计划，主要是由政府IT机构组织，主要目标是将Wi-Fi覆盖到整个普布诺地区，在公共空间也提供网络服务，吸引足够多的私人服务部门和政府公共管理部门进驻该区域。

## 五 以衍生性规划推进多方位功能重塑

区域转型过程的复杂性要求有整套的衍生性规划作支撑，这些规划包括城市政府发起的计划，还有其他一些政府还没有注意的规划。后者多数是通过私人领域进行规划开发。与此同时，普布诺工业区改造计划也认识到现在的居住情况是历史上城市化发展的结果，必须在保护原有设施的基础上予以更新提升和改造。重新利用那些具有特定特征的老工业建筑，以及由政府进行公租房建设。这些做法都必须符合城市规划的考虑，以适合正在改造的环境、功能开发及建筑风格。根据规划结果，普布诺工业区改造计划对区域主要街道和战略区域进行改造，主要是通过特定的规划来改进运作模式及相应的规划参数。

为实现一个弹性的转型，普布诺工业区改造计划允许有诸多不同的衍生性规划，其主要依据区域转型发展的空间尺度及原有情况。正是因为这些弹性规划系统,在这十多年的转型过程之中诞生了新的城市创新计划。普布诺工业区改造计划提出,如果生机勃勃的创新企业与商业、小的工作室及服务部门共存,那么将塑造一种丰富的城市生产组织。这种生产组织对知识开发和创新过程的协调起着重要的作用,并以此提升地区生产的竞争优势和普布诺地区居民的生活质量。为实现以上目标,推动各项计划以提升地区内部企业和机构竞争力,这些企业和机构培育了巴塞罗那容易取得国际领导权的几个产业集群,并通过利用同类产业集群企业、公共结构和科技中心集聚,形成企业、公共组织、科学和技术中心等多种机构,推进媒体、通信技术、设计、生物科技及能源等新兴产业发展。在这个过程中,以下要素至关重要:①领域中引导性企业;②相关研究机构的存在和支持;③中小企业存在发展的空间;④大学、继续教育和专业培训中心的存在;⑤活跃的技术中心;⑥特定技术或行业领域的孵化器;⑦为专业人才提供的居住条件;⑧创新工作展示和传播的空间及平台;⑨某些领域的特定服务和发展空间;⑩提供特定服务如援助、风险资金获得、网络供给等。

作为经济发展的管理机构,22@巴塞罗那公司积极参与区域经济活动的发展,包括提升区域创新能力、吸引和保留人才、开展商务和培训活动的国际计划等。22@巴塞罗那公司提出许多计划来创造更好的环境和条件以提升区域企业持续发展,包括更好的服务和指导等。

- 网络组织。目标是推进企业和机构都参与区域开发,整合更多力量。协会是一个很好的开会场所,现有90多家企业和机构参与其中。其具体包括:①迎新规划。对于新来的企业和机构,将长期需要普布诺地区管理机构的合作和服务,这可以更好地体现这个地区的特征和优势。②工作委员会。提供更多工作网络机会和工作计划。③网络创作室。在商务世界为企业以及专业人士处理各种新兴的问题。

- 搜寻发展空间。普布诺地区管理部门为企业寻找布局空间以满足企业或者个人的需求,提供实时或者未来的工作空间信息,以便更好地让企业搬迁至更适宜的地方。

- 创新驱动计划。目标是为科技研发项目找到更好的公共投资,通过

对企业的公平科学评估,来协助企业在不同的政府部门和公共机构得到更多的支持和援助。

通过 Espai 计划,来帮助企业家或者创业者在区域建立更好的人际网络关系,这种关系包括各种正式或非正式的关系,以更好地实现地方企业与国际企业之间的技术合作、风险投资等。普布诺地区希望通过丰富区域人才资源和提升生活品质,强化归属感,推进企业、机构及社会组织之间的合作。计划中最突出的部分包括:①瞄准专业人才。首先是建设私人关系空间。普布诺地区推进这些计划,是为提升个人和组织之间的关系,建设一个良好的社区环境,提升区域价值,满足专业人才、创新领域对于生活环境的高品质追求。其次是提供 Agora 项目。通过利益相关者把地区中各种不同的事件组织起来,预告并传播相关活动,推进区域创新文化建设。②瞄准公共部门。重点推进区域信息化发展,该计划试图培育企业、机构以及社会组织之间合作关系,提升区域的工作和生活质量,强化居民的社区归属感。这其中突出的亮点包括:计算机回收计划;增加多媒体教室配置;增加区域大数据处理的计算能力;为中学生提供实践教育机会;家庭计划,帮助父母更好地教授孩子计算机知识。

## 六 对我国创新城区的启示

普布诺工业区改造计划被认为是一个成功的地方开发计划,并且成为世界创新区域建设(包括波士顿创新城区在内)的成功范例。目前,普布诺 70% 的土地已经被更新过,整个过程还包括 141 个衍生性规划,其中 85 个是由私人部门倡导。自 2000 年至今,约有 4500 家企业及雇用的 56000 名员工在此落户,其中有 72% 的员工有大学教育经历。普布诺工业区改造计划同样鼓励社区再教育,特别是那些以信息为主的活动,如编码、产品设计、IT 服务培训等。许多大学也在普布诺地区设置机构,包括庞培法布拉大学、巴塞罗那大学、加泰罗尼亚理工大学以及加泰罗尼亚开放大学等高校机构。许多孵化器和加速器如生物医药公园、宏大建筑、Barcelona Activa 等已经建立并有了良好运作。人口自2000年以来也增长了13万。此外，普布诺地区的经济活动数量占城市经济活动数量的比重也从4%增长到15%。

从普布诺地区改造经验看，以下几个方面值得借鉴：第一，借助重大事件产生的巨大推动力，能更好地推动地区转型改造。第二，需要制定有前瞻性的规划，特别是根据世界经济发展的前瞻性趋势，制定科学发展目标，并根据目标提出弹性实施措施。第三，注重地区历史文化肌理的延续，将之与社会经济发展趋势的内在需求联系，推进地区转型和改造。第四，注重区域的混合功能开发，特别是在当前知识密集型产业发展阶段，通过生活生产生态等功能的混合开发，提升区块环境整体质量显得尤为重要。第五，改变过去以基础设施为主线的城市建设模式，重视生活居住空间的打造，未来生活居住空间规划与区域的和谐，将成为城市规划的核心工作。第六，单纯的总体规划已很难对区域进行科学把握和合理开发，必须以弹性衍生规划为补充，突出小区块、分领域详细规划。第七，传统区域规划以空间开发为核心任务，创新城区规划更加突出功能设计与制度服务，更好地体现了以人为本的思想。

**参考文献**

Joan Busquets, *Barcelona the Urban Evolution of a Compact City*, Harvard College, 2005.
Tim Marshall, *Transforming Barcelona*, London and New York: Routledge, 2004.
22@ Barcelona Plan, "A Programme of Urban, Economic and Social Transformation, 22@ Barcelona Urban Planning Management," June 2012.

# 城市战略篇
## Urban Strategy

# B.6
# 《城市竞争力》报告提出城市实力构成新内涵*

苏 宁

**摘　要：** 本文以世界经济论坛的《城市竞争力》研究报告为基础，探讨城市竞争力的判定与主要趋势。文中对全球趋势对城市的影响进行了梳理，并分析了城市竞争力的定义及主要内涵。在此基础上，提出城市竞争力四要素框架，对城市制度、政策、软硬连接性等竞争力要素的特点、结构进行了阐述，并提出提升城市竞争力的主要领域及方向。

**关键词：** 城市　竞争力　发展战略　发展环境

---

\* 本文主要基于世界经济论坛的《城市竞争力》研究报告，特此感谢。

《城市竞争力》报告提出城市实力构成新内涵

2014年10月，以竞争力评价闻名于世的世界经济论坛发布《城市竞争力》（The Competitiveness of Cities）报告，对城市竞争力的定义、研究方法、标准进行了分析。报告提出全球经济中城市竞争力发挥的重要作用及六大主要趋势，构建了城市竞争力四要素框架，并从改革角度提出增强城市竞争力的主要手段和方向。

## 一 全球性发展趋势对城市的影响

世界经济论坛认为，未来长期阶段对城市竞争力产生影响的全球性发展趋势主要有六个方面。

1. 城市化、人口增长与中产阶层的崛起

未来一个阶段，全球人口向城市的迁移将达到史无前例的程度。2010年，世界人口一半以上居住在城市中，这是历史上的首次。到2020年，60%的世界人口将居住在城市中。根据联合国的预测，到2050年，全球将有24亿人实现城市化，使全球城市居民总数达到63亿人，即占全球人口的67%。[1]

在可预测的未来，全球性的快速城市化现象主要发生在非西方国家。未来数十年间，94%的新增城市化人口将来自发展中国家。到2050年，新兴经济体的中产阶层，即日均购买力平价支出在10~100美元的人群，其消费占全球消费总量的比例将从当前的1/3上升到2/3。根据麦肯锡集团的预测，到2025年，全球预计新增10亿人的"全球消费阶层"，其中有6亿人居住在440个发展中国家城市。[2]

2. 不平等的扩大

由于中国与印度的崛起，全球层面的不平等在下降。但在国家层面，以基尼系数为衡量标准的不平等在诸多国家都有加大之势。在经合组织

---

[1] 世界经济论坛：《城市竞争力》，2014年10月。
[2] 麦肯锡全球研究所：《城市世界：城市和消费阶层的崛起》，2012。

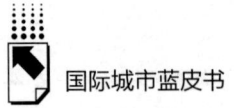

（OECD）国家，以及俄罗斯、印度、中国、南非等发展中国家，这一情况均很明显。经济全球化、技术变化会使那些拥有资本、受过高等教育以及拥有高级技能的人受益更多。

城市会受到不平等的影响，在某些情况下还会催生不平等。发展中国家的快速城市化不可避免地会扩大城市间的发展差距，同时也会扩大城市与小城镇以及农村区域的差距。城市能够提供服务业的就业机会，这也常常使得生活成本快速攀升。收入差距在城市间的差异更为显著。伦敦、纽约、香港与新加坡等全球城市由于具备资本及人才优势，其城市居民的收入相较其他城市有很大优势。

3. 可持续发展

可持续发展已经成为全球性问题。随着人口与收入的增加，人类对资源环境的影响不断加大。从1950年起，全球人均能源消耗量增长了一倍。到2050年，全球能源需求量将增长50%。

由于人口与经济活动的高度集聚，城市已成为能源、粮食与水资源的高强度使用者，其在全球温室气体排放的比例已超过50%。这些挑战在发展中国家尤为突出，也促使更高效使用资源的技术和市场得到高度关注。

4. 技术变化

技术进步总能推动城市化发展，能够极大降低交通与通信费用。技术变化与市场开放政策相结合，已经使经济活动范围扩展到全球，进而使比较优势带来更多的收益，也使得经济活动更趋于集中在一些特定区域展开。城市在其中受益良多。在技术进步的助力下，企业得以获得经济规模的收益，同时使人才得以集聚，并分享创意。城市的集群效应在历史上发挥了重要的作用。而在今天的世界，卫星、电脑、移动通信以及互联网等技术手段使得城市能够更有效地利用技术进行发展。目前与以往最大的区别在于通信速度的提升，2007~2011年，国际互联网的带宽增长了三倍。目前互联网拥有25亿个用户，有60亿人通过手机上网。2011年，发展中国家的新电话注册数占全球新电话注册数的80%。

5. 产业集群与全球价值链

全球价值链（Global Value Chain，简称 GVC）是 21 世纪初国际贸易的核心特性。通信技术革命与市场开放使得生产环节可以跨国分布，从而使价值链的各部分得以分布于不同国家。基于全球价值链的贸易是国际贸易中增长最为迅猛的部分，也成为拉动发达国家与发展中国家生产力、增长与就业的最主要动力。

全球价值链对于城市也产生深远影响。城市已然成为全球价值链的重要枢纽和节点，制造业集群及服务活动在城市集聚。城市也因全球价值链在行业和地理空间上的扩展而获得巨大的收益。跨国公司被视为全球价值链的"系统集成者"。城市展开竞争，以吸引跨国公司的全球或地区总部。麦肯锡集团预计全球顶尖的 20 个城市集聚了 1/3 的全球大公司总部，以及这些大企业 40% 的收入。① 同时，未来将出现一波大企业发展的新浪潮，这些企业将来自中国及其他新兴国家。这对于城市更深地融入全球价值链将是一个重要契机。

6. 治理

随着市场的全球化，社会层面也发生巨大变化。技术变革能够推动经济活动的集聚，但也会促进决策与选择行为的分散化。互联网、移动通信与社交媒体使得分布在全球的大量的个体的工作、娱乐、思考以及信仰活动交互运行。同时，一部分大公司则居于新技术市场的顶端。而面对这些经济、社会、技术力量的动态变化，世界政治与治理体系显得停滞不前。全球治理以及跨国家区域治理体系力量仍很薄弱。

社会、经济、技术等分散化的力量更青睐"次国家"（sub-national）层级的政府治理。由于民众能够获取更多的信息，他们对透明、负责任以及善治的期待有所提高，并对国家政府以及政治精英的信任度不断下降，而政府间组织及跨国区域机构对于普通民众而言又相对遥远及官僚化，这种情况就为城市及州一级政府的改革提供了重要的机遇窗口。分散化的政治系统可能

---

① 麦肯锡全球研究所：《城市世界：城市和消费阶层的崛起》，2012。

对于处理此类状况具有独特的优势。总体上看,在权力分散化的趋势下,决策体系下移到城市政府是大势所趋。

## 二 城市竞争力的定义与结构

1. 城市竞争力的定义

世界经济论坛的报告将城市竞争力定义为,由政策、制度、战略与流程等要素构成的体系,该体系决定了城市可持续生产力的水平。其中的生产力指一个经济体投入产出的效率,而生产力必须是可持续的,即能够在中长期保持经济、环境与社会目标的协调。

2. 城市竞争力的主要结构

世界经济论坛将城市竞争力的组成结构划分为四个部分,即制度、政策与商业环境规则、硬连接性、软连接性。

(1) 制度(如何改革)

该部分主要考察竞争力的治理与决策框架,其关注点聚焦重大决策是如何形成的,以及关键性改革如何发起。从竞争力视角看,城市制度层面关注的主要问题包括以下几方面。

- 城市政府的政治与法律体系。
- 与国家及州/省层级政府间关系。
- 与利益集团之间的关系,特别是商业集团。
- 公–私合作。
- 个体与领导力。
- 理念、远景作用与城市营销。
- 主要改革的时机选择,包括如何利用危机及重要转折性事件的能力。

(2) 政策与商业环境规则(改革的领域)

城市竞争力中的公共政策与规则框架主要指出了改革的领域,其包含的领域包括以下几方面。

- 与城市财政相关的宏观经济政策。

- 与商品、服务、资本、劳动力市场相关的商业环境政策与规则。
- 对外经济政策,此类政策主要影响全球经济中城市的地位,这一地位受到国际贸易、金融、国际直接投资、国际劳动力以及国际游客等多重因素制约,并最终与全球价值链相关。

（3）硬连接性

硬连接性主要指将民众与能源、水源以及其他服务相连接的关键性物理基础设施水平,主要包括以下几方面。

- 交通体系（航空、公路与轨道）。
- 通信。
- 能源。
- 物流系统。

（4）软连接性

软连接性主要指能够使硬件基础设施与新技术投入发挥更大效力的社会资本。目前,对软连接性重要程度的评价已与硬连接性一样高。事实上,软、硬连接性之间是彼此促进的互动关系。包容的社会氛围、自由表达的环境以及国际化环境都是软连接性的重要元素。软连接性的要件主要包括以下几方面。

- 技术创新与扩散体系。
- 教育与培训体系。
- 包含中小企业的创新生态系统。
- 创业文化。
- 知识产权枢纽,包括数据存储体系。
- 吸引人才的宜居与生活质量因素。
- 促进信任与吸引力,促进商业与金融互动的关系网络。
- 开放的社会氛围。

## 三 提升城市竞争力的主要方向

世界经济论坛以33个城市的案例研究为基础,从四要素框架出发,提出城市竞争力提升的主要方向。其中特别聚焦城市如何改革以及改革的主要领域，并关注四要素之间的互动关系。

1. 制度要素提升

（1）领导力与远见：创造与保持城市品牌

世界经济论坛的大量案例分析表明，城市的个性对其发展至关重要。而城市的愿景设定及领导力往往是关键所在，清晰的、富有远见的城市发展方向规划以及坚持不懈的实践是促进城市发展目标达成的重要保证。

新加坡与迪拜的案例反映了领导力与远见对城市发展的重要作用。在前者的发展过程中，20世纪60年代李光耀的愿景设计使得新加坡从一个贫穷、不确定的城市国家发展为稳定、繁荣的世界级城市国家。迪拜在谢赫·拉希德（Sheikh Rashid）的领导下，将其自身的发展路径设定为多功能大都市而非依赖性城市，最终使该市发展成中东门户与全球性城市。

城市的治理体系对于领导力的发挥有重要的影响。在部分城市中，领导者的权力是直接获得的，而非通过任命或选举。在另一些城市中，选举会导致领导力及治理能力的大幅偏移。在部分城市中，由于议会的权力较大，领导力体现了共有属性。这些不同的治理体系往往需要政治与立法体系之间的协调互动，以达成领导力作用的释放。

（2）政治与法律体系：制度力量、分散化、协调与公-私合作

强大的制度力量包括廉洁、高效的政府与公共服务、法治、财产权的公正执法，以及契约精神。这些是城市竞争力的重要组成部分。尽管部分城市在某种条件下可以在制度较不健全的情况下得到发展，但在城市发展的初始阶段就进行制度建设仍大有裨益。强有力的制度体系将对城市的持续发展起到重要的保障作用，在城市进入中等收入发展阶段时尤为重要。

许多城市的发展案例表明，分散化的决策能力对于市政体系而言有其优势。西班牙毕尔巴鄂、中国宁波、阿联酋迪拜等城市的发展都有赖于其相对独立、自治的政治管理权力。但分散化并不等于忽略协调能力。西班牙毕尔巴鄂市就成功地与周边巴斯克区域的其他城市建立起协调关系，进而形成了"城市-区域"的发展格局。公-私合作体系的作用也在诸多城市的发展过

程中得到体现。毕尔巴鄂市与巴斯克区域的公共战略就得益于私人部门的投入，以及私人部门在政策实施特别是基础设施建设计划实施过程中的配合。

（3）机遇之窗：利用危机与创造转机

改革的时机是重要的因素。重要的政策改革往往发生在危机氛围之下。有学者指出，危机具有停止"常规政治"的效应，从而为推行大规模关键性改革提供"机遇之窗"。对于城市而言，利用危机推动改革的能力至关重要。

在新加坡的发展过程中，李光耀及其副手在20世纪60年代便充分利用该城市国家面对的危机，进行了变革。在生存发展的语境下，李光耀及其团队推动了诸多关键性的改革，引领新加坡保持了持续三十年的高速增长。其政府也在新加坡民众中建立起"增长的合法性"，赢得了民众对改革的支持。

2. 政策与商业环境规则要素提升

（1）获取基本权利：简洁、透明、确定性

获得基本权利是塑造良好公共政策，以形成规则、环境有利于竞争力提升的基石。对于城市层面，有三大重点领域需要关注，即财务政策、营商环境以及对外经济政策。从国际城市的实践来看，上述要素组合可以实现稳定周全的宏观经济政策、高效简洁的税务体系、弹性的劳动力市场、贸易与对外直接投资的开放性、简洁与透明的内部营商环境、对高风险的保障网络。

美国城市的成功案例表明，减少官僚主义、保持企业低税率，吸引国外直接投资以及基础设施升级使诸多城市受益。上述举措使相关城市能够规避后工业化时期的衰退，并在高附加值领域取得优势。如查塔诺加市在汽车制造领域及互联网创业方面、匹兹堡在新材料方面、圣路易斯在高科技产业方面、俄克拉荷马城在能源相关制造与服务业方面均成绩斐然。

（2）对外经济政策：城市化与全球化

通过贸易、金融、国际投资、国际游客与人才吸引等手段促进开放，实现与世界的联通，对于城市竞争力的提升十分关键。这也是推动区域生产网络嵌入全球价值链的捷径。迪拜虽受阿联酋相对较低的进口关税税率与对内投资联邦管制的影响，但该市通过自由贸易区建立了"迷你新加坡"区域。

区域内采取免税待遇，对于100%的国外业主，不设外汇管制，资本与利润自由流动，企业与收入税为零税率，审批程序便利化，基础设施完备。在这些措施的影响下，迪拜95%的人口来自国外。

城市需要制定自己的对外经济政策，而不应当简单地将之归于国家。除了新加坡和迪拜之外，大部分城市都将这一政策体系归于国家。而事实上，作为全球化的参与者，城市本身在上述政策方面应当具有灵活性。

（3）空间中立：城市不需要施舍，但也不应受到歧视

人们大量向城市集聚，所以他们并不需要政府对城市采取高于郊区及乡村区域的资助。但国家政策往往更倾向于后者，如农业补贴、长距离汽车驾驶补贴以及对郊区大面积住宅的抵押贷款税收减免等。尽管人们已经意识到城市并不需要依赖发展完备的腹地，但政策性的扭曲仍然对城市化产生阻碍，并影响城市化带来的收益。

3. 硬连接性要素提升

（1）城市规划与组织增长：补充而非替代

公共管理机构在构建城市的核心基础设施——"硬连接性"方面扮演着主导角色。这成为城市规划的重要核心因素。但城市规划也面临两极分化的矛盾：一个极端是规划者"过度规划"的倾向；另一个极端则是依赖完全分散化的市场解决方案，城市组织增长最终陷入无规划的混沌局面。因此，城市的发展需要规划与自我组织增长的协调互动。

贫穷与富裕国家的诸多城市都面临"硬连接性鸿沟"问题。最大的鸿沟出现在欠发达国家的城市中，拉各斯、雅加达、达卡、卡拉奇与开罗等，这些城市亟须低价住房、清洁的街道、快速交通体系、可靠的电力、可靠清洁的水供应，以及良好的废弃物管理体系。若无法解决基础设施的问题，城市将面临蔓延、拥挤、污染以及公共服务不足的困扰，无法实现可持续发展。

（2）城市密度：垂直发展与蔓延发展

有学者指出，市中心区的集聚发展对于商业、创新、艺术、文化以及城市的居住活动有诸多帮助，这种发展模式也具有环境友好属性。居住在郊区

与乡村生活则是环境不友好的方式,这主要是因为更多居民将驾驶汽车,会带来更多的人均碳排放。呼吁城市高密度发展,反对城市蔓延的呼声日渐强劲。

香港和新加坡都是城市高密度发展与高层建筑主导的典型案例,城市中高等级公路与公共交通体系形成主干网络,活力街区与绿色空间点缀其间。在芝加哥的城市复兴中,中心区的扩展成为主要组成部分。孟买则提供了一个反面案例,城市规划糟糕,土地使用与高度限制导致房价上涨,贫民窟面积增大、拥挤程度剧增,城市蔓延与腐败问题困扰城市发展。中国城市具备了更好的硬件条件,应当能够通过降低土地使用与劳动力流动管制等手段,降低城市蔓延速度,提高城市密度。

(3) 基础设施的智慧选择:从交通体系到全球价值链

在许多城市的竞争力体系中,交通、通信以及能源等硬连接性的数据都包含其中。这有助于人们了解硬连接性如何提升生产力,并使得城市进入全球价值链体系。交通体系与对外经济支撑系统是城市实现"硬连接性"的重要领域。诸多城市的最佳实践体现了上述领域的价值。新加坡市中心区的电子道路运行系统保证了区域交通流量的舒畅。香港建立了可谓是全球最佳的公共交通体系,包括非常完善的公交车网络与优质的公共轨道交通(MTR)系统,后者同时达成了高效与盈利的目标。香港的 MTR 系统被伦敦、北京等城市所借鉴。

另外一些城市则从直接与全球价值链的对接中获得收益。韩国釜山在港口与港口物流方面进行了大规模的投资,进而使该市成为全球航运企业的转运枢纽和集聚地。为了降低对马来西亚水资源进口的依赖,新加坡开发了先进的水处理系统,最终使其成为全球水务技术的领导者。

4. 软连接性要素提升

(1) 软连接性:21 世纪知识经济背景下城市的关键领域

工业化时期,运河、港口、道路、轨道、交通枢纽等硬连接要素促进了曼彻斯特、底特律、芝加哥、布宜诺斯艾利斯等城市的转型。今天,硬连接性依然重要,但在 21 世纪知识经济的背景下,软连接性的重要程度已与前

者并驾齐驱。

作为城市的社会资本，软连接性指的是使民众更具有创造力，使城市变得更为繁荣的知识、连接与关系网络。从更广泛的意义上说，其映射的是"开放社会"的特性，即包容、自由表达与国际化。软连接性是创意、创业精神、创新与增长的催化剂。另外，城市中硬连接性与软连接性的边界正在变得日益模糊。当硬连接性得到良好规划，变得更为智能，软连接性往往也变得完善。如在巴西的库里迪巴和麦德林市，由于对具有包容性的交通体系进行了硬件基础设施投资，就业区域与低收入社区得到了有效的连接，软连也接取得了良好的效果。

（2）教育：终极软连接性

波士顿集聚了美国最高密度的高校，这使其集聚了生命科学、金融、咨询与信息技术等知识密集型产业。印度的班加罗尔、海得拉巴等城市则受益于其世界级的科技与管理研究所。应当注意的是，世界级的教育资源与城市竞争力之间的连接性并不会自动形成，顶级的高校无法独立提升城市竞争力。约翰·霍普金斯大学便无法单独振兴美国巴尔的摩市。

波士顿、匹兹堡、圣路易斯、哥德堡等城市的后工业化复兴，都建立在推动区域内教育机构与更为广阔的城市及世界其他区域建立联系这一前提之上。新加坡对于教育采取了高度关注的政策，该市在20世纪90年代之后高度关注高等教育，其扶助的重点涵盖了高校、理工专科学校以及技术研究所等诸多类型的教育机构。

（3）软连接：数字化基础设施与连通性

城市的软连接性包含了市民与企业家的连通性环境。城市应关注市民与地方政府联络、表达意愿、获取服务以及与其他社区进行沟通的能力。此外，还应关注企业家之间相互联系，以及企业家与创新体系之间在更大范围上的连通能力。新技术能够使社会个体成为生产者、消费和市民，能够使连通性成为开放社会的重要驱动力。

由于数字技术的进步，软连接性增强了人-机交互界面的中心性，使得个体能够充分利用硬连接设施。这一趋势能够极大地提升个人与组织的生产力。城市需要认真谋划，配置数字化基础设施以顺应这一趋势的需求。城市需要努力在使用数据促进个体体验与保证隐私与安全方面保持平衡。

## 四 中国城市竞争力体系建构的发展方向

世界经济论坛《城市竞争力》报告对于中国城市的竞争力体系建构具有较为重要的借鉴意义。该报告提出的竞争力概念、内涵，以及评判竞争力的要素结构，是中国城市审视自身竞争力水平、提升城市发展质量的重要参考。

1. 关注全球性趋势对城市竞争力的影响

世界经济论坛报告对于全球发展趋势进行了总结和归纳，提出了六大趋势以及相关趋势对于城市发展的影响。全球城市化趋势、人口变化、分配不平等、治理、技术变化等问题成为构建城市竞争力的重要背景与逻辑起点。随着中国国际地位的提升，以及参与全球经济治理广度和深度的扩展，中国城市的发展已经与全球发展的总体趋势密不可分。在这种背景下，中国城市竞争力体系的构建，应参考世界经济论坛的研究思路，以全球性主要趋势作为外部变量，形成竞争力判断的逻辑起点。

2. 重视制度因素在提高城市竞争力中的重要性

在世界经济论坛的城市竞争力结构中，高度重视制度因素的重要作用。在四大要素结构中，制度、政策与规则占据两席。同时，在竞争力评判中，政治与法律体系、政府间关系、公－私合作、远景规划与城市营销、宏观经济政策、商业环境政策与规则、对外经济政策等诸多制度要素成为评判竞争力的重要指标。中国城市的竞争力视角，往往更多关注城市经济发展规模、投入产出、基础设施、FDI等经济成果指标，对于制度因素的关注度不高。从世界经济论坛的研究视角可以看出，城市竞争力更多在于城市吸引要素的能力，而制度因素在吸引高端要素集聚方面具有重要的作用。因此，在中国城市竞争力的研究或政策设计过程中，应提高制度因素的权重与地位。

### 3. 城市发展需重视"软、硬连接性"的均衡

在世界经济论坛对城市竞争力的评判体系中,将软连接性的作用置于与基础设施等硬连接性同等重要的地位,并多次强调前者作为社会资本在知识经济时代的重要作用。报告还提出,软连接性与硬连接性边界逐渐模糊,有融合发展的新趋势。这些视角对于中国城市的竞争力评判具有重要的参考价值。中国城市竞争力的不足之处,已经更为突出地体现在"软连接"方面,即在开放社会、知识资本、创新环境方面的薄弱。借鉴国际视野,突出"软连接"与"硬连接"的均衡互动发展,是中国城市提升竞争力的重要路径。

**参考文献**

迈克尔·波特:《国家竞争优势》,中信出版社,2012。

World Economic Forum, *The Competitiveness of Cities*, 2014 – 10.

Landes, D. S, *The Wealth and Poverty of Nations*: *Why Some Are So Rich and Some So Poor*, New York: W. W. Norton, 1998.

McKinsey Global Institute, "Urban World: Cities and the Rise of the Consuming Class," 2012.

Glaeser, Edward, *Triumph of the City*: *How Our Greatest Invention Makes Us Richer, Smarter, Greener, Healthier, and Happier*, Penguin Books, 2011.

Http://www.worldcapitalinstitute.org/makciplatform/2013 – curitiba – brasil.

# B.7 《波士顿2030年住房规划》为城市发展提供保障[*]

张剑涛

**摘 要：** 波士顿作为全球著名的高校和科研机构集中地，也是创新经济的代表城市，它的人口自2000年以来持续增长。波士顿政府着眼于城市的可持续发展，制定了至2030年的城市住房规划，目标在于满足不同人群的住房需求，为社会稳定、经济发展、社区繁荣提供保障。

**关键词：** 波士顿 2030 住房政策 规划

2030年是波士顿建市400周年，城市的长期目标是多元、平等、发展和繁荣。城市住房政策是实现城市长期发展目标的关键，为城市的教育、社区、环境、经济多个方面提供坚实的保障。

## 一 波士顿的人口增长和住房政策目标

从1980年前后开始波士顿的人口一改之前的减少趋势，逐步恢复增长。21世纪以来波士顿的人口增长加快，2000~2010年本地居民增加28000多人。根据美国人口普查局（US Census Bureau）最近的统计数据，波士顿的

---

[*] 本文主要基于波士顿政府的住房政策报告 *Housing a Changing City：Boston 2030*，详见波士顿政府官方网站，http：//dnd.cityofboston.gov/#page/Boston_ 2030。

人口增长速度是其所在的马萨诸塞州的两倍以上。波士顿闻名于世的高等教育水平和科研机构力量对世界范围内的高科技和创新产业形成了巨大的吸引力，这也是波士顿社会经济和人口发展的主要驱动力。为了适应经济的发展，波士顿近年在建和批准建设的新商业和办公空间面积有近2000万平方英尺（约180万平方米）。

针对城市良好的发展局面和趋势，波士顿政府努力追求在"更大"的同时做到"更好"，即保持城市发展速度的同时提升城市的质量。政府对城市的发展需要制定详细的规划，为城市、社区和居民提供更好的环境、生活品质，保证城市发展的成果能够为所有居民所共享。政府致力于满足城市不同阶层的需求，不仅有高薪精英阶层，还包括普通工薪阶层以及低收入阶层。波士顿不仅需要不断增长的劳动人口，同时还需要为老年人提供安全舒适的养老场所，为青少年提供适合成长的环境。

为了实现这个发展目标，波士顿大都市规划委员会（Metropolitan Area Planning Council，MAPC）对城市发展到2030年的人口及其结构和分布，以及经济状况做了详细预测。这为城市各方面的规划和政府决策提供了一个精确、独立、可靠的基础。波士顿大都市规划委员会预测，2030年波士顿的人口将达到709000人，比2010年增加91000人和49100个家庭。这将使得波士顿人口在20世纪50年代后期之后首次超过70万人。但是相比20世纪50年代后期，波士顿家庭的平均人口规模在不断缩小，这也导致家庭数量的不断增长和相应的住房需求的增加。因此政府需要根据波士顿的人口及其结构的发展趋势，规划足够的住房以满足居住需求，同时还要保证一定数量的超出实际需求的住房空置量，以稳定房价和抑制房价的上涨。

根据预测，2010～2030年波士顿需要新增约53000套住房，比2010年的住房总量增加20%（见表1）。其中，至2030年波士顿的劳动人口将新增约26600个家庭，相比2010年约增加13%。这些新增的家庭需要寻找与之收入水平相匹配的住房。与此同时，20世纪"婴儿潮"（Baby Boom）时期出生的人口已步入退休年龄，会导致波士顿的老龄人口数量增长迅速。至2030年，每五个波士顿家庭中就将会有一个年龄超过65岁的老年家庭。

2010~2030 年,波士顿的老年家庭将会增加约 22400 户,其中 17400 户会居住在原有住所,另外 5000 户需要寻找新的住房。老年家庭数量的增加意味着可以转售给劳动人口家庭的二手住房数量的减少,因此预测至 2030 年劳动人口家庭的新增住房需求总量将达到 44000 套(见表 2),占同期波士顿所有新增住房总量的 83%。

表1 波士顿 2010~2030 年家庭住房数量变化预测

| 不同年龄段的家庭 | 年收入(美元) | 2010 年的住房数量(套) | 2030 年的住房数量(套) | 2010~2030 年的新增数量(套) | 2010~2030 年的新增比例(%) |
| --- | --- | --- | --- | --- | --- |
| 65 岁以上家庭(包含65 岁,老年家庭) | <50000 | 27990 | 42599 | 14609 | 52 |
| | 50000~125000 | 10386 | 16106 | 5720 | 55 |
| | >125000 | 3640 | 5728 | 2088 | 57 |
| | 合　计 | 42016 | 64433 | 22417 | 53 |
| 65 岁以下家庭(劳动人口家庭) | <50000 | 87138 | 96889 | 9751 | 11 |
| | 50000~125000 | 80631 | 91071 | 10440 | 13 |
| | >125000 | 42914 | 49380 | 6466 | 15 |
| | 合　计 | 210683 | 237340 | 26657 | 13 |
| 总计 | <50000 | 115128 | 139488 | 24360 | 21 |
| | 50000~125000 | 91017 | 107177 | 16160 | 18 |
| | >125000 | 46554 | 55109 | 8555 | 18 |
| | 分类不确定 | 12209 | 16203 | 3994 | 33 |
| | 合　计 | 264908 | 317977 | 53069 | 20 |

资料来源:Housing a Changing City:Boston 2030。

表2 波士顿 2010~2030 年预测新增住房数量及其人群分布

单位:套

| 人群分类 | 老年人 | 劳动人口 | 空置(稳定市场) | 合计 |
| --- | --- | --- | --- | --- |
| 新增住房数量 | 5000 | 44000 | 4000 | 53000 |

资料来源:Housing a Changing City:Boston 2030。

在 53000 套新增住房中,波士顿政府负责的将占相当的比重(见表 3)。政府出资建设的给低收入家庭的经济适用房(Affordable Units)约 8000 套,同时还有约 4000 套中等收入家庭的住房能够得到各种形式的政府资助。此

159

外，13500套私人投资开发的提供给中等收入家庭的住房是建设在政府专项规划的低地价区域。政府通过新的校园规划，提供更多的校园学生宿舍，因此能够节省出更多的原先规划的校园外学生宿舍建设用地，用以建设5000套新增住房。

表3 波士顿2010~2030年预测新增住房分类

单位：套

| 新增住房分类 | 低收入经济适用房（老年家庭） | 低收入经济适用房（非老年家庭） | 政府资助的中等收入家庭住房 | 低地价的中等收入家庭住房(非老年) |
|---|---|---|---|---|
| 数量 | 6500 | 1500 | 4000 | 11000 |
| 新增住房分类 | 低地价的中等收入家庭住房(老年) | 通过校园改造规划新增的住房 | 市场化定价的住房 | 空置住房（稳定市场） | 合计 |
| 数量 | 2500 | 5000 | 18500 | 4000 | 53000 |

资料来源：Housing a Changing City: Boston 2030。

## 二 波士顿针对不同人群的住房政策

1. 保障低收入人群基本住房需求

波士顿最早的政府公共房建于20世纪30年代，从此之后政府一直致力于为城市低收入家庭提供住房保障。波士顿目前共有52800套经济适用房，占城市住房总量19%，这个比例是全美大城市中最高的。尽管如此，波士顿的经济适用房仍有很大需求。2010年的全美社区调查（2010 American Community Survey）资料显示，波士顿有28400户劳动年龄的低收入租房家庭，他们每月个人收入的大部分用于支付房租。这个群体急切需要符合他们收入水平的廉租房。根据现有人口资料预测，现在至2030年波士顿至少还将增加9750户需要政府提供经济适用房和廉租房的低收入家庭。总体而言，现在至2030年波士顿可能会增加38200户需要政府提供经济适用房和廉租房的低收入家庭。在这些家庭中，预测55%的家庭约21000户，是年收入低于25000美元的极低收入的家庭。这些极低收入家庭甚至难以承担普通的廉租房的租金，除非政府能够为他们提供房租补助。因此这些家庭面临严重的无家可归的风险，应是政府住房政策关注的重点之一。

考虑到波士顿有限的城市空间、高地价、逐步削减的联邦政府补助、有限的市政府财政，市政府不可能满足所有的低收入家庭的住房需求，因此政府需要采取多种政策和措施，结合社会和市场力量来解决这个问题。此外，解决住房问题还需要在城市之外的更广泛的区域进行协调。在大波士顿区域，37个社区中只有9个能满足马萨诸塞州政府关于社区住房总量中需要有10%的经济适用房的规定。如果每个社区都能达到这个标准，大波士顿区域会增加11500套经济适用房。

波士顿政府针对低收入人群的住房保障目标主要有四个：增加6500套提供给劳动年龄段的低收入家庭的经济适用房；保证其中至少有1700套供应给极低收入家庭；提升低收入家庭的房租承担能力；改善经济适用房的无障碍通行设施。

2. 为老年人群提供多元化养老住房

波士顿的老龄人口增长迅速，是人口增长比例最高的人群。预测2010~2030年，波士顿的老年人口数量将增长53%，老年家庭增加22400户。至2030年，每五个波士顿家庭中就将会有一个年龄超过65岁的老年家庭。老年人口比重的增加对住房保障提出了更高的要求。老年人希望找到新的住房，更希望改善他们现有的住房条件。因此保持社区中的老年人口和家庭数量，是社区多元化和社会融合的条件之一。波士顿政府支持老年人在其所居住社区养老的希望和要求，并通过多种方式满足老年人的住房需求，如置换更小的住房、更方便行动的住房、更适合养老的住房等。政府和老年人群自身都希望能够创造和提供更多的机会使老年人能够生活在一个富有活力、沟通良好、气氛融和的社区内，这样可以使老年人能够最大限度地保持生活独立和健康。政府鼓励社区内的老年家庭置换更小的住房，同时把原有较大的住房提供给年轻的家庭，这样能够吸引老年家庭和年轻家庭在社区内融合，增强社区的多元化和活力。

绝大部分老年人退休后依靠退休金和养老保险金生活，收入会减少，成为低收入家庭和阶层。在波士顿，66%的65岁及以上的老年人口属于低收入人群，而仅有38%的劳动年龄（25~64岁）人口属于低收入人群。尽管在波士顿有62%的低收入老年人口住在政府提供各种经济补助的经济适用房或廉租房内，但是仍有5700名低收入老年人每月需要把超过半数的收入用于支付房租。此外，虽然还有4300名老年人拥有自己的住房，但是他们的年收入低于25000美元，住房的税收和维护费用对他们而言是巨大的经济负担。

对波士顿政府而言，从2000年至今，为老年人群提供经济适用房和廉租房的费用已经增加了89%。与此同时，联邦政府给市政府的相关财政补助在不断减少。因此，面对不断增长的老年人对经济适用房和廉租房的需求，波士顿政府需要多方开拓思路和财源予以应对。波士顿政府针对老年人口的住房保障主要有三个目标：保持现有的政府应对老年人住房保障需求的政策和努力，进一步提供1500套新增的老年家庭经济适用房；引导社会和企业开发3500套老年人住房，同时鼓励老年家庭置换更小型的住房；对于希望在现有住房内养老的老年人，帮助改善他们的居住条件和周边环境。

3. 帮助中产阶层改善住房条件

保持一个强大稳定的中产阶级是波士顿持续发展的基础之一。然而随着波士顿的不断发展，房价也不断攀升，这对中产阶层购置和改善住房造成了显著的影响。政府意识到这个问题的严重性，并努力解决它以保持波士顿未来发展的核心力量。

波士顿的中产阶层是指年收入在50000~125000美元的家庭，他们占波士顿家庭总数的34%。与马萨诸塞州的整体水平相比，波士顿的中产家庭规模更小，年龄更轻，自有住房比例更低（波士顿的中产家庭自有住房比例占43%，而马萨诸塞州的中产家庭自有住房比例达到69%）。这些家庭已经无法享受市政府为低收入家庭提供的各种住房补助，因此中产家庭购置住房和改善住房主要需要依靠市场。目前，一户年收入达到中位数水平（80000美元）的波士顿中产家庭仅能购置23%的当地市场上价格低的住房，这些住房仅分布在波士顿 15 个社区中的 7 个之中。如果是租房，这户家庭可以承担市场上 51% 的出租房。但是波士顿房租增长的速度是家庭收入增长速度的 5 倍，因此租房对于中产家庭而言也成为越来越严峻的问题。

中产阶层住房难题出现的另一大因素是一个相对而言被忽视的住房需求领域。联邦、州、市等各级政府会为低收入家庭提供各种形式的住房补助。与此同时，开发商会为高收入阶层提供各种高档住房。无论政府还是开发商，都没有关注中产阶层的住房需求。为了改变这种局面，波士顿政府与社区、开发商合作，多方面降低建设成本，以期为中产阶层提供价格更低的住房。同时政府大力支持中产家庭购置住房和改善住房的需求。波士顿政府针对中产家庭的住房政策主要有三个目标：加快为中产家庭提供合适的住房，新增 20000 套适合中产家庭经济承担能力的住房；改进政府的居民购房计划，扩大计划的覆盖面，帮助 5000 户中产家庭首次购置自有住房；与非营利组织和贷款机构一起，增强中产家庭贷款购房的能力。

4. 满足教育产业和学生住房需求

波士顿作为世界顶尖的高等学府和科研机构集聚地，来自全球各国的高素质学生和科研人员是创新经济的基础，可以推动城市乃至周边区域的可持续发展。同时教育产业也是波士顿的支柱产业之一。波士顿目前有超过 152000 名高校学生，其中 20600 名本科生和 15600 名研究生住在校园外。这些约 36000 学生的租房需求加大了对波士顿本地租房市场的压力。同时这些校外租房的学生也面临着不良房东和群租所带来的恶劣住房条件和安全隐患。

1995～2010 年波士顿的本科生的数量增加了 13%，研究生数量增加了 47%。考虑到波士顿的学生数量持续增长，政府规划至 2030 年，校园内的新增学生宿舍数量不仅要满足新增的住校学生的需求，还要能够满足大部分校外租房学生搬回校内居住的需求。波士顿政府针对高校学生的住房政策主要体现在三个方面：为本科生提供新增 16000 间宿舍，同时减少 50% 的校外租房的本科生；为研究生提供 2500 套新增校外住房，减少他们的租房需求对本地租房市场造成的压力;改善校外租房学生的住房条件和安全水平,增强与学生以及他们家庭的沟通和联系。

## 三 波士顿住房规划对中国城市的借鉴意义

在当前快速城市化带来的城市人口激增、房价高企、贫富差距加大、需求多元化的复杂环境下,满足公众住房需求是我国城市维护社会稳定和保障城市发展的关键。参考波士顿住房规划的经验,我国城市可以在以下方面完善住房政策。

(1) 分类应对不同群体的住房需求

相比大部分国家,我国城市人口的规模大。随着市场经济发展,人口流动性大大增加,城市人口分化明显。不同群体的住房需求、经济能力差异显著。城市住房政策需要针对不同人群有的放矢,有针对性地解决实际问题,合理配置资源,同时避免政策措施的偏向和空转,错配资源产生浪费。

(2) 保障低收入家庭的基本住房需求

低收入家庭的经济能力十分有限,解决他们的住房需求首要目标是"居者有其屋",以廉租房为主,用房为辅。政府可以通过多种方式为低收入家庭提供房租、首付、贷款补助。对于低收入阶层的住房保障降低门槛,扩大覆盖面;同时鼓励梯次改善,避免不理性需求。

(3) 完善老年人的养老住房

人口快速老龄化已日渐成为我国城市亟待解决的迫切问题。面对大量的老龄人口和远远供不应求的养老设施,社区化养老必然成为解决问题的主要途径之一。社区化养老的重点是鼓励老年家庭的住房合理置换,以及在此基础上吸引中青年家庭搬进社区,为社区提供多元的氛围和活力。同时,提升和完善社区的公共服务、养老和无障碍设施,强化社区的社会组织,增强居民的交流与沟通,使老年人能够获得最大程度的政府和社会保障,同时保持生活独立和健康。

(4) 解决中等收入的夹心阶层的住房问题

中等收入阶层目前占据了我国城市人口的大多数,他们的收入水平通常超出了政府的保障房覆盖范围,同时又无法承担快速上涨的高房价。因此中等收入家庭成为政府和开发商都相对忽视的夹心阶层。他们的住房问题主要还是需要通过市场化途径来解决。但是中等收入阶层住房问题的解决直接关系社会稳定和城市后继发展动力,因此政府需要通过定向土地出让、社会化合作建房、低息贷款、税收优惠、限价房等多种途径和措施来满足中等收入家庭的购房和改善居住条件的需求。

(5) 缓解外来人口的住房需求压力

随着我国城市流动人口的快速增加,他们的住房需求必然对本地房屋市场产生巨大压力。满足流动人口的住房需求,对于城市管理、提供劳动力、城市可持续发展等方面有着重大意义。大部分流动人口需要的是租房。政府可以与容纳大量流动人口的机构、企业和组织合作,通过社会化和市场化运作,新建和改造并举,为流动人口提供相对集中、设施齐备、经济舒适的出租房,既便于生活和管理,又缓解了流动人口需求对本地住房市场造成的冲击和影响。

**参考文献**

波士顿政府的住房政策报告 *Housing a Changing City:Boston 2030*,详见波士顿政府官方网站,http://dnd. cityofboston. gov/#page/Boston_ 2030,2015 年 5 月 12 日。

Http://dnd. cityofboston. gov/#page/home,2015 年 5 月 12 日。

Http://dnd. cityofboston. gov/portal/v1/contentRepository/Public/dnd% 20pdfs/PolicyResearch/TRENDS/Boston – Student – Housing – Trends – AY14 – 15 – FINAL2. pdf,2015 年 5 月 12 日。

Http://dnd. cityofboston. gov/#page/FinancialAssistanceProgram,2015 年 5 月 12 日。

# B.8
# 新《伦敦规划》展示2036年伦敦人生活愿景*

胡苏云

**摘　要：** 2015年版《伦敦规划》是对2036年城市发展目标和政策的定位，融进了国家政策变化和2014年市长报告的新内容，是一个融合经济、社会、交通、环境等多方面内容的综合性规划，聚焦伦敦的经济和产业发展，关注人口、气候和环境变化因素对城市发展的影响，突出了伦敦人生活质量的持续提高，其人文性、前瞻性和政策引领性值得借鉴。

**关键词：** 伦敦　城市规划　综合性　生活愿景

在新的经济浪潮推动下，全球城市之间掀起新一轮竞争高潮，各国城市纷纷推出自己新的城市规划，伦敦作为老牌的国际大都市，刚刚制定了2036年城市规划。下面我们将重点介绍其观点和特色，并从中汲取可贵之处。

## 一　伦敦规划的持续性演变

伦敦规划是伦敦的整体战略布局，着眼于今后20~25年伦敦经济、环

---

\* 本文主要基于2015年版《伦敦规划》，特此致谢。

境和社会一体化发展，涵盖了伦敦地理范围和行政范围内的交通、经济发展、住房、文化、社会（如儿童和青年人）和环境（如气候变化、空气质量、噪声和垃圾处理）等内容。伦敦规划制定了伦敦的土地利用和发展框架，包括基础设施尤其是交通的改善，规划涉及了执行、协调、资源配置以及大伦敦管理集团组织之间的统一政策等环节。

伦敦这一轮规划历经多个版本，第一版发行于2004年，经过两次修改后其更新版于2008年发行；但同年7月新市长上任后提出了新的"更好的伦敦"设想，于是在2011年将2004年规划、2008年规划和市长新设想整合起来，出版了新的版本。伦敦规划并没有因为新版本出现而停止，规划依据政策及其政策效果而不断进行修改。规划的计划、监督和管理部分规定，在出现环境变化、经济重大变化时，其必须有所调整变化，如可能和需要，甚至可以被新规划所取代。2011年以来伦敦规划的修改，主要起因于英国政府的指导意见和2011年7月通过的国家立法，包括2012年颁布的国家计划政策框架和2013年颁布的国家经济适用房的政策。同时，2014年伦敦市长发表《2020年的愿景：地球上最伟大的城市——伦敦的雄心》，提出了住房改善、经济能力提升、伦敦可持续发展等愿景。这些都需要在伦敦规划中重新得以体现。

新的伦敦规划（整合进2011年规划版本）目标定位于2036年，这是按照政府规定的20年规划期而确定的，也是因为市长觉得伦敦的发展前景有必要告知决策者、开发商和投资者。同时鉴于伦敦人口增速超过2011年规划的估计，而这种人口增长究竟是结构性的还是周期性的还不得而知，有赖于规划中既有的战略和理念能成功地适应预测的人口增长水平，由此，需要在2015年开始对既有规划和计划进行审查，从而进行规划的修订和整合。此外，为了反映政府住房标准，市长也需要对伦敦规划进行调整，还得考虑政府对停车政策的变化，如新的政策取消了最高停车标准而变得更灵活，同时还考虑如何通过停车政策修改来激活镇中心的活力。市长认为，有充分理由在核心区和内伦敦区维持居住区的现有停车标准，但在外伦敦区部分可以执行更灵活的停车方法，尤其是在公共交通通达性较低的区域。

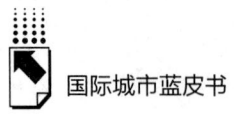

## 二 聚焦城市增长而规划

根据规划测算,伦敦人口将从2011年的820万,增加至2036年的1011万,家庭户数相应地将从328万户增加到426万户,就业岗位将从489.6万个增加到575.7万个。但伦敦也将成为两极更加分化的城市,由于生活成本高,有些穷人将无房可住。英国人口分布趋势进一步集中,意味着伦敦的规划应该是着眼于人口增长的规划。

(1)着眼人口总量和多样化。至少从中短期看,伦敦需要有更多的住房、工作、服务、基础设施和机会来满足不同人口的需求,供给增加的同时又不降低伦敦人的生活质量,就意味着要更好地利用目前的空地资源和利用不足的土地资源,在伦敦东部还大有潜力可挖。人口的更加多样化,意味着伦敦需要有更多的学校等设施满足年轻人需求,同时又要应对快速增长的老年人口的需求,为不同年龄阶段的人提供合适的住房和生活环境。同时还需要为提高所有伦敦人的生活质量提供社区和街区生活必备的各种社会基础设施。

(2)着眼于发展而变化着的经济。伦敦总是处于创业和创新的前沿,已经拥有丰富多样的经济样态,具体有金融和商业服务、通信技术、交通服务、文化创意、旅游经济、大众传媒和出版。今后20年伦敦的经济将持续发展,这有赖于首都丰富的研究创新资源和世界一流的大学和研究机构,新的部门、新的企业将不断涌现。例如,由于低碳经济驱动,环保行业将大大发展。新的知识和技术将被用于应对地球面临的挑战,新的部门和服务将形成,以满足新的市场和变化着的世界需求。根据这一趋势,需要推动和支持创新,确保出台政策让这些行业和企业有发展空间,满足其发展需要,提供他们必需的基础设施。

(3)着眼于应对气候变化。在适应气候变化方面,需要确保建筑物和城市其他领域设计时考虑气候变化因素,鼓励绿色节能,保护、强化和扩大城市绿色空间存储,维护城市的适宜环境,并继续控制洪水风险。在应对环境恶化方面,要减少温室气体排放,将未来的温室效应及其影响减少到最低。技术发展将有助于实现这些目标,今后可以设计节能效率高的建筑,推广分散化、可再生能源,以及减少长途开发模式和不环保的交通出行方式。

(4) 着眼于提高生活质量和消除贫困。让增长和变化惠及所有伦敦人,伦敦的每个角落,同时保护伦敦的文化遗产和特色,使每个生活在其中的人能生活得更美好,经历更丰富。同时着眼于与可持续增长的区域进行合作,关注人口迁移趋势、住房和劳动力市场、通信方式和废弃物排放。确保形成规划政策框架,支持针对减少失业的行动,确保伦敦人具备更好地获得就业机会的教育技能,帮助协调区域定位方法和社区更新,在集中投资和地方行动中需要有更大的努力,解决空间上持久处于不利位置的社区,推进更多样化的住房选择。

(5) 着眼于细致有效的资源管理。包括避免、减少废弃物,增加再利用,确保充分的现代化交通、社会基础设施,以满足城市增长的活力以及多样化人口的需要。保护和强化伦敦的自然环境和居住环境,同时扩展和充分利用首都的开放和绿色空间,包括皇家公园和所有的地方休闲场所,让首都所有人民受益。

以上各方面是确保首都继续成为安全、宜人的居住和工作场所的基本条件,同时能确保伦敦从率先迈向气候变化适应型、应对环境恶化的行业中获益。

## 三 伦敦2036年城市愿景和发展目标

伦敦将成为全球最佳城市,为所有人和企业家提供更多机会,达到最高的环境标准和最好的生活质量,成为21世纪全球应对城市挑战,尤其是应对气候变化方面方法最领先的城市。

实现这一愿景意味着要确保伦敦从城市及人口的能量、活力和多样性中收获最丰;拥抱变化,同时要保护文化遗产、保持社区和身份特色;崇尚责任、同情和公民性。这一高水平的宏伟愿景由几个具体目标支撑,蕴含了可持续发展理念,指明了愿景执行的具体路径和具体政策。

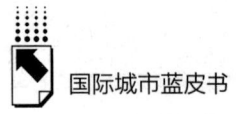
国际城市蓝皮书

（1）伦敦将成为一座可以应对经济挑战和人口增长的城市。确保可持续增长的方式，改善生活质量，让所有伦敦人有足够的高质量的住宅和社区，帮助解决贫困和不平等问题，包括健康不平等。

（2）伦敦将是一座具有国际竞争力的成功城市。具备造福所有伦敦人、遍及伦敦每个角落的强大、多样化的经济和创业精神，勇居创新和研究的前沿，享受并充分利用其丰富的文化遗产和文化资源。

（3）伦敦同时是一座多样化的、强大、安全的城市，一座就业机会多和设施便捷的城市。对于生活在伦敦的每个人来说，不论其来自何处、年龄几许、地位如何，都将获得机会，发挥潜能，伦敦有高质量的环境提供给每个人享受、居住和成长。高效率的交通系统，更积极地鼓励人们步行和骑车出行，更好地利用泰晤士河，支持实现规划的所有目标。

（4）伦敦更是一座带给人愉悦感的城市，一座环境改善领先于世界的城市。建筑和街道充满关怀，有最现代化的建筑，同时又保留着最具伦敦特色的文化，扩展其开放的绿色空间、自然环境和水系等，以及有着实现它们改善伦敦人民健康、福利和促进人们发展的潜力。在应对气候变化、减少环境污染、发展低碳经济方面领先，并在节能提效方面居于前列。

## 四 伦敦规划主要内容和特点

1. 规划内容稳定性和与时俱进性相结合

伦敦城市规划内容融合了上述规定的议题，是有法可依、有据可循的，主题基本稳定。伦敦规划涉及三大主题：经济发展和财富增长，社会发展，环境改善。同时，作为市长报告，伦敦规划还涵盖人人机会均等内容，包括减少健康不平等和增进伦敦人民健康，气候变化及其后果，英国的可持续发展目标等。因此，根据伦敦规划版本的几次变化，尤其是从2011年以来的修订可以看到，伦敦的城市规划又是与时俱进、及时调整的规划，依据政策及其效果而不断加以修改。

## 2. 关注生活质量，体现规划的人文性

伦敦清楚地意识到其能提供世界上最优的生活质量，但并非每个伦敦人都能享受。伦敦不同区域期望寿命的差异之大说明伦敦贫富差异问题严重；伦敦一方面有增长的需要，另一方面还存在基本物质需求的满足问题；一部分人需要进一步提高生活质量，而另一部分人则害怕失去在伦敦的基本生活条件。不同伦敦人有截然不同的经历。

伦敦规划的人文性体现在对伦敦人生活质量提升的重点关注，并着眼于看得见的要素，如住房、健康、环境、食品、交通、社区服务和安全。

首先，不管其处境如何，为处于不同阶段的伦敦人提供足够的住房，并能确保他们积极强化居住区域的质量；同时积极应对伦敦长久存在的贫困和社会排斥问题，尤其是对于在世界最富裕的城市存在健康不平等采取零容忍态度，以确保每个伦敦人的生活机会均等。

其次，保护和改善伦敦的自然环境、居住环境和本地环境以及全伦敦环境，应对空气质量和其他污染问题。确保每个伦敦人有好的生活和获得健康食品。确保每个伦敦人在城市任何地方有充足有效的交通服务，支持自行车和步行，让他们有工作、社交和其他生活机会。同时尽量减少环境和生活质量下降造成的负面影响。人人有可便捷获得的社区服务和文化设施，满足日益增长的多样化的人群需要。采取有效的措施确保伦敦人在城市、在街区感到安全，在生活中不受犯罪事件和担心自身安全的影响。

## 3. 规划的前瞻性、现实性和宏大性紧密结合

（1）伦敦规划前瞻性。规划中清晰地分析出，今后伦敦受气候影响主要表现在三个方面：热浪、洪水和缺水。伦敦人将深切地感受到气候的明显变化，2050年前，类似2003年经历过的热浪将频繁出现，伦敦夏季平均温度将增加2.7摄氏度，冬天雨水将增加15%，而夏天雨水将减少18%，伦敦人应准备好去适应更温暖的气候，更湿寒的冬天和更干热的夏天。

（2）伦敦规划的现实性。规划重点提出了气候变化可能带来的威胁，关注最易受影响的弱势人群。首先，在未来几十年，伦敦将迎接热浪袭击以及城市热岛效应，热浪将成为影响伦敦人生活质量的重要因素，尤其是对那

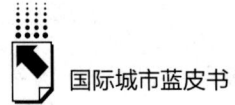

些资源有限、住房条件差的人是一个巨大的挑战。其次，由于海平面升高，会形成更高的海浪，也更可能发生洪水，泰晤士河等河的流量高峰期将增加，河水溢出的可能性也在增加。伦敦现有的基础应急处置设施存在遭受洪水袭击的高风险，尤其是伦敦在2036年前还面临住房紧张问题，可能会有更多的人工作和生活在洪水地带，约有15%的人生活在伦敦低地、泰晤士河及其支流洪水泛滥地带，那里目前已经居住着150万人，有48万套住宅。洪水同时还会威胁贫困社区居民的生活，那些人居住在最易受洪水袭击地带，却没有任何保险。最后，伦敦还将面临缺水的威胁，英格兰东南部已经承受水资源压力，尤其是在干旱季节，伦敦的水资源消费已经超过供给，人均用水量在增加，而英国这个区域水资源又极其有限，要考虑建更多的水库，同时要保证有充足和合适的水利基础设施，确保民用和商业用水的弹性、高效、经济的供给方式。

（3）伦敦规划的宏大性。从全球、全国、地方三个层面考虑未来对地球的深刻影响，生态议题越来越主导政策议程，决定着逐渐形成的低碳经济。面对气候变化和环境压力，伦敦没有变得消极被动，而是去主动适应，并承担责任，积极应对这一变化的挑战。规划中提出，今后优先考虑资源的有效利用，并鼓励创新和新企业形成。到2036年，这些行业将带动经济、交通和住房领域的变化。至于如何应对这些挑战，伦敦应清晰地意识到需要牢记私营经济在伦敦占据主导地位，其就业岗位占比高达84%。要想实现规划所描绘的所有这些环境的、经济的、社会的目标必须依靠现有建筑和公共场所的改善，这意味着需要鼓励私人投资。规划提出，经济的发展，环境问题的有效应对，与伦敦人健康、财富和生活质量的提高等因素密不可分，长期来看离开了哪个因素都不可能成功。节约能源不仅仅是为了应对气候变化，更是由于城市人口、家庭数量和就业人数的增加，需要在家庭、办公室、厂房、公交系统、娱乐场所提供更可靠、更可持续的电力和燃料。

4.伦敦规划细节制胜，政策引领

伦敦规划包括人口、区域、伦敦人、经济、对气候变化应变、交通、居住空间和规划的执行、监督、审查，涉及方方面面的政策，共105条。每个章节所针对的主题都有具体政策，有的多达30条，每条政策都有细致入微的描述。

规划聚焦伦敦人的生活，政策就聚焦于确保所有人获得平等的生活机会，如提出改善健康、应对健康不平等问题，增加住房供给和挖掘住房潜力；有住房开发的质量和设计、儿童和年轻人娱乐设施、大型居住区开发、住房选择、混合社区和平衡社区、经济适用房等具体政策；还有针对住房开发和投资、社会基础设施保护和加强、健康和社会服务教育和体育设施政策。在伦敦未来交通的具体政策方面规定得非常详尽，包括：增加公共交通运能，为公交预留土地；增进公交效能，增强公交连通性；资助连接线路和其他重要的公交基础设施建设；建设更好的街道和地面交通；制定适宜的车厢、自行车、步行政策；增进交通的畅通性，应对交通拥堵；规划合理的道路网络容量；制定适宜的停车政策、运费政策、地铁转运费政策。

在伦敦居住空间方面包括终身邻居政策，包容性环境、防犯罪设计政策；保持地方特点、公共领域政策；建筑政策，高大建筑物选址和设计政策；文化遗产和考古，遗产引领型更新，世界遗产地址；伦敦景观管理政策框架和执行方案；安全、保障、弹性应急处理政策；改善空气质量，减少噪声、改善声音环境、推进合理的音景；绿带政策；都市区开放土地政策，保护开放空间，应对开放空间紧缺问题；生物多样性和亲近自然，地理保护区，树木和森林政策；食物用地，埋葬用地；蓝带（水系）网络及其重塑；泰晤士河等河流水域政策。

规划和政策的制定涉及了气候变化方面的内容，如二氧化碳排放量最小化；可持续性设计和建设，建筑改造；电煤供应，能源网络分散化，可再生能源，创新型能源技术运用；城市绿岛效应，绿色屋顶；降低洪水风险，可持续性排水设施；饮用水治理和废水处理设施，水的使用和供给；废弃物及自我净化，废弃物容量、堆放、填埋、焚烧，有害废弃物处理；污染土地和处置。

## 五　中国城市规划如何吸纳伦敦规划精髓

1. 城市规划融合规则要素和变化因素

我们目前的城市总体规划，原来内容基本是以土地为核心的空间规划，现在尝试多规合一，但以土地和空间为中心的色彩依然浓烈，与社会经济发展等规划协调和整合有限，导致此轮规划议题与以往不同，显得内容不甚明确、凌乱。

我们今后的城市规划首先是要有综合性，其次需要确定相对固定的内容，再者需要根据环境变化而及时更新、修订规划的重要部分，做到城市规划内容基本恒定加具体重点调整。作为综合性的规划，其内容议题基本恒定，涵盖城市发展的重要因素——人、经济、社会、环境，而其中人的生活质量应该是恒定的追求目标，其他方面的内容会因时间和情况变化侧重点而有所不同。

如伦敦的环境因素已经关注气候变化因素的影响，而我们的环境发展重点是环境治理和大气质量提升，提高全民环保意识和行动能力，同时关注水资源保护和海洋资源保护。

伦敦长期位居顶尖国际大都市行列，其城市化和国际化是分步进行的，如今正努力吸引全球各类人才，形成多元人口和多元文化，以增强伦敦的活力。而我国的大城市如北京和上海，城市化和国际化加速推进是同步进行的，目前城市化速度超过国际化速度，需要处理好城市化和国际化速度变化之间的关系，以及政策有效调整与把握的关系；同时需要协调人口数量和人口质量需求的平衡。一方面，城市发展和活力来自一定的人口数量，确保有质量的人口数量需要有相应的人口数量保证，但由于人口国际化和城市化的双重动力所带来的人口总量的增加也是其他国家不曾遇到的挑战，需要我们在城市总体规划中谨慎而适度地把握应对。

2. 城市规划要抓住可把握的未来变迁因素谋划规划

如今我们处于经济环境剧烈变化时期，这些变化对未来的影响很大是确定无疑的，但究竟哪些是确定无疑的变化因素我们不甚明了，在众多预见中夹杂着很多猜测、不确定的因素，有的是未来发展的机会，有的则是风险。城市规划中虽然要抓住机会，但更要直面风险。伦敦的规划很好地把握住了这点，抓住的重点是机会加风险并存的基本确定因素，如对人口增长、气候变化的应对。

而在我们的规划中，尚缺乏伦敦规划这种明确的目标定位，一方面沉湎于土地规划的约束，另一方面又幻想融入谁也看不清、不确定的新科技、新经济中。新科技、新经济和智慧化可能会渗透进社会经济的方方面面，而更多的是市场引领发展变化，作为规划只能判断其大致趋势，运用其现有发展阶段可用的工具，以后逐步调整和利用其成果，一方面要努力避免猜想其结果并套进规划，另一方面要切忌过于关注概念和字面意义，无视其实际结果，在规划中毫无体现。

对于规划中关注的未来变迁因素，我们需要聚焦可抓住的未来影响因素，如人口、环境、气候和海平面变化。如针对环境和气候，虽然近期的任务是补偿历史欠账，恢复环境，消除内忧，但中长期应该考虑环境保护和治理的系统方法，包括清洁能源的推广使用等，并从全球治理视野应对环境和气候问题。

规划还要有效结合未来产业鼓励引导方向。如伦敦在较准确得出气候具体变化情况和可能带来的季节温度和水资源后果后，把握住了目前的薄弱环节和易受影响的人群，并将环境变化应对和能源政策、地球保护紧密结合，力争成为环境改善领先于世界的城市，更可贵的是积极制定相关产业发展政策。在我们的城市总体规划中，需要精确把握气候和环境因素的变化及其影响，并将其具体化，如气温与建筑物建筑材料的关系，与水资源供给和利用的关系，与水道水网的关系，通过预先政策设计加以引导和克服。尤其是要鼓励环保行业和企业发展结合，从水、能源、二氧化碳排放、垃圾处理等具体环节入手，使大城市切实成为绿色环保先进城市。

3. 城市总体规划核心重点永远是人的美好生活

我们城市规划中以人为本是原则，但原则的具体体现还不够充分。城市

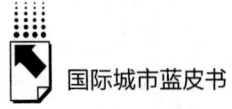

规划重点是人的生活,城市的包容性、开放性不仅体现在接纳来自不同地方的人,还要为所有的人提供更多更好的机遇。在定位全球城市和世界城市时,一方面需要提升包容性和人文性;另一方面,在规划中需要聚焦实实在在影响人们生活的要素,如衣食住行和环境。在我们的城市规划中,规划立意可以高大上,但规划更应形象具体生动;规划的技术方法可以繁复晦涩,但规划应落到实处;规划不仅是空间格局和土地资源配置,更应和政策措施紧密结合,提高规划的可执行性。尤其是在衣食住行和环境方面更应尽量详细,要有形象具体的场景描述,切实可行的指标,以及发展的步骤、政策和措施,这样的规划才是贴近民众生活、使人们憧憬和为之奋斗、以人为本的规划。

**参考文献**

Greater London Authority City Hall,The London Plan:*The Spatial Development Strategy for London Consolidated with Alterations since 2011*,*The London Plan 2011 Consolidated with*:*Revised early Minor Alterations to The London Plan Published October 2013 Further Alterations to The London Plan Published March 2015*.

*Greater London Authority Act 1999*,section 334(5),*Greater London Authority Act 1999*,section 30.

何丹等:《"规划更美好的伦敦"——新一轮伦敦规划的评述及启示》,《国际城市规划》2010年第25期。

# 城市经济篇
Urban Economy

## B.9
## 城市应对气候变化和保证经济增长之道[*]

汤 伟

摘　要： 城市承载着世界人口的一半，80%的经济产出，70%的能源利用以及与能源相关的温室气体。未来20年世界人口的增加也主要集中在城市，特别是在发展中国家。到2050年，世界人口的2/3住在城市。城市发展路径对世界经济的发展和气候政策轨道十分关键。全球气候和经济委员会"新气候经济报告"指出很大一部分城市的增长是无规划的蔓延，导致城市交通阻塞、空气污染以及其他沉重的经济、社会和环境成本增加。由此世界上的先锋城市都试图探索崭新的发展道路，

---

[*] 本文主要基于国际智库全球气候与经济委员会发布的2015年度的"新气候经济报告"——《抓住全球机会，应对气候变化、孕育经济增长的伙伴关系》，特此致谢。

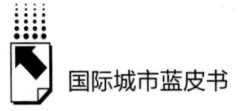

围绕大容量交通构建更为紧密、连接、协调的城市形式。事实上，采取新模式的城市不仅会更有吸引力、更有竞争力，还会导致生活质量的提升，以及持续的资源存储和更低的温室气体排放，从而实现双赢局面。

**关键词：** 新气候经济　城市　气候变化　城市低碳投资　公共交通

2015年7月，国际智库全球气候与经济委员会发布了2015年度的"新气候经济报告"——《抓住全球机会，应对气候变化、孕育经济增长的伙伴关系》，着重对如何实现新气候经济做了更加深入和细致的解读，认为实现经济增长和碳减排主要在三个领域，即城市、土地利用和能源，并呼吁围绕这三个领域和主题进行持续、可信的变革，进而在资源效率、基础设施投资和创新有所突破。本文着重对城市和应对气候变化的关系进行阐述。

目前发展中国家每周大约有140万人进入城市，相当于每天一个曼哈顿的人口，到2030年全球城市化率将达到60%。城市无疑成为经济增长和社会变革的引擎，2015年城市经济产出大约62万亿美元，占全球生产总值（GDP）的85%，到2030年每年产出将达到115万亿美元，占全球生产总值（GDP）的87%。城市还消耗了67%~76%全球能源，产生了71%~76%全球能源相关的温室气体。更严重的是，还要考虑城市基础设施投资走的是高碳还是低碳的发展道路。实践证明，紧凑、联结和有效的城市发展模式将激励经济活动，吸引投资，提升空气质量，提升公共卫生和安全，减少贫困，避免因蔓延而带来的额外成本，而这些都有助于减缓气候变化带来的影响。新的分析也表明，城市低碳行动将衍生价值16.6万亿美元的经济机会。报告进一步指出，国际合作在推动和升级城市内部的气候行动方面至关重要。通过共同平台、知识分享、能力建设、国际合作可以促使城市获得更多低碳发展的资金。

## 一 城市各主要领域的巨大减排潜力

报告分析受到C40（由纽约和伦敦等城市发起的国际城市减排组织）的支持，对建筑、交通、废弃物等10组低碳措施进行了评估（见表1），预测全球城市如采取这10组低碳措施，到2030年可减排37亿吨二氧化碳，到2050年可减排80亿吨二氧化碳。该减排是国家自主承诺减排行动之外的额外减排，相当于2℃全球控温所需减排量的15%～20%。事实上，仅全球前500个大城市到2030年就有潜力减排16.5亿吨二氧化碳，这相当于全球所有城市减排潜力的一半。

表1 各领域低碳行动的潜力分析

| | 建 筑 |
|---|---|
| 新建筑热效率 | 2020～2030年实现<30千瓦·时/平方米；<br>2031～2050年实现<15千瓦·时/平方米 |
| 老建筑节能改造 | 老建筑以每年1.4%～3%的速度升级，这样现存建筑到2040年升级完毕。与基准前景相比，热力改造减少了30%～40%的能源强度 |
| 电器与照明 | 基于国际能源机构（IEA）2℃前景，装置高效的照明和电器 |
| 太阳能光伏 | 基于国际能源机构（IEA）2℃前景，大量安装与地区人口相适应的太阳能光伏设备 |
| | 交 通 |
| 城市规划和城市出行需求 | 良好的土地利用规划可减少旅客出行需求，发展中国家至少可减少25%的出行，经济合作与发展组织（OECD）国家可至少减少7%的出行 |
| 交通模式转换和轨道效率 | 公共交通模式使每人每公里出行小汽车使用量减少20%，转而更多采用轨道和公共交通轨道 |
| 汽车效率和电动化 | 电动车使得私家车能效提升了45%，电动车对能源强度的影响将根据《能源技术展望2014》中的2℃前景予以估算 |
| 货运物流的提升 | 到2030年货运物流效率提升17%，到2050年效率再提升26%。另外，到2050年27%的全球货运将实现电气化 |
| | 废弃物 |
| 循环 | 到2050年所有地区可回收物质的回收率达到80% |
| 废物填埋、气体回收 | 废物处理中的甲烷捕获率在非经济合作与发展组织国家每年上升5.5%，经济合作与发展组织国家每年上升2.5%。所有地区甲烷捕获设施将以年增2%的效率提升以进行电力生产 |

资料来源：The Global Commission on the Economy and Climate, "The 2015 New Climate Economy Report: Seizing the Opportunity, Partnership for Better Growth and A Better Climate"。

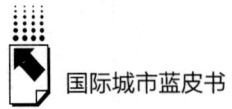

这份报告主要聚焦地方政府的低碳政策,并对成本—收益进行了分析,发现对城市的重大低碳项目进行投资能够产生显著的收益。如自2015年起每年投资9770亿美元用于减排(相当于2014年全球生产总值的1.3%),到2030年全球可实现每年减少1.58万亿美元的能源支出,到2050年每年可减少5.86万亿美元的支出。当然低碳投资也有机会成本,这意味着未来16年(2015~2030年)低碳项目的投资成本大于收益,但从36年(2015~2050年)远期前景看则可实现等值于16.6万亿美元(现值计算)的净收益值(见表2)。

表2 各领域低碳行动的可实现的城市潜在收益

| 部门 | 措施 | 2050年度减缓(十亿吨二氧化碳) | 减缓额度比例(%) | 节能(百万吨二氧化碳) 2030年 | 节能(百万吨二氧化碳) 2050年 | 总边际投资(2015~2050年千亿美元) | 节能(十亿美元) 2030年 | 节能(十亿美元) 2050年 | 净现值*(千亿美元) | 平均偿还年限 |
|---|---|---|---|---|---|---|---|---|---|---|
| 住宅建筑 | 新建筑热效率 | 1.2 | 15 | 168 | 375 | 5.3 | 267 | 957 | 2.1 | 8.4 |
| | 节能改造 | 0.5 | 7 | 142 | 175 | 6.4 | 209 | 501 | -0.3 | 20 |
| | 电器与照明 | 0.9 | 11 | 92 | 211 | 0.1 | 147 | 529 | 3.7 | 0.2 |
| | 燃料转换/太阳光伏 | 0.2 | 3 | 6 | 23 | 0.7 | 15.6 | 100 | 0.2 | 11 |
| 商业建筑 | 新建筑热效率 | 0.5 | 7 | 77 | 196 | 6.6 | 120 | 479 | -2.1 | 21 |
| | 加热改造 | 0.2 | 3 | 66 | 87 | 4.0 | 103 | 260 | -0.7 | 23 |
| | 电器与照明 | 0.7 | 8 | 67 | 176 | 0.4 | 96.2 | 584 | 3.0 | 1.0 |
| | 燃料转换/太阳光伏 | 0.2 | 3 | 2 | 7 | 0.2 | 3.9 | 24.9 | 0.0 | 13 |
| | 建筑总和 | 4.4 | 57 | 620 | 1250 | 23.7 | 961.7 | 3434.9 | 5.9 | 17.4 |
| 交通出行 | 城市规划出行减少 | 0.5 | 6 | 56 | 122 | — | 101 | 553 | 2.9 | — |
| | 模式转换和轨道效率 | 1.0 | 12 | 118 | 263 | 6.9 | 210 | 676 | 1.4 | 16 |
| | 汽车效率和电子化 | 0.9 | 11 | 92 | 207 | 2.5 | 198 | 777 | 3.8 | 4.9 |
| 交通货运 | 物流提升 | 0.2 | 2 | 15 | 44 | — | 14 | 66.0 | 0.4 | — |
| | 机动车效率和电子化 | 0.3 | 4 | 47 | 99 | 1.0 | 94.4 | 348 | 2.2 | 4.5 |
| | 交通总和 | 2.9 | 35 | 328 | 735 | 10.4 | 617.4 | 2420 | 10.7 | 11.9 |

180

续表

| 部门 | 措施 | 2050年度减缓（十亿吨二氧化碳） | 减缓额度比例（%） | 节能(百万吨二氧化碳) | | 总边际投资(2015~2050年千亿美元) | 节能（十亿美元） | | 净现值*（千亿美元） | 平均偿还年限 |
|---|---|---|---|---|---|---|---|---|---|---|
| | | | | 2030年 | 2050年 | | 2030年 | 2050年 | | |
| 垃圾 | 循环 | 0.3 | 4 | — | — | — | — | — | — | — |
| | 填埋 | 0.3 | 4 | 0 | 1 | 0.03 | 0.7 | 3 | 0.0 | 20 |
| 垃圾总和 | | 0.6 | 8 | 0 | 1 | 0.03 | 0.7 | 3 | 0.0 | 20 |
| 总计 | | 7.9 | 100 | 948 | 1986 | 34.13 | 1579.8 | 5857.9 | 16.6 | 15.7 |

\* 净现值，这里取3%的贴现率，能源每年增加2.5%和相关学习曲线。

资料来源：The Global Commission on the Economy and Climate, "The 2015 New Climate Economy Report: Seizing the Opportunity, Partnership for Better Growth and A Better Climate"。

采取如此广泛的、深远的低碳措施不可能仅仅依靠市场实现，因此这对地方政府、地方领导人、资金上的公共和私营行为体，带来了执行难题，正是这些主体需要承担很大的前期成本。更重要的是，考虑到短暂的政治任期和法律、财政等程序性制约，许多城市还面临许多直接成本和长期投资的结构性障碍。发展中国家城市还面临额外挑战，即人口的急剧城市化使得基础服务和基础设施供给出现严重赤字，由此需要创新性的政策工具和财政机制。

## 二 城市低碳行动的可观经济效益

1. 交通节能、减排和提效

城市内部大规模的低碳项目投资带来的巨大效益显然不只是成本的减少，还可使城市生产效率提升，以及带来更为广泛的经济、社会和环境收益，而对这些效益的预期又进一步强化了与气候相关行动的效果。推进这类发展模式不仅能够遏制城市蔓延，还可鼓励高密度、公交导向和活跃的城市空间形态。一旦取得成功就可充分发挥聚合效应和网络优势，激发创新和生产效率的提升。这不但可减少公共交通、能源、废弃物和水等基础设施的成本，还可通过推进土地的集约利用，降低基础设施的总需求，提升低碳投资的活跃

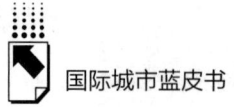

度。

2015～2030年，更紧凑、高连通性的城市扩张能减少3万亿美元的基础设施投资。越来越多的统计数据显示，紧凑、高连通性和活跃的城市核心区对私人投资者有更大吸引力。事实上，那些不紧凑的城市，发展成本日益提升，譬如交通阻塞、更长的通勤时间、劳动力流动性的减少、能源支出的增加、空气污染和噪声等。从地区比例来看，交通阻塞所带来的成本，纽约为生产总值的1.1%，伦敦为1.5%，开罗为4.0%，雅加达为4.8%，圣保罗为7.8%，北京约为15%。①全球每年有125万人死于交通事故，超过90%的交通事故发生在发展中国家。城市蔓延还给交通和电力、废弃物和水等基础设施带来额外开支，加重了空气污染的程度，步行和自行车比例的下降还影响了公共卫生、教育和医疗等基础公共服务，减少了农业和生态系统服务土地的可获得性。举例说来，2014年城市蔓延会给美国经济带来超过1万亿美元的额外成本。世界银行预测，中国如果推行紧凑的、公交导向的城市发展战略，到2030年可以节省1.4万亿美元的基础设施建设成本，相当于2013年基础设施投资的15%。

正在规划或者正在经历快速城市化的发展中国家城市可从高效、高连通性和可达性较强的公共交通中吸取有益经验。普华永道通过对30座全球城市公共交通和经济绩效关系的研究发现，城市如拥有良好的公交系统，其整体生产效率会更高、购买力会更高、生活品质也会更好，且能吸引更多的顶尖公司投资。举例来说，类似财富水平和人口规模，西班牙巴塞罗那市是美国亚特兰大市碳足迹的1/5，这主要归功于巴塞罗那的交通基础设施和规划决策。联合国政府间气候变化委员会也表明，从中长期看，公交系统倾向越紧密、非机动化的交通基础设施越稠密的城市，与2010年相比，将可有效降低温室气体排放强度的20%～50%。

到2050年，全球交通部门可实现1/3的减排潜力。交通部门无疑是当

---

① 参见 Andy Gouldson, Sarah Colenbrander, Andrew Sudmant, Nick Godfrey, Joel Millward-Hopkins, Wanli Fang and Xiao Zhao, Working Paper "Accelerating Low-Carbon Development in the World's Cities"。

前化石燃料最大的消费者，以及温室气体最大的排放源。尽管如此，那些空间已然蔓延的城市也有机会从机动化交通模式向低碳模式转换。譬如引入快速交通系统（BRT），研究发现，快速交通系统的平均成本只有轻轨的一半、地铁的1/10。快速交通系统在库里蒂巴、波哥大非常成功，但在约翰内斯堡等城市遇到挑战，主要表现为政治参与和融资机会问题。政治参与需要小巴运营者、乘客、公交司机等的参与，而融资可以通过征收交通拥挤费来解决。新加坡于1975年第一次征收交通拥挤费，其后伦敦、斯德哥尔摩、米兰等城市开始陆续征收。在伦敦，在征收交通拥挤费的前三年就减少了16%的交通流量、26%的交通延误和14%的出行时间。

2. 建筑节能、改造和融资

除了公共交通，建筑也是城市低碳转型的核心。巴西累西腓（Recife）公司对绿色建筑标准的分析表明，达到绿色建筑标准能够很快实现回报。新建筑满足"被动冷却"（Passive Cooling）标准只需3%额外投资需求。投资者对节能项目进行投资可以在较短的期限内回收成本，通常是商业建筑6年、公共建筑7年、住宅建筑18年。如果对现有建筑进行改造，那么该投资则可以在建筑40多年生命周期中产生长期节能效果。绿色建筑工程正在新加坡全面实施，争取到2030年，80%的建筑达到新加坡绿色建筑评估标准（Green Mark），这可节能22%，净收益达4亿美元。这种建筑改造投资可以在6年内回收成本，并大约增加2%的资产价值。事实上，到2025年城市建筑可实现一半以上的减排潜力。到2030年全球城市需要的新增居住空间，大约为目前所有住宅空间的70%，因此新建住宅能源效率提升有巨大空间。其实，许多城市已经制定了远超国家标准的绿色建筑准则，如印度的浦那、美国的旧金山和中国的上海。有证据也显示，创新性的绿色建筑能产生更多的福利，包括绿色空间的扩展、减少热岛效应、过滤空气污染、收集雨水。伴随着这些功能的提升，绿色建筑还能产生社会效应。对现存建筑进行节能改造也能提升建筑的总体能效。一些发达城市正在进行大规模的节能改造计划。

然而，节能改造边际成本较为昂贵，只有融资机制可以克服这些障碍。

一种解决方案是循环基金（Revolving Fund），即早期能源效率投资获取的收益可以进行再投资。这种基金可以以不同方式进行：一是私营的以营利为导向的，对家庭提供年利率为7%的贷款，进而产生直接经济收益；二是公私合营制的，受到资助的项目所产生的经济收益投入公共基金用以补贴家庭改造获得的利益；三是非营利的，直接资助政府实施的改造计划。这些不同的方式可以产生不同的效果。营利导向的可产生累积性减排660万吨二氧化碳，只有公私合营和非营利的一半。然而营利导向的投资回收时间短，少于20年，而公私合营需要37年，非营利投资除了时间成本外还要遭受资金的损失。然而从经济社会收益的综合视角来看就会发现，公私合营和非营利计划更具有吸引力。譬如英国，用于减少能源贫困1英镑的支出可节省国民健康服务费用0.42英镑。对利兹市（Leeds）来说，对10%的能源贫困家庭进行节能改造，公私合营和非营利计划的方式就能节省0.8亿~1亿英镑的健康支出。从创造就业岗位和减少能源消费来看，节能改造还能为英国政府创造税收。因此，从经济和社会效益来说，节能改造对公共部门而言是有吸引力的选择。

## 三 通过国际合作积极推进城市低碳发展

城市通过建筑、交通来减缓和适应气候变化可产生显著的经济社会收益，但成本很大。当城市遇到成本障碍的时候，国际组织如C40、城市气候和地方政府可持续性领导集团（ICLEL）、城市和地方政府联盟（UCLG）、多边发展银行和联合国机构都在积极支持城市推进低碳减排。除了2015年巴黎联合国气候变化大会，2016年联合国住房和可持续城市发展大会（Habitat Ⅲ）也将会加强和加速城市层面的应对气候变化的国际合作。可以预见，在城市层面应对气候变化的国际合作将主要集中在以下五个方面。

1. 鼓励城市间的信息共享，促进城市政策改革创新

通过城市平台的学习借鉴，约翰内斯堡决定采取BRT系统而不是地下轨道交通系统。与之类似，巴黎也借鉴采取自行车分享系统。国际城市网络

所带来的同伴学习效应也可在融资、商业模式选择方面发挥作用。

2. 推动使用国际共同平台和标准，促进城市减排

长期减排目标非常重要，它将帮助确立未来5～15年城市土地规划和基础设施投资决策，驱动城市推进减排。一项对100个主要城市的调研发现，超过60个城市已公布了碳排放的数据，但只有29个城市从覆盖范围和部门角度进行责任分解和比较①。结果就是大多数城市不能在数据和信息基础上进一步推进低碳行动，进而整合进国家层面自主减排贡献目标。通过国际合作，可以建立整套的标准方法和网络，其中最突出的是"市长契约"（Compact of Mayor）②。"市长契约"鼓励城市采取针对气候变化的积极行动，以三年为期逐步推进。①承诺温室气体减排；②使用一致的过硬的标准生成排放清单；③设置减排目标，作为底线，并随着技术进步而提升目标；④实施行动计划。截至2015年，全球共有80个城市通过"市长契约"进行承诺，而这些城市标准框架、方法和报告增加了城市应对气候变化承诺的可信度，也打开了从多边机构获取技术和资金援助的机会。

3. 国际合作，大力发展城市低碳规划

对各级政府而言，切实掌握应对气候变化的技术和能力是重大挑战。城市是低碳行动的主要空间，意味着地方政府必须依托有限资源有所作为。国际合作能够支持地方政府在节能减排方面深入理解科学、经济、政策以及商业模式的选择。根据世界银行统计，目前在全球150个最大城市中只有20%的城市拥有低碳规划，以及低碳发展所需要的最基本分析工具和人力资源。国际组织可以帮助城市设计政策和提供关键性的基础设施投资，这对新

---

① Floater, G., Rode, P., Friedel, B. and Robert, A., "2014. Steering Urban Growth: Governance, Policy and Finance. LSE Cities," *Supporting Paper for the New Climate Economy*, http://newclimateeconomy.report/misc/working-papers/.

② Compact of Mayor 市长契约是2014年由C40、城市气候和地方政府可持续性领导集团、城市和地方政府联盟发起，并得到联合国城市和气候变化特使大力支持的倡议。该倡议的主旨是承诺城市温室气体的深度减排，每年发布减缓和适应目标、规划，并使用与国际实践相融合的标准化措施。其目的是使国家理解城市行动的幅度和范围，鼓励资本向城市流动以支持地方行动，构建一致的透明的责任框架。

兴和发展中经济体来说尤为重要。城市规划给出了最佳实践路径，可以帮助中高级专业人员得到结构化的决策帮助。

4. 国际金融帮助城市推进低碳基础设施建设

考虑到政府的财政赤字和负债水平，许多城市需要社会资本参与应对气候变化的智能基础设施投资。国际支持主要以两种方式帮助地方政府与私人资金合作：①国际组织可以通过"技术援助"帮助城市确认、发展和执行一些准备好的且风险和收益可预期的项目，进而从全球银行、投资基金和发展型金融机构寻找更多的资金投入。各城市引入国际组织技术援助的收益相当可观，百万美元技术援助投入可引来2000万~5000万美元的支持。技术援助的形式多种多样，从制定可行性的政策框架到技术转让再到项目可行性研究。②国际组织也可以帮助城市提升项目的可行性，在国内外金融市场获取资金。根据世界银行2013年的估算，发展中国家前500个大城市只有4%的城市即约20个被认为具有在国际金融市场融资所必需的信用，通过帮助和能力建设这一比例可以上升到20%，而具有资本投资信用的城市投资1美元可撬动超过100美元的私人投资。

5. 推进各国中央政府放权，鼓励城市低碳投资和创新

中央政府应当给予城市政府足够的法律权力和制度支持进行投资和创新，鼓励城市承担应对气候变化的责任。国际机构可以帮助不同城市在最佳实践的基础上增强关键能力，更好地使用权力。不同的城市部门之间的横向协调以及城市、地区和国家纵向融合可以促生更好的土地利用规划和城市流动系统。中国和印度已经充分认识到城市在驱动经济发展中的关键作用，都将城市规划和投资作为国家发展战略的重要部分。

## 四 对中国城市的启示

城市低碳投资有着广泛机会，建筑和公共交通节能减排在整个生命周期都能产生积极的财政收益。研究发现，不同的城市有着不同的政策措施，取决于能源价格、政策框架、制度能力、基础设施状况和其他条件。研究显

示，利率在5%的水平时，针对气候变化的大规模投资将产生显著的收益。预计到2025年，每个城市能够产生14%~25%的碳减排。

城市应在"市长契约2020"框架内展示应对气候变化和节能减排的决心和能力，这包括政治领导、规划、设计、融资，进而提升交通和土地使用的协调性。国家应制定相关法律、激励减排的目标和发展战略，同时发展与城市政府相衔接的城市化战略，这种战略的实施应受到财政等跨部门预算和规划的监管。推动土地使用制度适当改革，使得城市能以方便的方式推进低碳基础设施建设，还可根据经济、环境和社会因素，优化国内城市体系，积极发展二级城市。

与国际社会积极合作，包括多边发展机构、城市网络、多边银行，加速和升级低碳城市战略。人口众多的特大型和大型城市，应主动应对、积极投入，大力发展和推进城市的低碳、智能的基础设施建设，吸引和引导社会资本投入和参与城市基础设施投资，积极响应包括世界银行的授信创议，以及其他国际性的城市气候倡议文件，譬如C40、城市气候和地方政府可持续性领导集团、城市和地方政府联盟等。

## 参考文献

The Global Commission on the Economy and Climate, "The 2015 New Climate Economy Report: Seizing the Opportunity, Partnership for Better Growth and A Better Climate".

The Global Commission on the Economy and Climate, "The 2014 New Climate Economy Report: Better Growth, Better Climate".

The World Bank, "2013. Planning and Financing Low-Carbon", Livable Cities.

Floater, G., Rode, P., Friedel, B. and Robert, A., "2014. Steering Urban Growth: Governance, Policy and Finance. LSE Cities," *Supporting Paper for the New Climate Economy*, http://newclimateeconomy.report/misc/working-papers/.

# B.10
# 新加坡石化产业践行"绿色发展"之路

闫彦明

**摘　要：** 石化产业长期以来是新加坡重要的支柱产业，并与有"花园城市"之称的新加坡和谐相处。在新加坡石化产业发展过程中，通过采取完善法律、制定规划、加强治理等一系列措施，在环境保护方面取得了良好成效。

**关键词：** 新加坡　石化产业　环境治理

从全球城市产业发展的规律来看，重化工业是必然经历的一个过程，但也往往会因为重化工业的污染、能耗等问题而给环境带来一定的破坏。具有"花园城市"之称的新加坡，长期坚持将石化产业作为其制造业的重要支柱产业，并探索出了具有借鉴意义的"绿色发展"之路。

## 一　新加坡石化产业的长期支柱产业地位

石化产业是重化工业中比较重要和典型的一个行业，具有技术含量较高、产业牵动性强、增长周期长、产业规模大等特点，同时也存在产业能耗高，废水、废气、固体废弃物较多等负面问题，特别是如果治理不当，极易对环境产生污染。在各大城市工业化进程中，石化产业都不同程度地发挥了支撑区域经济发展与产业升级等方面的重要作用。石化产业对排放、运输条件的要求比较高，因此在港口型城市中往往发展得更为充分，新加坡则是其中一个非常具有代表性的城市。

从新加坡石化产业发展现状来看,主要体现为规模较大、空间集聚、产业体系完整等特点。

(1) 支柱产业特征显著

作为新加坡重要的支柱产业,石化产业在长期发展中形成了一定的规模,集聚了一批重要企业。从产能来看,新加坡的炼油能力超过了 6000 万吨、乙烯生产能力超过 200 万吨、对二甲苯(PX)生产能力约 120 万吨,总体产业规模在全球各城市中处于领先地位,目前是仅次于休斯敦、鹿特丹的世界第三大炼油中心。虽然为发达国家,新加坡的产业结构逐渐向服务业化方向发展,但石化产业始终保持了相当大的规模和一定的产业比重。例如,2013 年,制造业增加值占 GDP 的比重下降到了 18.8% 的历史低点,但石化相关产业仍稳定发展(见图 1)。

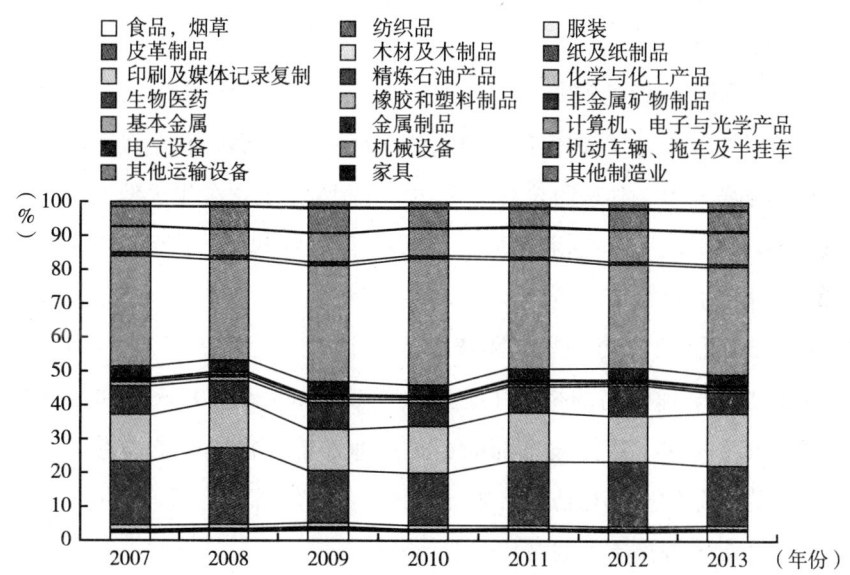

**图 1　近年来新加坡制造业各产业总产值比重变动趋势**

资料来源:根据新加坡统计局网站数据整理、测算、绘制而成。

按照 2013 年各制造业行业的增加值计算,新加坡前五大制造业部门分别为:计算机、电子与光学产品,精炼石油产品,化学与化工产品,机械设备，生物医药。其中精炼石油产品、化学与化工产品两大部门占制造业增加值的比重达到33%，这意味着新加坡制造业中约有1/3的增加值由石油化工产业所贡献（见表1）。

表1 2013年新加坡制造业前五大行业增加值及所占比重

单位：百万美元，%

| 前五大制造业部门 | 增加值 | 占制造业增加值比重 |
| --- | --- | --- |
| 精炼石油产品 | 51315.9 | 17.54 |
| 化学与化工产品 | 45199.0 | 15.45 |
| 生物医药 | 18592.7 | 6.36 |
| 计算机、电子与光学产品 | 91919.1 | 31.43 |
| 机械设备 | 26968.0 | 9.22 |
| 制造业增加值合计 | 292488.6 | 100 |

资料来源：根据新加坡统计局网站数据整理、测算。

(2) 空间集聚特色鲜明

虽然新加坡作为"城市型"国家的总面积只有694平方公里，且呈现为狭长的海岛地形，其东西长约42公里，南北宽约23公里，但通过高水平的城市规划，形成了产业相对集聚、城市空间高效利用的状况。为了最大限度降低石化产业对城市环境的影响，新加坡将原来的多个海岛通过围海造田方式打造成面积32平方公里、距离市区约10公里远的新海岛——裕廊岛，这里目前也是全球闻名的裕廊工业区（Jurong Industrial Park）和石化聚集区，该岛几乎集聚了新加坡全部的石化产业产能，也集聚了埃克森美孚公司、英荷壳牌集团、杜邦公司、中国石化、新加坡炼制公司等一批大型龙头企业和100多家规模不等的石化企业。

通过这种高度空间集聚的发展方式，可以达到多方面效果：一是把污染较大的重化工业集中放在新加坡西南部下风口处的岛区，减少空气污染对市区的影响；二是通过科学的交通规划与人口疏导，实现产业人口就近居住，并降低了车辆通勤带来的环境污染与能源消耗。在交通方面，新加坡填造了长约2.6公里的堤道将裕廊岛与新加坡岛连接起来，还建立了若干环岛交通干线,可以便捷地连接市区和各个卫星城,以提高交通的通畅性。

(3) 垂直分工的产业链体系

石化产业是具有很长产业链条的大型产业体系,并可大体分解为石油开采、石油炼制、基本有机行业、高分子合成及成品行业等若干环节,其中开采、炼制等产业环节相对低端,具有附加值较低、受市场波动影响较大、污染程度较高,以及产业规模大、原材料依附性强等特点;而基本有机行业、高分子合成及成品行业相对而言属于技术密集型产业,具有较高的附加值。在早期发展中,新加坡主要集中在原油进口与炼制环节,虽然产业发展迅猛,但也带来水、空气、土地等环境污染问题。1968年,新加坡政府设立了裕廊镇管理局,统筹裕廊工业区产业发展;建立化学加工技术中心(CPTC)和化学工程科学院(ICES),以支持跨国大企业之间的合作。这些对其后大批国际企业的加速集聚及产业体系的形成起到了很大的促进作用。尤其是随着一些龙头企业的集聚,快速推动了石化产业体系的完善,特别是在下游的高端环节方面得到了快速发展。在20世纪90年代初,新加坡设立了多家专业石化公司,聚焦于乙烯、丙烯等产品的生产、研发方面,并相继开发了苯乙烯、丙烯酸(脂)、聚醚多元醇、低密度聚乙烯等一系列新型下游产品,使石化产业整体能级快速提升。根据2010年新加坡有关石化产业规划,未来将集中发展石油原料、石油化学和特用化学品等三大产业,最终将裕廊岛打造成世界级石化产业中心。

## 二 新加坡石化产业的高效环保

与众多全球城市力避发展重化工业、服务业占据国民经济绝对主导地位的格局不同,新加坡通过长期探索形成了石化产业"绿色发展"的特有模式,并形成了"花园城市"与"石化园区"相得益彰的特有景象。例如,裕廊工业区与居民区之间,坐落着有东南亚"鸟类天堂"美誉的裕廊飞禽公园,产业与自然环境有机地整合在狭小的地带内;沿裕廊河两岸还规划有住宅区,并预留10%左右的土地作为绿化区和风景区。因此,新加坡在环境治理、产业规划等方面的经验值得一些仍以石化产业为主导产业的城市所借鉴。

1. 环保立法与制度保障

新加坡的环境治理及法律处罚素来以严格执法而出名,在环保方面,新加坡制定有多项针对性的法律,同时也具有良好的执法环境和社会守法意识。

新加坡早在20世纪60年代就已经开始加强环保方面的立法,先后制定了一系列环境保护的法律、条例和标准以控制工业污染。1976年,政府颁布了工业污水处置规章,对工业废水的污染控制要求、处罚规定等进行明确的规定,特别强调了经济与法律处罚手段同步执行的措施,对石化企业产生很大的威慑力。从1980年起,立法部门规定炼油厂、发电厂等主要空气污染源只能使用硫黄含量不超过2%的液态油发电,要求有空气污染物排放的工业企业必须安装净化设备以确保排放的气体符合标准。

目前新加坡主要有《环境污染控制法》《污水及排水法案》《环境保护与管理条例》等多项法律法规对污染物排放做出规定。例如,《环境污染控制法》用八项条款规定了不同情形下对环保违法行为实施连续处罚。又如,《污水及排水法案》赋予公用事业局在全社会已用水排放领域的执法权力,并规定了具体的惩罚条款。2012年,《污水及排水法案》进行了修正,进一步加大了非法排污等行为的惩罚力度。

新加坡政府的环境保护立法,突出的特点在于:一是法律法规条文内容详尽明晰,权责规定明确,政策透明度高,具有极强的可操作性。二是将法律执行与政府监管有机结合,例如,根据法律授权,公用事业局公务人员可以进入工业企业对非法排放进行调查、取证,这有助于提高司法效率。三是执法严格,提高经济处罚与刑事追究等方式使工业企业不敢突破法律界限。

2. 规划引导与严格治理

环境治理是一个庞大的系统过程,需要社会各界共同努力。在新加坡的产业发展过程中,政府这只"看得见的手"发挥了极其重要的引领作用,在石化产业发展中也是如此。从产业选址、方向选择、招商引资、发展规划到环境治理,处处都体现了政府的作用,而政府也通过"做中学"不断提高管制水平。

在产业规范方面,注重与总体规划、城市设计等的融合,并提高动态调整不断完善环保要求。新加坡的总体规划为法定文件,经政府制定并需国会批准才能予以实施,相关规划每五年调整一次。在规划编制过程中,有关条文的制定充分体现了"环保优先"的理念,把全国分为若干个区,优先规划绿地和集水区,以生态建设和水资源保护为龙头。未来体现区域差异,新加坡针对不同区域均设定差异性环境功能区划,并颁布环境质量标准体系,特别是对工业项目设立了严格的排放要求。

在产业布局方面,注重按照产业特点优化空间布局,推动污染、能耗的逐步降低。虽然是20世纪60～70年代就已经开始着手考虑,但到最终建成裕廊工业区还是经历了区域规划不断调整、完善的过程。在20世纪70年代初,实际上石化区的规划方向还不是很明朗,但随后的亚洲石油市场快速发展使新加坡政府敏锐地捕捉到了这个商机,遂决定通过围海的办法将若干小岛屿连接成一个整体,并根据石化产业特征进行科学的空间布局。如将靠近市区的东北区域划定为新兴工业和低污染工业区,沿海的西南部港区建设重化工业区,炼油石化业则主要设置在几个海岛上。通过实施符合生产力布局要求的空间规划,不仅最大限度地降低了产业污染,而且有助于企业降低排污治理成本。

在产业选择方面,注重市场规律与产业导向并重,以产业升级换代强化环境保护。长期以来,石油化工产业给新加坡带来了客观的经济效益与就业贡献,这是新加坡坚持发展相关产业的根本动力。但在产业发展中,注重以产业升级和技术创新为抓手来提高产业效率,降低污染水平,主动引导高端产业环节的企业落户与集聚,并提高建立国有石化企业与科研院所的方式来强化政府的主导能力。例如,1980～1990年新加坡先后设立了菲立普斯新加坡石化公司、新加坡聚烯烃石化公司、新加坡乙二醇石化公司、蒂特拉新加坡石化公司等8家大型石化企业,大幅度提升了产业实力、研发能力和治污能力。

在污染治理方面,注重监管与疏导并重,倡导企业自觉推行"清洁生产方式"。石化企业最主要的污染方式在于污水排放等,因此政府也将治理重点放在这些环节。从污水排放治理来看，主要措施有：一是由公用事业局全面负责污水处理，权责制度也非常明确。二是通过法律和规章等形式要求石化企业建立完善的工业污水预处理设施，企业在将污水排放进公共管道之前，必须对其进行达标处理。三是企业将处理达标后的废水排入公共下水道，再进一步由公用事业局的污水处理厂按照更高标准并采用世界先进的污水处理技术进一步净化，最后才可以排入近海，或输送至附近再生水厂循环利用。四是在企业废水排放口安装自动监测设备，当超标排放时闸门会自动关闭，非政府执法人员无法开启闸门。五是实施严格的处罚制度，与此相关的法律有明确规定。例如，政府部门会定期监测工厂排水情况，首次发现超标排放的最高罚款为5万新元，若再次发现超标则可单次罚款10万新元，甚至追究企业当事人的刑事责任。

3. 物流园区与管道整合

高效率的仓储与物流能够降低转运环节中的直接污染、化学物品泄漏和集运卡车的尾气污染。新加坡在提高物流效率方面，主要经验有：一是打造了一些专为提升产业区与其他地区连通性、运输效率的场所，包括机场自由贸易区内的新加坡机场物流园、裕廊岛化工物流园、樟宜国际物流园等，提高现代化的管理与专业化技术支持，有效降低了物流能耗及仓储、运输过程中的潜在污染。二是开发了一些安全、便捷、高效的运输科技。例如，浮式生产储卸油装置（FPSO）具有深海可操作性、储油能力大、运输便捷等特点，特别是浮式生产储卸油装置（FPSO）新概念船的研发更加注重提高浮式生产储卸油装置（FPSO）系统的环保性能及解决环境污染问题。三是按照现代标准建造油气传输管道系统。裕廊镇管理局首创了五色"输送管道服务走廊"的输送模式，其特点是按照颜色差异建造管道系统并将不同的产品输送到对应的石化工厂[①]，既确保了运输安全、提高了运输效率，又避

---

① 在该系统中，五种颜色的管道代表不同的品种和功能。例如，红色为消防用水管道；黄色为天然气管道；绿色是用以冷却设施的海水管道；蓝色为饮用水管道；银色管道分为直行、曲折的两种，前者为天然气和液化产品管道，后者为水蒸气管道。五色输送管道系统井然有序地覆盖全岛，如有机的网络将区内各石化工厂连接起来。

免了不同化学物品管道混合使用带来的高昂维修成本，体现了经济学理论中的"分工与专业化"思想。

## 三 对中国城市发展石化产业的启示

从产业发展规律来看，除了少数定位特殊的资源型、功能型城市之外，重工业化阶段往往是众多城市难以逾越的经济发展阶段。随着中国对环境保护的要求不断提高，社会各界对加强污染控制已经成为共识的背景下，一些地方政府在如何处理好石化产业等的发展与开展环境保护方面陷入两难境地，甚至束手无策且导致环境持续恶化。而新加坡的成功案例，为中国有关城市发展石化产业带来了一些可供借鉴的启示。

首先，临海城市较为适合发展石化产业，这是由石化产业的运输、仓储、开采、炼制、排放等诸多环节技术要求所决定的，因此包括新加坡在内的世界各主要石化工业中心几乎都位于港口型城市。其次，在产业发展中，必须做到"环保先行""立法保障"，通过严格的法律约束、机动的政府监督，形成企业自觉守法、维护公共环境的良好格局。再次，做好产业布局和发展规划，参照国际经验，严格依照石化产业特点进行生产力布局，最大限度提高环保的治理效率。最后，随着产业体系的不断成熟，应当积极引导产业升级、技术创新，当企业能够牢牢地掌控产业链高端环节时，其治污能力、排污需求将客观上得到优化。

**参考文献**

岳世平：《新加坡环境保护的主要经验及其对中国的启示》，《环境科学与管理》2009年第2期。

许翠丽：《新加坡土地管理经验及其启示》，广东省国土资源厅网站，2012年2月8日。

施晓慧、王天乐：《工业治污，新加坡走出成功之路》，《人民日报》2014年9月25日。

# B.11
# 移民创业对全球城市经济做出重要贡献

胡苏云

**摘　要：** 移民一般被认为具有较高的创业精神，并对经济增长和革新有所贡献，而自主经营又常常被看作增进城市劳动力市场融合和移民成功的主要手段。许多国家城市建立了特殊的签证和人才引进制度来吸引移民创业者。研究显示，自主经营的移民创业者对城市经济有显著贡献，但有关的政策并没有改善低技能移民的经济状况。

**关键词：** 创业　自主经营　城市移民

在全球化的经济版图中，人力资源流动日益频繁，人才竞争日益激烈。21世纪是人才世纪，吸引优质的人力资源和移民成为城市发展的主要任务之一。麦肯锡最新的报告认为，人口流动和移民所带来的人力资本变化对全球经济长期繁荣既是挑战，又是机遇。虽然国际社会对于商品贸易和知识交易有很多共同规则，但是移民的全球性整合和融入问题，至今尚未进入国际机构的视野，劳动力政策始终停留在国家政策层面，这种局面有待突破。在城市中，移民往往成为创业者的重要来源，在新技术浪潮到来、经济转型席卷全球的背景下，创业引领就业成为关注焦点，聚焦和审视移民及其创业关系，有利于我们借鉴以完善城市人口流动、迁移政策，以及就业和创业的相关政策。

## 一 城市移民是创业者的重要来源

移民一般会比本地人就业率低、收入少,因此创业后的自主经营往往成为移民融入劳动力市场和取得经济成功的重要途径。推动创业是大多数城市经济发展的优先政策,因为创业型小企业是新就业岗位的主要来源,是城市革新和创新的源泉,并大大有利于整体生产率的提高。创业型小企业经济上的成就也会带来社会效应,能迅速减少贫困人口。因此许多发达国家通过设立特殊的签证和人才引进制度来吸引移民到城市创业。例如,加拿大联邦政府和各省政府一度建立广受欢迎的投资移民和创业签证制度,吸引很多人迁居温哥华、多伦多和魁北克等城市;英国对符合特定学历、语言和评估要求的"高价值移民"提供多种创业和投资签证;美国很多城市则为愿意投资50万美元以上、创造10个就业岗位的创业的移民提供EB-5签证,为这些投资者及其直系家属提供绿卡通道。

移民创业在许多城市起着越来越重要作用。在澳大利亚、加拿大、英国和美国等城市中,来自国外的创业后自主经营者的比重高于本地人,虽然这与移民数量增长相关,但更重要的是移民创业者居多。例如,在美国城市中,来自国外的劳动者占比从1980年的7%增加到2010年的16%,而同期,移民创业者增加了700万人,占创业者比例从6.9%上升到18.4%。

## 二 城市移民创业的作用

移民创业者数量和占比的增加,对城市经济究竟有多大贡献,值得思考。概而言之,移民创业者作用不可忽视,但其作用并没有得到广泛的认同。

1. 城市移民创业对城市经济的贡献被广泛认可

对于移民创业的乐观看法原因有很多,最显著的是移民对城市高技术行业发展的作用。例如,城市移民创业者被认为在技术和工程领域作用巨大,其典型案例就是美国旧金山的硅谷地区。移民创业不仅体现在自己开设公司经营方面的比例较高，而且还体现在专利、许可、出版等方面的创新溢出效应上，虽然这样的正向溢出效应还不很确定。

移民的创业贡献最明显的佐证是美国诺贝尔获奖者、高影响力公司拥有者、专利申请者、美国国家科学院和工程院院士中移民的数量不少。在美国，移民创业型公司有很多，而且在各城市新创立的高科技公司、生物技术公司和风险投资公司资助的上市公司中，移民创业公司的比例也很高。但是近期研究也认为，移民在美国高科技创业中的作用并没有想象的那么大。

技术性移民对城市创新的作用也不容忽视，最近对美国的一项研究发现，移民中拥有大学以上学历者的占比高使人均专利数量增加了21%，主要原因在于这些移民比本地人拥有更多的科学和工程学历。对美国城市高技术移民对科技影响的评估研究（以科学和工程领域就业以及专利为衡量指标）显示，来自中国和印度拥有H1－B签证的短期高技术雇员人数是美国科学和技术领域的移民雇员增长的主力军。

国际贸易是城市移民创业的另一个主要领域。移民创立的公司会比其他公司出口更多东西，因为他们在原籍地有一定的商业网络关系和基础，便于语言和文化沟通。移民创业者在出口方面的推动优势已经得到研究证实。

2. 移民创业者对城市本地就业影响好坏参半

移民创业者虽然有诸多好处，但对城市本地创业者则有一定的挤出效应。但是其作用并非完全负面的，而是混合性的。许多研究显示，移民的增加有利于提高本地创业者的收入。移民对本地就业影响的混合作用可能源于移民取代了本地那些边际的、低收入的个体经营者。

## 三　城市移民创业成功的因素

1. 教育程度是创业的重要因素

人力资本，即教育程度是决定城市移民和城市居民这两大群体创业情况差异的主要因素。尽管这已众所周知，但教育究竟是有利于创业还是有碍于创业，有时候看来很难判断。因为较高的教育程度能提高人们获得雇用的机会，成为获得高工资的筹码，但这也增加了创业的机会成本，因而降低了创业的可能性。当然，不管怎么说，教育使人们拥有更好的技能，包括成功经营所必备的分析能力、沟通技巧及其他技能，从而能提高创业的成功率。而人力资本国家间转移的不完善性使人力资本和创业之间的关系更加复杂难测。许多研究发现，移民在原籍地所获得的教育和经验回报低于他们在输入地的教育回报率。

总体而言，虽然许多研究揭示了教育有利于创业，但结论还是有点模糊，产业准入障碍的差异会影响其相关性。例如，一个拥有文凭、受过良好教育的潜在创业者不太可能选择去创立低回报的小公司，而更可能要去选择高回报、高准入门槛的行业去创业，这会降低他实际去创业的可能性，从而也影响到创业的成功率。

不同人群的人力资本不同使创业成功率也不同。如在美国，拉丁裔族较低的人力资本水平导致他们创业比例较低，而亚裔则具有较高的创业比例，部分原因就在于两个人群的教育水平之间的差异。

2. 创业需要资本和时间积累

首先是财富和资本的作用。城市移民和本地人以及不同移民人群之间在财富拥有和资本获得方面差异会影响到创业成功率。这些差异可能与歧视有关，也可能是信用积累差异所致，或者是信息获取差异引起，抑或是与居住时间有关。因为获得资本的条件之一是银行抵押贷款，而这往往需要时间来积累信用度和财富，否则就不具备抵押贷款条件。

其次，与创业成功有关的因素还包括移民在原籍地创业的经验积累等。同时，语言能力能提高创业比例，但是语言也有一定的反作用。一般来说，语言好会更容易得到雇用。但另一方面，有些人往往由于语言障碍无法获得工作，迫不得已去创业，这反而增加了他们创业的可能性。但总体来看，较好的语言能力与较高的创业成功率是相关的。

3. 城市移民创业者成功率比较

（1）居住时间影响移民成功性。移民创业者具有潜力改善自己在劳动力市场的表现，创业一直被认为是增进经济同化和融入的重要一步，在许多

地方都显示，移民居住时间越长，成功的可能性越大。

（2）美国的城市更吸引移民创业者。比较吸引移民排名前三位的国家——美国、加拿大和澳大利亚发现，在美国创业的移民表现超过其他两国，其收入超过本地居民。虽然美国没有像其他两个国家那样采取积分制这样的积极吸引移民的政策，也没有进行专门的技术性挑选，但是和其他两国更均等的收入分配情况相比，美国的资本潜在回报更大，从而吸引着大多数迁移来的创业者。

（3）教育是移民创业成功的重要影响因素。在美国，亚裔的创业者平均教育水平高于美国平均教育水平，收入也更高。然而，亚裔内来自不同国家的移民经营成功率还是不一致。在美国，平均经营收入最高的亚裔移民来自印度、巴基斯坦和菲律宾，最低的则是孟加拉国和越南。同样地，教育在其中起关键作用，在美国的印度经营者教育程度很高，其中70%至少是四年制大学毕业生，他们之所以有较高的创业收入，是有较高的教育水平。然而，在加拿大和英国，印度移民的教育优势则要小得多，因此在那些国家，教育对其创业成功的贡献也要小得多。

反之，较低的教育水平造成较低的创业成功率，其典型例子是美国的墨西哥裔移民，不仅创业成功率低，而且创业启动和经营障碍大。虽然这与他们较低的财富水平（获得资本的途径）有关，但更主要的原因还是在于教育程度低，墨西哥裔美国人即使创业，也集中在低准入门槛的低端行业。这类产业与高技术行业相比，一般收入更低、存活率也更低。

## 四 城市低技能移民的创业与劳动力市场融入关联有限

创业是进入劳动力市场的跳板，但对低技能移民不一定如此。美国城市过去几十年的发展历程显示，低于高中文化水平的低技能移民的比例在增加。大学学历的移民所占比重翻了一番，从1980年的7.1%增加到2007年的15.2%。技术工人中移民的比例基本与美国城市劳动力市场中移民的比例大致相仿，而低技能劳动力中移民比重则从6.7%增加到20.4%。这导致低技能移民在低教育程度工人中占比较多。如今，美国移民来的工人中有一半是低于高中教育程度，在经济日益呈现技术密集型的情况下，如何能改善低技能工人的经济状况成为城市日益紧迫的任务。

城市移民创业者在许多地方起着日益重要的作用。在美国，这种作用主要体现在低技能移民中。美国人口普查数据显示，2000~2010年，美国本地创业者增加56万人，而移民创业者增加110万人，尽管本地创业者中大学学历以上比例在增加，但城市移民创业者中则是低技能的创业者居多，在移民创业者总数中占一半以上。现如今，低技能创业者新增量中几乎全是移民创业者，美国城市中，本地人进行低技能行业创业的几乎已经绝迹。这并非本地低技能者选择创业的数量在减少，实际数据显示，不论男女，创业者的数量和比例都是增加的。这种减少是总体教育程度普遍提高所致，并进一步使创业在低技能移民中，尤其是低技能女性移民中起着越来越重要的作用。

虽然城市低技能移民创业者收入尚可，但如何促进城市低技能移民创业的措施还有待完善，尽管较好的低技能移民创业者的收入超过高端的移民雇员收入，但工薪就业仍然大大吸引着大多数低技能工人，成为他们的首选。在城市低技能移民人群中，创业者收入增长较快，但需要大约在经营14~15年后，他们的收入才会与工薪者收入相仿。

城市的低技能移民创业者中缺乏经营成功优势的可靠证据说明，认为移民创业者具有较好的劳动力市场同化性的结论主要来自于对高技能移民创业者的考察，他们的创业才有相对较高的成功性，而低技能移民创业者未必如此。

## 五 城市移民创业的政策启示

1. 城市移民比本地居民更容易自主创业经营，这样有利于经济融合

在城镇化过程中，城市吸引着越来越多的农村人口，作为城市的新移民，以往关注的是自己通过被雇用而实现就业型的融入，根据发达地区移民的经验，城市也应该开始关注这些人群的自主创业经营，把创业带动就业的

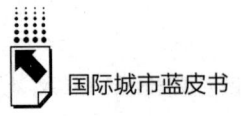

政策拓展到这一人群,加快他们在城市经济中的融合速度。

2. 简化移民变居民的政策,吸引高技能移民

城市高技能的移民对高技术产业和创新有所贡献,而更容易进行创业,从而获得经济流动提升,但低技能移民并非如此。教育是决定移民成功的最有利因素,针对高技能移民的政策比针对创业者的政策更有成效。但吸引高技能移民并非易事,因为移民的选择部分地取决于非移民政策所能影响决定的因素,如城市的收入分配、城市本地居民对移民的看法、当地特性和早先移民的选择等。然而,简化非移民身份转向长期居民的途径,就能增加高技能移民数量,提高其比例。

如今,中国的新型城镇化是在新科技革命浪潮背景下演进的,对于高技能者需求越来越大,虽然上海等城市通过积分制设置了居住证转户籍的通道,并另有人才引进政策,但其力度还不足以吸引大量高技能人才的进入。一方面需要改善城市的收入分配格局,提高本地居民对移民的包容度;另一方面,更为重要的是要简化居住证积分变居民的手续。

3. 定位于家庭配偶和大学毕业生的城市移民政策是吸引高技能移民的有效方法

移民决策常常涉及整个家庭,让配偶更容易迁居是吸引高技能移民的另一策略。由于这些高教育水平个人的配偶一般也具有高教育程度,把工作许可延伸到其配偶就等于在吸引额外的高技能移民。对于有特殊学历和经验的毕业生,提供从工作许可到公民身份的途径对移民吸纳地经济发展尤其有价值。因为毕业生不仅具有高技能,而且具有语言优势,对文化和劳动市场都具有相当价值。这些是与成功融入和高技能行业创业高度有关的因素。

吸纳移民也要考虑配偶条件,同时也要尽量关注吸纳新毕业大学生进入本地劳动力市场,增进劳动者的活力和技能水平。

4. 立足世界经济长期发展,着眼人力资本全球性充分配置

根据国际劳工组织最新数据,全球约有7300万名年龄在18~25岁的年轻人远离家乡在世界各地工作,全球25岁以下年轻人有70%集中在非发达国家,可以预料,劳动力从富余地区流向缺乏地区的全球流动性和资源重新

配置将继续加剧,这无疑有利于经济长期繁荣和增长。全球劳动力流动频繁的趋势预示着,在未来50年,移民劳动力的世界性融入将成为经济长期持续繁荣和增长的唯一的最大机会。因此,有必要有定位于适宜移民水平目标的全球性政策,把未得到充分利用的劳动力集中起来开发利用,这样,未来50年全球经济将由于劳动力的扩展而蓬勃发展。目前人们对移民的普遍看法是好坏参半,我们需要走出这个认识误区,努力实现视野更广阔的全球性劳动力资源配置均衡的目标,这是目前国际社会面临的挑战。在解决方案中不仅要涉及劳动力数量的全球性配置,还要包括劳动力质量,如教育和培训的全球性展开。移民使劳动力适得其所,但世界经济需要教育中融入更多的创新思维,使劳动力尽其所用。

为了未来的繁荣,我们需要在今天来确立全世界最宝贵的人力资源得以充分利用的政策。一方面,我们要注重城市化进程中农民工移民的再教育提升;另一方面,要关注教育和人才的国际化双向流动,积极推进出国留学和留学人员的回国就业政策,培育更多的全球化人才。

## 参考文献

Magnus Lofstrom, *Immigrants and Entrepreneurship*, IZA World of Labor 2014:85, wol. iza. org.

Dambisa Moyo, *Creating a Global Framework for Immigration*, Commentary | McKinsey Global Institute, January 2015.

*ILO-Background Note The Contribution of Labour Migration to Improved Development Outcomes*, *Mainstreaming of Migration in Development Policy and Integrating Migration* in the Post – 2015 UN Development Agenda.

# B.12
# 纽约市培育小微企业带动城市创新创业

张剑涛

**摘 要:** 纽约市的小微企业近年来发展迅速,是纽约市经济转型和可持续发展的基础,同时也是纽约作为全球城市的核心竞争力的关键要素。为了进一步推动纽约小微企业的发展,纽约市政府宣布了"小微企业第一"政策,从强化政府服务和减轻企业负担两方面鼓励小微企业更好地发展。

**关键词:** 纽约 小微企业 服务 法规

2015年2月17日,纽约市长Bill De Blasio(比尔·德布拉西奥)宣布了纽约市政府的"小微企业第一"(Small Business First)政策。通过简政放权,大力扶持纽约市小微企业的发展,以此带动城市转型和可持续发展。首先是简化和放宽针对小微企业的行政许可和审批程序;其次是政府主动帮助小微企业创立、发展,适应政策和环境,节省时间和成本,政府计划2015~2019年投入2700万美元扶持小微企业。有15个市政府部门参与了这项政策的具体行动计划。小微企业的繁荣与成功是纽约长期可持续发展的基石,市政府会持续关注并全力推动小微企业的发展。

## 一 小微企业发展撑起半个纽约

1. 2007年危机以来纽约小微企业逆势持续增长

小微企业的发展是纽约的城市特质之一(见表1、表2),为经济持续繁荣、社区多元包容、中产阶级稳定提供了坚实的基础。在纽约市 220000 家企业中，有 98% 是雇员少于 100 人的小型企业，有 89% 是雇员少于 20 人的微型企业。这些小微企业为纽约提供了一半的就业岗位，而且它们的雇员数量还在不断增长。2007~2012 年，在新增的就业岗位中有 25% 来自微型企业。同期，雇员在 50~99 人的小型企业的雇员数量增长了 5.1%。而雇员规模在 500~999 人的企业的雇员数量减少了 0.7%。因此，纽约作为一个顶尖的全球城市，它的一个核心竞争力就是小微企业繁荣所带来的对全球人才的吸引力，以及城市的可持续发展能力。

表1　纽约市 2001~2012 年不同规模企业的雇员数量变化比例

单位：人，%

| 企业雇员数量 | >1000 | 500~999 | 250~499 | 100~249 | 50~99 | 20~49 | 10~19 | 5~9 | 1~4 |
|---|---|---|---|---|---|---|---|---|---|
| 变化比例 | -3 | 1 | 0 | 0 | 6 | 6 | 7 | 15 | 11 |

资料来源：New York City Government, *Small Business First: Better Government, Stronger Business*. 2015。

表2　纽约市 2007~2012 年不同规模企业的雇员数量变化比例

单位：人，%

| 企业雇员数量 | ≥1000 | 500~999 | 250~499 | 100~249 | 50~99 | 20~49 | 10~19 | 5~9 | 1~4 | 合计 |
|---|---|---|---|---|---|---|---|---|---|---|
| 变化比例 | -0.3 | -0.7 | 7.3 | 6.7 | 5.1 | 6.0 | 5.1 | 2.4 | 8.0 | 4.1 |

资料来源：New York City Government, *Small Business First: Better Government, Stronger Business*. 2015。

**2. 政府围绕小微企业开展治理改革**

纽约市政府为了推动小微企业的创建、经营和发展，认真听取小微企业业主的意见和建议，在政策方面不断改进。纽约市的政策体系复杂，目前有超过 6000 部法规以及将近 250 个与商业相关的行政许可证，并有一系列为了保证这些法规和行政许可落实的措施制度。如此复杂的制度给小微企业必然带来影响。例如，在纽约市开设一家餐馆，在其正式营业之前所需要的一系列申请、审查、批准、复核、缴费、办证程序会涉及 8 个政府部门，这其中的复杂性对业主和政府部门都造成了困扰和带来低效,同时增加了双方的成本,阻碍了商业的发展。

政府部门的行政复杂性给小微企业带来巨大影响。小微企业主通常对政府的官僚体制和效率感到无能为力,这在餐饮、住宿、食品、零售、美容美发、洗衣等小型服务行业表现得尤为明显。这些小微企业不像大型企业那样拥有专门的部门和人员负责与政府的沟通,而且这些小微企业主和其员工通常也缺乏对政策的了解和与政府沟通的经验。不少小微企业主和其员工是少数族裔和移民,他们的语言、文化和其他背景进一步阻碍了他们和政府的沟通。因此这些小微企业在很多情况下只能借助于中介机构与政府沟通。

3. 公共部门率先行动改善小微企业经营环境

纽约市政府近年通过多个部门的合作,大力推动针对小微企业发展的政策改进和完善行动。例如,针对街边小咖啡馆的经营许可的申请和续期,政府部门通过努力把原来的申请批准周期从 465 天缩短到 150 天。政府对于小微企业的违法行为将更多地采用教育和规劝来替代惩罚措施。2015 年编制的政府预算,相比于 2012 年,消费者事务部(Department of Consumer Affairs, DCA)的罚款收入下降了 21%,公共卫生部(Department of Health and Mental Hygiene, DOHMH)的罚款收入下降了 44%。消费者事务部推出了"小微企业减负计划"(Small Business Relief Package),包含了众多的小微企业发展项目,减免了许多惩罚措施。

以上仅是一些具体政策和措施的改进,纽约市政府更为宏大的目标是从根本上改变纽约市小微企业的生存和发展环境,通过小微企业的发展来带动纽约市的就业和长期繁荣。为此,市长指定市长办公室(Mayor's Office of Operations)和小微企业服务部(Department of Small Business Services, SBS)联合牵头,与相关政府部门、社会、公众一起合作推动纽约市的小微企业发展。

4. 政府变革获得良好社会反响

纽约市小微企业主对政府的决心和行动反响积极。在一系列针对小微企业的广泛调查和意见征集中,政府部门、企业主、社区组织、商会、行业协会、地区经济组织多方对纽约市的小微企业发展建言献策(见表3、表4)。

表3 纽约市各地区针对小微企业的公众调查的反馈率

单位:%

| 类别 | 布朗克斯 | 布鲁克林 | 曼哈顿 | 皇后区 | 斯塔腾岛 | 其他区 |
|---|---|---|---|---|---|---|
| 占全市商业人口比例 | 7 | 23 | 47 | 19 | 4 | — |
| 占全市接受调查人口比例 | 9 | 29 | 34 | 13 | 8 | 7 |

资料来源:New York City Government, *Small Business First: Better Government, Stronger Business*. 2015。

表4 纽约市政府针对小微企业的公众调查的主要反馈意见

单位:%

| 意见内容 | 提供清晰的信息和综合服务 | 帮助企业了解和遵守政策法规 | 减轻针对企业的法规束缚和惩罚措施 | 为所有企业提供一个平等和自由的经营环境 | 其他政策措施建议 |
|---|---|---|---|---|---|
| 比例 | 40 | 24 | 17 | 12 | 9 |

资料来源:New York City Government, *Small Business First: Better Government, Stronger Business*. 2015。

## 二 政府重点强化对小微企业的信息化服务

### 1. 全面升级企业网上支持

纽约市政府将对现有的网上商业信息和资源进行全面升级,为商业和企业提供全新的集中信息平台。这对小微企业尤为重要,因为可以帮助他们减少与政府沟通和了解政策信息所带来的额外负担和麻烦。企业的许多行政手续可以在这个网络平台上申办处理,不仅便利了企业,也有助于政府更好地了解和帮助企业。

例如,在纽约市政府的网上商业平台上,任何人和企业都可以建立一个账户,然后通过任意一台电脑或移动设备来修改自己的信息和档案。同时还

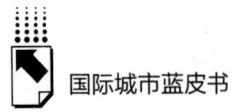

可以在网上办理所有与政府部门相关的行政手续,包括申报、审核、付款等,并可以在此平台上全程跟踪和处理相关信息。政府的所有公开法规、政策、措施和信息都可通过此平台发布、更新。

这个政府网上商业平台还包括一个巨大的数据库,其中包含纽约市分行业和分部门的各类商业信息,以及各类政策信息和指引,包括相关的视频。这些都被翻译成多种常用语言,以方便各种语言、文化、种族背景的人群了解。人们可以通过检索、提问、留言、邮件等多种方式了解自己所需要的信息,以及寻求更进一步的帮助。

政府各部门都需要按照统一的简单易搜的模式改进各自的网站,以便公众能够快速搜索和发现需要的信息。各政府部门的网站上都有一个统一的"商业"栏,其中包含本机构与商业相关的所有信息。这可以使公众能够第一时间发现和了解该部门中与商业相关的职能、政策。

纽约市政府在不断改进和完善自身网上信息平台的同时,也大力鼓励各企业改进和完善自身的网站,并建立与政府信息平台的密切、有效连接,以便构建完整、便捷的网上商业平台。

2. 兼顾针对企业现场帮助

考虑到许多小微企业主和员工不熟悉互联网或更习惯于面对面的办事方式,纽约市政府将建设一个全新的一站式综合商业服务中心。这个新建成的商业服务中心目标是最大限度地方便企业办理各项政府性事务。这对于小微企业尤为便利,他们可以在这个中心内了解信息,寻求帮助,办理事务,节省了大量的时间、精力和成本。各政府相关部门都会在此设立办公室和派驻业务人员帮助企业和个人现场解决问题,办理事务。商业服务中心与政府的网上商业平台是一个有机整体,在服务中心内可以方便快速地登录网上商业平台,掌握全部信息和办理相关事务。

在政府的商业服务中心,企业特别是小微企业可以联系并指定一位政府的客户专员,全程帮助、协调该企业与政府各部门的所有沟通和事务,这包括安排进程、提供建议、办理事务、申办善后等多种服务。

为了使政府的现场服务更加准确便捷,纽约市政府大力推广现场处置的方式和办理时使用便携式设备。这也有助于迅速连接政府的信息平台，简化程序和减少争议。

3. 确保政府信息清晰有效

所有的纽约市政府部门的有关政策、法规、措施、程序的信息必须清晰、明确、简洁。各政府部门需要把各自的主要职能通过媒体、书面和网络等各种渠道、多种常用语言，清晰地介绍给公众。对于不同政府部门之间有交叉职能、需要联合办理、程序涉及多方的事务，政府更需要给出简明扼要的行政指南，同时指派专员负责，以减少企业、个人和政府多方的不必要的时间、精力和经济牵扯。这些行政指南会明确列出针对性的事务和相应的信息，同时通过网上信息平台、综合商业服务中心、政府相关部门机构等多种渠道提供给社会和公众。

## 三　帮助小微企业提高市场适应能力

1. 主动帮助小微企业把握政策

纽约市政府通过多种途径帮助小微企业理解和把握政策法规。例如市政府公共卫生部近期开展了一项咨询性的审核活动，鼓励企业申请接受其审核企业的日常经营是否符合相关法规政策。参与这项活动的企业被审核出的任何违反法规行为都不会受到惩处，因为这项活动的目的是鼓励企业学习了解政策法规。纽约市政府的多个其他部门也有类似的项目，都是旨在鼓励企业更好地把握政策法规。市政府的小微企业服务部在此基础上进一步推行了小微企业法规顾问（Small Business Compliance Advisors）。这些法规顾问接受过专门培训，熟悉和了解小微企业的政策法规和政府相关部门职能。他们日常寻访各家企业，或者企业也可以主动邀请他们去现场帮助，以解决企业在政策法规方面的问题，避免违反法规的行为。

政府还为小微企业提供各种学习机会，主动帮助企业把握和适应政策法规。如市政府的消费者事务部的"商业教育日"活动，政府官员深入企业，为企业提供信息以解决问题。市政府交通运输部（Department of

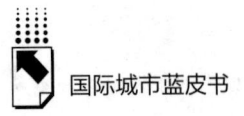

Transportation，DOT）为运营自行车出租的小微企业在现有法规政策基础上提供了最新的咨询建议。

2. 开展公务员培训，提升服务能力

为了更好地为企业提供服务和引导，纽约市政府要求官员持续培训，不断更新知识、信息和技能，为的是能通过面对面、电话、网络等多种方式与企业和公众进行沟通。尤为重要的是，政府官员需要具备主动服务的意识和良好的沟通互动能力。同时政府也鼓励和欢迎小微企业更加积极主动地与政府相关部门联系沟通，提出和接受建设性的服务和支持。

纽约市政府为了简化行政程序，建立了一站式的行政仲裁中心以处理涉及商业的法规问题，主动为企业提供精简式的服务。纽约市政府的行政仲裁和听证办公室（Office of Administrative Trials and Hearings，OATH），作为一个独立的仲裁机构负责纽约市所有与商业相关的行政处置的听证和仲裁。

政府各部门的行政程序对于小微企业而言是一项费时费力却又不得不面对的艰巨任务。纽约市政府为了改善这一状况，在为企业提供客户专员之外，还提供电话、网上、邮件、传真等多种方式的行政办理方式。这些都可以由企业自主选择。同时，企业可以针对政府程序提出申请，政府作为回应可以对程序做出个案性的灵活变通更改。

3. 清理政府规章，减轻企业负担

纽约市政府正在清理过时和不需要的行政许可以及行政审批，同时精简重复和重叠的行政许可以及行政审批。这不仅可以为企业和政府部门节省大量的时间和精力，也可以为企业节省大量费用。与此同时，市政府还在推进修改和废止过时的和有碍发展的地方法规，以适应经济和企业的发展。

纽约市政府还在推动不同部门之间的行政程序合并和简化，以更有效便捷地应对经济事务和服务企业。如协调建筑管理部（Department of Buildings）和消防部（Fire Department）之间的行政流程，将两者之间的针对相同企业和建筑的重复审批集中和简化为由消防部独家审批。又如，建筑管理部原先针对新建、改造建筑的申请审批分为若干阶段，现在政府计划将分步多次的行政申请和审批合并简化，以提升行政效率，为申请企业和个人提供便利。

为了简化程序和减轻企业负担,纽约市政府推动社区团体和组织帮助社区内企业获得信息和建议,与政府部门沟通,加快行政办理流程。因为企业对其所在社区的组织和团体有自发的了解和信任,所以后者能够很好地成为政府和企业之间的桥梁,增加双方的理解,提升效率。同时,社区组织和团体还能帮助政府解决人力不足的问题,为社区内企业提供政策法规学习培训,帮助企业申请政府的各种优惠政策和经济上的资助,为小微企业解决人力和经济方面不足的问题。

## 四 纽约经验对于推动大众创业发展小微企业的启示

1. 转变管理风格,主动服务小微企业

我国目前正处于经济转型的关键阶段,大力推动小微企业的发展是经济转型的关键之一。小微企业提供了我国大部分的就业岗位,同时为城市的经济平稳可持续发展,以及社会稳定提供了可靠的保障。推动小微企业发展,地方政府需要从管理型转变为服务型,具备主动为企业服务的意识。从企业发展的实际需求出发,简化行政程序,提升行政效率,改进不适宜的政策措施,尽可能地便利小微企业的创立、运营和发展。

2. 适应企业特点,强化网上服务

我国的小微企业近年发展迅猛,同时与互联网紧密结合。政府需要适应这种发展形势,改进和完善政府行政事务的网上服务,包括信息公布、行政办理等多个方面。这对政府部门和企业来说是双赢的,既可简化政府行政流程,节省人力物力和时间,提升行政效率,又可为企业节省人力、物力和时间,让企业投入更多资源用于发展。

3. 推动信息公开、共享

小微企业发展的一个瓶颈就是信息的不对称。受限于企业规模和成本,小微企业通常没有专职部门和人员负责与政府沟通,办理相关事务。为了便利和推动小微企业发展,政府应大力推进信息公开和共享。这包括政策法规

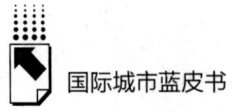

的公开和及时更新,各类统计数据的公开和及时更新,项目、资金和其他资源的公开等多方面的信息和数据库的共享。这对小微企业的发展壮大意义重大。

4. 减轻企业负担

小微企业的规模和利润有限,同时企业经营很容易受到成本的影响。政府可以从节省办事的人力、经济、时间成本,简化办事流程,减少行政环节,降低经济处罚幅度等多方面切实减轻小微企业的负担,主动鼓励、帮助和引导小微企业更好地理解和把握政府法规政策,适应地方社会和经济环境,更快更好地发展。

**参考文献**

纽约市政府官网,http://www1.nyc.gov/office-of-the-mayor/news/120-15/de-blasio-administration-small-business-first-reduce-regulatory-burden-city-s#/0,2015年2月20日。

Http://www.nycedc.com/,2015年2月20日。

Http://www.nyc.gov/html/ceo/html/home/home.shtml,2015年2月20日。

New York City Government, *Small Business First: Better Government, Stronger Business*. 2015.

# 城市社会篇
Urban Society

# B.13
# 伦敦通过沟通战略推进城市建设*

陶希东

**摘　要：** 城市政府的沟通战略对于政府职能的有效发挥起着非常重要的作用。英国伦敦金融城作为大伦敦市的金融中心，其政府对政府沟通策略问题有较为深入的研究。本文借助伦敦金融城政府2015年发布的《沟通战略规划》报告，在分析伦敦金融城政府具体做法和经验的基础上，对我国城市政府沟通战略的改进提出了相关建议。

**关键词：** 伦敦　沟通策略　政府沟通

---

＊ 本文主要基于伦敦金融城政府的《沟通战略规划》报告，特此致谢。

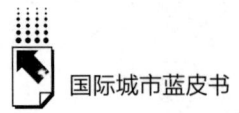

国际城市蓝皮书

伦敦金融城是大伦敦市的中心区域，该地区拥有一个迥异于其他市镇的独立政府组织，称为伦敦金融城政府（City of London Corporation），负责伦敦金融城的各种战略规划和规划的实施。今日的伦敦金融城是一个全球性的商业与金融中心，在全球金融方面拥有与纽约市不相上下的领导地位。为了保持并持续发挥这种中心地位，并将伦敦金融城建设成更加适合居住、工作、游览的地方，伦敦金融城政府在2015年提出了一系列新的沟通战略措施。

## 一 伦敦金融城政府沟通战略着眼产业建设、个人发展和优良环境

伦敦金融城政府致力于发展伦敦的各个方面，进而有效促进大伦敦市甚至英联邦的发展。在这样的目的下，政府提出了全新的沟通战略，以期与居民、商业组织、媒体等组织进行有效的沟通，充分开展一系列工作。该战略主要包括以下途径。

1. 为大伦敦市和整个英联邦吸引新产业，进一步提升伦敦在国际金融和商业方面的中心地位

伦敦金融城政府力求提升伦敦在国际金融、商业方面的中心地位，并为此提供支持。该沟通战略主张金融和商业是英国经济体的关键资产，因此需要采取一系列措施，使伦敦在金融和商业上保持国际竞争力。该战略还强调，伦敦不只是英国的金融中心，还是欧洲甚至全球的金融中心、商业中心和国际上的社会事业投资中心。为了保持国际竞争力，伦敦不仅需要国际一流的公共基础设施，更需要具备高水平技能的专业人才，所以伦敦要对世界各地的优秀人才敞开大门。另外，伦敦金融城政府同其他产业组织为欧洲金融产业规划献策，在讨论英国在欧洲所拥有的地位时积极发言，在预算受到严格限制的时候提供一流的本地服务，并支持伦敦金融城警方抓捕跨国经济嫌犯的工作，协力维持伦敦国际金融中心的治安稳定。

2. 与当地社区及慈善机构"市桥信托基金会"（The City Bridge Trust）合作，使每个伦敦人拥有较好的生活技能，为他们提供就业岗位和更好的发展机会

该沟通战略致力于激励年轻人的梦想，并通过在与学校相关和其他相关的项目中提供赞助，使他们的学业和事业都有所成就。伦敦金融城政府力图通过相关政策提高人们的就业能力、工作技能，鼓励学徒制，支持职业介绍所，并将中央伦敦（Central London Forward）作为伦敦经济增长协议的一部分，鼓励更大范围的政府权力下放。战略中强调，伦敦金融城市长应加强公务员的工作力度，进一步推进空气质量的改善，同时致力于同大伦敦市的其他公共健康机构开展合作，推广并支持"市桥信托基金会"的工作，支持整个伦敦范围内的慈善和志愿组织活动。

3. 保持大伦敦市作为文化、历史、旅游的中心地位，为所有市民、劳动者及游览者提供最好的人文环境和生态环境

伦敦金融城政府在伦敦的文化建设、生态建设方面充分发挥了作用。通过市政厅音乐戏剧学院（the Guildhall School of Music & Drama）、市政厅艺术画廊（the Guildhall Art Gallery）、巴比肯艺术中心（the Barbican Centre）来支持伦敦的文化生活，为伦敦交响乐团（the London Symphony Orchestra）等重要文艺组织募集资金。借助于大伦敦市档案馆（the London Metropolitan Archives）、市政厅图书馆（the Guildhall Library）、伦敦大火纪念碑（the Monument）、格雷欣大学（Gresham College）和其他城市设施来保护国家历史遗产。与大伦敦市政府（Greater London Authority，GLA）一同联合资助伦敦博物馆。维护伦敦城内及周边包括汉普特斯西斯公园（Hampstead Health）和埃平森林（Epping Forest）在内的共11000英亩绿地，对伦敦内部的绿地加以管理，提高居民、劳动者以及游客对环境的满意度。

## 二 伦敦金融城政府沟通战略的多元受众及详细措施

伦敦金融城政府沟通战略所涉及的受众涉及本市、本地区、本国，甚至全球，以下是主要的受众及对应的沟通策略（见表1）。

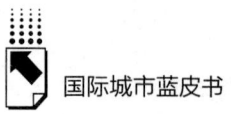

表1　伦敦金融城政府沟通战略的主要受众及对应的沟通策略

| 受众 | 沟通策略 |
|---|---|
| 居民 | 针对某些特定的出版材料及其他相关内容付出更多努力,与居民进行系统沟通;举办居民年会 |
| 公务员 | 伦敦金融城的公务员在例行公务的过程中,会将政府扮演的角色,他们对政务的看法和对工作的了解程度潜移默化地转递给与之共事或与之有接触的人,因此伦敦金融城的公务员对伦敦金融城政府所做的工作应该有更多的了解,应该通过社会媒体等针对性的手段让公务员了解到这些 |
| 选举人 | 需要定期采取一定的措施,就年度注册过程中的细节、即将进行的选举、伦敦金融城政府的角色定位和工作等相关信息,与伦敦金融城的选举人们进行沟通 |
| 游客 | 游客可以带来就业机会,使得伦敦金融城的经济有所增长,因此与伦敦金融城的游客进行适当沟通的重要性日益增加 |
| 商界人士 | 与商业高层的关键人物,伦敦金融城各种各样商业团体、商业机构、贸易协会以及其他相关的商业部门,如房地产、公共事业等,定期进行联系 |
| 政客及相关公众团体 | 与各级主要的政治观众定期进行联系:威斯敏斯特(英国议会及政府)和白厅(英国政府),整个伦敦金融城的当地政府机关,英格兰以及其他英国范围内的政府部门,以及包括欧洲议会议员在内的欧洲政治团体 |
| 媒体 | 媒体既包括单独发声的舆论制造者身份,也包括作为传达给受众的一种机制的身份,都必须一直被当作最优先处理的对象。在当前的经济环境下,金融服务业、伦敦金融城都有着比往常更大的利益存在。因此,要对此做出反应,媒体对相关议题的覆盖越来越广,并且,伴随着社交媒体和其他数字通道的发展以及越来越多的资源等待被处理成与时代同步的信息,媒体也在迅速发展 |
| 大伦敦市区民众 | 整个伦敦有许多居民、劳动者、商人和游客都要使用伦敦金融城政府所提供的所有服务——不只是伦敦金融城市民。这些人代表了一个需要被持续关注的重要受众群 |
| 国际上的相关受众 | 目前,伦敦金融城政府与美国和欧洲其他国家的政府决策者、监管机关、商业机构以及央行接触,通过这些交流来改善伦敦的政策制定。在那些关键的增长性市场里也有相似的受众,比如中国和印度,他们把伦敦视为国际金融和贸易服务业的领头羊,因此都很关注伦敦相关的资讯 |
| 第三方组织领导者和志愿团体 | 与第三方组织和志愿团体保持联系,尤其是与伦敦金融城政府的角色相关的慈善组织,如"市桥信托基金会"和伦敦金融城政府组织的其他部分,在经济和其他方面都会为这些组织的工作带来帮助 |
| 公会(The Livery) | 保持向公会宣传伦敦金融城政府的角色和工作,而且这也是提升公会自身角色过程中的支持性工作。为新的公会成员简单介绍这些知识的活动将在市政厅举行。伦敦金融城政府也就与其相关的话题通过公会委员会、分委员会,以及其他特别协议,如网上关于公会的相关材料,咨询公会的意见 |

续表

| 受众 | 沟通策略 |
|---|---|
| 当选的会员 | 为了使会员能够代表伦敦金融城政府高效地与外界进行沟通,使会员们了解伦敦金融城政府的最新、最关键的议题和相关信息十分重要。这要通过定期交流来实现,比如通过会员的信息介绍会和电子沟通方式酌情进行提醒 |
| 伦敦金融城政府的员工 | 从沟通战略的整体来看,内部沟通也是至关重要的一环。使雇员了解最新信息,保持雇员对该战略的高度参与,对保持他们的参与度、组织承诺、上进以及当好伦敦金融城政府对外的良好形象大使等至关重要。这依赖于内部沟通计划的支持 |

资料来源:The City of London Corporation, *City of London Communications Strategy*, April 2015。

在以上这些受众和对应的沟通策略之外,为了维持伦敦金融城政府在沟通战略中的中心地位,还必须做到以下几点:一是通过数字媒体、传统媒体与关键受众的接洽,使伦敦金融城政府的角色定位、历史发展、治理方案和财务状况公开透明。二是在关于伦敦竞争力的辩论中积极献策,包括政府治理、财政、基础设施建设和公共服务等方面。三是与大伦敦市、全英国和国外各种相关组织建立联系并促进他们的参与。四是做好沟通策略的内部宣传,使战略核心深入人心。

## 三 伦敦金融城政府沟通战略实施三年计划（2015~2018）

伦敦金融城公关办公室（The Public Relations Office）负责2015~2018年沟通战略实施的组织协调工作,但也需要与伦敦金融城政府组织内部的各个部门协同配合。通过沟通战略的实施计划,要将"沟通"深深植入组织内部,这样才能确保信息持续有目的地传达给受众。

这个"植入"的过程包括:确保组织内部拥有充足的机会去理解组织的功能和作用,这样才能提高组织成员和工作人员对沟通战略关键部分的了解。简单来说,其目的就是,在组织内部保持高度信息通畅的同时,给当地沟通以更多的授权。这些授权包括:提升"沟通"作为部门商业计划必要

部分的重要性地位，尤其是要注意在使用数字通信和社会媒体时可能会遭遇信誉风险。另外很重要的一点，组织高级会员和高管们要借此机会在相关论坛大力推广组织的关键信息。为了达到这个目的，在适当的情况下，各独立部门需要制订他们各自的公关计划。

沟通战略的一个重要角色是要把信誉风险管理的重要性概念植入整个组织。整个组织对社会媒体逐渐浮现的重要角色的认识要不断提高，尤其是与信誉风险管理有关的那些媒体。伦敦金融城政府已经为此提出了一个战略——包括对伦敦金融城政府成员进行前所未有的集体性的相关培训，对社会媒体领域的相关活动进行更详细、更系统的监控。

按计划会定期举行与这些至关重要的工作相关的讨论，在高管会议上定期回顾检讨目前的进程，以及相对于整体计划的进度情况，还要在各部门自己的会议上就他们自己特定领域的责任进行定期梳理。

## 四 对我国城市政府沟通战略的启示

政府沟通主要是政府通过一定的政治传播媒介等有效渠道输送、获得、处理政治信息，以达到政治协调的过程。在如今信息技术高度发达、国际形势错综复杂的时代，政府沟通战略的制定显得更加重要。

目前来看，我国政府沟通方面存在以下问题：一是在政府和民众的沟通方面，沟通双向性不足，自上而下的信息流量和自下而上的信息流量较为不平衡。二是沟通反馈调节机制不够健全，使政策不能有效深化。三是政府内部沟通不畅，造成工作流程复杂、机构重叠、层次过多等问题。四是传媒话语权分配失衡，弱势地区或群体无法和政府通过传媒进行有效的沟通。五是政府的沟通战略过于强调和民众的政策沟通，忽视了与社会各界各种组织的沟通反馈，导致政策制定不够科学客观。

根据伦敦金融城沟通战略的经验，结合我国实际情况，我们提出以下的改进建议。

（1）建立健全的政府沟通体系，充分了解社会各界的信息，使政府制

定的政策更加科学客观，同时加强政府在社会进步方面的引导作用和中心地位

伦敦金融城在沟通战略中非常强调政府对金融和商业的把控力和推动作用，同时对于社区建设、民众生活质量甚至空气质量的改善都很重视，说明政府沟通战略不应该仅限于政府和民众的政策沟通和实施，而应该是从广义上全方位地定义"沟通"。政府应该致力于建立这样一个纽带和网络，使社会各个机体互相了解，充分发挥自身的能量，进而使城市经济快速发展，人民生活水平进一步提高，增加民众和社会各界对于政府的满意度。

（2）平衡沟通信息流，并建立有效的沟通反馈机制

国家政策指令由上而下的发布和由下而上的反馈称为政治信息对流。我国大部分城市政府的政务公开化程度不够，各级公务员对政策的理解不够深入，导致由上而下的信息流不够准确明晰。有关方面调查显示，我国有80%的信息被政府掌握，但公开程度不高，造成了对社会发展的制约。而反馈机制的不健全也导致了由下而上的信息流无法畅通传达，从而进一步导致许多政策形式主义倾向明显，无法深入贯彻，形成上有政策、下有对策的不良局面。整体而言，由上而下的信息流大于由下而上的信息流，这样便出现了信息流的失衡。

建立有效的信息反馈机制，一是要建立多样化的信息反馈机制，充分发挥信访体系、咨询公司、智囊团等组织对于反馈信息的收集和整合能力，直接反馈与间接反馈相结合。二是要建立独立的反馈机构。我国政府反馈系统薄弱，自下而上的信息传达不畅，所以需要有独立于政策制定者和执行者的反馈机构，专门从事信息反馈工作，这样就能够保证信息反馈的高效和准确。

（3）促进政府内部沟通，建立高效的政务体系

伦敦金融城沟通战略中非常重视内部沟通，各种政策实施前都需要政府各级官员和各个部门的成员充分了解政策，保持内部人员的高度认同感和参与度。首先，良好的内部沟通可以使自上而下的信息传播更加准确。其次，

良好的内部沟通可以避免不同部门之间沟通不畅导致的政策失误。最后，良好的内部沟通可以提升公务员的专业度，提升公众对政府的满意度。所以，我们应该建立高效的内部沟通网络，重视内部沟通的作用。

**参考文献**

The City of London Corporation, *City of London Communications Strategy*, April 2015.

Mohr, Jakki, Robert Nevin, "Communication Strategies in Marketing Channels A Theoretical Perspective," *Journal of Marketing*, 1990, 54: 36 – 51.

LI Lei, *Political Communication in the Implementation of Chinese Government Policies*, Tongji University Master Thesis. March 2005.

# B.14
# 首尔2030年规划提升社会福利和妇女地位*

肖黎春

**摘　要**：《首尔2030规划》被誉为"从小到老都可以拥有的充满了生活与家园希望"的城市规划，涉及了城市未来所有领域的发展方向，具体包括17个目标和58个战略，其中"社会福利"与"妇女地位"是其比较强调的发展方向。本文主要基于首尔政府官方网站提供的信息，详细介绍首尔市关于福利与妇女两个领域的政策规划和举措，及其对中国城市的启示。

**关键词**：　2030　首尔　规划　社会福利　妇女

　　《首尔2030规划》是一项被誉为"从小到老都可以拥有的充满了生活与家园希望"的规划。作为法定的城市最高层面规划，《首尔2030规划》涵盖了直至2030年首尔市所重点追求的改革变化方向，不仅涉及空间规划，还为首尔市未来所有领域的政策和规划制定指明了基本方向。《首尔2030规划》的未来发展愿景是："充满沟通和关怀的市民幸福之都。"《首尔2030规划》是首尔的首个"市民参与型城市基本计划"，在规划的各个阶段甚至规划的未来，愿景都由首尔市的社会各界人士参与、决定和提出。规划力图通过市民参与来扩大治理基础和监督规划的执行。此外，《首尔2030规划》

---

\* 本文主要基于《首尔2030规划》，特此致谢。

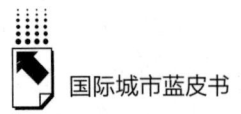

的独特性还表现在内容和形式的显著变化上,从以往以空间规划为中心的城市规划转变为以与市民生活密切相关的核心问题为中心的战略规划。该规划在福利、妇女、产业、就业、历史、文化、景观、环境、能源、安全、城市空间、交通、维护等方面制定了17个目标和58个实施策略,其中"社会福利"与"妇女地位"是其强调的重点之一,将给市民生活带来广泛影响。本文将主要介绍首尔的福利政策以及妇女发展目标举措。

## 一 完善社会福利的公众参与决策和民生保障功能

### (一)与国际大都市相符的福利政策

1. 社会福利目标——"加(+)福利"

"加(+)福利"的含义是指由市民们亲自参与并共同制定福利标准,共同分享的福利,希望福利改变人生,成为人们生活支柱和力量的来源(加)。实现一视同仁、共同分享的以人为本的城市,建立由当地居民共同打造的地方福利社区的基础。为处于福利边缘地带的人们建立新政策,提高市民福利心态;为老年市民提供人生第二春的机会;为残疾人自立奠定基石,实现一视同仁。社会福利的战略是:提供需求者针对型服务;加强私人-政府合作体系;促进与市民沟通。

2. 覆盖全体市民的福利标准

无差别化的福利使首尔成为一个以人为本的城市。2013年10月公布的"首尔市民福利标准"是政府与市民们共同制定的韩国最早的福利标准,凡是首尔市民都可以享受,包括那些与子女已失去联系数十年的而没有被认定为基本生活补贴受领人员的困难市民,或者一半以上收入用于支付半地下室房租的低收入市民等。同享福利是为处在福利边缘地带遭遇苦难的市民们而制定的福利宪章。首尔市民福利标准包括收入、居住、照料、健康、教育等与市民生活紧密相关的五大领域的福利标准。其中明确规定了首尔市民均能享有的最低标准和以首尔市民拥有美好生活为目的的最佳标准。首尔市民福利标准促进委员会由市民代表、研究团队、专家和市民座谈小组"首尔福利回响团"等组成,以及参与各部门的政策讨论和以收集最终意见为目的的千人圆桌会议等。市民们的宝贵意见成为制定首尔市民福利标准的基础。

3. 低收入阶层的基础保障福利制度

2013年7月,首尔基础保障福利制度开始运作,是针对处于最低生活水平以下,但因不符合抚养义务人标准等法定条件而未能获得基础福利保护的非受领贫困阶层实施的最低生活保障制度。受益人员选定标准是,截至申请日止户主居民登记时间为6个月以上的家庭,而且申请人的收入、财产标准和抚养义务人标准须同时满足规定。在居民中心申请后,将针对申请家庭成员和抚养义务人的收入和财产进行调查,以判定是否为对象人员。

该项制度的福利金分为生活、教育、分娩和丧葬福利金,其中生活福利金为基本生活补贴受领人员的1/2;而教育、分娩及丧葬福利金则与基本生活补贴受领人员标准相同。有劳动能力家庭仅有资格申请3个月,劳动能力是依照资格测试结果来判定的,没有劳动能力的包括不满18周岁、65周岁以上、绝症患者等。

## (二)多元化的综合社会援助制度

1. 社区互助型的福利网络

希望暖炕事业是向有困难的邻居提供捐赠、帮助,分享和传递如同韩国特有的暖炕一样温情的事业,在市民参与和主导下推进的这项事业推动了各地区社会捐赠和分享活动的蓬勃开展。在市民们的支援下,通过社区众多草根市民团体、志愿组织、宗教团体等的服务活动,形成了"以帮助小区困难邻居为目的的福利网络"。

2. 专项账户支援市民重要需求

梦想飞翔账户是对按3年或5年期限、每月以子女教育资金用途进行存款的参加者,援助其同等或相当于1/2金额的账户。增添希望账户是对按3年期限、每月用劳动收入进行存款的参加者,援助其同等或相当于1/2金额的账户。援助包括以准备居住资金、小规模创业资金、本人和子女的高等教

育金，以及职业培训费等为目的的存款参加者。

3. 对突发事件的紧急援助

紧急福利支援事业是当主收入人死亡、离家出走、下落不明、被拘禁收容等导致家庭丧失收入时，患重病或负伤时，被家人放任不理、遗弃或受虐待时，遭受家庭暴力或遭受家人性暴力时，火灾等导致难以继续在所居住的住宅、建筑物里生活时，离婚引起的收入丧失等突发危机情况等导致难以维持生计时，面向这类在最低生活费用150%以下的家庭提供生活费、居住费、医疗费和教育费等的事业。

### （三）保障老年人安享晚年

1. 照顾老年人多方面的需求

设计和推进具有针对性的福利政策"幸福的晚年老年人综合计划"。2012年10月公布的"幸福的晚年，人生第二春城市"首尔老年人综合计划涵盖了为老年一代以及为新老年群体即战后婴儿潮一代准备的福利政策等。2013年2月，开设首尔人生第二春支援中心，针对老年人的第二春设计、实施丰富多样的创业、就业培训项目。首尔市的目标是，至2018年，在每个自治区设立1个中心。此外，通过公共工作岗位支援和扩大老年人俱乐部等，增加老年人工作岗位，并为独居老人构建综合电子管理系统。

2. 提供日常生活帮助

为行动不便的低收入独居老人提供家务活动，以及支援服务、看护补助、用餐支援、陪聊等多样化的服务。为因抚养义务人标准而排除于国民基本生活补贴受领对象之外的受长期护理1～3等级的老人，提供老年人长期护理保险本人负担金支援。为低收入老人开设敬老餐厅，为行动不便的老人提供用餐配送等，努力使老年人能按时用餐。

3. 增加和改造老年人生活福利设施

增加因痴呆、中风等老年性疾病而需要长期疗养的老年人疗养设施，增加白天、夜间保护设施——首尔型日托中心。使敬老堂符合社会贡献型、兴趣小组型、创作工坊型、城市农业型、照料提供型、设施开放型等8个类型专门项目的条件，让敬老堂成为老年人文化的中心。30多个老年人综合福利馆迎合老年人的兴趣、闲暇、健康管理等各种福利要求，打造成能为1~3代共用的世代融合的开放空间，形成尊重老年人的文化。为了提高设施的交通便利性，将增加区域型小规模老年人福利中心。

4.支持老年人继续工作

为希望工作的老年人提供4万个工作岗位。工作岗位分为社会贡献型和市场进入型等，在保障收入的同时，寻找到工作的意义。为使老年人在退休后也能发挥再创造的主角作用，设置人生第二春支援中心。

### （四）提升残疾人的社会福利

1.为残疾人福利提供经济保证

残疾人是指因身体性、精神性残疾导致长期在日常生活或社会生活中受到一定限制的人士，残疾类型在2003年从过去的10种增加至15种，后天性因素（疾病、交通事故等）达到90%。残疾登记时，根据本人意愿发放残疾人登记证或残疾人福利卡。残疾人登记证不具有信用卡或现金卡功能，而残疾人福利卡则具有这些功能。

残疾人福利预算需就促进人权、创造工作岗位、改善残疾人环境、构建自立基础、加强教育和文化5个方面进行预算，总预算每年都在增加，从2011年的222732韩元增加至2014年的402523韩元，其中促进人权预算也从无增加到9365韩元。

2.全面的残疾人福利政策

首尔政府的残疾人福利政策愿景是首尔作为希望城市，残疾不会成为市民学习、生活和工作的障碍。政策主要包括：①促进人权。构建人权保障基础；提高残疾人认知；保障残疾人安全；提供政府和民众合作体系。②创造工作岗位。创造残疾人工作岗位；加强职业康复支援；扩大残疾青少年工作岗位；优先购买残疾人生产的产品。③改善残疾人环境。扩增便利设施；提高交通使用便利性；增加无障碍建筑；加强沟通支援。④构建自立基础。支持社区加强自立功能；保障居住生活；加强重症残疾人支援；扩大补助工学

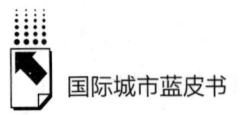

服务；增进健康。⑤支持教育和文化。提供残疾儿童特殊教育；提供残疾成年人终身教育；加强文化和体育活动。

3. 明确的数字化目标

- 10000000（韩元）：扩大免费生活设施安置金支出
- 132000（名）：扩大重症残疾支援对象人员范围
- 7500（个）：通过民间领域合作等创造工作岗位
- 3113（辆）：通过增加残疾人无障碍公交车，加强残疾人移动权
- 732（所）：扩大一周的或短期的保护设施、体验之家、租房，以及在其他特定社区的居住设施的数量
- 120（名）：培养医疗、法律手语翻译员
- 90（%）：提高残疾人便利设施安置率
- 18（岁）：加强未满18岁残疾儿童居住设施入住条件审查（提供社区内康复服务）
- 5（名）：逐步减少住宅设施内的生活人员（从每个房间18名减少至5名）
- 4（分）：投标时给予雇用残疾人的私人企业优待加分
- 1（次）：即使侵害残疾人人权行为只被揭发1次，也强制实行反对给机构设施投入的One Strike-Out制度

## 二 提升妇女社会地位的政策保障和有效举措

### （一）促进男女平等的工作和生活环境

1. 实现实质性的男女平等

首尔政府的妇女政策目标是男女平等；妇女自立；妇女健康；妇女安全；妇女无忧；妇女享受富裕生活。政策的推进方向：以关怀妇女、发展妇女为中心，扩充卫生间、停车场等妇女专用设施；从女性是政策对象到实现男女平等，在工作岗位及雇用环境、健康、安全、居住环境等方面推行改变

女性生活的政策。

首尔市正在实行各种政策，以反映妇女政策的时代变化以及尽快在政治、经济、社会、文化等各领域实现实质性的男女平等。成立韩国首个性别平等委员会，制定《首尔市性别平等基本条例》，加强性别影响分析评估，实行性别预算制度，提高妇女的政策参与度，加强与妇女团体的合作。

首尔市在改造城市空间及各种设施的男女平等适用性方面，正在谋求如何反映妇女们的要求和意见。打造麻谷地区男女平等型城市开发模式，改善及扩大女性便利设施（在男女同校的校园内设置女更衣室，改善传统市场的女卫生间，在地铁站内分别设置男女残疾人专用卫生间）。

2. 改善妇女工作环境及扩大工作岗位

尽管女性的经济活动参与度正在不断提高，但是首尔女性的经济活动参与度仅为52%，排在经合组织成员国中最后一名。因为首尔女性严重缺乏经济活动的参与，而且参与规模不大，所以正在推进各种政策以改善现状。

改善职场女性的工作条件及环境，让女性从临时工转为正式员工；从女性比例较高（81.6%）的保洁人员开始实施，保障流通业女员工有足够的时间休息（修改25个自治区的条例，以缩短工作时间，开展"坐着办公"运动）；增加优质的女性工作岗位，增加社会服务类的女性工作岗位；增加女性家庭设施，以正式员工录用女性；开设手工艺主题的妇女创业广场及举办手工艺创业展；根据职业生涯周期，推进量身打造的职业培训及就业推荐。

3. 创造良好的家庭和生活环境

营造工作家庭两不误环境，目前正在积极推进相关政策，以使首尔市民不仅可以享受工作和家庭生活的和谐，还能享受平等生活。开设韩国首个职场妈妈支援中心，设立工作、家庭两不误支援中心，营造家庭和睦的职场文化。为了让市民们均等地享受国家公立幼儿园的福利，至2014年，每个小区幼儿园扩充至两所。同时，实现品牌标准化以提高服务质量。

为残疾女性、结婚移居女性等弱势女性群体提供全面周到的支援。开设残疾女性人力开发中心；推进"共享幸福首尔蓝图"计划，使结婚移居女性安居乐业实现自立；提供单亲家庭从勉强生计到自给自足的支援；推进离

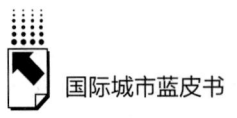

家出走青少年性交易特别防范对策。

4. 打造女性安全的城市环境

为了妇女的安全,首尔市正在集中推进相关政策,推广环境安全网(家庭防盗服务、女性安心包裹、通过环境设计预防犯罪)、人性化安全网(女性安心回家保镖、女性安全村、村落守望者)、交通安全网(深夜猫头鹰巴士、地铁保安)、预防性对策(网络市民监视团、杜绝女性暴力运动)、"从投诉到保护"一站式服务(法律和医疗专家顾问团、增设女性暴力受害者保护设施)。

推进单身女性支援政策。在首尔,每四户家庭中就有一户是单身,而其中53%是女性单身。为了率先在政策中反映这种急剧变化的社会环境,树立并推进了单身女性综合政策,并因此于2013年荣获联合国公共行政大奖。为单身女性提供公租房,及针对职场单身女性的上门健康管理服务和量身打造戒烟、戒酒诊疗,举办单身女性招聘会,打造单身女性社区,开展夜间、周末生活体育项目。

### (二)针对不同女性需求的多样性举措

1. 增加女性就业机会

为使想就业的女性实现工作、家庭两不误,在经过家庭附近发达产业的相关职业培训后,为其提供量身打造就业推荐服务。女性希望提升自身的就业机会可以咨询女性能力开发院、女性发展中心或女性人力资源开发中心,在首尔的西部、南部、北部、中部都设有女性发展中心和女性人力资源开发中心,在首尔市政府网站公布了其联系方式。

2. 支援弱势阶层女性

为了扩大残疾妇女的社会参与度,政府开设了4家融和中心,并建设有残疾妇女支援中心。根据残疾妇女的类型提供有针对性的咨询,能力强化式教育,在医疗、法律、就业支援等方面与社区紧密联系,提供生活相伴式综合支援服务。

开设常青女性支援中心,增强处于危险期、十岁年龄段少女的安全、健康意识及能力。主要项目包括运营针对十岁年龄段少女的专用性教育室、研究院、信息资料室、自立学校及自立培训店等。

建设流浪妇女保护设施，安抚无故流浪妇女的身心和情绪，考虑到个人要求等，提供其日常生活所需服务。

3. 妇女发展基金

首尔市妇女发展基金于1996年由首尔政府创立，旨在推进妇女发展政策，如促进男女平等以及提高女性社会参与度等。自1998年起，一直在开展妇女发展基金支援事业。以2013年为准，共选定并支援了937个团体及1044个项目。

## 三 对中国城市规划的启示

### （一）完善政策规划的公众参与理念和机制

首尔规划在规划制定的每个阶段均采取民主开放式的自下而上的沟通方式，在整个规划制定过程中表现了对全体市民的知情权和参与权的充分尊重。正是充分反映了民意，因此制定出来的城市政策规划不仅为各阶层民众知晓，而且满意度大大增强。可以预见，在未来规划实施过程中，每位首尔市民都将带着强烈的主人翁的责任感和使命感来参与社会治理、监督规划落实，从而极大提高城市规划的最终执行效果。而我国的城市规划往往是自上而下的传达或指令式的，主要反映政府的要求和意图，造成政府在组织编制规划时，民众常常有事不关己的感觉。一方面，民众对规划漠不关心，也无从关心，对政策规划出台的背景和内容民众缺乏了解，碰到事情摸不着头脑，不知政府是否有政策、有何政策。另一方面，即使民众对政策规划中的不合理之处有怨言也无处可诉，对政策规划的满意度难以提高，甚至发生对政策的误读、误解，遇到具体问题相关的一些政策还需要政府被动解释。总之，一个国家的城市规划如果不能让全体民众回归到策划参与的主体地位，做不到充分了解社情和尊重民意，不能充分发挥人民大众的积极性和监督作

用,那么再宏伟的规划目标也只是空中楼阁,其实施效果可想而知。目前上海市已经产生了首届公众咨询团,虽然尚处于摸索阶段,其代表性和影响力还极其有限,但这种做法值得肯定和推广,希望今后它能很好地起到民众与政府之间沟通的桥梁作用。

### (二)政策规划应强调社会共享和全民融入

首尔市的福利政策、妇女发展政策等规划目标、内容,均十分强调对所有市民一视同仁,强调全体市民共同分享社会经济发展成果,强调以人为本。《首尔2030规划》充分注意到了以前的社会福利和妇女地位问题的政策盲区,表现了对弱势群体和边缘群体的空前关注。并且这种关注不是泛泛而谈,而是切实地充分体现在规划的各项具体目标、任务课题、战略及措施中。虽然我国各地的城市规划也有共享理念,但并不突出,并且目前尚存在较多政策规划未涉及的问题盲点、盲区,亟待政策补充和完善。

### (三)加强社会福利和妇女地位的规划顶层设计

我国的城市规划应当尽快从注重经济发展,转向同步重视和加强社会民生发展的轨道,从而有利于实现经济社会的进一步可持续发展。加强顶层设计,例如应健全完善现有社会福利制度体系,尽快统筹解决外来人口在城市中的福利政策问题,以及其他边缘弱势群体的福利问题。在妇女地位领域,把妇女发展列为社会发展的重要内容,将性别观点纳入社会经济发展政策的制定、执行和评估全过程,进一步推进性别平等,在女性参与决策管理、经济独立、平等享有各类资源、实现更健康的生活环境、消除对女性的暴力、打击非法性交易等方面制定行动措施,以及建议针对女性就业保护设置相应的就业歧视诉讼制度和专门的就业平等机构等。

### (四)重视发挥各类社会组织和志愿者的作用

政策规划应充分发挥第三方力量在社会管理中的作用,动员、培育和发展社会组织,培养社会的自治与自律能力。政府在政策上应给予支援、优惠，并加强监督，建立政府与社会相互依赖、相互协作的互动关系，实现服务的最佳供给和公共资源的有效配置，满足不同群体的需求，确保政策规划目标的最终实现。

**参考文献**

The Official Website of Seoul Metropolitan Government，http：//english. seoul. go. kr/.

The Official Website of Seoul Metropolitan Government，http：//chinese. seoul. go. kr/政策信息/福利－健康－安全/福利/。

The Official Website of Seoul Metropolitan Government，http：//chinese. seoul. go. kr/政策信息/教育妇女儿童/妇女/。

上海市妇女联合会编《上海妇女社会地位研究》（2000～2010年），上海人民出版社，2013。

张志勤：《充分发挥社会组织在社会管理创新中的积极作用》，http：//epaper. qingdaonews. com/html/qdrb/20111004/qdrb320004. html，2011年10月4日。

# B.15
# 美国"太阳城"模式引领社区养老新趋势

闫彦明

**摘　要：** 20世纪60年代开始开发建设的美国"太阳城"养老社区，目前已经成为全球社区养老的典范。本文分析了"太阳城"发展历程及特点，对其养老社区运营模式进行了分析，进而提出对我国各城市发展社区养老的启示。

**关键词：** 太阳城　社区养老　养老地产

目前我国有一大批城市人口正逐渐步入老龄化阶段，且老龄化速度快、老年人口规模大，但与之对应的是养老机构的设施不足、养老服务业发展滞后，完全由政府负责养老设施建设、运营和管理会造成巨大的财政压力。因此，探索社会化养老是未来发展的重要方向。目前，美、欧、日等发达国家均已形成了多元化社会养老体系。例如，美国按照老年人居住设施分类，大体包括独立式住宅、老年公寓、养老院、护理院、老年养生社区等，其中以太阳城为代表的社区养老模式具有很强的代表性和参照意义。

## 一　美国"太阳城"养老社区的发展及特点

坐落于美国亚利桑那州首府及最大城市凤凰城（Phoenix）的太阳城中心（Sun City Center），其起源可以追溯到20世纪60年代。当时，美国地产开发商德尔·韦布（Del Webb）公司看到了养老产业的商机，在经过土地考察后，决定在此建立一个社会化养老社区，并以"太阳城"命名，在随后的数十年中，"太阳城"一直引领着美国乃至世界养老社区的建设。目前，"太阳城"已经发展成为社区化、专业化、网络化社区养老的代表性模式。其特点概括起来主要是以下几点。

（1）必然性和偶然性结合产生了太阳城。就偶然性而言，当年德尔·韦布在进行房地产市场考察的时候，太阳城所在的区域是一片半沙漠的棉田，他认为此地土地价格便宜、气候环境尚可、度假人群络绎不绝（主要是老年游客），比较适合美国一些寒带居民在冬季来此度假，遂决定在这里兴建住宅，并将销售目标定为老年人。在建设初期，其率领的公司瞄准55岁以上的退休老人群体，修建了一批样品房，并配备了诸如疗养、医疗、商业中心及高尔夫球场等老人娱乐配套设施。由于房价低、环境好、设施齐全，首批房源推出后，呈现了热销状况。经过几轮开发建设后，太阳城快速崛起为一座新城。就必然性而言，人口老龄化趋势不断增强使得专业化养老设施需求持续增长。美国是较早步入老龄化社会的国家，再加上子女独立、分居的生活方式加剧了社会养老需求。根据有关统计，美国早在1935年就开始关注老龄化问题。在全国总人口3亿中，65岁以上老年人就有3500多万人。[①] 由于项目定位高度符合市场需求，从项目开建以来，太阳城仍保持着面积、人口的持续增长，并且项目范围扩展到佛罗里达等地。

（2）"老人城"中55岁以上的老人占据绝大多数。为了保证给老人以舒适、安全的环境，太阳城管理方对入住人员有较为严格的规定。例如，落户的居民必须是55岁以上的老人，在该年龄以下者，即便是亲属也无居住权；子女想护理生病的老人，只能住在城外；18岁以下的陪同人士，1年居住时间不能超过30天。这些约束条款导致年龄结构呈现典型的老龄化特点。据统计，城内居民的年龄结构大体为：18岁以下的人口占0.4%，18～24岁为0.3%，25～44岁为2%，45～64岁约为17.5%，65岁以上约为

---

① 李斐然：《美国老龄化实验室：让老人活得更有尊严》，中国新闻网，2011年10月26日。

79.8%。由于定位清晰,吸引了符合条件的老年人口不断集聚。项目范围也逐步从老城扩大到西城,面积成倍扩大。到2009年,人口已达16万,目前人口还在继续增长。①

(3) 根据老人节奏打造慢城生活。与青年人相比,老年人的行动比较迟缓,慢的生活节奏不仅能够提高安全性,也有利于保持健康、愉悦的状态。近年来,欧美国家部分城市就在提倡"慢城生活"(Slow City)的新方式,以降低过快节奏给人们健康、寿命带来的不利影响,很多城市还为老年人穿越较宽的马路安装手动按钮,并延长通过时间。在太阳城里,所有设施都以方便老人为首要宗旨,处处都按照老年人的特点进行精心设计,如车辆最高时速限定为48公里/小时,舒适安全的高尔夫球车成为主要交通工具;通过将医疗设施等进行广泛的分布式布局,以缩短居民出行距离,城区中除了几所规模较大的综合性医院,还有数百个医疗诊所遍布各个街道。另外,区域内遍布了无障碍步行道、无障碍防滑坡道,实施严格的人车分流。在这种慢节奏、舒适性的城市氛围中,每个人都以自己的方式快乐地生活着,甚至重新散发出青春的朝气,即使死亡降临,大家也会坦然面对——这也是以"太阳城"命名的重要原因。

## 二 美国"太阳城"养老社区运营模式分析

从国际范围来看,社会化养老按照营利性划分,可分为营利性、半营利和非营利等不同经营模式,其主办机构依次为养老企业、公私合营企业、政府相关机构等。由于政府主办的养老机构,受到财政投资约束比较大,所以其模式往往相对固化、缺乏灵活性,难以适应老年人的多元化养老需求。"太阳城"养老社区依托建筑企业,实施大规模的总体开发,强调了建筑的功能性、多样性、完备性,同时通过专业化管理实现了社区运营的高效、安全、周到及可持续发展。其模式要点大致可概括为以下几点。

---

① 程旭:《美国明星养老社区:太阳城商业传奇》,《21世纪经济报道》2014年6月30日。

（1）企业化运营，开创养老地产新模式。随着美国老龄化进程不断提速，数量庞大的老龄人群对养老产生了巨大的市场需求，仅靠政府资助的方式远远不能获得满足。一批社会机构、企业看到了社会化养老存在的巨大市场潜力与商机，并形成了模式各异的发展路径。其中由德尔·韦布公司开发兴建的"太阳城"，成为融社区养老、市场化运营为一体的养老地产代表性案例。该模式本质上属于住宅开发性质，由地产开发商明确主导方向，按照养老的需求设计、建设养老概念住宅，在完成销售后，开发商得以收回投资成本并产生盈利。同时，大量购房的老龄人群定居于此，享受与大城市不同的集居式养老生活。为使项目更具有价格竞争力，太阳城一般都选址于气候、交通条件较好的郊区，项目特点具有占地面积大、容积率低、精装修标准等，达到"拎包入住"的效果。如"苹果谷太阳城"位于洛杉矶东北方向120公里左右，房价仅约为洛杉矶市内的1/3，对老年购房群体构成了极大的吸引力[①]。在经营策略上，德尔·韦布公司多年来坚持微利经营（毛利率低于20%）。另外，凤凰城的太阳城区域没有学校，很多相关税赋也得到减免。这些综合因素使得养老项目的销售价格远低于大城市同类项目，符合老年人收入水平。后来，该公司与大型建筑企业帕尔迪公司合并，在进行优化重组后进一步增强了公司在美国高质量老年住宅社区开发领域的主导作用。

## 美国"太阳城"养老分布情况

迄今为止，德尔·韦布公司已经在全国建造了22个专供退休老人居住的养老社区。其中大约半数建在气候偏冷的区域，如伊利诺伊州、密歇根州、新泽西州和俄亥俄州。

这种格局的形成是渐进拓展的过程。在1998年之前，德尔·韦布的项目主要分布在气候温暖区域的州，如内华达、亚利桑那、佛罗里达等州。1998年，公司在伊利诺伊州尝试开盘了太阳城亨特利（Sun City Huntley）

---

① 孙宇婷：《美国养老地产业：重资产 高成本 难赚钱》，每日经济新闻网，2014年9月24日。

新项目,销售状况良好,这开启了该公司进行全国布局的新阶段。自此以后,公司不断拓展在有霜带(Frost belt)的各州开发养老社区,如康涅狄格、马萨诸塞、新泽西、纽约、宾夕法尼亚等州。在2001年该公司与帕尔迪公司合并之后,通过优势互补、强强联合,进一步加快了在全美布局的节奏。

(2)社区化养老,注重健康与精神呵护。在各种养老模式中,社区化养老具有人群互适性、设备专业性、布局合理性、设施舒适性及活动多样性等特点,体现了集中化养老的优势,有助于老年人获得比居家养老更为丰富的适老性设施服务。如针对老年人设置的医疗专科服务、康复训练引导等;又如,可通过参加各种各样的老年兴趣小组等来获得精神上的满足。在凤凰城的"太阳城"内,建成了7个娱乐中心、2个图书馆、2个保龄球馆、8个高尔夫场、3个乡村俱乐部、一间美术馆与一个交响乐演奏厅。依托这些老年设施,居民的娱乐活动可谓是丰富精彩的,如户外有高尔夫球场、网球场等场地,室内有健身房、电脑房、手工房等。通过组建150多个俱乐部以及开设、组织80多种老年文体艺术课程和活动,居民总能找到自己的爱好小组与交流伙伴。区内居民每年只要交400多美元的活动费,就可以在各活动中心和娱乐场所参加活动。各种活动丰富多彩,使整个社区充满了朝气,老年人在退休后获得了新的组织化生活。

(3)专业化管理,提供周到、便捷的养老服务。"太阳城"在管理方面主要通过社区协会(Community Association)来开展。协会设有常务委员会及专业委员会,在协会层面设立主席、副主席、协会秘书、财务主管等岗位,在专业委员会层面根据社区养老的具体要求来设置具体的部门。每个部门管理人员都定员、定岗、定责任,其内容细分到具体片区、具体任务,按照字母顺序排列,主要包括财务、年龄与家庭限制、区域规划发展变更要求、俱乐部联络、社区早餐、金融记录、同乐会、高尔夫球车游行、图书馆、房间预订、酒店与信息委员会、项目办公室(TPO)等大大小小近50个部门。通过系统化、专业化管理,配以完善的管理制度,能够为居民提供周到、便捷的养老服务，并能够根据居民要求不断加以改进。

在服务措施方面，也注重引进高科技来提高效率。如管理部门开发设计的一款健康状况报警装置，被建议挂在一些患有心脏病等严重突发性疾病的老人脖子上，当遇到危险，只需按一下"项坠"，救护车就会在最短的时间内赶到，从而实现在"黄金十分钟"内实施抢救，大幅度降低突发性疾病的死亡率。

在医疗护理方面，疗养院和老人照顾中心分布在城区各地，需要照顾的老人，可根据自己的身体状况和经济承受能力选择对应的服务；管理部门还允许经批准的第三方专业机构提供定制化的家政、保健等服务。

在服务管理方面，开发商及管理部门注重根据市场的需求进行灵活调整。为了充分掌握现有客户及潜在客户需求，德尔·韦布公司强化了市场营销策略中心的调研职能，大幅增加了市场预算。该部门深入调研并掌握了50多万个顾客的相关数据，将整个美国市场划分成11个细分的目标顾客群，如"初始购房者""再购者""不断攀升社会阶层的流动式家庭"，以及"退休家庭/独立家庭"等。该公司在市场调研过程中发现，并非所有老人都喜欢这种大而全的老年社区模式，一些活跃的老年人喜欢私密性强的社区，于是针对这些市场需求陆续推出了Solrra和科尔特贝拉（Corte Bella）两个新的品牌项目，服务于这一细分市场领域，市场反响也非常良好。另外，德尔·韦布公司从1999年开始还探索开发一些无明确年龄限制的圣歌（Anthem）系列社区，以满足不同年龄段人群的社区居住要求。

（4）多样化建筑，满足老年人群不同的养老需求。"太阳城"内的设施在考虑从生理和安全角度满足老年群体需求的基础上，还侧重注入一些文化理念、项目功能等来增强入住老年人的归属感。大体来看，设施项目主要分为养老住宅和功能性项目两大类，在开发建设过程中，将多元化、功能性需求与建筑形态进行了紧密结合。

从居住项目来看，各类建筑都有比较形象的称谓，如"太阳城中心"

（主要是独立家庭别墅）、"国王之殿"（各种连体式别墅）、"湖中之塔"（辅助照料式住宅和家庭护理机构等）、"庭院"和"阿斯顿花园"（出租的独立居住公寓）等。之所以建造了多种多样的居住建筑，主要是考虑到老龄群体不同的消费能力及多元化的居住需求。例如，新开发的西南部区域，在高尔夫球场草坪周围兴建了一批独栋别墅，主要供退休的公司高管居住。在健康、快乐理念的引领下，无论选用哪种住宅，居民都会享受到社区提供的常年景色如画、鸟语花香的生态环境，细致周到的养老服务及富有朝气的生活方式。

从功能性项目来看，德尔·韦布公司发挥长期进行社区开发的优势，结合老龄人群的实际需求，打造了体系完善的功能性设施，其中娱乐设施、高尔夫球场、商业设施、医疗项目等是太阳城发展的关键。一般在项目开盘之前，德尔·韦布就进行了完整的规划，为消费者展示包括性价比较高的样板房、娱乐、工艺设施、餐厅、宾馆、邮局、银行等日常设施，大小不等的教堂，以及一个商业中心等。在开发成熟的"太阳城"社区内，除了硬件设施完备外，还设有专为老人提供服务的综合性医院，同时也有诸如心脏中心、眼科中心以及数百个医疗诊所等遍布在城区的街巷之中。

## 三 对我国养老事业的启示

与美国相比，我国社会整体上也进入老龄化加速期。根据《2014年国民经济和社会发展统计公报》公布的数据，2014年我国13.67亿人口中，60岁及以上的人口数为2.12亿人，占总人口比例的15.5%；65岁及以上人口数为1.37亿人，占比为10.0%。按照联合国等提出的两个标准，即当一个国家或地区60岁以上老人占总人口数的10%，或65岁及以上老人占总人口数的7%，可认为其已进入老龄化社会。参照此标准，中国已经正式进入老龄化阶段。随着老龄人口数量持续、快速增加，产生了巨大的养老需求，但与之对应的是养老机构设施不足、养老服务业发展滞后，完全由政府负责养老设施建设、运营和管理会造成巨大的财政压力，因此，探索社会化、市场化养老将具有积极的社会意义。

　　从"太阳城"养老项目的经验来看，我国各大城市未来需要在市场化养老及养老地产开发方面加大力度，主要借鉴之处有：①因地制宜，积极探索社区养老与养老地产结合的多元化模式。可在一些大型、特大型城市周边，生态环境优越、土地价格优势突出、交通基础设施较为完善的地区，针对中国居民的养老习惯与风俗，打造现代化与本土化有机结合的养老新城。②在营运模式方面，采取在政府引导下的市场化、专业化方式。政府出规划、建配套、控质量，开发企业出资金、搞建设、促市场，专业养老地产管理机构抓服务、促管理、聚人气，各方面力量形成合力，将社区养老打造成我国新时期高品质养老的典范，并推动老年群体福利水平的提升。③以多元化的建筑形态、功能设施满足老年居民的多样化需求。社区养老与居家养老在生活方式、养老服务等方面存在很大差异，不同收入、不同年龄、不同爱好、不同民族的老年居民会存在不同的建筑、服务需求，由此需要在充分市场调研基础上针对我国居民的实际需求进行"量身定做"，以满足各类老年居民的养老要求。④加大适老服务人员的队伍建设。目前，我国专业化养老服务人才奇缺，主要集中在养老院、医院护理等领域，社会化的专业人才远远不能满足社会养老需求。在此方面应当积极借鉴"太阳城"等国外社区养老的人才培养经验，例如美国亚利桑那州陶乐苑（The Terraces）小区，是一个满足了900多项护理标准的社区，其管理者致力于打造专业的护理社区，其配备的护士大多数都是高级别的注册护士，比传统的养老院、医院等具有更好的针对性。在护理人员培养方面，可加大社区医院、护理中心的建设，并吸纳专业人员就业；也可以设立培训机构，招收大中专毕业生来此接受培训，毕业后就地实现就业。⑤针对老年人心理特征，加强人文关怀与精神疏导。老年居民退休后，生活节奏突然变慢，许多人短期内较难适应，可依托社区服务中心，一方面加强心理引导，帮助老年人快乐迎接退休生活；另一方面，组织开展多种多样的老年大学、兴趣小组、文体活动等，使每个居民都能够体会到社区养老带来的乐趣与活力。

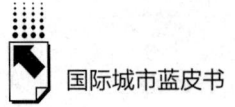

## 参考文献

李斐然:《美国老龄化实验室:让老人活得更有尊严》,中国新闻网,2011年10月26日。

程旭:《美国明星养老社区:太阳城商业传奇》,《21世纪经济报道》2014年6月30日。

孙宇婷:《美国养老地产业:重资产 高成本 难赚钱》,每日经济新闻网,2014年9月24日。

Sun City Center Community Association, Inc. "Who's in Charge Here?", www.mysuncitycenter.org.

# 城市文化篇
## Urban Culture

## B.16
## 《2015年后发展议程》强调文化推动城市可持续发展*

张剑涛

**摘　要：** 联合国发展署、联合国教科文组织、联合国人口基金会同其他联合国下属机构以及多个国家，广泛征求各方意见，起草了《2015年后发展议程》，其主题之一就是利用文化推动城市的可持续发展，主要体现在三方面：文化改变城市规划和城市化，文化助推城市消除贫困，文化帮助城市应对环境和气候变化。

**关键词：** 文化　城市　可持续发展

---

\* 本文主要基于《2015年后发展议程》(Post－2015 Development Agenda)，特此致谢。

联合国发展署（The United Nations Development Group，UNDG）、联合国教科文组织（United Nations Educational, Scientific and Cultural Organization，UNESCO）、联合国人口基金（United Nations Population Fund，UNFPA）会同其他联合国下属机构以及多个国家，在全世界范围内广泛征求和咨询政府决策者、专家学者、私营机构和企业、社会公众的意见，起草了《2015年后发展议程》。《2015年后发展议程》的主题之一就是"文化与发展"，其重点是利用文化推动城市的可持续发展。现将主要观点整理如下。

## 一 文化改变城市规划和城市化

### 1. 文化可以增加城市的经济实力，提升城市活力

全球化使城市的可持续发展、经济公平、消除贫困成为舆论关注的焦点。通过对城市历史文化环境的保护和更新，可以为居民创造更多的就业岗位，提供更高的收入和更适宜的生活环境。同时，还可以为城市增加旅游和商业收入，提升城市的活力和吸引力。世界银行2012年的研究报告发现，能够成功吸引投资和发展经济的城市都善于充分发掘和利用自身的资源，包括历史文化。针对城市历史街区的保护和更新措施已在世界多个城市被证明可以有效地吸引投资和创造就业岗位。城市良好的历史文化氛围能够吸引诸多高端产业和专业人士的集聚，特别是科技密集型和创意型产业。

在城市保护和更新中，需要充分考虑基于文化和社会的网络体系。大规模地搬迁原有居民会破坏这种网络，对地区造成长期的负面影响。城市保护和更新应避免简单地追求地区的"精英化"和"高端化"，即通过重建和新建引入高收入的外来人群，替代原有居民，改变地区的社会经济文化环境。经济发展和历史环境的商业化不是城市保护和更新的唯一途径。对城市的保护和更新应当着眼于文化和社会的延续性，同时鼓励社区的可持续发展和居民积极参与。在提升居民生活条件和生活环境的同时，为他们提供合适的工作和全面的服务。在此基础之上，城市能够吸引和容纳更多的年轻人和中产

阶级，改变他们生活和居住在城市郊区的习惯和观念。

快速的城市化以及贫困人口大量涌入城市造成了城市贫民区的大量出现，这个现象在发展中国家尤为明显。解决这个问题的关键是文化。通过文化提升居民的社区认同感、市民意识和多元融合观念，消除种群分裂和隔离。同时，市政府、社会组织和居民可以一起创造经济发展机遇，完善社会服务和配套设施，改善建筑和自然环境。

2. 文化可以增强居民沟通，促进群体融合

人们可以通过各种创意方式表达对所居住城市的期望，这是文化赋予的力量。积极主动地参与文化活动可以改善人们的生活质量，创造更多的机遇，更好地实现自身价值。文化是人们与城市融合的主要媒介，同时也是不同人群交流和沟通的主要途径。文化可以开拓城市可持续发展的路径，激励个人和社会的创意，丰富城市和个人的经历，延续历史传承。文化是城市政策的重要组成部分。城市政策需要尊重社会价值观的多元性、时代性、延续性和包容性，鼓励个人和群体积极参与城市事务的决策和运作。随着城市化的进展，城市规模在不断变大，人群更加多元，社会的隔离、不平等、贫困、生活环境恶化等社会问题也会越来越多。今后的城市政策对此需要重点考虑，将文化作为解决问题的关键因素，在此基础上以社会融合和经济发展为主线，应对各种城市问题和挑战。文化也是城市经济政策和投资战略的重要基础。城市的经济政策需要充分考虑地方的文化背景，包括社会习俗、历史元素等；在此基础上与地方特色有机结合，这样能够吸引和鼓励居民参与，且快速见效。

城市公共空间的品质和开放程度是影响居民生活的一个重要方面。公共空间为人们提供了停留和交往的场所，人们的社交、娱乐、休闲等活动大多发生在公共空间。文化关系公共空间的品质、人们的感受，是促进公共空间真正有效的重要因素。文化能够使公共空间更加宜人，提升居民对公共空间的归属感。公共空间中的文化设施和元素可以增强空间的吸引力，有助于人们在此更好地活动和交流。城市是历代居民的历史和文化积淀在物质空间上的体现。通过创意的方式表现城市的历史是增强居民归属感、树立城市形象

和发展旅游业的重要途径。

3. 文化可以提升城市形象，强化居民认同

城市的历史是城市区分彼此、形成品牌、吸引投资和人才的重要途径。城市通过不同时代的发展，形成了独特的形象和特征。同时，快速的城市化和现代化使许多城市失去了自身的特征和历史印记。居民生活和城市发展需要现代化的建筑和基础设施，而与此同时城市的形象和特色需要保持历史风貌。如何平衡这两者之间的关系对城市来说是一个不断发展的难题。一个城市需要根据地方特色和自身需求协调新建、改造、重建和保护之间的关系，同时使历史建筑和风貌能够得到最大限度的保护和利用，发挥社会和经济价值。

城市规划需要融入文化的因素，这将对城市的可持续发展形成强有力的支撑。以文化为主线，综合历史保护、城市开发、建筑管理、市政建设，树立一个统一而独立的城市形象。同时政府、规划师、社会团体、企业家、居民等的多方参与，可以使城市文化和历史得到最大程度的公众认同和保护。

规划师需要探索和开发更多新的创造性的技术，将文化融入规划全过程和多个方面。快速的城市化使城市政府必须面对大量涌入的各种移民和预料之外的城市化进程。这些移民和原有居民造成城市的拥挤，一起竞争城市的设施和服务、就业岗位、环境空间。同时，城市居民通过工作和生活塑造了城市。居民和他们所生活的环境、社区、城市是一个密不可分的整体，他们之间的互动推动着可持续发展的城市化进程。

## 二 文化助推城市消除贫困

1. 文化有助改善贫困人群的社会和经济地位

文化创意产业是当前经济领域中发展最为强劲的板块，也是全球经济中增速最快的产业。文化创意产业中相当多的行业以私营企业为主，特别是小微企业和个人业主。鼓励和引导这些企业的发展能够增加城市中低收入群体的就业机会和收入，对消除城市贫困有积极意义。扶持文化创意产业发展，

可以从创意、制作、传播、消费、参与等文化产业链来全面强化，创造更多的就业机会。这需要政策、投资和人才多方面的综合投入。

文化创意产业能够为中低收入群体创造和提供适宜、体面和相对稳定的工作，取代繁重艰苦的体力劳动工作。这对提升中低收入人群的收入和生活品质有显著帮助。同时，这些文化创意产业的工作岗位通常就在家中或离家不远的社区，这有助于增强就业人员的安全感、家庭和谐和社区归属感。

在经济作用之外，文化还能显著改善贫困群体的社会地位。文化创意产业对社会影响明显，能有效促进社会融合，消除贫困和不平等。强调文化因素的解决途径可以提升消除贫困项目的效果，因为它帮助贫困人群改善了自身素质，获得了就业技能，增强了自信心，创造了就业机会、良好的社会和经济环境。

地方的发展规划得到落实的一个重要因素就是规划需要与本地社区、居民密切相关，具有吸引力和可行性。这就需要充分考虑融合地方的文化特色。居民和社会团体对自身的需求理解深刻，能明确评估规划的可行性和实效性。因此发展规划需要吸收归纳本地居民和社区的特色、需求，以实效性为目标。

2. 文化有助旅游和相关产业在消除贫困中发挥重要作用

旅游产业是当今世界经济的一个重要支柱，每年全球游客超过10亿人次。尤其在许多发展中国家，因为工业的落后和不完备，旅游业更是成为国民经济的支柱。在这些国家中，旅游业发达的城市往往成为国家的名片和明星城市，经济繁荣、居民收入和生活水平较高。同时，旅游业的发展比工业更易见效，能够在短时期内提升经济和居民收入，增加城市影响。扶持旅游业发展需要对城市历史文化遗产进行积极有效的保护，同时鼓励对历史建筑和地区进行有针对性的修复和利用。这对历史街区的低收入和贫困人群具有重大意义，不仅能够提升他们的收入，还能改善他们的生活环境。

旅游业发展的另一个要素就是保护和发扬地方特色的文化习俗，这包括手工艺、戏剧、收藏等多方面。这些也是文化创意产业的重要部分。从事这些行业的人通常是城市低收入和贫困人群。发展这些行业，可以吸引更多的

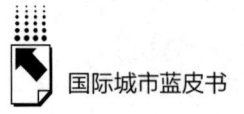

居民投入其中，为他们提供体面和更高收入的工作，不仅延续和保护了城市文化，同时对消除城市贫困有重大意义。

3. 文化有助提升经济的竞争力和激发创造性的商业模式

当今全世界的经济处于转型发展期间，产业结构和经济环境快速变化、竞争激烈，文化对于激发新型的产业和行业至关重要。文化与创造性相结合，为创业提供了大量良好的机遇。文化多元性和活力对于全球化和知识经济时代的经济发展，特别是发展中国家产业转型和追赶发达国家，具有决定性意义。文化对于城市提升综合竞争力和树立城市品牌，对于社区提升品质和不断改善意义重大。

文化可以对人们的消费行为和市场需求产生巨大影响，进而激励产生新的产业和商业模式。在物质供应极大丰富的现代，人们对精神生活的多元个性化追求为文化创意产业的飞速发展提供了巨大的市场需求。出版业、影视业、音乐、游戏、休闲娱乐等多种文化创意产业的蓬勃发展正是这种趋势的反映。文化创意产业作为市场化的行业，私营企业占了主导地位，对繁荣城市经济和社会环境，创造和增加就业岗位，提升人们收入大有裨益。

为了适应文化创意产业的发展，城市文化政策需要充分呼应人们的需求和市场的机遇。作为新兴产业，文化创意产业需要政策的扶持以激发出它的潜力，强化竞争力。同时，城市政策还需考虑人们的不同文化表达和心理需求，这能为文化创意产业的发展以及产业与人们的互动提供坚实的基础。为了保护文化创意产业的可持续发展，地方政府需要制定严格的政策保护知识产权和版权，以促进从业人员积极投入文化产品及服务的开发和经营。

## 三 文化帮助城市应对环境和气候变化

1. 强化文化多元性与生态多样性的联系以保证环境可持续发展

文化是沟通城市发展和环境保护的重要桥梁。传统文化重视人与环境之间相互尊重的密切关系，对于现在的环境保护和可持续发展具有重要意义。这种密切关系存在于世界各地的各种宗教、传说、神话、诗歌、小说、戏剧、方言、生活方式等不同文化表现方式中。城市规划和政策措施需要充分理解和融入传统文化中的要素，以保护环境和促进可持续发展。传统文化中的文化多元性与生态多样性的内在联系体现在人与自然的联系上，包括食物、药品、建筑、节庆等多方面。

城市社区在生态多样性的保护和可持续发展中起着中坚作用。其重点在于维护和吸取传统工艺、材料和知识，用于保护自然环境和生态。社区和其居民是继承和发扬这些要素的源泉。特别是专业技术人才如本地的农民、医师、渔民等通常掌握了保护环境的观念和技能，鼓励他们传授和发扬他们的技能，对环境保护和可持续发展是重要贡献。对于存在于世界各地的传统文化中的环境保护理念和方式，在各种国际性会议和论坛中已经得到了越来越多的重视。

传统文化，特别是生活方式中对自然资源的利用和使用，对现代社会而言是很值得借鉴的绿色环保和节能途径。世界很多地方传承的自然资源使用和管理方式，无论是以何种宗教信仰或理念出现，都体现了人类历史积累下来的尊重自然、珍惜资源、合理利用资源的可持续发展观念。这不仅是个人的责任，也是社区、城市的责任。

2. 传统知识和技能有助抵御自然灾害和气候变化

文化是提升城市、社区的防灾减灾能力和可持续发展容量的重要因素。全球气候变化是当前世界面临的一大难题，它增加了自然灾害发生的概率、频率和影响。因此提升城市、社区适应气候变化，抵御自然灾害的能力至关重要。传统文化中有很多预测自然灾害的方法值得学习，如针对地震、洪水、海啸等的观察和预测，是历史积累下来并被验证的可靠经验。把这些方法与现代的科学技术相结合，对提升预测预防自然灾害很有帮助。

各地的习俗中有很多应对自然灾害和减轻灾害影响的经验方法。特别是居住在气候恶劣和灾害多发地区的居民，他们在这方面拥有丰富的经验。这包括完整的知识体系和一系列应对突发气候和自然灾害的方法措施，以及对保护和合理利用自然资源的观念和手段，如对生态和生物多元化的理解，保护和管理自然资源的技能，观察和预测气候变化和自然灾害的方法等。这些帮助人们和所生活的社区更好地适应自然环境，以更环保的方式实现可持续发展。

传统的建筑技术和建筑材料能够充分体现地方特色，帮助居民更好地适应本地环境，实现节能环保和可持续的生活方式。应当鼓励各地充分吸收传统的建筑技术和方式，尽可能地就地取材，使建筑体现本地特色，同时实现绿色低耗。

3. 传统生产和消费方式保障农业和食品的可持续供应

虽然全世界的农业和粮食生产可以为全球人口提供充分的食品保障，但仍有1/9的全球人口仍在遭受饥饿。近年来，世界的食品供应和消费模式发生了很大的变化，农产品的生产和供应越来越集中到大的跨国企业，同时，人们的消费观念、方式、需求和数量差异也越来越大。这些与各地的文化差异密切相关。各地居民的传统、知识、生活方式、环境各不相同，他们对农业的生产观念、方式不尽相同，同时饮食结构也是千差万别。因此，需要鼓励各地尽量发展适应本地特色的农业，同时提供和消费适应本地特色的食品，这对于保障城市的农业发展和食品的供应安全很重要。

传统模式的本地小规模农业生产和供应现在越来越受欢迎，因为这种发展模式的农业能够最好地适应本地生产和消费的需求，同时产品质量能够得到控制和保证，满足现在消费者多元化和精细化的消费需求。这种小规模的生产方式和技术因为遵守和吸收了传统文化的理念，更是对地方历史文化的一种传承和延续。许多地方传统文化中的消费观念强调自给自足和克制消费，融合了可持续的生产、消费理念以及对自然资源和环境的合理利用和保护的观念。吸收和发扬这种观念，不仅是一种文化的传承，也是将地方文化与现代绿色环保理念的融合。

## 四 对中国城市可持续发展的启示

1. 文化是城市规划的基础要素

现代城市规划需要将文化作为核心因素和实践路径来考虑，在规划的各方面都应融入文化元素。首先文化使城市增加经济实力,提升城市活力和吸引力。通过对城市历史文化环境的保护和更新,可以为居民创造更多的就业岗位、提供更高的收入和更适宜的生活环境。在城市保护和更新中,需要注意充分考虑基于文化和社会的网络体系。经济发展和历史环境的商业化不是城市保护和更新的唯一途径。对城市的保护和更新应当着眼于文化和社会的延续性,同时鼓励社区的可持续发展和居民的积极参与。在提升居民生活条件和生活环境的同时,为他们提供合适的工作和全面的服务。文化是解决快速城市化和城市人口迅速扩张带来的社会隔离问题的关键。通过文化提升居民的社区认同、市民意识和多元融合观念,消除种群分裂和隔离,鼓励政府、社会组织和居民一起创造经济发展机遇,完善社会服务和配套设施。

增强城市空间的文化依托,便于居民沟通,促进群体融合。城市公共空间的品质和开放程度是影响居民生活的一个重要方面。文化是人们与城市融合的主要媒介,同时也是不同人群交流和沟通的主要途径。文化关系到公共空间的品质、人们的感受,是促进公共空间真正有效的重要因素,能提升居民对公共空间的归属感。强化城市空间的文化表现力是树立城市形象和发展旅游业的重要途径。一个城市需要根据地方特色和自身需求协调新建、改造、重建和保护之间的关系,同时使历史建筑和风貌能够得到最大限度的保护和利用,发挥社会和经济价值。以文化为主线,树立一个统一而独立的城市形象,使城市文化和历史得到最大程度的公众认同和保护。

2. 文化产业帮助消除城市贫困

文化有助改善贫困人群的社会和经济地位。文化创意产业是当前经济领域中发展最为强劲的板块,也是全球经济中增速最快的产业。文化创意产业中相当多的企业是私营企业,特别是小微企业和个人业主。文化创意产业能够为中低收入群体创造和提供适宜、体面、相对稳定的工作,从而取代繁重艰苦的体力劳动工作。鼓励和引导这些企业的发展能够增加城市中低收入群体的就业机会和收入,对消除城市贫困有积极作用。

文化促进旅游和相关产业发展,对消除城市贫困发挥重要作用。我国许多城市由于工业基础落后和其他条件所限,旅游业成为地方经济的支柱产

业。旅游业的发展比工业更易见效，能够在短时期内提升经济和居民收入，增加城市影响。由于旅游业的经营主体多数是地方居民，扶持旅游业发展不仅有利于继承和发扬地方文化，同时还能提升低收入和贫困人群的收入，改善他们的生活环境。

文化有助于提升经济的竞争力和激发创造性的商业模式。目前，全球经济处于转型发展期，文化对于激发新型的产业和行业至关重要。文化与创造性相结合，为创业提供了大量的机遇。文化多元性和活力对城市提升综合竞争力和树立城市品牌，对社区提升品质和不断改善意义重大。城市良好的历史文化氛围能够吸引诸多高端产业和专业人士的集聚，特别是科技密集型和创意型产业。文化创意产业作为市场化的行业，私营企业占了主导地位，对繁荣城市经济和社会环境，创造和增加就业岗位，提高人们收入大有裨益。

3. 文化提升城市可持续发展能力

文化是沟通城市发展和环境保护的重要桥梁，强化文化多元性与生态多样性的联系可以保证环境可持续发展。中国传统文化重视人与环境之间相互尊重的密切关系，对于现在的环境保护和可持续发展具有重要意义。城市规划和政策措施需要充分理解和融入传统文化中的要素，以保护环境和促进可持续发展。

文化是提升城市和社区防灾减灾能力和可持续发展容量的重要因素。传统文化中有很多预测自然灾害的方法，若与现代的科学技术相结合，对提升预测预防自然灾害很有帮助。各地的习俗中有很多应对突发气候、自然灾害的方法措施，以及保护和合理利用自然资源的观念和手段，能够帮助人们和所生活的社区更好地适应自然环境，以更环保的方式实现长期的可持续发展。传统的建筑技术和建筑材料能够充分体现地方特色，帮助居民更好地适应本地环境，实现节能环保和可持续的生活方式。

中国传统生产和消费方式，吸收了传统文化中自给自足和克制消费的理念，融合了可持续的生产、消费理念以及对自然资源、环境的合理利用和保护的观念，可以保障农业的发展和食品的可持续供应。需要鼓励各地尽量发展适应本地特色的农业，同时提供和消费适应本地特色的食品，这对于保障城市的农业发展和食品的供应安全很重要，更是对地方历史文化的一种传承和延续，也是将地方文化与现代绿色环保理念的融合。

## 参考文献

联合国发展署（The United Nations Development Group，UNDG）、联合国教科文组织（United Nations Educational, Scientific and Cultural Organization，UNESCO）、联合国人口基金（United Nations Population Fund，UNFPA）政策报告 *Post – 2015 Dialogues on Culture and Development*。

UN. 2014. *Note by the Secretary-General Globalization and Interdependence：Culture and Sustainable Development A/69/216*. New York，USA. United Nations.

UNESCO LINKS. 2014，*Local and Indigenous Knowledge Systems：Strengthening Indigenous Knowledge and Traditional Resource Management Through Schools in Vanuatu* Paris，France. United Nations Educational, Scientific and Cultural Organization.

UNESCO/UNDP. 2013，*Creative Economy Report, 2013 Special Edition：Widening Local Development Pathways*，New York，USA and Paris，France. United Nations Development Programme and United Nations Educational, Scientific and Cultural Organization.

UNFPA Laos. 2014，*Expanding Access to Family Planning through Culturally Appropriate and Community-Based Service Distribution*，Vientiane，Laos. United Nations Population Fund.

# B.17
# 艺术家视角下的国际文化大都市评价*

春 燕

**摘 要：** 进入21世纪，城市发展建设呈现新的趋势与特征，文化成为促进城市经济发展和塑造城市形象的重要途径。各城市纷纷进行不同类型的战略性规划，意在该领域胜出，展示城市特点，取得竞争优势。2008年开始发布的《全球城市实力指数年度报告》中，以艺术家视角评价文化大都市，展示了文化大都市的构造，可为国内文化大都市建设提供该方面的参考。

**关键词：** 城市综合竞争力　艺术家视角　城市创新

《全球城市实力指数年度报告》是日本森纪念基金会都市战略研究所2008年开始发布的年度报告，该报告对全球具有代表性的40个主要城市的经济、研究开发、文化交流、居住、环境、交通出行等6个领域通过70项指标进行综合评分，根据排序确定各城市的综合实力。表1是全球城市综合实力评价的相关领域和主要指标。在城市综合实力评价中，各城市通过比较综合实力构成要素，可以明确各自的优势与不足，从中找出改进和提升的方向。

---

\* 本文主要基于《全球城市实力指数年度报告》，特此致谢。

表1 全球城市综合实力评价主要指标

| 领域 | 评价视角 | 相关指标 |
| --- | --- | --- |
| 经济 | 市场魅力 | GDP、人均GDP、GDP增长速度 |
| | 商务环境 | 证券交易所的股票市值总额、世界500强企业数、就业人数、完全失业率、服务业就业比例、租金水平、人才确保程度、人均商务面积 |
| | 法律制度及风险 | 经济自由度、法人税、商机与风险 |
| 研究开发 | 研究环境 | 研究者数、世界排名前200大学数、数学与科学的学科能力 |
| | 接受状况和支援制度 | 外国研究员的接受情况、研究开发经费 |
| | 研发成果 | 专利登记、主要技术的受奖情况、研究者交流机会 |
| 文化交流 | 交流与文化发布能力 | 发布规模、国际会展举办数量、主要的世界文化活动举办数、艺术家创造环境 |
| | 住宿环境（集客资源） | 星级酒店客房数、旅店数量 |
| | 集客设施 | 联合国教科文组织的世界遗产（100公里圈）、文化历史的接触机会、剧场和演唱厅的数量、体育场数量 |
| | 接受环境（购物与饮食） | 购物魅力、饮食魅力 |
| | 交流效果 | 外国人居住者数量、海外访问学者数量、留学生数量 |
| 居住 | 就业环境 | 总劳动时间、就业者的生活满意度 |
| | 居住成本 | 住房租赁平均价格、物价水平 |
| | 安全及安心 | 恶性案件、灾害对应的能力、健康寿命、社区交流的良好性 |
| | 城市生活环境（城市生活功能） | 人口密度、人口平均医师数量、外国人口平均国际学校数量、小商品超市的充实程度、饮食店的充实程度 |
| 环境 | 生态 | "SO 1400"企业获得数、再生能源比例、回收率、$CO_2$排放量 |
| | 污染状况 | SPM浓度、$SO_2$浓度、$NO_2$浓度、水质量 |
| | 自然环境 | 城市中心的绿化覆盖率、气温的舒适度 |
| 交通出行 | 国际交通网络 | 城市中心到国际机场的时间、国际航班直航城市数量、国际线旅客数量、机场跑道数量 |
| | 市内交通服务 | 公共交通（地铁）站点的密度、公共交通的充实度与正点率、通勤上学的便利性、出租车的价格 |

资料来源：森纪念基金会，《全球城市实力指数2010年度报告》。

# 一 专业人士视角下的全球城市综合实力评价

在森纪念基金会全球城市综合评价中，除综合实力评价外，还包括有不同专业视角的城市综合实力的评价比较，这些不同的专业视角分别是经营者视角、研究者视角、艺术家视角、旅游者视角、居民视角等5个专业视角。专业视角的评价指标选自综合评价的6个领域70项指标，但是各视角评价指标的规模和侧重各有不同（见表2）。

表2　不同专业视角的评价取向（专业者视角评价指标选择）*

单位：项

| 领域 | 经营者视角指标选择 | 研究者视角指标选择 | 艺术家视角指标选择 | 旅游者视角指标选择 | 居民视角指标选择 |
| --- | --- | --- | --- | --- | --- |
| 经济 | 14 | 3 | 2 | — | 6 |
| 研究开发 | 2 | 7 | — | — | 2 |
| 文化交流 | 7 | 7 | 7 | 12 | 7 |
| 居住 | 12 | 8 | 8 | 5 | 11 |
| 环境 | 7 | 6 | 6 | — | 9 |
| 交通出行 | 7 | 3 | 1 | 7 | 4 |
| 指标数合计 | 49 | 34 | 24 | 24 | 39 |

*数字表示相关领域的指标选择项数。
资料来源：森纪念基金会，《全球城市实力指数2010年度报告》。

经营者视角下的城市综合实力包括企业及企业业务交易的集聚程度、事业的成长性、企业业务开展的难易度、商务环境、人才和人力资源的丰富程度、相关产业链（支持产业）的集聚度、满足家庭和员工的生活环境、政治经济灾害风险等八个方面。经营者视角反映了全球城市的商务环境，在全球城市实力评价中选取了经济、研究开发、文化交流、居住、交通出行等6个领域中的49项指标进行组合，分析比较出经营者视角的全球城市综合实力排名。

研究者视角的全球城市评价是通过对经济、研究开发、文化交流、居住、交通出行等6个领域的34项指标的评价，比较出在全球城市中拥有高品质研究机构的研究者和指导者，拥有研究机构和研究者的集聚，拥有促进形成研究活动创想的空间和机会，在开展研究活动中能够得到充足的研究补助和研究者生活补助，有在相关的研究领域的就业机会，以及生活环境等方面满足要求的城市。

艺术家视角关注的是城市文化氛围（环境）、艺术家集聚程度、艺术市场的存在、创作环境，如创作舞台、绘画物资、艺术的普及性以及日常生活环境等方面，艺术家视角的全球城市实力评价通过经济、研究开发、文化交流、居住、交通出行等6个领域的24项指标，比较了全球城市在文化方面存在的差异及特点，以及艺术家者视角中的国际文化大都市。

旅游者视角的全球城市实力评价反映了城市在魅力文化接触机会、城市安全、一定标准的城市住宿条件、食品及价格、购物环境、购物价格吸引、交通便利（交通便利包括时间和价格）等方面存在的差异。观光者视角的全球城市实力评价包括了24项指标，其中没有反映经济、研究开发、环境等方面的指标，而是主要集中在文化交流、居住、交通等方面的城市实力评价。

居民视角是城市居民对城市的评价，它通过6个领域的39项指标，反映了城市生活中居民关注的购物环境（如物价、购买商品的方便程度）、生活环境（如居住区环境、生活的便易程度）、就业环境（如雇用机会和工资待遇等）、教育环境、休闲活动、安全、医疗水平等方面的差异。

## 二 艺术家视角的全球文化城市评价

艺术家视角由5个方面构成，分别是城市文化氛围（环境）、艺术家集聚程度、艺术市场、文化创作环境（如创作舞台、绘画物资、艺术的普及性等），及从艺术家视角观察的宜居城市。表3是2010～2014年艺术家基于5个方面进行的全球文化城市评价。其中2010～2014年均保持在前10名的全球文化城市有巴黎、纽约、伦敦、柏林、东京、维也纳、阿姆斯特丹和洛杉矶等8个城市，北京、巴塞罗那是2012年后进入前10名的城市，此外米兰、马德、旧金山是没能持续保持在前10名的城市。表3括号中的数字为各城市的综合实力排名，从中可以看到，全球城市综合实力排名与艺术家视角的文化城市评价存在差异，只有综合实力排名前3的城市同时也是艺术家视角排在前3位的城市。

表3　艺术家视角的全球文化城市排名

单位：位

| 排名 | 2010 | 2011 | 2012 | 2013 | 2014 |
|---|---|---|---|---|---|
| 1 | 巴黎(3) | 巴黎(3) | 巴黎(3) | 巴黎(3) | 巴黎(3) |
| 2 | 伦敦(2) | 伦敦(2) | 伦敦(1) | 纽约(2) | 伦敦(1) |
| 3 | 纽约(1) | 纽约(1) | 东京(4) | 柏林(8) | 纽约(2) |
| 4 | 东京(4) | 东京(4) | 柏林(8) | 伦敦(1) | 柏林(8) |
| 5 | 柏林(6) | 柏林(6) | 纽约(2) | 维也纳(9) | 维也纳(10) |
| 6 | 维也纳(11) | 维也纳(12) | 巴塞罗那(13) | 东京(4) | 阿姆斯特丹(7) |
| 7 | 洛杉矶(14) | 洛杉矶(13) | 维也纳(14) | 巴塞罗那(19) | 洛杉矶(20) |
| 8 | 阿姆斯特丹(7) | 阿姆斯特丹(9) | 洛杉矶(23) | 洛杉矶(22) | 东京(4) |
| 9 | 旧金山(22) | 马德里(20) | 米兰(29) | 阿姆斯特丹(7) | 巴塞罗那(27) |
| 10 | 米兰(27) | 米兰(27) | 阿姆斯特丹(7) | 北京(14) | 北京(14) |
| 11 | 马德里 | 旧金山 | 墨西哥城 | 马德里 | 马德里 |
| 12 | 布鲁塞尔 | 北京 | 马德里 | 墨西哥城 | 华盛顿特区 |
| 13 | 芝加哥 | 大阪 | 多伦多 | 上海 | 米兰 |
| 14 | 多伦多 | 芝加哥 | 斯德哥尔摩 | 芝加哥 | 墨西哥城 |
| 15 | 北京 | 哥本哈根 | 北京 | 米兰 | 芝加哥 |
| 16 | 哥本哈根 | 布鲁塞尔 | 悉尼 | 多伦多 | 温哥华 |
| 17 | 温哥华 | 多伦多 | 大阪 | 温哥华 | 上海 |
| 18 | 悉尼 | 悉尼 | 布鲁塞尔 | 布鲁塞尔 | 多伦多 |
| 19 | 上海 | 温哥华 | 温哥华 | 法兰克福 | 法兰克福 |
| 20 | 大阪 | 法兰克福 | 哥本哈根 | 旧金山 | 哥本哈根 |
| 21 | 法兰克福 | 上海 | 旧金山 | 斯德哥尔摩 | 斯德哥尔摩 |
| 22 | 首尔 | 波士顿 | 芝加哥 | 哥本哈根 | 布鲁塞尔 |
| 23 | 波士顿 | 首尔 | 伊斯坦布尔 | 华盛顿特区 | 伊斯坦布尔 |
| 24 | 曼谷 | 莫斯科 | 福冈 | 曼谷 | 曼谷 |
| 25 | 莫斯科 | 曼谷 | 法兰克福 | 伊斯坦布尔 | 大阪 |
| 26 | 台北 | 吉隆坡 | 曼谷 | 开罗 | 悉尼 |
| 27 | 新加坡 | 台北 | 上海 | 大阪 | 圣保罗 |
| 28 | 吉隆坡 | 福冈 | 莫斯科 | 悉尼 | 开罗 |
| 29 | 圣保罗 | 新加坡 | 吉隆坡 | 孟买 | 福冈 |
| 30 | 苏黎世 | 圣保罗 | 台北 | 圣保罗 | 旧金山 |
| 31 | 福冈 | 苏黎世 | 首尔 | 福冈 | 孟买 |
| 32 | 孟买 | 孟买 | 开罗 | 吉隆坡 | 莫斯科 |
| 33 | 日内瓦 | 日内瓦 | 孟买 | 首尔 | 吉隆坡 |
| 34 | 开罗 | 开罗 | 华盛顿特区 | 苏黎世 | 苏黎世 |

续表

| 排名 | 2010 | 2011 | 2012 | 2013 | 2014 |
|---|---|---|---|---|---|
| 35 | 香港 | 香港 | 圣保罗 | 莫斯科 | 首尔 |
| 36 | — | — | 苏黎世 | 波士顿 | 波士顿 |
| 37 | — | — | 日内瓦 | 台北 | 台北 |
| 38 | — | — | 新加坡 | 日内瓦 | 日内瓦 |
| 39 | — | — | 波士顿 | 新加坡 | 新加坡 |
| 40 | — | — | 香港 | 香港 | 香港 |

注：括号内数字为排名前10位文化城市的综合实力排名。
资料来源：森纪念基金会，2010~2014年的《全球城市实力指数年度报告》。

## 三 基于艺术家视角的国内城市文化要素比较

艺术家视角的城市文化要素包括5个方面，即城市文化氛围、艺术家集聚程度、艺术市场、文化创作环境，以及从艺术家视角观察的宜居城市。表4至表8是基于艺术家视角的5个方面进行的国内城市北京和上海的城市文化要素对比。

（1）首先，从城市文化氛围看，北京、上海两大城市的城市文化氛围评价存在较大差距，北京城市文化氛围评价明显高于上海。同时，从发展变化看，这种差距还有进一步加大的趋势。在全球城市文化氛围评价中，亚洲城市排名第一的是东京，在2010~2014年的历年城市文化氛围全球城市排名中分别排在第6位、第4位、第7位和第7位。欧美城市文化氛围在艺术家视角中优于亚洲城市。

表4 城市文化氛围评价的变化

单位：位

| 年份 | 2010 | 2012 | 2013 | 2014 |
|---|---|---|---|---|
| 北京 | 15 | 19 | 17 | 17 |
| 上海 | 20 | 28 | 28 | 28 |
| 亚洲首位城市 | 东京(6) | 东京(4) | 东京(7) | 东京(7) |

资料来源：森纪念基金会，2010~2014年的《全球城市实力指数年度报告》。

（2）以艺术家集聚程度看，北京和上海的评价水平基本接近，并相对平稳地保持在全球城市排名的第 15 位前后（除 2012 年），这一排名在 2013 年和 2014 年成为亚洲城市最高。2010 年和 2012 年东京排名亚洲城市首位，排名全球城市的第 7 和第 14 位，2014 年排名第 17 位，落后于北京、上海。排名的变化显示了亚洲艺术家有向中国城市北京、上海集聚的发展趋势。同时，结合城市文化氛围前列城市评价，艺术家集聚程度与城市文化氛围表现了一定的相关性。

表 5　艺术家集聚程度评价的变化

单位：位

| 年份 | 2010 | 2012 | 2013 | 2014 |
|---|---|---|---|---|
| 北京 | 15 | 35 | 15 | 15 |
| 上海 | 14 | 27 | 14 | 16 |
| 亚洲首位城市 | 东京(7) | 东京(14) | 上海(14) | 北京(15) |

资料来源：森纪念基金会，2010~2014 年的《全球城市实力指数年度报告》。

（3）艺术市场方面，北京和上海也存在较大差距。2013 年和 2014 年，北京在这一方面的排名在亚洲城市中仅次于东京，居全球城市排名的第 5 位。2014 年，上海则落后于包括香港（第 14 位）在内的一些亚洲城市，排名第 23 位。

表 6　艺术市场评价的变化

单位：位

| 年份 | 2010 | 2012 | 2013 | 2014 |
|---|---|---|---|---|
| 北京 | 6 | 6 | 5 | 5 |
| 上海 | 15 | 15 | 23 | 23 |
| 亚洲首位城市 | 东京(4) | 东京(4) | 东京(3) | 东京(4) |

资料来源：森纪念基金会，2010~2014 年的《全球城市实力指数年度报告》。

（4）文化创作环境方面的最大特点是，北京、上海两大城市在文化创作环境方面都有很大提升，排名分别由 2010 年的第 8 名和第 12 名上升到 2014 年的第 3 名和第 5 名。其中 2012 年北京的排名超过了 2010 年在亚洲城市中排名首位的东京，而且在之后的排名中持续在亚洲排名首位（2014 年的东京文化创作环境排名下降到第 30 名）。

艺术家视角下的国际文化大都市评价

表7 文化创作环境评价的变化

单位：位

| 年份 | 2010 | 2012 | 2013 | 2014 |
|---|---|---|---|---|
| 北京 | 8 | 6 | 3 | 3 |
| 上海 | 12 | 11 | 5 | 5 |
| 亚洲首位城市 | 东京(5) | 北京(6) | 北京(3) | 北京(3) |

资料来源：森纪念基金会，2010~2014年的《全球城市实力指数年度报告》。

(5) 艺术家视角观察的宜居城市评价显示了北京和上海在艺术家视角评价中的不足，上海的评价虽然略高于北京，但是不论是在全球城市评价体系，还是亚洲城市之间，都处于排名靠后的城市，成为影响综合实力排名的重要因素。艺术家视角下的亚洲宜居城市评价处于第1位的是东京，尽管在2014年的全球城市排名中略有下降，但依然成为艺术家视角下的亚洲最宜居城市。

表8 艺术家视角观察的宜居城市的评价变化

单位：位

| 年份 | 2010 | 2012 | 2013 | 2014 |
|---|---|---|---|---|
| 北京 | 33 | 36 | 38 | 37 |
| 上海 | 30 | 33 | 32 | 33 |
| 亚洲首位城市 | 东京(8) | 东京(3) | 东京(6) | 东京(9) |

资料来源：森纪念基金会，2010~2014年的《全球城市实力指数年度报告》。

## 四 综合评价国内城市的发展与潜力

表9是2010~2014年，北京、上海全球城市综合实力评价和艺术家视角评价的对比。从艺术家视角看，北京2013年评价排名进入了前10位，并在2014年得以保持。从城市综合实力评价看，2010~2014年北京城市综合实力排名在不断上升过程中，排名由第24位上升为第14位，在综合实力和艺术家视角的评价中，艺术家视角的评价高于综合实力评价。与北京相比，

对上海总的评价也在不断上升。2010年上海的综合实力评价排名在第26位，略落后于北京。2014年上海的综合实力评价排名提升至第15位，与北京只有一位之差。上述评价在显示两大城市综合实力共同发展的同时，也显示了北京的艺术家视角评价要高于综合实力评价，上海的艺术家视角评价要低于综合实力评价，上海在文化城市方面显示了相对的不足。

表9 2010~2014年北京、上海综合实力评价和艺术家视角评价的变化

单位：位

| 城市 | 2010 | | 2011 | | 2012 | | 2013 | | 2014 | |
|---|---|---|---|---|---|---|---|---|---|---|
| | 综合 | 艺术家 | 综合 | 艺术家 | 综合 | 艺术家 | 综合 | 艺术家 | 综合 | 艺术家 |
| 北京 | 24 | 15 | 18 | 12 | 11 | 15 | 14 | 10 | 14 | 10 |
| 上海 | 26 | 19 | 23 | 21 | 14 | 27 | 12 | 13 | 15 | 17 |

资料来源：森纪念基金会，2010~2014年的《全球城市实力指数年度报告》。

### 1. 北京的优势与不足

图1是北京在全球城市综合实力评级中6个方面评价数据以及艺术家视角对北京城市文化要素的评价。从中看到，经济、文化交流、艺术市场、艺

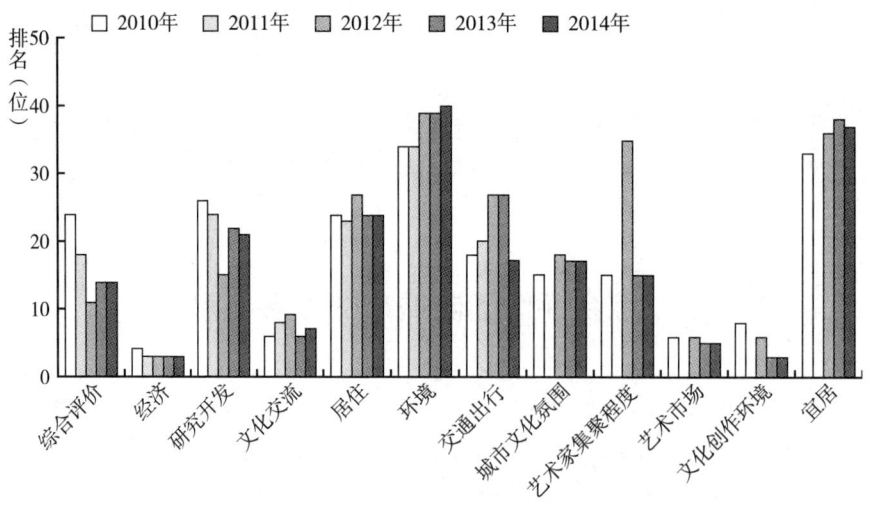

图1 北京的全球城市综合实力评级

资料来源：森纪念基金会，2010~2014年的《全球城市实力指数年度报告》。

术家集聚程度、文化创作环境是北京城市发展的优势所在，需要加强的是研究开发、居住以及交通出行。而亟须改善的是环境和宜居，这是两个既相互联系的又有区别的方面，环境和宜居的改善将会大大提升北京全球城市综合实力，也会为北京文化城市建设发挥重要作用。

2. 上海的优势与不足

图2是上海在全球城市综合实力评级的6个方面评价数据以及艺术家视角对上海城市文化要素的评价。从中看到，上海经济、交通出行以及文化创作环境等方面指标均在全球城市综合实力评价中进入或接近前10位。此外，艺术家集聚程度指标尽管没能进入前10位，但在亚洲的排名是仅次于北京的。因此，经济、交通出行、文化创作环境、艺术家集聚程度等方面是上海全球城市建设以及全球文化城市建设的优势。而需要进一步加强的是研究开发、居住，这对于增强城市文化氛围，提升城市宜居环境都有重要意义。此外，特别需要加强的是环境和宜居建设，这是两个相关度极高但又相互区别的方面，环境和宜居的改善将会大大提升上海全球城市综合实力，也会为上海文化城市建设发挥重要作用。在文化大都市建设方

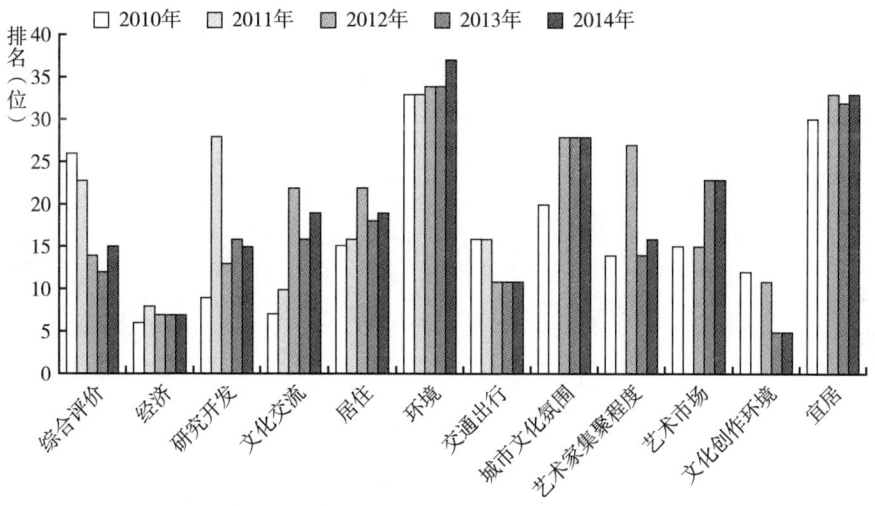

**图 2　上海的全球城市综合实力评级**

资料来源：森纪念基金会，2010~2014年的《全球城市实力指数年度报告》。

面,与北京相比,加强文化交流和艺术市场建设也是上海文化大都市建设需要重点关注的方面。

## 结 语

城市是一个庞大而复杂的系统,城市的各个系统相互联系、相互影响,共同作用促进城市发展。其中文化作为城市发展软实力已被各国城市所认识,并作为城市发展战略中的重要方面。全球城市综合实力评价的艺术家视角明确了全球文化大都市建设的目标和丰富内涵:城市文化氛围、艺术家集聚程度、艺术市场、文化创作环境以及城市宜居性。全球文化大都市建设反映了一个国家或地区的经济社会发展水平,更反映了人们精神文化生活的质量和城市环境宜居性。

# B.18
# 城市遗产保护中的历史景观方法

赵晓梅

**摘 要:** 城市遗产是重要的文化资源,对城市遗产进行有效的保护与管理有助于推动城市的可持续发展。城市遗产是一种活态遗产,既包括建筑、街巷与空间等物质构成要素,又涵盖了居民、场所精神与地方体验等无形元素。近年来,随着遗产领域中对文化遗产与自然遗产、有形遗产与无形遗产的跨学科、综合研究的开展,景观学的概念与方法逐渐引入文化遗产的理论探讨与实践应用之中。特别是针对城市遗产这种复合遗产来说,景观学方法论的借鉴尤为重要。本文将以景观的范畴与景观学的方法论为基础,探讨城市历史景观方法论的概念、起源及其涉及的保护管理议题与相关实践,最后结合目前我国城市遗产现状,探讨城市保护的未来挑战。

**关键词:** 城市历史景观 方法论 城市遗产 文化遗产保护 遗产管理

2015年6月28日至7月5日,联合国教科文组织(UNESCO)在德国波恩召开第39届世界遗产大会,本年度共有11处文化遗产成功进入世界遗产名录，其中有7项为"文化景观"①，表明景观作为文化遗产的特殊类型越来越受到重视。这个新兴的遗产类型同时也推动了景观方法论在遗产保护与管理中的应用。尤其在城市遗产方面，"城市历史景观"（Historic Urban Landscape，简称 HUL）方法论得到 UNESCO 的大力支持，在全球范围进行试点。在《实施世界遗产公约的操作指南》（以下简称《操作指南》）2015 年版修订工作中，出现了将"城市历史景观"方法融入《操作指南》的尝试。管理体系相关条款（第112条）强调了 HUL 方法论中"更广阔的环境"（the broader setting），突出环境涉及文化、环境、社会方面的广泛含义，认可它在支持突出普遍价值（Outstanding Universal Value，简称 OUV）时起到的作用。

## 一 城市历史景观方法论

世界遗产分为自然遗产与文化遗产两大类，景观的概念最初源于自然遗产，随着遗产保护与管理的综合发展，景观的概念以及景观学的方法论被越来越多地应用于文化遗产的研究与实践之中。

景观学的视角将不同的议题纳入研究范围，这样的研究带来跨学科的整合。景观基于人的感知，"景观"是理解世界的一种方式，也是存在的一种方式，表达了一种以人为中心的方法论。景观的概念是民主的体现，因为"风景"是每个人的邻里环境，既有普通公众的声音，也有专家学者的观

---

① 这7项文化景观分别为：伊朗中部山区半干旱条件下人类适应自然环境的方式——"梅满德文化景观"（Cultural Landscape of Maymand）；新加坡19世纪英国殖民政府设立并由英籍园长劳伦斯·尼文（Laurence Niven）担任景观设计师的"新加坡植物园"（Singapore Botanic Gardens）；蒙古国传说中成吉思汗出生和埋葬之地的蒙古族萨满教及佛教圣地"大不儿罕·合勒敦山及其周边的神圣景观"（Great Burkhan Khaldun Mountain and its surrounding sacred landscape）；丹麦为其国王和王室狩猎而专门设计的森林与公园体系"北西兰岛帕·方斯狩猎景观"（The par force hunting landscape in North Zealand）；法国第戎市中世纪中期的葡萄种植及酿酒的"勃艮第特殊气候条件产区与风土"（Climats, terroirs of Burgundy）；法国香槟生产全产业链的"香槟坡地、建筑及酒窖"（Champagne Hillsides, Houses and Cellars）；土耳其底格里斯河上游高地历史城镇及其绿廊——"迪亚巴克尔堡与哈维塞尔花园文化景观"（Diyarbakır Fortress and Hevsel Gardens Cultural Landscape）。

点。景观的概念在跨学科研究的基础上更加深入真实的生活，引领着遗产方法论发展的新方向。更为重要的是，景观的定义并不局限于遗产的实质构成要素，更将谁定义了遗产以及利益相关者如何感知遗产等问题纳入其讨论范围。鼓励公众更多地与遗产接触，从而有效地阐释遗产所具备的更为多样的价值以及评估价值的方法。

景观学的方法论在范围、范畴与意图三个方面扩展了遗产方法论。首先，在范围上，该方法论不仅仅保护景观自身，而且将景观的概念应用于所有遗产资源，承接了遗产的复合性与无处不在的特性。其次，在遗产范畴方面，景观学方法论将那些纪念意义不那么重要或非建造的要素都纳入进来，无形遗产也因此受到了更多的关注。最后，景观学方法论对于遗产意图的扩充主要表现在对于资源感知的提升中，因为研究表明我们已经发现的历史其实只是现存遗迹中很小的一部分，景观概念的引入将大大扩充我们对遗产的定义。景观学的方法是基于对景观特性的认知与管理，这些特性并不一定是实体的，它包含了物质构成要素，又超越了这些物质要素。景观在本质上也是动态发展的，受到历史发展中重大变化的影响，这些影响表现在它的物质构成中，也表现在它被感知的方式之中。

景观在文化、生态、环境与社会等领域受到公众的广泛关注，公众希望享用高品质的景观，也积极参与到景观的发展之中。景观能够推动当地文化的形成，它是自然与文化遗产的基本构成要素，能够促进人类的健康，巩固文化认同。因此，2009年欧洲理事会制定了《欧洲景观公约》（*European Landscape Convention*，以下简称《公约》），《公约》将"景观"定义为人们能够感知的一个区域，其特征产生于自然与/或人为因素的相互作用。《公约》号召欧洲各国认可景观作为人类环境的重要构成要素，它是共享的文化与自然遗产多样性的表达，也是身份认同的基础；建立、实施景观政策，旨在通过明确的措施来保护、管理与规划景观；鼓励公众、地方与地区组织参与到这个过程之中，完善并实施景观政策；将景观整合到区域与城镇规划之中，也融入文化、环境、农业、社会与经济等相关政策之中，以及其他直接或间接的相关政策之中；鼓励建立、发展跨国界的景观合作。

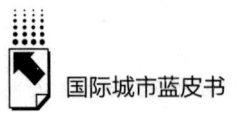

## 二 城市历史景观方法论

早在 20 世纪 80 年代,历史城市(historic city)即成为世界遗产名录中的一个特殊的文化遗产类型。近年来,由于全球化与城市化的不断加快,城市遗产受到越来越多的发展性威胁。为应对城市遗产问题,UNESCO 提出了一个新的方法论——"城市历史景观"。城市历史景观的概念起始于 2005 年的《维也纳备忘录》,它并不是一种遗产类型,而是保护、管理与规划城市遗产的方法论。该方法论基于景观学方法论,最初应用于自然遗产与空间研究,将无形要素、环境与文脉、可持续发展以及城市的社会、经济功能都纳入该方法论的考虑范畴之内。

HUL 方法建立起一个整合的框架,从不同角度来评估、管理城市遗产的构成要素。2011 年,UNESCO 大会通过了《关于城市历史景观的建议书》(以下简称《建议书》),《建议书》将城市历史景观定义为"文化和自然价值及属性在历史上层层积淀而产生的城市区域,其超越了'历史中心'或'整体'的概念,包括更广泛的城市背景及其地理环境"。其中"更广泛的背景"包括遗址的地形、地貌、水文与自然特征,历史或当代的建成环境,地上地下的基础设施,空地与花园,土地使用模式与空间安排,感觉和视觉联系以及城市结构的所有其他要素;社会与文化方面的做法与价值观、经济进程以及与多样性、特性有关的遗产的无形方面也属于这个"更广泛的背景"。HUL 的定义为在可持续发展的框架内全面地、综合地识别、评估、保护与管理城市遗产奠定了基础。HUL 方法旨在维持人类环境的质量,承认城市的动态性,希望提高城市空间的生产效用与可持续利用,促进社会与功能方面的多样性。该方法将城市遗产保护目标与社会、经济发展目标相结合,它的核心在于维持城市环境与自然环境之间、今世后代的需求与历史遗产之间可持续的平衡关系。HUL 方法也是对已有的文化遗产方法论的继承与发展,将文化多样性与创造力看作促进人类发展、社会发展与经济发展的重要资产,成为管理自然与社会转变的手段,以确保当代的干预行动与历史背景下的遗产和谐地结合。HUL 方法借鉴地方社区的传统与观点，同时也尊重国内与国际社会不同的价值观。

## 三 HUL 方法论的议题

HUL 方法将很多议题纳入遗产保护与城市发展之中，如活态遗产、认同与场所精神、社区参与、传统知识与多学科交流等。

### 1. 将城市作为活态遗产来管理

HUL 是管理城市遗产的方法，它认可多层次、相互联系的遗产价值，涵盖了自然的与文化的、有形的与无形的、国际的与地方的价值。这一方法整合了不同学科对城市保护过程的分析与规划，反对将城市遗产保护与当代城市的规划发展相割裂。也就是说，HUL 方法寻求的是重新建立遗产与当代城市之间的联系，城市与更广泛的环境、腹地之间的联系，城市保护与城市规划、区域发展之间的联系，新建筑与历史文脉之间的联系，不同文化传统之间及其与当代城市不断发展的社会经济发展趋势之间的联系。所有这些都是城市日常运转的组成部分，适时而充分地回应了 21 世纪城市的动态性。

### 2. 认同与场所精神

一座城市的认同存在于它所继承的历史遗迹及其当前的状况之中。这种认同有多元的意义，表现于城市的历史与当代建筑之上，也表现于城市的传统与居民传承之中。当代居民通过他们的集体生活与个人行为而延续城市认同。自然的、文化的、建筑的、无形的与地方性的遗产是一个复合的层叠，它们相互作用，将物质与社会经济、文化环境联系起来，构成一座城市的历史景观，它是场所精神的重要支柱。通过文化绘图、利益相关者咨询与参与性规划等手段，完全识别城市的自然、文化与社区资源，建立详细目录、予以评估，这些措施将有利于更好地理解城市的特性、认同以及更广泛的场所精神。

### 3. 地方性遗产与共同的形象

城市文化发展建立在认同的基础之上，而城市文化发展也强化了这种认

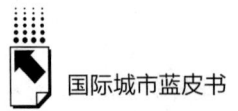

同。然而，目前城市遗产仍局限于具体的场所而不是人。商品、思想与人口的快速流动是21世纪全球化的重要特征，人们关注特定场所所具备的资产，城市遗产即其中的重要类型。城市是这些变化与流动发生的场所，人口与思想不断交流，产生了相互矛盾的动态性，也成为城市独有的特征。新移民对当地文化与建筑遗产的传统感知并不在意，因为这种传统感知并没有表达当前城市的多元文化认同。因此需要将新来者积极地纳入保护历史与当代城市的信息、教育与参与过程之中。

4. 城市作为地方体验的知识库

城市高流动性的另一个挑战是历史文脉中的新建筑。随着信息交流技术的发展，消费社会中的产品适用期大幅度缩短，城市建造所需的时间大大长于即时满足的时间，因此我们现在只是在建造建筑物而已，并不能够建造城市。建筑设计与建造实践应当作为对当前社会文化价值的反映，建筑形式也应当是对生产关系的反映。我们应当尊重建造前辈的智慧，这种尊重表现在对历史悠久的建造技术、地方材料、适应气候的空间模式与建筑的运用之中。

5. 整合的学科群与专业实践

历史城市的保护与复兴需要超越保护专家的专业意见，亟须居民、年轻人、企业家、城市规划师与管理者、艺术家与媒体等不同利益相关者的参与，从而构成合作的联盟，减少冲突并优化历史城市的创造性使用。目前，已有很多学科参与城市保护与发展之中，然而缺乏学科间的整合，城市遗产管理仍然被严重切分，破坏了历史城市本身以及它对当代城市发展的潜在贡献。为了避免这些弊端，应当整合城市的人力、社会与文化资本，目前很多城市已经建立了一站式的城市环境管理体系，如都灵、波特兰、毕尔巴鄂、西雅图与巴塞罗那等，将城市视为一个整体，好的治理推动着居民共同学习的过程。基于共有的价值，不同利益相关者能够更快地达成一致，更广泛地彼此理解，从而达成一个共同的城市认同，也因此使他们之间的差异得以解决。

## 四　应用 HUL 方法论的试点城市——巴拉瑞特（澳大利亚）

由于发展中国家与地区城市遗产受到的威胁远远大于欧美等发达地区，UNESCO 在选取试点城市时，尤其关注亚太地区，目前已选取印度的瓦拉纳西、海得拉巴和阿杰梅尔－普什卡、斐济的列雾卡、巴基斯坦的拉瓦尔品第、澳大利亚的巴拉瑞特、厄瓜多尔的昆卡，以及我国的上海、苏州、同里与都江堰作为试点城市，应用 HUL 方法，推动遗产的活态保护与城市的整体发展。本文选取澳大利亚的巴拉瑞特为案例，对 HUL 方法的具体实施项目进行分析与阐述。

维多利亚州的巴拉瑞特是澳大利亚保存最为完整的 19 世纪中期历史城镇之一，整个城市建于 19 世纪 50 年代的淘金热潮时期，在这一时期，澳大利亚出现了大规模的人口迁徙。该市因以遗产为中心的战略"保护巴拉瑞特的遗产"而闻名，该战略运用了许多《关于历史性城镇景观的建议书》中所列举的方法，如能力建设、社区参与以及社区可获得的其他资金或制度支持。

巴拉瑞特原先一直把保护重点放在后殖民的历史建筑遗产上，目前该市也开始开展对文化遗产的其他组成方面的甄别和吸收。为实现这一目标，巴拉瑞特市于 2013 年与 WHITRAP 上海中心签订了战略合作协议，建立长期的战略合作，共同组织了关于 HUL 应用的研讨会，尤其是社区、景观及政策规划；从景观和社区角度开展了巴拉瑞特历史性城镇景观的综合普查活动；发布了《巴拉瑞特和联合国教科文组织历史性城镇景观方法》的手册，来增强社区认识。

目前，应用至巴拉瑞特城市遗产保护的 HUL 方法与策略的目的在于建立一个遗产友好、照顾社区的城市，同时也培育着城市中积极、熟练的劳动力；鼓励社区积极参与遗产管理并引以为豪，建立强健的社区伙伴关系，更好地利用资源；政策、规划与资金决策以遗产原则为导向；建立遗产数据信息系统,将已有及正在进行的研究、规划与体制改革告知社区;推动城市的繁荣,完好呈现城市的魅力,揭示遗产的多重价值,推动社会经济发展;为我们的后代保护地方性遗产;更好地利用遗产资源架构,保障城市的可持续性与宜居性。巴拉瑞特政府使用了 HUL 方法中的不同工具,这些工具是城市遗产保护项目的理论与技术支撑。

(1) 居民参与工具

"巴拉瑞特城市历史景观"——一个新的社区参与网站。该网站起始于 2015 年的"历史城市复兴"国际论坛,网站帮助利益相关者与社区之间建立长久的合作。

"巴拉瑞特遗产奖"——鼓励优秀的伙伴关系。该奖项鼓励社区保护巴拉瑞特的遗产,奖章将授予那些适当创新地再利用遗产地的开发者,或是在历史区域中添加和谐新设计的设计者,或是对场所、收藏品与故事进行保护的保护者,或具备其他遗产相关技能的人,激励他们以创新的方式对遗产社区做出的突出贡献。

"街区故事"——挖掘真实的故事。该项目源于邀请当地居民讲述他们的故事,进而通过影片捕捉到居住、工作于街区中的人们的记忆以及建筑的历史信息,其中有的可以追溯到"尤里卡栅栏"事件(1854 年)。该项目表明被破坏的遗产建筑也是可以修复的,即使是被遗弃的遗产地,对社区来说也有一定的意义。

(2) 知识与规划工具

"巴拉瑞特视觉化"——新的城市历史景观绘图工具。该项目起始于 2015 年的"历史城市复兴"国际论坛,这一绘图工具是可以由多位遗产利益相关者共同操作的,它揭示了巴拉瑞特的城市历史景观与社区价值,而这些景观及其家长是随着时间而不断演变的。

"巴拉瑞特遗产数据库"——指尖上的遗产。该数据库囊括了自 20 世纪 70 年代开始的一万多项遗产研究记录。数据库可以根据遗产地、街道名称或遗产编号进行搜索;涵盖了相关的遗产重要性说明、地区历史、物质要素描述以及照片等;居民、研究者、法定规划者、开发者与公众可以更方便地获取地方遗产信息。在巴拉瑞特地理信息系统中，也可以应用该数据库；它与其他规划工具相连接并相互借鉴。

（3）资金工具

"共同保护我们的遗产"资助金项目。自2010年项目起始至今，该项目已给予34位商业或非营利、私人或社区遗产地业主共计16.5万澳元的资助，帮助他们实施保护项目。2014年该奖项的资助金翻倍，资助金全年可以申请。

巴拉瑞特遗产修复贷款。目前储备有40万澳元的低息贷款，可以帮助商业或非营利、私人或社区遗产地业主实施他们的保护项目。

（4）监管工具

"巴拉瑞特的遗产覆盖图"——规划保护。巴拉瑞特的第一个遗产规划产生于20世纪70年代，至今已有一万多处遗产、场所、区域与特征被列入到巴拉瑞特遗产规划方案覆盖图中。其中包含约70个州级建筑遗产以及1个国家级遗产——"尤里卡栅栏"事件发生地。这些遗产列入名录是热情的社区、积极参与的地方政府以及很多专注遗产与规划的专业人士共同努力的成果。巴拉瑞特市已经开始进行遗产缺口总体规划，继续开展遗产研究，以更好地保护具有重要意义的场所。

## 五　城市保护的未来挑战

第二次世界大战之后，城市保护已然成为大多数欧洲国家的政策与实践。最初是基于战后重建的需要，后来保护成为城市规划与管理全面发展的构成要素。20世纪六七十年代，一些国家采用了特殊立法，来保障保护的实践。总体来说，这些政策成功地保护了欧洲历史城市的物质组成，然而，由于社会经济的逐步变迁，旅游业成为历史区域的首要功能，极大地改变了历史城市的经济与社会组织。世界其他地区追随欧洲模式，拉丁美洲与阿拉伯地区也出台了保护规划与政策，以便服务于重要遗产地的保护；非洲与亚洲的保护政策往往是临时的，城市遗产受到社会经济快速变革的影响更大。

从全球范围来说,《世界遗产公约》成为推动城市保护实践与遗产价值的主要工具。事实上,目前城市遗产成为世界遗产名录中最大的一个类型(在超过1000处的世界遗产中有300多处为城市遗产)。在过去的二十年中,城市遗产成为联合国发展与保护策略的焦点,也有一些私人组织在这一领域发挥着积极的作用,从而使重要的经验得以推广,促进地方保护立法、规范与实践的达成。五十年的保护经验构成了实践与政策的知识库。尽管专业宪章与UNESCO规范建立起较为一致的原则,保护实践在每个地方却是不同的,并随着时间而不断发展,表达了对遗产价值的感知的变迁以及需求的发展,这些都与社会经济的需求相联系。然而,这些在欧洲及其他地区出现的实践并没有被完整地记录下来,缺乏对国家层面以及国际层面的城市保护领域研究。

在很多地区,城市遗产保护因受忽视、衰退与人口迁移、中心区域的发展以及建筑替换与变更等影响而受到很大的压力。在一些高速发展的国家中(如中国与东南亚一些国家),很大一部分的传统城市结构与遗产已然遭受了不可修复的损失。即便在没有受到破坏的区域,城市遗产也是极度脆弱的,地方与国家层面的规范不足以有效地保护它们。在拉丁美洲与非洲,相似的进程可能马上开始。很多阿拉伯国家目前处于不稳定的状态,公众失去对城市环境的控制,冲突与快速变迁使得城市遗产受到了很大的破坏。

从全球范围来说,很多历史中心都面临着威胁,如果发展速度仍旧像过去三十年那样迅速而不减慢的话,也许在十年、二十年后,这些历史中心即可能完全消失。其中,旅游业是最有威胁力的。很多城市历史景观的魅力与品质使之成为旅游发展的焦点,这种发展仅需要相对较少的投资即可达到功能的改变与调整。这虽然不是一个消极的过程,却存在着社会排斥与人口替换(士绅化)的风险,发达国家与发展中国家都已发生这样的情况。

针对我国目前城市遗产的保护现状,HUL方法是非常值得借鉴的。我国对于城市遗产的认识仍局限于建筑、街区或城市特定场所,缺乏对居民与无形遗产的关注。虽然我们已经认识到遗产保护对于当地社会、经济、文化的巨大推动作用,但是在实践操作层面,城市规划以及遗产保护管理工作仍局限于建筑学或规划学科的专业人士,缺乏对当地居民以及其他利益相关者的考量,他们也未能参与政策制定与实施的过程之中;同时,在专业层面,缺乏人文社会科学领域专业知识的指导以及与其他相关专业人士的沟通、合作。基于景观感知的 HUL 将能够有效地分析城市遗产的物质特征、居民构成以及多层次的无形价值,推动遗产保护管理的多学科合作与公众参与,促进遗产与城市的协同发展。

## 参考文献

G. Fairclough, *New Heritage, an Introductory Essay-People, Landscape and Change // Graham Fairclough, Rodney Harrison*, Jnr. Jhon H. Jameson & John Schofield (eds.). The Heritage Reader. London & New York: Routledge, 2008: 297 - 312.

Council of Europe, *European Landscape Convention*, Florence, 2009.

L. veldpaus1, A. R. Pereira Roders, *Historic Urban Landscapes: An Assessment Framework*, "IAIA13 Conference Proceedings" Impact Assessment the Next Generation 33rd Annual Meeting of the International Association for Impact Assessment. Calgary, 2013: 1 - 6.

UNESCO, *Recommendation on the Historic Urban Landscape*, Paris, 2011.

F. Bandarin, R. van Oers (ed.), *Reconnecting the City: The Historic Urban Landscape Approach and the Future of Urban Heritage*, New Jersey: Wiley-Blackwell, 2014.

T. Campbell. *Beyond Smart Cities-How Cities Network, Learn, and Innovate*, New York: Earthscan/Routledge, 2012.

J. Pérez, S. Astudillo, *Visioning Conference Outputs*, Cuenca, 2015.

City of Ballarat, *Ballarat and UNESCO's Historic Urban Landscape Approach*, Ballarat, 2013.

# 城市生态篇
## Urban Ecology

## B.19
## 建设综合有效的城市传染病防控体系

汤 伟

**摘　要：** 埃博拉疫情在西非暴发，说明城市化和世界城市网络在传染病的发生、传播和应对过程中具有重要作用。随着发展中国家城市化进程加快，新发传染病也有所加剧。原因有三方面：城市化迫使人类与携带病毒动物栖息地产生交集，使病毒适应性增强产生变异；城市化改变传统城乡互动方式；城市尤其特大城市成为传播中心。城市应对传染病暴发的标准程式是预防、准备、反应、恢复，同时个体的卫生习惯也很重要。城市对传染病防控应进行强有力的政策干预，也需要私营部门和公民社会的合作和各种形式的伙伴关系。同时，要加强对贫困人群和社区的卫生服务和控制。

**关键词：** 埃博拉　世界城市　卫生（健康）不平等　城市化

城市化是当今世界的主要趋势,给公共卫生带来重大影响。预计到2050年,城市人口将占全部人口的70%以上。城市人口大量增加而基础设施供应不足必然使生活在贫民窟的人口大量增加。联合国人居署预计,当前生活在贫民窟的人口大约有9亿,相比2000年的7.6亿人和1990年的6.5亿人有明显增加。贫民窟人口的增多,使城市为居民创造教育、卫生和社会服务的同时难以跟上基础设施和服务扩张的需求,而住房和安全饮用水等基础设施匮乏必然引发一系列公共卫生和健康问题,主要表现在三个方面:传染疾病,譬如HIV、结核病、肺炎等;非传染疾病,譬如心脏病、癌症和糖尿病;伤害,包括公路交通和暴力。本文主要讨论传染病问题。统计发现,过去33年暴发疫情多达12102次,疾病种类达215种。传染病已成为人类死亡的第二大肇因,美国卫生和人类服务中心预测传染病的死亡人数是总体死亡人数的1/4,其中年龄小于5岁的幼儿死亡率已接近70%。一些机构还预计,未来人类社会将有22%的可能性被某种新型瘟疫毁于一旦。此次埃博拉疫情暴发后,有学者指出,埃博拉毒性在降低,但传染性在提升,还可能出现新型变种。未来新型传染病的暴发仍有极大可能性,世界城市该如何应对值得考察。

## 一 城市传染病与城市化不均衡发展密切相关

1. 城市化进程加速传染病的大范围传播

城市史,某种意义上是与寄生物一起生活并不断试图排除这种寄生物的历史。1830年以后四十年内,伦敦暴发四次霍乱疫情,城市管理者彻底认识到改善公共卫生的必要性和重要性,促使了一大批现代公共卫生机构的建立。霍乱更迫使城市居民摒弃了公共卫生和健康只是个体事物的陈旧思维方式,承认是人们生活和居住在一起的公共责任。2007年医学杂志对医学家调研一致认为,公共卫生革命是1840年以来最重要的医学里程碑。正是有了对公共卫生的系统知识,人均寿命才大幅度延长,而一些移民城市譬如旧金山和温哥华才得以建立。

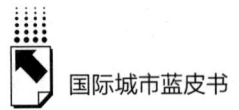

现代医学发现，城市作为高能量、高密度、高物质聚合体，也是病毒传播的绝佳场所。如一所高中有788名教师、学生和工作人员，总相遇次数可达到惊人的762868次，大大超越了传播的最低限度。此外，病毒还通过人类接触的其他媒介传播，譬如钞票和信用卡，研究发现26%的钞票和47%的信用卡包含高密度细菌，对手机分析也显示1/6的手机也有着粪便细菌。城市某些特殊地点特别容易滋生微生物和病毒，成为病毒传染源头，譬如公共厕所、空调系统。2004年法国一项研究证明，在空调房工作的人员生病时间是常规人的2倍多。当然，城市生活并非总是坏的，一些被认为有着危害性的元素也在帮助我们重新构建免疫系统。譬如公共交通。伦敦卫生和热带疾病研究学院调查发现，使用公共交通通勤的人其实比使用其他模式通勤的人更少感染病毒。

发达国家的城市化已基本完成，目前发展中国家正经历快速城市化过程，而这种城市化除了带来人口高密度对病毒传播有利这一一般性问题外，还驱动着新问题的产生：第一，城市化改变自然景观，譬如森林面积减少、动植物构成异化、微生物环境变化，一方面迫使人类与携带病毒动物栖息地产生交集，另一方面也使病毒适应性增强产生变异，传染病新发。第二，城市化还改变社会互动模式，使乡村也出现以往只在城市传播的疾病。以前，城乡分割，城市疾病很少向乡村传播，而乡村也维持着自身的生态平衡，随着人口从乡村向城市流动加快，微生物和病毒突破这种界限，使得农村感染原本不在本地的病毒。研究人员对海地艾滋病研究发现，城市化对艾滋病感染率影响明显。尽管海地城市HIV/AIDS比农村地区有着更高的感染率，但越来越多的农村妇女感染HIV/AIDS。第三，技术的时空压缩效应使得病毒向人类传递的路径发生变化，城市尤其特大城市更容易成为疾病传播中心，而全球传染病防控形势也和城市在世界城市网络中地位密切相关，为何此次埃博拉没有向全球扩散，就因为西非城市并没有融合成为世界城市网络的主要节点，而SARS向多伦多、新加坡、台北扩散就和香港国际金融中心地位有关。

2. 城市社会经济的区域差异使贫困人群卫生状况加重恶化

世界卫生组织和联合国人居署共同发布的报告指出，城市化不仅带来机会、工作和服务，还在城市居住者的健康和公共卫生之间制造出了不平等，且这种不平等已深入社会和生活的方方面面。这意味着世界的每一个角落都会有城市居住者因为身体衰弱而面临严峻困难，而城市贫穷人口正不成比例地在一系列疾病和卫生问题中受到损害，甚至经常性地处于最不利卫生结果之中，譬如早期儿童的死亡，无法获取生育服务和安全饮用水等。不平等本质是社会化的，这超越了年龄和性别等先天因素。事实上从地理角度看，健康恶化和传染病正向某些特定地点集中。由此，城市居民是否健康，是否容易感染传染病，相当程度取决于城市内部位置。譬如纽约，某些街区总是充满着经济贫穷所带来的不卫生和不健康的状况。2001年，纽约市贫穷社区人口的平均寿命要短于富裕社区人口平均寿命大约8年。除了社会经济地位和社区的因素，年龄、性别和残疾等自身因素也会影响到城市居民的卫生状况。女人对城市内部的HIV感染可能性就相对较大，数据显示，城市女性的感染可能性是城市男性的2倍，是农村女性的1.8倍。城市健康和公共卫生的不平等最终会超越社区和区域，对城市所有的居住者产生影响，传染病大规模暴发会最终引发社会不稳定、暴力和犯罪，从而败坏城市声誉。

一些学者还比较维多利亚时期的英国和当前发展中国家快速城市化的基础设施建设，发现发展中国家既无足够时间也无相应资源确保清洁的空气、饮用水，无处理生活污水的下水道等设施，无必要的疫苗和医药供应，无合理的医疗系统等，由此，传染病的暴发和应对实际上是一个综合性的经济社会发展问题。

## 二 城市建设有效的传染病防控体系的核心环节

发展中国家的迅速城市化使新发传染病传播更快更广，而世界城市的资金、技术、信息网络也影响着传染病的扩散和防控形势，那么一旦传染病暴发之后，这些城市又可采取哪些措施呢？其实，传染病防控可分为环环相扣的四个方面：预防、准备、反应、恢复。

### 1. 通过调研和评估准备预案应对传染病暴发

预防就是在推进城市化进程时要加入公共卫生管理体系的组织架构，制定好各类预案和评估。预案要求充分调研现状，仔细分析城市对外联系的主要通道和途径，尤其是与传染病暴发地区可能的联系和接触范围。评估内容包括：是否建立有效灵敏的传染病监控预警系统；城市医疗机构是否有足够的监督和运行能力；城市是否有足够的相应药物、器械、食品和饮用水；信息流通是否畅通，紧急药品和货物的交通运输通道是否有效构建；政府是否对可能出现的最差情形做出隔离、疏散和配送体系的规划草案，以及相应的危机公关战略。

### 2. 构建城市应急管理体系遏制传染病扩散

准备就是假设城市已经暴发大规模的传染病疫情，需要构建一个城市应急管理体系用来遏制传染病扩散。根据不同城市的经验，大致分为几点：要保障传染病暴发期的人民群众基本生存问题，农业生产和市场流通要确保畅通和不受污染，这方面较本地产品受污染的可能性较少，可多选用本地产品。疫情一旦暴发，医疗卫生体系压力较大，为避免患者集中于几个主要医疗机构，要尽可能做到救治点在空间上的合理均衡分布，譬如通过成立临时性医疗机构的办法。而疫苗以及相应药品食物的供给也应有所保障。疫情暴发时，信息传播极为重要。今天，互联网和手机正逐渐取代传统媒介，必须保持这些现代设施的正常运转将信息快速有效传递给公众，避免恐慌。交通方面，一方面应将重要资源输送到最需要的地点，另一方面也需要将需要隔离的患者送到医疗机构，在传染病暴发的集中区域要尽快疏散人群。

### 3. 针对传染病暴发的具体情况详细应对

反应就是根据预案评估，准确根据传染病暴发的具体情况进行应对。其中，高效的决策指挥中心、专家分析和公众积极参与非常重要。指挥中心可面对多个目标进行综合协调，避免混乱；专家分析则可尽快实现早发现、早隔离、早治疗，且制订有效的应对方案；而公众参与则有助于避免无故恐慌。

4. 传染病平息后恢复城市正常运行

恢复就是传染病危机平息之后，城市应逐步恢复经济、社会和文化活动。其实无论是预防、准备，还是反应、恢复，都是城市传染病预防体系的必要环节，而不同城市情况条件都不尽相同，发展中国家城市区域化可能缺乏基本的必要资源、基础设施，因此面临的挑战和局面也会更复杂。总体说来，推进公共卫生改革仍是发展中国家必须尽快开展的基本任务。

## 三 中国城市传染病防控体系建设的启示

1. 城市传染病防控需要良好的社会经济基础

城市对传染病的防控不可局限于卫生部门，而必须从广泛的经济社会视角予以应对。目前，现代城市卫生体系的核心是医疗、基本药物和新药创新，发展中国家城市卫生战略是在国际援助支持下提升公共卫生支出，以有利于穷人，同时加大国际社会在药物、疫苗方面的供给。然而，任何城市总是存在卫生和健康的不平等，而这种不平等又都是人们在其中成长、生活、工作、如何利用卫生服务的结果，并进一步被更广范围的政治、社会和经济力量塑造。此外，气候变化和其他形式的环境恶化还会加重社会经济条件所引发的卫生不平等。只有通过减少城市在健康和卫生方面的不平等，才能实现传染病防控的最佳治理绩效。而要减少这种不平等，就必须在下面四个领域进行强有力的政策干预：水和卫生系统，城市土地利用和交通规划，有效初级护理，旨在影响食物和生活方式的健康项目、教育。事实上，政策干预的确显示了明显的效果，其中香港最为典型。香港的人口密度超越纽约、上海，也存在严重的贫富阶层分化和空间不平等，然而其紧凑的城市形式和高效的公共交通使其成为绿色城市的典型。香港总人口中只有6%的人使用私家车，超过90%乘坐船、轨道交通、火车、步行，超越纽约58%和上海63%的公共交通使用率。当观察相关香港的健康和卫生指标时可以发现，他们居民预期寿命达到82.5岁，大大超越约翰内斯堡的51岁和伊斯坦布尔的72岁。

### 2. 以卫生部门为核心的政府综合协调的防控机制

城市的政策干预是多领域多维度的，因此必然是多部门整合，而这种多部门路径必然涉及一系列利益攸关者，包括住房、交通、工业行业、水和卫生设备、教育、环境、金融管理等。更为重要的是，与私营部门和公民社会的交叉互动也被看成政策干预的关键。国家、地区和地方政府的垂直伙伴关系需要城市内部的利益相关者予以落实，而地方政府应寻求国民政策和地方执行之间的协调。除了跨部门伙伴关系，还包括领导人之间的政治承诺，每个人都共享共同期望，支持跨部门沟通和协调的制度框架，以及能够提供实际技能和经验的连接。作为发展中国家的代表城市，德黑兰和上海已建立跨部门协调机制，而成功管理传染病暴发的案例还有墨西哥城。墨西哥城建设了完整的预警、卫生警报和应急体系，在2009～2010年应对H1N1流感暴发过程中成功展示了包括科学界和媒体在内的多部门合作关系，而卫生部门在其中扮演了核心领导和协调的角色。

### 3. 建立网络化、重点突出、全面覆盖的防控体系

对城市健康和卫生不平等的干预必须建立在可行的、可持续性证据基础之上。需要对城市居民的数据进行系统而有条理的收集，譬如性别、年龄组、地理位置、城市、社会经济等。数据收集既可从地方也可从国家做起，以确保最大程度的可靠性、透明性和完整性。一旦收集到足够信息，就可发现城市内部的卫生不平等并不是随机分布，而是经济社会地位和地理位置所引导的一致性。这种不平等的性质和范围一旦得到妥善理解，那么就可在多个领域采取有效行动，包括自然和建成环境、社会和经济环境、粮食安全和质量、服务和健康紧急管理等。在所有干预措施中，初级卫生服务传递至关重要。贫困人群总是生活在城市最差的房屋和社区，贫民窟周边甚至没有任何简单的卫生护理设施，基于社会和物理障碍，贫困人群也不太可能接近对健康有益的公共空间和服务设施。因此，在重点区域进行初级卫生基础设施的有效布局异常关键。这就要求多个公共卫生机构、社区和贫民窟治理组织的有效合作。同时，城市间围绕卫生、健康合作也很重要。有学者曾经对欧洲"健康城市网络"案例进行研究，其发现，这个连接了不同国家、不同

规模的 36 个城市的网络显著提升了各个城市的绩效，合作行为产生了明显的网络正外部性，因此城市间合作值得鼓励。

**参考文献**

World Health Organization and United Nations Human Settlement Program, *Hidden Cities: Unmasking and Overcoming Health Inequities in Urban Setting*, 2010.

Shahid Yusuf, Kaoru Nabeshima, Wei Ha, "What Makes Cities Healthy," *World Bank Policy Research Working Paper 4107*, January 2007.

Chatham House Report, *What's the World Health Organization For*, 2014.

# B.20
# 全球重要城市空气质量监控和比较*

樊豪斌 邓智团

**摘　要：** 英国环境与基础设施研究组织（AMEC）在综合考虑了国家、地理、气候、人口及经济发展等因素后，选择了全球36个重要城市进行空气质量比较研究，并发布《全球重要城市空气质量报告》。该报告基于所比较的城市空气质量数据的权威性和处理的一致性，以及官方的空气监测数据，设计开发了空气质量指数，用以对36个可得监测数据的城市进行排序。我国被测评的北京和上海的空气质量急需提高。

**关键词：** 城市　空气质量指数　比较研究　排名

2014年9月，英国环境与基础设施研究组织受大伦敦市政府（GLA）的委托，在综合考虑了国家、地理、气候、人口及经济发展等因素后，选择了全球36个重要城市进行空气质量比较研究，发布了《全球重要城市空气质量报告》。此项报告基于城市空气质量观测数据设计了一种排名方法，以对城市空气质量进行比较，目标是能够得出一种方法，覆盖大范围的空气质量监测数据，能够同时包括监测数据完善的城市以及数据不太充分的城市。基于此，该报告的比较研究将利用年度平均污染物浓度数据，这是目前全球最常用的空气质量数据。根据目前全球绝大部分城市的常用数据来源，使用年度平均数据被认为是最包容的方法。

---

\* 本文主要基于英国环境与基础设施研究组织（AMEC）的《全球重要城市空气质量报告》，特此致谢。

# 一 以年均数据为基础的多污染源测评方法

该报告建立了一种能够依据可用数据和所分析的污染物对城市空气质量排序的方法,其中最主要的原则是所有进行比照的城市的数据都是基于同一测评体系和标准。该报告所用的排序法将使用年度平均浓度,是依据年均目标值标准化得到的。

1. 排序原则

对于不同类型监测点(城市类、交通类、工业类)的指数,尽可能分类报告。

2. 计算过程

第一步:每一个监测点所监测的每一种污染物的年均浓度,就一年或多年都依据年均目标进行标准化。

第二步:依据相对重要水平赋予每一种污染物权重,使得每一城市的分类指数可以加总成一个总指数。

第三步:对于臭氧指标来说,基于欧盟 8 小时均值 120 微克/立方米的指标得到的天数是以 25 进行标准化,超过数是符合欧盟规定的。表 1 给出了一个年度平均限制如何标准化浓度和超过数。

表 1 年度统计和每种污染物标准化值

单位:微克/立方米

| 污染物 | 城市年度值<br>(城市指数、交通指数、产业指数) | 标准化值 |
|---|---|---|
| $NO_2$ | 年均浓度 | 40* |
| CO | 年均浓度 | 5000 |
| $SO_2$ | 年均浓度 | 20** |
| $PM_{10}$ | 年均浓度 | 40* |
| $PM_{2.5}$ | 年均浓度 | 25* |
| 苯 | 年均浓度 | 5* |
| 污染物 | 城市年度值(臭氧指标) | 标准化值 |
| 臭 氧 | 日超过 120 微克/立方米 8 小时均值观测数 | 25*(超过数) |

*为欧盟健康边界值;**为欧盟植物边界值。

在计算整个均衡指数时，为保持加总的污染物权重等于1，在缺少一种污染物的情况下，权重就会平均分配给存在的分类指数。这样计算虽然不会导致一个很低的加权指数值，但是会改变城市权重指数里所观测污染物的重要性。

3. 空气质量标准与权重

对于每一种污染物测评的平均值，将会用欧盟立法标准、世界卫生组织标准或其他标准进行衡量。标准化结果给出的分类指数如果达标，则会小于1，如超过限制值不达标，则大于1，但是指数的意义不仅仅关注浓度是否超标。

该报告的排序法可以囊括所有被监测的污染物，但是也能够灵活地关注某些特定的污染物。之所以考虑使用权重计算，是因为有些监测点的污染物数据太少，如只有$NO_2$和$PM_{10}$；而欧盟的年度平均界限值则是考虑了所有的污染物，数据全面。考虑到不同污染物对人体健康的相对影响，相对重工业城市而言，$NO_2$、$SO_2$和CO是重点关注对象；对于工业排放少而车辆排放多的城市而言，$NO_2$、$PM_{10}$和$PM_{2.5}$则是重点关注对象。所以在计算整个城市的指数中，单个的污染物将被赋予不同的权重，这主要是基于污染物对健康的影响和监测数据的可信度。表2显示了在计算城市指数、交通指数和健康危害指数中选择的权重。

表2　计算权重指数的污染物权重

| 污染物 | 城市指数权重 | 交通指数权重 | 健康危害指数权重 |
| --- | --- | --- | --- |
| $NO_2$ | 0.3 | 0.4 | 0.02 |
| CO | 0.0 | 0.0 | 0.00 |
| $SO_2$ | 0.3 | 0.0 | 0.03 |
| $PM_{10}$ | 0.3 | 0.4 | 0.71 |
| $PM_{2.5}$ | 0.1 | 0.2 | 0.24 |
| 苯 | 0.0 | 0.0 | 0.00 |

注：预期缺乏数据，所以$PM_{2.5}$权重较小。由于无数据，所以CO无权重。没有评估臭氧。所有观测点都均等使用上述权重，因此就没有区分城市类监测点、交通类监测点和工业类监测点。排除乡村类监测点。年均浓度如果数据捕获率低于75%，则排除。

如有多年的监测数据，则将所有年份的监测数据平均，以减少任何异常或"糟糕年份"的天气影响。同时，使用同样方法对城市数据的结果进行比较可以将同类型的城市分组，如依据人口数量、工业化程度、用煤量多少，或是空气监测网络的密度来分类。

4. 城市的选择

在该报告的排序分析中，选择了欧盟的 18 个城市和欧盟之外的 21 个城市。考虑到研究所需的时间及预算，这样选择的目的是足以获得有用的比较结论。一个城市是否入选是综合考虑了如下的因素：人口和面积，主要的人口中心可以与伦敦相比拟；城市的重要性，是首都或中心城市；备选城市来自于世界的不同地区，来自某个金砖国家（巴西、俄罗斯、印度和中国），金砖国家之后的 11 个发展中国家[①]的城市，《世界城市文化报告2012》[②] 上的部分国家；出台计划或是已经采取措施处理空气质量问题的城市；急需提升空气质量的城市；经济或金融方面与伦敦竞争的城市。

## 二 分类监测和数据采集

1. 数据采集

2008～2012 年城市监测点和监测数据的信息主要来自城市自身的数据库、网站和相关的组织机构。表 3 和表 4 显示了采集的数据的详细信息。

其中有 30 个城市的年均数据可以从观测点得到，对于所有欧盟城市和一些其他城市，$PM_{10}$ 的小时数据或统计量以及臭氧浓度数据是都可以得到的。欧盟城市的每一个观测点的观测类型是可知的，但是这点在非欧盟城市是不可知的。伊斯坦布尔尽管不是欧盟成员，但是它一直向欧盟的空气

---

① 墨西哥、越南、韩国、菲律宾、伊朗、埃及、土耳其、印度尼西亚、巴基斯坦、孟加拉国、尼日利亚。

② Http：//www.worldcitiesculturereport.com/。

基础数据库（AirBase）报告其年度观测数据。虽然拉各斯的数据是来自2005年10个月的监测活动，但是此三个城市的城市范围的平均数据可以从当地城市数据库获得。对于另外四个城市，城市范围平均数据能够从城市行动计划（Cities ACT）获得，这个数据库是亚洲清洁空气数据库（Clean Air Asia）①的一部分。对于所有被监测城市，如果在数据采集信息可知的前提下，数据采集率小于75%的年均数据将被排除。约翰内斯堡和迪拜没有数据。

大部分城市在城市中多个地方设置监测点以提供污染指数或是污染物浓度数据作为公共服务，但是存档的浓度数据很难获得。北京、上海、新加坡和迪拜全都有实时指数和浓度报告，即便这些数据只是城市范围内的，它们可以在存档数据内检索到。

2. 空气质量监测点分类

监测点作为系统地测量空气中污染物浓度的设备，在欧盟主要分为以下几类。

（1）交通类：该类监测设备放置于探测由附近交通排放的污染物的位置，如街道。空气样本必须是代表了一段不少于100米的街道或道路。具体又可分为监测设备采样吸附口离繁忙路段1米远和离路沿1~5米远。

（2）城市类：监测设备远离重要污染源，监测整个城市污染物状况，如城市居民区。

（3）郊区类：该类监测点位于城镇或城市的郊区，用于监测住宅区的空气质量。

（4）乡村类：远离主要的人口中心、交通和工业区域，用以监测乡村的空气质量。

（5）工业类：将监测设备放置于工业排放区，监测重度污染物。

---

① 由世界银行亚洲开发银行于2001年成立的第一个亚洲空气质量网络，旨在提升空气质量和城市人居环境，通过将知识转化为政策和行动，以减少空气污染和来自交通、能源等的温室气体排放。

并不是所有的监测点都监测所有类型的污染物。例如，交通类的监测点很少监测 $SO_2$。同时，尽管该空气质量监测点污染物分类标准通行于欧洲，但是并没有适用于全世界。在欧洲以外的其他地区，一些城市的污染物分类是不太一样的，而另一些城市对污染物的监测几乎没有分类。

监测点并不是根据城市面积和城市人口在地理上均等分布的，监测点类型也不具备均等分布的特点。表3和表4分别显示了欧盟城市和非欧盟城市2011年监测点数量及其类型。相比于交通类的监测点，18个欧盟城市中的10个均放置了更多的城市类监测点。而工业类监测点一直都是最少的。

表3　2011年欧盟城市空气质量监测点数量及类型

| 城市 | 人口（人） | 面积（平方千米） | 监测点数量（个） | 城市类（个） | 交通类（个） | 工业类（个） | 其他类（个） |
|---|---|---|---|---|---|---|---|
| 阿姆斯特丹 | 755605 | 219 | 19 | 10 | 8 | 1 | — |
| 巴塞罗那 | 1611013 | 101 | 14 | 6 | 6 | 2 | — |
| 柏林 | 3460725 | 892 | 17 | 9 | 7 | 1 | — |
| 布鲁塞尔 | 1136778 | 161 | 20(2) | 6 | 9 | 3 | 2 |
| 布加勒斯特 | 1924229 | 228 | 8 | 3 | 2 | 3 | — |
| 布达佩斯 | 1712210 | 525 | 9(3) | 4 | 2 | — | 3 |
| 法兰克福 | 679664 | 248 | 6(2) | 2(2) | 2 | — | — |
| 伦敦 | 8173941 | 1572 | 157(139) | 9(49) | 8(73) | 1(8) | (9) |
| 马德里 | 3198645 | 606 | 24 | 15 | 9 | — | — |
| 米兰 | 1307495 | 182 | 8 | 3 | 5 | — | — |
| 慕尼黑 | 1353186 | 310 | 6 | 2 | 4 | — | — |
| 巴黎 | 6507783 | 762 | 32(4) | 21(1) | 7(3) | — | — |
| 布拉格 | 1241664 | 496 | 21 | 12 | 8 | 1 | — |
| 罗马 | 2743796 | 1285 | 13(1) | 7(1) | 4 | — | 1 |
| 斯德哥尔摩 | 864324 | 209 | 7 | 2 | 4 | — | (1) |
| 斯图加特 | 606588 | 207 | 6(1) | 1(1) | 4 | — | — |
| 维尔纳 | 1687271 | 415 | 17 | 7 | 9 | 1 | — |
| 华沙 | 1714446 | 517 | 9 | 7 | 1 | — | (1) |

表4 2011年非欧盟城市空气质量监测点数量及类型

| 城市 | 人口（百万） | 面积（平方千米） | 监测点数量（个） | 城市类（个） | 交通类（个） | 工业类（个） |
|---|---|---|---|---|---|---|
| 北京 | 27.71 | 1378 | 9 | N/C | N/C | N/C |
| 开罗 | 24.50 | 453 | 41 | 24 | 3 | 14 |
| 芝加哥 | 8.75 | 606 | 13 | N/C | N/C | N/C |
| 迪拜 | 2.42 | 4114 | 8 | N/C | N/C | N/C |
| 香港 | 7.31 | 1154 | 14 | 9 | 5 | 0 |
| 伊斯坦布尔 | 16.69 | 5343 | 10 | 5 | 2 | 3 |
| 雅加达 | 13.81 | 740 | 25 | N/C | N/C | N/C |
| 约翰内斯堡 | 9.40 | 1644 | 11 | N/C | N/C | N/C |
| 拉各斯 | 24.24 | 999.6 | 12 | 0 | 6 | 3 |
| 洛杉矶 | 12.31 | 1302 | 4 | N/C | N/C | N/C |
| 墨西哥城 | 23.86 | 1485 | 24 | N/C | N/C | N/C |
| 莫斯科 | 12.17 | 2511 | 28 | 16 | 3 | 4 |
| 孟买 | 27.8 | 4355 | 23 | N/C | N/C | 8 |
| 纽约 | 18.59 | 1123 | 25 | N/C | N/C | N/C |
| 里约热内卢 | 14.17 | 4557 | 26 | N/C | N/C | N/C |
| 圣保罗 | 23.44 | 2139 | 32 | N/C | N/C | N/C |
| 上海 | 30.75 | 2606 | 10 | N/C | N/C | N/C |
| 新加坡 | 5.62 | 710 | 5 | N/C | N/C | N/C |
| 悉尼 | 4.51 | 12145 | 15 | N/C | N/C | N/C |
| 东京 | 37.19 | 2187 | 82 | 47 | 35 | 0 |
| 温哥华 | 0.6 | 115 | 42 | N/C | N/C | N/C |

注：N/C指没有官方分类。

## 三 重点监控城市的空气质量排名

### 1. 分类排名

通过统计所选城市的监测数据可以计算出单个污染物指数，并进一步统计不同城市的排名。39个入选城市中有3个城市由于缺乏数据而没有显示在下文的排名中，这3个城市是迪拜、约翰内斯堡和拉各斯。表5显示了36个城市$NO_2$、$SO_2$、$PM_{10}$和$PM_{2.5}$指数排名情况。其中，悉尼的$NO_2$监测浓度最低，洛杉矶和斯德哥尔摩的$SO_2$监测浓度最低，温哥华的$PM_{10}$和$PM_{2.5}$浓度最低。伦敦则在$NO_2$、$SO_2$、$PM_{10}$和$PM_{2.5}$指数上分别排第27位、第13位、第9位和第7位。

表5 2008~2012年36个城市 $NO_2$、$SO_2$、$PM_{10}$ 和 $PM_{2.5}$ 指数平均值

单位：位

| 城市 | $NO_2$ | | $SO_2$ | | $PM_{10}$ | | $PM_{2.5}$ | |
| --- | --- | --- | --- | --- | --- | --- | --- | --- |
| | 值 | 排名 | 值 | 排名 | 值 | 排名 | 值 | 排名 |
| 阿姆斯特丹 | 0.97 | 12 | 0.11 | 4 | 0.66 | 10 | 0.68 | 8 |
| 巴黎 | 1.08 | 17 | 0.11 | 5 | 0.79 | 19 | 0.76 | 14 |
| 巴塞罗那 | 1.19 | 22 | 0.16 | 8 | 0.74 | 17 | 0.76 | 15 |
| 柏林 | 0.84 | 7 | 0.14 | 7 | 0.68 | 12 | 0.82 | 22 |
| 北京 | 1.33 | 28 | 1.7 | 32 | 3.04 | 34 | — | — |
| 布达佩斯 | 0.86 | 9 | 0.32 | 20 | 0.82 | 21 | 0.87 | 24 |
| 布加勒斯特 | 1 | 14 | 0.48 | 25 | 1.01 | 25 | 0.88 | 25 |
| 布拉格 | 0.87 | 10 | 0.22 | 15 | 0.68 | 13 | 0.7 | 10 |
| 布鲁塞尔 | 0.96 | 11 | 0.21 | 14 | 0.71 | 16 | 0.8 | 20 |
| 东京 | 1.18 | 21 | 0.26 | 19 | — | — | — | — |
| 法兰克福 | 1.1 | 18 | 0.16 | 9 | 0.58 | 5 | 0.73 | 13 |
| 华沙 | 0.79 | 6 | 0.37 | 21 | 0.91 | 22 | 1.09 | 26 |
| 开罗 | 1.2 | 23 | 1.57 | 31 | 3.5 | 35 | — | — |
| 里约热内卢 | 1.21 | 25 | 0.25 | 18 | 1.38 | 30 | — | — |
| 伦敦 | 1.31 | 27 | 0.19 | 13 | 0.64 | 9 | 0.61 | 7 |
| 罗马 | 1.3 | 26 | 0.06 | 3 | 0.81 | 20 | 0.78 | 19 |
| 洛杉矶 | 1.05 | 16 | 0.05 | 1 | 0.97 | 24 | 0.76 | 16 |
| 马德里 | 1.2 | 24 | 0.42 | 24 | 0.59 | 7 | 0.51 | 6 |
| 孟买 | — | 36 | 0.92 | 29 | 2.58 | 33 | — | — |
| 米兰 | 1.5 | 31 | 0.16 | 10 | 1.1 | 26 | 1.22 | 27 |
| 莫斯科 | 1.04 | 15 | — | — | 0.58 | 6 | 0.8 | 21 |
| 墨西哥城 | 2.58 | 35 | 0.77 | 28 | 1.41 | 31 | 0.82 | 23 |
| 慕尼黑 | 1.4 | 30 | 0.23 | 16 | 0.69 | 15 | 0.7 | 11 |
| 纽约 | 1.12 | 19 | 0.59 | 27 | 0.51 | 3 | 0.42 | 4 |
| 上海 | 1.33 | 29 | 1.92 | 33 | 2.03 | 32 | — | — |
| 圣保罗 | 1.12 | 20 | 0.37 | 22 | 0.93 | 23 | 0.71 | 12 |
| 斯德哥尔摩 | 0.84 | 8 | 0.05 | 2 | 0.62 | 8 | 0.31 | 3 |
| 斯图加特 | 1.78 | 34 | 0.11 | 6 | 0.76 | 18 | 0.76 | 17 |
| 维尔纳 | 0.76 | 5 | 0.16 | 11 | 0.67 | 11 | 0.77 | 18 |
| 温哥华 | 0.57 | 2 | 0.16 | 12 | 0.27 | 1 | 0.17 | 1 |
| 悉尼 | 0.46 | 1 | — | — | 0.46 | 2 | 0.26 | 2 |
| 香港 | 1.72 | 33 | 1.03 | 30 | 1.21 | 27 | 1.42 | 28 |
| 新加坡 | 0.58 | 3 | 0.51 | 26 | 0.68 | 14 | 0.69 | 9 |
| 雅加达 | 0.61 | 4 | 2.62 | 34 | 1.33 | 29 | — | — |
| 伊斯坦布尔 | 1.64 | 32 | 0.38 | 23 | 1.32 | 28 | — | — |
| 芝加哥 | 0.99 | 13 | 0.24 | 17 | 0.57 | 4 | 0.48 | 5 |

### 2. 总体排名

基于城市空气质量排名的城市范围指数是一个评价城市空气质量的适宜指标，因为它考虑了可能范围内的污染问题（如来自工业污染的 $SO_2/PM$ 和来自车辆排放的 $NO_2/PM$）。表6显示了36个城市2012年及过去5年平均污染指数和排名。其中指数值越高说明城市污染越严重，空气质量越差。在36个城市中，有8个城市的5年指数值大于或等于1，说明年均污染物浓度是大于标准化浓度的。这8个城市是北京、开罗、香港、伊斯坦布尔、雅加达、墨西哥城、孟买、上海。开罗是5年均值最高的城市，达到2.09。而温哥华则是最低，为0.32。伦敦的5年均值为0.7。

表6　36个城市2012年及过去5年平均污染指数与排名

单位：位

| 城市 | 2012 | | 过去5年平均 | |
|---|---|---|---|---|
| | 值 | 排名 | 值 | 排名 |
| 阿姆斯特丹 | — | — | 0.59 | 6 |
| 巴黎 | 0.68 | 9 | 0.67 | 12 |
| 巴塞罗那 | 0.69 | 11 | 0.71 | 16 |
| 柏林 | — | — | 0.58 | 5 |
| 北京 | — | — | 2.02 | 35 |
| 布达佩斯 | 0.54 | 6 | 0.69 | 13 |
| 布加勒斯特 | — | — | 0.83 | 25 |
| 布拉格 | 0.56 | 7 | 0.6 | 9 |
| 布鲁塞尔 | 0.47 | 4 | 0.64 | 11 |
| 东京 | — | — | 0.72 | 19 |
| 法兰克福 | — | — | 0.63 | 10 |
| 华沙 | 0.73 | 13 | 0.73 | 20 |
| 开罗 | — | — | 2.09 | 36 |
| 里约热内卢 | — | — | 0.95 | 27 |
| 伦敦 | 0.71 | 12 | 0.7 | 15 |
| 罗马 | 0.69 | 10 | 0.73 | 21 |
| 洛杉矶 | 0.95 | 16 | 0.7 | 14 |
| 马德里 | 0.57 | 8 | 0.71 | 18 |
| 孟买 | 1.77 | 19 | 1.75 | 33 |
| 米兰 | 0.9 | 15 | 0.95 | 28 |

续表

| 城市 | 2012 | | 过去5年平均 | |
|---|---|---|---|---|
| | 值 | 排名 | 值 | 排名 |
| 莫斯科 | 0.81 | 14 | 0.81 | 24 |
| 墨西哥城 | — | — | 1.51 | 31 |
| 慕尼黑 | — | — | 0.77 | 22 |
| 纽约 | — | — | 0.71 | 17 |
| 上海 | — | — | 1.76 | 34 |
| 圣保罗 | — | — | 0.79 | 23 |
| 斯德哥尔摩 | 0.43 | 3 | 0.49 | 3 |
| 斯图加特 | — | — | 0.87 | 26 |
| 维尔纳 | 0.51 | 5 | 0.55 | 4 |
| 温哥华 | 0.3 | 1 | 0.32 | 1 |
| 悉尼 | 0.42 | 2 | 0.43 | 2 |
| 香港 | 1.2 | 18 | 1.33 | 30 |
| 新加坡 | — | — | 0.6 | 8 |
| 雅加达 | — | — | 1.52 | 32 |
| 伊斯坦布尔 | 1.08 | 17 | 1.11 | 29 |
| 芝加哥 | — | — | 0.59 | 7 |

根据该城市指数，排名第1位的城市是空气质量最好的（受到的污染最少），而排名第36位的城市则空气质量最差（污染最严重）。从2008年到2012年温哥华的监测空气污染都是最少的。开罗则是最差，紧随其后的是北京和上海。在36个城市中，伦敦排在第15位。该城市指数的排名中，$SO_2$的权重特别高，导致的结果是发展中国家工业化城市的空气质量评级特别差。所以，发展中国家需要采取措施来处理该类污染。对于工业不多且在都市区内很少使用化石燃料的城市，它们的空气质量评级会很好。

## 四 中国参评城市的情况及改进启示

通过AMEC的此项研究报告，可以得到以下几点启示。

首先，在36个入选的重要城市中，中国的两个城市北京和上海在全球重要城市2008~2012五年平均数值的空气质量排名中分别位列倒数第2位和倒数第3位，凸显了城市空气质量恶化的严峻态势。这同时反映了中国大陆城市在空气污染方面的普遍问题。我国急需出台有力措施以提升全国城市的空气质量。同时，该报告中所用于整体排名的城市范围指数中$SO_2$占了很大的权重，导致的结果是发展中国家工业化城市的空气质量评级特别差。所以我国的重要工业化城市，如北京、上海、广州、深圳等，在快速发展的改革开放30多年的工业化进程中，工业污染所造成的城市污染问题迫切需要得到尽快缓解和解决。而政府在采取措施处理工业污染时，需要平衡城市经济发展的需求和城市宜居环境的保障，要合理切实地考虑各个城市自身的特点和经济发展的阶段，既不影响发展又能保持优良环境。

其次，在被该报告评为空气质量最差的城市中，北京和上海的空气质量监测点是偏少的，北京只有9个，上海只有10个。而排在该档次的其他7个城市所布置的空气质量监测点数量都多于北京和上海，如开罗有41个，香港有14个，伊斯坦布尔有10个，雅加达有25个，墨西哥城有24个，孟买有23个。如果和东京（82个）这个人口、面积与上海处于同一级别的城市相比，那就显得更少了。另外，从2015年1月1日起，中国环保部门正式发布空气质量新标准第三阶段所有点位的实时监测数据，其中338个地级及以上城市共1436个监测点，用以开展空气质量新标准监测。[①] 但平均下来，每个城市分配到的监测点不足5个，如此少的监测点是很难准确地获得城市空气质量数据的。而且，中国城市目前尚未对监测点进行分类，这可以借鉴欧盟所施行的监测点分类系统：监测整个城市的城市类监测点，监测繁忙道路车辆排放的交通类监测点，监测工业区污染物的工业类监测点。这样分门别类是非常有利于数据的统计，并发现哪些是城市空气污染的主要因素，从而更好地采取针对性措施治理问题。

---

① 新华网：《中国338个城市2016年起开展空气质量新标准监测》，http：//news. xinhuanet. com/politics/2014－12/30/c_ 1113833657. html。

## 参考文献

*Comparison of Air Quality in London with a Number of World and European Cities*,AMEC Environment & Infrastructure UK Limited,September 2014,The Greater London Authority.

Http：//news.xinhuanet.com/politics/2014/12/30/c_1113833657.htm,2014 年 12 月 30 日.

Robert Paul Owens. *World Cities Culture Report*,http：//www.worldcitiesculturereport.com.

# B.21
# 欧洲城市治理噪声污染的创新思路*

肖黎春

**摘　要：** 在欧洲，噪声污染是影响环境健康的主要问题，其中道路交通是最主要的环境噪声源。本文主要基于欧洲环境评估机构（EEA）的研究报告，从欧洲城市噪声污染概况、欧洲城市减少和控制噪声风险的措施、2016年欧洲绿色之都卢布尔雅那的降噪经验等方面分析了欧洲城市噪声污染的现状危害及采取的管控措施，总结了对中国城市的噪声污染治理的借鉴之处。

**关键词：** 欧洲城市　噪声暴露　控制措施

噪声污染是一个日益严重的环境问题，它是由多种来源造成的，不仅在最繁忙的城市环境中广泛存在，而且也存在于自然环境中。噪声污染对暴露的健康人群、野生动物产生了很多不利的影响，并且整个社会因此而付出了高昂的经济代价。欧洲的噪声污染非常严重，欧洲环境评估机构近期完成了第一份欧洲范围的噪声评估报告。报告从量化噪声问题的规模着手，揭示噪声问题已经对欧洲城市人口健康和经济社会的发展造成了阻碍。为解决噪声问题，报告评估了哪些行动是应该被采取的，并且审视了那些未来可能需要考虑的因素。

近年来，中国城市噪声污染已成为仅次于大气污染和水污染的第三大城市公害，日益影响人们的生活质量和幸福感。经济增长、快速扩展的城市

---

\* 本文主要基于欧洲环境评估机构（EEA）的研究报告，特此致谢。

化、更广泛的运输网络和增加的工业产值正成为噪声污染的驱动器,对我国城市的声音境况和质量保护提出了挑战。通过了解欧洲城市噪声污染概况和科学的噪声测量分析方法,以及施行的各项颇具实效的控制保护措施,有助于中国城市在未来经济发展和城市化进程中汲取经验教训,重视噪声污染,学习和树立先进的科学环保知识理念,最终实现中国城市经济、社会与环境的可持续发展。

## 一 欧洲城市噪声污染概况

欧洲环境评估机构基于成员国家2013年的数据,利用建模和计量的方法绘制了欧洲城市噪声污染全景图,发现全欧洲有1/4的人口暴露于有害的交通噪声中。有1.25多亿欧洲人(约占欧洲人口的1/4)暴露在高于法律规定的道路交通噪声水平的环境中,该噪声水平已高于欧盟评估和行动的临界值(55分贝)。其中3700万人暴露于超过65分贝的高噪声水平中。报告披露,交通噪声影响了近2000万的欧洲人,扰乱了大约800万欧洲人的睡眠。据欧洲环境评估机构估计,环境噪声还与大约有4.3万人住院、90万人患有高血压和每年有1万人过早死亡有关。

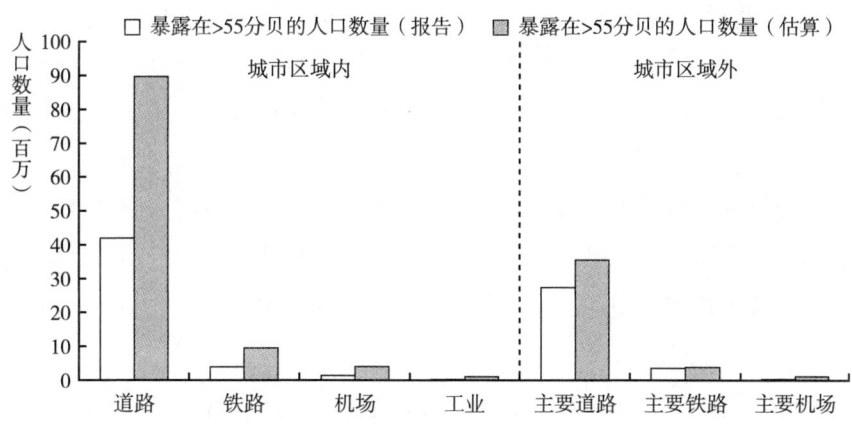

**图1　2012年欧洲城市暴露在大于55分贝噪声下的人口数量**

资料来源:"Noise in Europe 2014", *EEA Report*, No.10/2014。

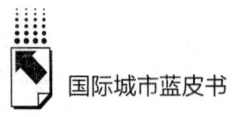

图 1 显示，暴露在超过 55 分贝铁路交通、机场及工业噪声（仅城市区域内）下的欧洲人分别有近 800 万人、300 万人和 30 万人。

城市区域，这里指城市群或人口密集地带，由成员国家划定范围，拥有 10 万以上人口以及成员国认为人口密度已高度城市化的区域。城市区域以外的噪声地图仅限于主要的基础设施。

55 分贝是欧盟对于过度暴露的临界值，表明白天、傍晚和夜晚的一个加权平均数。

## 二 欧洲城市减少和控制噪声污染的措施

据估计，到 2020 年，大约有 80% 的欧洲人将居住在城市地区，随之而来的是道路交通正成为环境污染的一个重要部分，包括噪声。与道路交通有关的环境影响预计将会影响越来越多的人，为了减轻欧洲城市地区的负面环境影响，进行计划控制噪声污染是很有必要的。

采取的措施包括：通过通路或出入口管制来管理居民和交通之间的关系（尤其是在市中心）；管理包括行人专用区、泊车位和上落客货车位供应标准、交货时间窗口等；根据车辆的排放性能，促进低或较低排放量的车辆的使用；在交通政策中，整合不同的传统交通方式，如公共自行车、汽车共享和车辆共乘；支持交通方式转换，增加步行和骑自行车的比重，以及良好和便利的公共交通网络的发展。制订一个可持续的城市交通流动计划，并与城市发展规划相一致。

欧盟研究报告指出，为了大大减少人们所接触到的道路交通噪声，从现在开始，消声措施应该融入欧洲的交通运输和土地使用规划行动计划中，因为在城市规划流程和交通决策中，噪声的考虑往往被忽视。

1. 减噪行动计划

减噪行动计划是为主要的交通源和最大的城市地区制订的，旨在减少受噪声影响的人口。不仅如此，那些高声学质量的地区，即无噪声污染的地区也应该被适当的行动计划所保护。欧洲第一轮及第二轮减噪行动计划分别制订于2008年和2013年的7月，第三轮行动计划预计将遵循这个5年周期并于2018年7月起草。行动计划的目的是治理噪声问题及其影响，包括必要的降噪。

减噪行动计划被定义为通过各项规划措施来控制未来的噪声，例如土地使用规划、交通系统工程、交通规划、交通噪声源控制。譬如，欧委会也可能在一个关键地区就交通方式排放限制方面采取行动。

（1）城市群中的安静区域

预防或减少环境噪声水平是十分必要的，这些噪声可能对人类健康产生负面影响，包括烦恼和睡眠障碍。需要保护环境声音质量好的地方，即保护安静区域。1996年欧洲委员会发布的《未来噪声政策绿皮书》中的规定成为保护这些安静区域的基础："噪声地图很容易识别噪声暴露，从而确定需要行动的区域以及其他不应该增加暴露的安静区域。"在为超过25万居民的城市群所制订的行动计划最后陈述部分的第8条中写有，"也应当旨在保护安静区域反对增加噪声"。行动计划中包括土地使用规划、交通系统工程、交通规划和噪声源控制。

（2）城市群外的安静区域

噪声地图所需的信息集中在主要噪声源（如主要道路、主要铁路），而城市区域外有大片地区没有任何信息提供。考虑到这个约束条件，欧洲主题空间信息和分析中心（ETC/SIA）连同EEA和噪声专家小组，发明了一种方法来确定欧洲潜在的安静区域。该方法是基于安静——适宜性指数（QSI）的计算，这个指数范围从0（嘈杂的地方）到1（安静的区域），以及噪声等高线地图作为主要来源。然后，为了有一个完整的欧洲报告，附加信息如土地使用和其他社会经济数据作为代替。噪声等高线图显示，最嘈杂区域（低QSI值）反映了非常优越的重要交通基础设施和人口高度密集区（主要城市和大都市地区）。安静区域不仅局限于偏远地区，在地中海沿岸附近（希腊和西班牙）也属于安静区域。就可及性而言，识别在高人口密度区附近潜在的安静区域是十分重要的。

2. 创新声源控制

（1）噪声行动计划

就城市地区，目前以下信息资料适用于40%的城市。在噪声行动计划中占主导的是大量关于土地利用和城市规划的行动,其中与城市群相关的行动约占全部行动计划的23%,随后是有关交通管理的各种措施(20%)及其他措施(17%),最后包括一些提高公众意识、避免额外交通流量产生、促进公共交通,以及鼓励骑自行车和步行的相关措施。在与城市群交通和运输相关的计划措施中,强调了像城市群内部噪声源这样主题的重要性。

至于干道,主导的行动是那些与传播路径(32%)、用户接收端(23%)、流量管理(22%),以及土地使用和城市规划(12%)相关的措施。

铁路与干道不同之处在于,尽管传播路径(22%)、土地使用和城市规划(22%)也包括在最主要的主导行动中,然而用户接收端措施占比不到15%,流量管理也被其他特殊的铁路管理行动(17%)如有轨电车轨道改进所替代。

至于主要机场,突出的行动是那些被认为有操作性的行动(27%),然后是用户接收端措施(19%)。

(2) 关于噪声控制的创新性思维

不是所有反对噪声污染的行动都是在噪声行动计划的研究范围内进行。欧洲环境评估机构通过颁发欧洲音景奖,旨在地方、地区或国家层面传播关于噪声的革新行动,很多行动卓有成效并且很容易复制到欧洲其他地区。

对道路交通噪声最富有成效的行动是解决问题的源头。①降低车辆排放限值可能是有效的,但必须基于一个适当的测试方法。即便如此,一个新的限值在被应用于欧洲车辆之前可能需要耗费很多年。②在欧洲绝大多数的交通干道上,交通噪声的关键来源来自于轮胎与路面的相互作用。尽管对轮胎有噪声标签要求,但司机和消费者仍困惑于如何为其车辆找到适合的低噪声轮胎。在瑞士的一个项目给出了答案:有关轮胎噪声问题的一个多媒体意识的运动以及一个允许消费者访问的容易使用的数据库,它能帮助消费者找到符合车辆的较安静的轮胎。在线使用的是三种语言,该项目提供了一种几乎是即时解决来自个体车辆的道路交通噪声的方法。

3. 车辆噪声限制

2014年欧洲议会和理事会制定的关于机动车辆声级及消声系统更换声级的第540条规定已于2014年4月16日被正式采用。

主要管理措施如下。

（1）旧的汽车噪声测试方法将被国际认可、能够更好地反映目前驾驶行为的新测试方法所取代。这种新的测试方法是在联合国欧洲经济委员会的支持下开发的，在欧盟已使用了3年，主要用于监测。

（2）乘用车、公共汽车和轻型卡车的限制值将分两步降低，每一步降低2分贝；重型汽车第一步将减少1分贝、第二步减少2分贝。第一步预计将会在欧盟官方公报中该提议公布7年后应用，第二步应该是再过4年之后。

（3）车辆类型审核手续中将包含附加的噪声发射规定，目前某些车型的减损情况将被改进。附加的声发射规定对车型在批准范围外的实际交通车辆的行车条件有预防性的要求。这些行车条件与环境有关，它需要保证车辆声发射在街道行车状态下经测试并没有显著的异常。

（4）建议补充一个关于电动和混合动力汽车的最低噪声（"接近汽车音响系统"）的特定附件，以确保只有适当的声音-生成设备被使用。该装置由立法委员会强制性规定使用于电动/混合动力汽车。

（5）为促进竞争，立法委员会也出台了一些针对经销商的关于噪声标签的要求。"制造商应努力确保每个车辆的声级在销售点被展示"。

在指令规定推出大约13年之后，即在2027年年中之前，预计将影响欧洲来自道路交通的环境噪声水平（欧洲委员会，2011）。

## 三 2016年欧洲绿色之都：卢布尔雅那的降噪经验

卢布尔雅那是2016年的欧洲绿色之都，近年来由于在市中心区建立了一个生态区域而呈现崭新的面貌。自2007年秋季以来市中心的生态区域内已经禁止汽车通行，并且这个指定的区域每年都在逐步扩大，生态区域因此有了低噪声值。在"欧洲易行周"期间,每年进行的噪声测量表明,自创建生态区域后,区内噪声几乎降低了6个分贝。

卢布尔雅那是斯洛文尼亚的政治、行政、文化和经济中心,拥有超过28万的居民。城市的重大转变已持续发展了10～15年,实现转变的领域包括当地的交通和步行的城市中心。卢布尔雅那从先前一个由汽车运输占主导地位的城市转变为更关注公共交通、行人以及自行车网络的城市,最重要的措施是修改了主要交通干道(斯洛伐克街)的交通制度。此外,在保存、保护城市绿色区域以及棕色地带的空间转变方面也取得了进展。

卢布尔雅那领土的3/4是绿色区域,包括相连的水生、森林和农业区域。在过去的十年中,卢布尔雅那实行了许多城市绿色措施,包括种植2000多棵树、建设5个新的公园和振兴萨瓦河堤岸。这些公园中规模最大的是回忆和友谊之路,它是城市中最长的林荫大道,有7000棵树和许多纪念馆,有休息点和其他功能。这些绿色区域成为城市最安静区域,绿色措施为降低卢布尔雅那城市噪声做出了显著的贡献。

## 四 对中国城市的启示

**1. 抓住新型城镇化契机,加强合理规划布局**

根据欧洲城市的经验,一旦交通噪声污染已经形成,治理难度是很大的,有时甚至完全没有条件解决,为此,合理规划进行提前预防至关重要。目前中国正处于新型城镇化发展阶段,据财政部和相关专家最新估计,按照未来还有4亿人从乡村迁移到城镇,到2020年我国新型城镇化带来的投资需求将达到40万亿元。然而,如火如荼的城镇化建设给中国带来的不仅仅是发展,如果对各种噪声污染(交通、工业企业、建筑施工等噪声污染)不加以关注甚至漠视,那么最终受到损害的是人们宝贵的健康和大自然的和谐安宁。因此,伴随新型城镇化这一历史契机,必须加强城镇土地使用规划和城镇合理规划布局。关键是合理规划交通设施与邻近建筑物布局，增加绿色区域面积，从根本上预防减少城市噪声源主要是交通噪声源的产生。

2. 坚持以人为本，采取分层减噪和主动控制相结合

减噪降噪措施都应当坚持以人为本原则。首先，实行噪声"源""途径""受体"三方面的分层次控制。噪声源控制，可采取包括降低车辆噪声（提高设计制造水平、加强运行维护），以及对地面交通设施采用低噪声的建设构造和形式的措施。传声途径噪声削减，可采取声屏障、绿化带等措施。对于噪声敏感建筑物，如医院、学校、机关、住宅等可采取建筑隔声设计、交通管理措施（如限行、限速、禁鸣）、安装隔音门窗等保护手段。其次，在考虑了技术的经济性和可行性的情况下，优先考虑对噪声源和传声途径采取工程技术措施，实施噪声主动控制。

3. 鼓励发展正式的汽车共享服务，提高公众环保意识

欧洲城市大多鼓励自助汽车、共乘制度。交通与发展政策学会近期出版的欧洲停车改革报告中提到，在荷兰的阿姆斯特丹和伦敦的威斯明斯特，一定数量的街边空间被用于汽车共享俱乐部。中国城市地区特别是人口高度密集、交通机动流量非常大的超大与特大型城市，除了大力发展公共交通以外，应该率先制定相关的政策鼓励发展正式规范的汽车共享服务，并积极推行公共自行车。此外，还要大力宣传，提高公众噪声环保意识，鼓励环保出行包括出台交通政策鼓励公交、自行车、步行以及减少不必要的交通流量等。

4. 减少环境噪声，划定"相对安静地区"

为保护人们的健康和保持欧洲城市的自然音景，防止其进一步退化，欧洲城市提供了一种战略，就是实行减少环境噪声和保护相对安静地区的双重方法。也就是，不要总是将行动聚焦于分贝水平最高的地区或所谓的"热点"标识的噪声映射地区。因为对于正经历75分贝以上噪声的城市居民哪怕只减少10分贝都是一个不小的切实利益。同时，还应该注意保护那些区域声环境好的地区。中国城市地区在噪声防治方面也应该注意两者并重，这样才能取得更积极的效果。

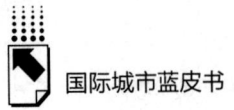

**参考文献**

*Noise in Europe 2014*,EEA Report,No. 10/2014.

*European Green Capital*,http：//ec. europa. eu/environment/europeangreencapital/winning－cities/2016－ljubljana/index. html.

《环境保护部解读交通噪声污染防治相关技术政策》,http：//www. huaxia. com/xw/gdxw/2010/04/1828129. html。

# 城市治理篇
Urban Management

## B.22
## 新加坡公共部门促进健康品质生活[*]

林兰

**摘 要：** 新加坡的城市发展已经进入了一个新的发展阶段，经济与社会发展日趋成熟，其发展的重点转向"创新驱动的生产+高品质的生活"。为了实现高质量的增长，维持日益提高的生活水平，2013~2014年新加坡政府进行了经济重组工作，重点弥补服务和建设缺口。本文对其促进健康生活、增强社会凝聚力、建设更好的公共居住环境的做法进行了详细介绍，以期对我国发达地区城市转型发展提供经验借鉴。

**关键词：** 新加坡 健康生活 公共环境 社会凝聚力

---

[*] Ministry of Finance Republic of Singapore, *Singapore Public Sector Outcomes Review*(SPOR), 2014.8, http://app.mof.gov.sg/data/cmsresource/SPOR/2014/SPOR%202014.pdf.

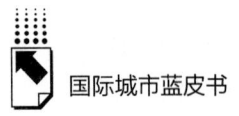

新加坡作为亚洲发达程度较高的城市，近年来开始调整城市发展的目标指向。在城市发展政策体系中更多关注创新与生活品质的平衡，以使城市发展对社会的整体发展水平提升有更大的贡献。2014年，新加坡政府推出一系列以健康生活、社会凝聚力、公共居住环境提升为核心的社会建设政策，对该国社会发展的公平、有序、公正、和谐起到重要的推动作用。

## 一 促进健康的生活

新加坡政府于2014年4月推出了一个"健康生活总体规划"，目的在于使每一个新加坡人和在新加坡生活的人在新加坡的任何地方，都能过上轻松的、自然的健康生活。具体做法包括以下几个方面。

1. 依场合制订差异化健康生活计划

在工作场所——使员工拥有健康饮食的选择权（即有权力参与制定企业的菜谱），专门为其制订忙碌之余的健身计划。在社区——向居民介绍健康饮食中的食品选择知识；在体育活动的运动性基础上增加感知性，培养运动兴趣。在学校——将对学龄后儿童的口腔护理工作扩展到学龄前儿童，为其提供全谷物餐和健康的水果蔬菜，在各托儿中心制订有针对性的"膳食计划"。此外，到2016年，所有的销售点禁止销售烟草。

2. 提高健康服务能力

主要应对人口老龄化趋势，扩充医疗保健能力。具体措施有：到2020年，每年都新开1家社区医院或急诊医院、6家诊所、3家社区健康中心；培养全科医生（GPS），加强保健与护理工作（例如眼睛筛选）；用更多的家庭和社区护理服务来帮助老人，让人们在家里安心养老；培养更多医疗护理专业学生，鼓励处于职业生涯旺盛期的专业护理人员加入社区护理工作；在初级保健和社区、家庭护理领域，制定、完善健康服务标准，整合全社会的健康、社会服务资源。

3. 设立与健康有关的税赋制度

设立健康商品和服务税框架（GST）：2014年新加坡政府规定，每年向新加坡 55 岁以上的人提供 150~450 美元的"保健储蓄券",充入其公积金医疗储蓄账户。没有享受过青少年健康基金的人在未来 5 年时间里,每年将获得 100~250 美元的医疗储蓄金。健康企业雇主的公积金贡献率从 2015 年开始将增加 1%,以分配到员工的医疗储蓄账户。扩大医疗保险的索赔范围,降低合作医疗保险的保险费率。

4. 完善医疗保险融资框架

建立"扩大社区医疗协助计划(Chas)",使更多的新加坡人可以及时到牙科诊所就诊。在公立医院中,提高专家门诊(SOCS)补贴,使更多的低收入和中等收入人群能由专家问诊。扩大医疗储蓄的使用,提供更多种类的门诊治疗,例如在接种疫苗和慢性病方面。从 2015 年上半年开始,一个新的灵活的医疗储蓄方案使新加坡 65 岁及以上老年人每年的免费门诊医疗费用提高至 200 美元。

5. 制订专门针对老人的"国家健康计划"

在新加坡的 87 个地区开展此项计划,针对老年人需求特征进行项目培训,惠及 34 万老龄人口。保持高薪聘用老员工的传统,使很多健康的老年人可以继续工作。2013 年开始,新加坡政府启动"工资福利收入补充方案(WIS)",为工作的老人提供更慷慨的薪资标准和更高的奖金,鼓励老人继续工作。从 2015 年开始,雇用老人的雇主将获得一次性就业专项信贷(SEC)。对已经退休的 62 岁老人,鼓励其至少继续工作 3 年至 65 岁。成立一个三方委员会,对老人的工作能力进行客观评估。对于低收入退休人群实行优先雇用和其他特殊照顾。对于退休的组屋屋主老人提供稳定的资金资助。

## 二 增强社会凝聚力

为打造一种"亲和的社会凝聚力",采取以下措施。

1. 不断探索、尝试新的方式

自 2013 年开始,新加坡政府就开始建立慈善家和社区的对接制度,在

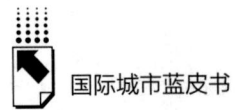

每年的慈善评比后,牵线慈善冠军与社区结对。国立机构与私人机构合作,制定新的接纳外国人和新移民的政策框架,使其快速适应新加坡的学习、工作、生活环境。举行"新加坡公民之旅"的活动,旨在为新的公民在加入新加坡公民大家庭后提供机会和舒适便利的环境。

2. 鼓励志愿精神

新加坡的志愿服务率由2004年的15.2%逐年稳步上升到2012年的32.3%,人们越来越多地参与志愿活动,形成了积极的志愿精神,特别是在服务社区方面。政府与国家志愿者慈善中心(NVPC)合作,成立志愿者管理顾问机构,目的仅在于保持人们对于志愿活动的热情。实施"爱心援助计划"——一个邻里间的扶助计划,推出有系统性的护理服务。例如,定期拜访社区老人,帮助其生活,提醒按时服药等。开展"社会企业指导计划",使企业在诸如市场营销和业务发展方面向社会机构定期提供培训指导。成立社区发展委员会,特别旨在将学生纳入志愿服务者的队伍。

3. 扩展社会服务产能

2013年开始,新加坡政府在硬件和软件上提供更多的服务基础设施和服务项目,以更好地帮助贫困人群和需要救助的人群。到2015年,建立拥有20个社会服务办公室的社会服务网络,使每个居民都能获得邻里的帮助和救援。建立"专业服务计划",到2014年底选出专业服务领导者,扩大和加强发展社会福利的专业服务。集成社会服务管理系统,到2015年,利用社会服务数据库和网络促进信息在社会服务中的共享,及时发现并帮助需要援助的人。

4. 扩大关怀范围

为了使更多的人得到社会服务的帮助,新加坡政府采取了一些加强关怀的措施:在援助门槛上,将中短期家庭收入标准由每月1700美元提高到1900美元,将人均收入标准从每月550美元提高到650美元。将标准的长期社会扶助(也被称为公共援助协助)范围扩大到覆盖更多的贫困老年人,并为其提供更多额外的帮助,例如提供一些医疗必需品和成人尿布、便桶等。为残疾人制订特别的扶助计划,使其在每一个生活阶段都能满足人的正常需求。到2014年年底，在活动中心，提供更多的护理技能训练培训，以满足残障人士较高的保健需求。为残疾人发放新交通补贴，保障其上学、工作的交通成本支出。

## 三 建设更好的公共居住环境

旨在提供满足新加坡人居住品质要求和负担得起的住房。具体做法有以下几点。

1. 确保高质量的公共住房生活环境

开发三个新的住房区，即榜玛蒂尔达、淡滨尼北部和比达达里，在那里新建、完善满足新加坡人生活方式和居住愿望的住房与配套设施。对现有城镇实施更新计划，不仅包括中心城区旧屋改造、停车场电梯安装项目等强制性措施，还包括为增强年长者活力推出的生活环境优化的软计划。

2. 提高公共交通可达性

2013年，新加坡人对公共交通的满意度达到近五年来的历史最低点，主要问题是公共交通的可达性和拥挤状况急需改善。政府采取了以下措施：进一步提高运营系统的可靠性。更换城市快速交通工具陈旧的基础设施（如旧铁轨枕木）和旧的零部件，并加强维修工作。2013年，城市轨道交通的故障率比2012年降低了25%，延误率也下降了20%。启动"巴士服务改进计划（BSEP）"，缓解公共汽车的拥挤状况。2012年新增了360辆国有公共巴士，并打算到2017年共计增加1000辆，是为了使所有的乘客在高峰时期进行任何一次换乘的时候，通过国有公共巴士的短驳可以在八分钟之内实现顺利换乘。提高出租车的可乘用性，使人们扬招、预定出租车更加方便，其结果是在2014年上半年出租车在高峰期的乘用率由82%提高到87%。为了保证更多的人能坐得起出租车，新加坡政府出台了新的政策，为36类残障人士制订了"福利收入补充（WIS）"计划，共计为其提供了价值750万美元的公共交通乘车凭证。

3. 改善公共通道绿化空间

增强绿化空间可达性，拓展公共通道的绿化空间是新加坡政府近年来重点开展的一项工作。2014年底，新加坡有90%的家庭位于距离公园不到400米的地方。建设绿色社区，保护社区的生物多样性。例如，社区组织与乌敏岛合作，将其建设成为生物多样性宝库。

4. 建设更具包容性的宜居社区

增加公交站点与社区连接的紧密度，使交通网络节点更加靠近社区。但在靠近住宅区和学校的地方，建造更多的消除噪声壁垒，以减少噪声的干扰。避免从交通站点到社区过程中频繁出现上下楼梯的情况，设立更多的垂直升降梯，方便老人、儿童和残疾人。用10~15年的时间建设自行车友好城市。新加坡目前有230公里的自行车道，规划到2030年使这一里程数达到700公里。即使是在裕廊工业园区和樟宜机场附近，也规划种植林木。在裕廊建立新的宜人就业中心，在樟宜建立新的商务园。

5. 在社区打造运动和文化空间

2012年，65%的新加坡人每周至少参加一次体育活动，相比2011年的42%提高了23个百分点，促使新加坡政府着手努力培育活跃的体育文化社区活动氛围。保证新加坡人使用体育锻炼设施的便利度：从住所出发步行10分钟就能到达有体育运动设施的地方。2014年6月，启用新加坡新体育中心，同时对社区居民和世界一流运动员开放体育设施。新加坡政府投入了1000万美元，将艺术与文化带入社区，拉近市民与艺术的距离。规划到2025年，所有的居民都可以轻松地参与别的社区的艺术节，在全岛的每个社区设立社区艺术画廊。自2013年5月起，所有的新加坡人免费进入国家的博物馆和遗产机构。

6. 保持清洁、健康的环境

完善空气质量报告系统和$PM_{2.5}$的生物学意义检测，并对汽车尾气排放实行了更为严格的标准。2012~2013年，对105个排水工程进行了改造和完善。由于新加坡在2013年经历了最严重的登革热疫情，新加坡政府致力于消除蚊子滋生地点。除了住宅灭蚊，还加强了野外捕蚊的监测网点建设，在2013年进行了超过20000起的清除蚊虫繁殖地活动。

## 四　对中国城市的借鉴

中国在经历了几十年的社会经济快速发展之后，目前进入了转型期。经济增长的放缓以及结构的调整，社会日益多元化和矛盾增加，城市公共服务和环境缺陷日显，这些是政府和全社会都需要共同面对和解决的问题。新加坡政府推出的一系列以健康生活、社会凝聚力、公共居住环境提升为核心的社会建设政策，对我国颇有借鉴意义。首先，通过提升和改善城市居民健康和生活品质，可以促进个人和家庭的幸福提升。其次，居民注重健康和生活可以有效拉动消费和内需，促进经济转型。再次，增强社会凝聚力建设可以促进社会融合，化解和缓解社会矛盾。最后，城市公共环境的改善对于提升城市品质、增强吸引力、促进经济都有帮助。

**参考文献**

Ministry of Finance Republic of Singapore, *Singapore Public Sector Outcomes Review* (*SPOR*), 2014.8, http：//app.mof.gov.sg/data/cmsresource/SPOR/2014/SPOR% 202014.pdf.

Y Chen, "*The Inspiration of Singapore Health System to China*", Medicine & Society, 2012.

Q Zhou, C Keshi, X Shi, Li Jingya, "*ERP Practice in Singapore and Its Enlightenment to China*", Modern Urban Research, 2014.

# B.23
# 国际视角下中国的未来城市交通战略*

张剑涛

**摘　要：** 交通问题是中国城市在快速发展过程中所面临的巨大挑战之一。建成一个长期可持续的城市交通体系是应对交通问题的关键。本文基于里特公司的研究报告，从城市交通体系的机遇与挑战、城市交通体系的展望和解决方案、前瞻性的城市交通三方面对中国城市交通体系进行评估，提出了建议。

**关键词：** 中国　城市交通　体系　方案

中国在过去几十年间取得了举世瞩目的成就，同时带来了飞速的城市化和具有很大挑战性的城市交通问题，包括拥堵、污染、可达性等多方面，给城市居民和管理者带来了不便和困扰。中国的城市众多，规模、功能、人口各不相同，不同城市的交通系统差异巨大。既有香港、上海这样公共交通和城市交通体系发达的典范，也有大部分城市的城市交通体系尚未完善，仍在发展中的情况。中国政府的高效和执行力以及计划体制，促进了城市交通体系的持续改善。未来城市交通的发展主要集中在交通的管理、新技术的应用、清洁能源等方面。

---

\* 本文主要基于理特公司的 *Strategic Directions and Ecosystems to Address China's Urban Mobility Challenges*，特此致谢。

# 一 中国城市交通体系的机遇与挑战

1. 城市交通体系的发展趋势

中国快速增长的城市人口带来了巨大的城市客流、物流交通需求和机动车出行量。2010年中国城市居民的平均机动车保有量为每千人48辆。但是根据预测,到2030年平均每千人的机动车保有量将达到305辆,2050年达到514辆,是2010年的10.7倍。其他国家2010~2050年的城市居民平均每千人的机动车保有量从127辆增长至308辆,仅增长1.4倍。中国城市机动车数量如此迅速地增长无疑会给经济发展、社会发展和环境带来问题。

与此同时,2010~2050年中国的城市出行人次总量预计将会增长4.5倍,而同期其他国家仅增长2.8倍。2010~2050年中国的城市物流总量预计将会增长4.3倍,而同期其他国家仅增长3.0倍。这些增长迅速的城市交通需求,以及对高效、安全、便捷等交通质量的需求,给中国城市交通体系和管理带来了巨大的挑战。人们的交通出行选择呈现多样化和个性化,倾向于不同交通方式的组合,以及合理低廉的价格。随着人们生活水平、收入水准和教育程度的提高,绿色、节能、可持续性也日益成为城市交通的关注点,人们越来越愿意选择驾驶清洁能源汽车、骑自行车或步行出行,也更愿意分享合用出行工具。

城市交通的快速增长和机动车数量激增会造成公共交通的供应不足以及交通拥堵、停车困难等一系列问题。商业和服务业向城市的集聚又加剧了这些问题,而它们又严重影响了城市的居住、生活和生产功能。预计到2050年,全球用于交通的总费用将达到11400亿美元,是1990年的4倍。安全、可达性、拥堵、污染等交通问题也是人们关注和不满的焦点,同时是城市公共服务的基本内容。中国政府承诺并下决心为居民提供更为完善的城市交通和相关服务。

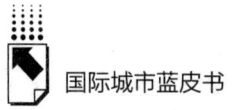

## 2. 城市交通的国际借鉴

根据里特公司针对全球88个典型城市的交通体系的测评①,中国主要城市的交通体系评分平均为43.8分。88个城市中只有11个得分超过52分。香港在所有城市中得分最高,为58.1分,其次是斯德哥尔摩的57.4分和阿姆斯特丹的57.2分。在不同地区城市的评分中,欧洲城市的平均分最高,为51.5分。中国城市的平均分在88个城市中属于中等水平。在被调查的中国大陆城市中,上海评分最高,沈阳评分最低(见表1)。城市交通体系评分标准如表2。

表1 中国城市交通体系评分

单位:分,位

| 城市 | 香港 | 上海 | 武汉 | 广州 | 北京 | 深圳 | 西安 | 重庆 | 成都 | 天津 | 沈阳 |
|---|---|---|---|---|---|---|---|---|---|---|---|
| 得分 | 58.1 | 51.8 | 50.4 | 46.5 | 46.1 | 45.7 | 43.4 | 43.2 | 42.2 | 42.0 | 40.7 |
| 排名 | 1 | 2 | 3 | 4 | 5 | 6 | 7 | 8 | 9 | 10 | 11 |

资料来源:Arthur D, *Little Urban Mobility Index 2.0-Assessment Criteria*。

表2 城市交通体系评分标准

单位:%

| 标准 | 权重 | 标准 | 权重 |
|---|---|---|---|
| 成熟度 | 58 | 表现 | 42 |
| 公共交通的经济吸引力 | 4 | 交通相关的二氧化碳排放 | 4 |
| 公共交通的比重 | 6 | 交通相关的二氧化氮排放 | 4 |
| 零排放交通方式的比重 | 6 | 交通相关的$PM_{10}$排放 | 4 |
| 道路密度 | 4 | 交通事故死亡率 | 6 |
| 自行车道密度 | 6 | 公共交通所占比重的增长率 | 6 |
| 城市密集程度 | 2 | 零排放交通方式所占比重的增长率 | 6 |
| 智能交通卡的应用范围 | 6 | 工作出行平均时间 | 6 |
| 私家车共享 | 6 | 机动车保有量密度 | 6 |
| 自行车共享 | 6 | | |
| 公共交通出行的频率 | 6 | | |
| 公共机构对交通的影响 | 6 | | |

资料来源:Arthur D, *Little Urban Mobility Index 2.0-Assessment Criteria*。

---

① 参见里特公司的研究报告 *The Future of Urban Mobility 2.0-Imperatives to Shape Extended Mobility Ecosystems of Tomorrow*。

根据对国际城市交通体系的评估以及中国大城市的交通体系与其他国家城市的比较，可以发现中国城市交通体系存在的一些共性。

①公共交通的普及和便宜，可以满足绝大部分市民的出行需求。公共交通在城市交通体系所占的比例是所有评估城市所在大洲中最高的。同时交通卡的使用也得到了普及。

②零排放的交通方式是所有参与测评的大洲中最高的，这主要得益于中国大量的自行车出行比例。但是自行车专用道在城市道路中所占的比重不高。

③私家车共享或合用比例不高。这有多方面原因，包括私家车拥有比例不高、缺少这方面习俗、出租车价格便宜等。

④居民拥有私家车的比例不高，但是增长速度很快。参与测评城市的居民平均私家车拥有量为每千人180辆，低于欧洲国家平均每千人440辆和美洲每千人430辆的水准。

⑤空气质量，特别是交通引起的空气污染，对城市造成了严重影响。在所有测评城市中，中国大陆城市空气中的二氧化氮含量是最高的，$PM_{10}$含量是仅次于非洲城市的。

⑥每百万人的交通事故死亡率为53人，高于参加测评的欧洲城市（33人）和美洲城市（37人），但是低于亚洲城市的平均水准（67人）。

⑦工作出行平均时间为39.1分钟，高于参加测评的欧洲城市（32.5分钟）、美洲城市（33.8分钟）、中东城市（33.9分钟），但是低于亚太城市的平均水准（39.4分钟）。

香港作为全球所有参与测评城市中得分最高的城市，同时也是全球人口密度最高的城市之一，它拥有全球最先进的交通体系以应对城市交通需求，适应社会经济环境的发展。公共交通在交通体系中所占比例超过55%，公共交通智能卡十分普及，同时人均汽车保有量也较低。作为一个人口超过700万的国际大都市，香港的人均交通排放量、交通死亡率、平均出行时间都是很低的，值得全球城市学习借鉴。

上海的交通体系是所有参与测评的中国大陆城市的典范。上海有严格的汽车总量控制制度，人均汽车保有量在参与测评的中国城市中仅高于香港。47%的交通方式是零排放，拥有28000辆公共自行车，公共交通智能卡十分普及，同时大力推进电动车和充电设备的应用普及。上海城市交通系统未来的挑战在于控制机动车总量，进一步提升公共交通比例，减少汽车排放和改善环境质量。

3. 城市交通改善的急切需求

所有参与测评的中国大陆城市都面临着城市交通滞后，对发展造成阻碍的现状。例如，若不能改善城市交通，预计北京2010～2030年的交通拥堵造成的社会成本（包括时间浪费、能源消耗、交通事故、车辆损耗、环境污染等）会上升7倍。对此，中央政府和地方政府都急需拿出应对方案和措施以快速提升和完善城市交通体系。目前，中国城市交通面临的普遍问题主要包括以下几个方面。

①缺少长期战略和规划。许多城市没有制定适应自身社会经济环境发展的长期交通体系规划。交通规划中通常包括了各类临时性和具体性的方案和行动计划，但是它们之间缺少协调和整合，难以形成完整的流程、体系、机制和监督。

②交通和其他规划缺少联系。交通规划通常只注重解决短期内的交通问题，而缺少与其他规划的沟通协调，导致很多规划目标缺少整体考虑和可行性而无法落实。

③不同层次和不同区域的交通体系衔接和整合不足，导致交通设施能力的浪费，降低了交通效率，增加了交通压力。

④缺少民间机构和私营机构的加入，没能充分有效地整合各种社会力量共同推进交通体系的提升完善。同时，缺少市场化的运作，没能有效地利用各种资源优化发展交通。

⑤体系零散且缺少创新，城市交通体系长期处于计划体制之下，部门分割而且机制不灵活，缺少竞争，不能真正地应对和平衡交通供求。

⑥缺少综合交通概念和规划，无法有效针对交通需求提供包含多种交通模式和多种选择的整体解决方案，导致交通重复建设和效率不高。

## 二 中国城市交通体系的展望和解决方案

1. 城市交通的战略导向

成熟的城市交通体系并不意味着千篇一律。发展中国家的城市交通体系不必照搬发达国家的模式，两者发展的重点、面临的环境、需要解决的问题、交通资源等都不尽相同，通盘借鉴可能会造成不适应或更大的问题。城市规模同样是影响交通体系的一个重要因素。城市规模越大并不意味着城市交通必然拥堵，这涉及城市功能结构等多方面的因素。交通体系的复杂程度以及效率是提升城市交通的关键。这主要依靠制度持续的创新和完善。按照中国城市交通体系的不同发展阶段，可以分为三种类型。

①发展中的城市交通体系，此类城市交通体系处于建设阶段，仍未完善。重点探索建立针对自身特色的交通设施，努力形成可持续的交通体系。②个体化的城市交通体系，此类交通体系的特点是以个人交通出行方式为主，特别是个人驾驶机动车出行。未来的发展重点是公共交通和可持续发展。③公共的城市交通体系，此类交通体系的特点是公共交通和绿色交通方式，如步行、自行车出行。未来的发展重点是交通体系的整体化和网络化，以及引入社会资源和市场化运作。

未来，中国城市交通体系需要反思当前各种交通模式的利弊，定位长期可持续的战略目标，以及配套策略和政策。在此基础上整合建立多元主体交通体系，为公众提供绿色、创新、无隙的交通网络。交通体系发展的趋势是创新、整体、便捷、共享，形成以公共交通为主的整合多种交通模式的网络化体系。

2. 可持续的城市交通体系

改善城市交通体系是一项艰巨的任务。在中国快速城市化、人口剧增、社会经济巨变、环境压力大的条件下，如何使城市交通更加快速、安全、便捷和环保，是城市管理者和全社会需要共同面对的挑战。建立一个可持续的城市交通体系主要包括四个方面的要素。

第一是交通战略和环保体系。交通战略需要包含明确可实现的目标和重点，以吸引社会力量参与，同时保证有效的交流沟通。交通战略的制定和实施还需要充分与城市的总体发展规划以及其他各方面规划沟通协调，保证综合效益的最大化和交通战略的可实施。交通战略的主要任务是满足人们出行和货物运输的交通需求，达到提高人们工作生活质量，提升城市竞争力的目的。因此，交通体系的组织需要综合考虑公共和私人交通、人流和物流、机动车和非机动车、行驶和停车等多方面因素。制定交通战略的主要步骤和内容如表3。

表3　交通战略的主要步骤和内容

| 要 素 | 具体内容 | 主要步骤 |
| --- | --- | --- |
| 迫切性 | 了解各方的交通需求和问题 | 明确条件 |
| | 了解交通现状以及与理想状态之间的差距 | |
| 责 任 | 明确主要参与方的责任 | |
| | 了解各方的交通方案 | |
| 各方观点 | 了解各方的交通需求和安排 | |
| | 了解不同类型的交通需求 | |
| 范 围 | 设定交通体系的地理范围 | 制定目标 |
| | 设定交通体系的功能(安全、环保等)和模式(出行、货运等) | |
| 目 标 | 制定交通体系的目标和重点 | |
| | 排定不同目标和重点的优先顺序 | |
| 实 践 | 综合不同的交通规划和策略 | 规划战略 |
| | 明确不同交通模式的优劣 | |
| 措 施 | 明确不同交通措施的优先顺序和协调整合 | |
| | 确定交通措施的实施步骤 | |
| 规 划 | 分配交通资源 | 落实监督 |
| | 制订资金和财政计划 | |
| 运 作 | 明确交通管理和监督机制 | |
| | 交通模式的市场化运作以及社会资源整合沟通 | |

资料来源：Arthur D, Little & UITP FUM 2.0。

第二是交通方案。中国城市需要扩大交通服务的内容和范围，包括交通能力和服务质量。改变交通理念，把"提供运输"转变为"提供方案"。提升交通体验，吸引和鼓励第三方加入交通解决方案。针对中国城市的交通特征，主要的交通解决方案如表4。

表4 中国城市交通的主要解决方案

| | |
|---|---|
| 公共交通 | 建设快速公交（Bus Rapid Transit，BRT）和快速私人交通（Personal Rapid Transit，PRT）体系，推广汽车共享和灵活停车制度；完善不同交通模式，特别是公共交通之间的换乘和整合；鼓励数字技术和互联网等高科技应用于交通模式和服务的改善 |
| 绿色交通 | 提升交通直达性，简化交通模式，减少交通量，进而减少交通对环境的影响；为步行和自行车出行提供更好的环境和条件，规划和建设专用道，完善它们与其他交通模式之间的换乘，提倡公共自行车和自行车共享，鼓励绿色交通模式 |
| 服务特色 | 运用大数据、互联网、实时监控等技术手段，有助于交通管理者的快速决策和交通使用者的优化引导，增加交通服务的智能化和便利化 |
| 增值服务 | 把交通体系纳入智慧城市的整体规划建设中，把交通服务与其他公共服务和社会功能如零售、社区服务、医疗保健、旅游、安防等结合在一起 |
| 整体交通 | 加强城市交通枢纽和换乘中心的建设，推广基于手机的移动交通智能系统，使人们能更加便捷、及时地掌握交通信息，规划和调整出行方案，优化和整合城市交通 |

资料来源：Arthur D, Little & UITP FUM 2.0。

第三是交通需求管理。虽然交通体系包括设施、车辆、服务等重要因素，但是管理是其中至关重要的一环，尤其是针对交通需求的管理。考虑到中国城市交通体系所面临的巨大压力以及提升容量、完善体系所需要的巨大投资，有效地管理交通需求，使之合理化和最优化是减少交通压力的关键。交通需求管理需要考虑多方面的综合因素（见表5）。

表5 交通需求管理的考虑因素

| | |
|---|---|
| 多方沟通 | 在学校、社区、商业等地的宣传 |
| | 对城市新移民和社区新成员的宣传 |
| | 不同规划之间的沟通协调 |
| 设施条件 | 道路线型和设计 |
| | 限速、特定交通区域 |
| | 共享区域 |

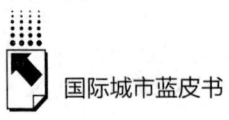

续表

| | |
|---|---|
| 经济措施 | 拥堵收费 |
| | 智能收费 |
| | 使用税和保险 |
| | 燃油税费 |
| 停车政策 | 减少停车需求 |
| | 多种灵活收费方式 |
| | 电子引导 |
| | 流量自动控制模式 |
| 土地措施 | 交通分析和规划 |
| | 交通导向的开发 |
| | 基于交通设施的改造 |
| 商业措施 | 交通规划和运营 |
| | 薪金激励 |
| | 远程工作 |
| | 汽车共享 |
| | 集中物流 |

资料来源：Arthur D, Little & UITP FUM 2.0。

第四是公共交通和投入。不少中国城市公共交通的发展受限于资金的不足，因此，多方开拓资金来源，强化公共交通建设成为城市交通体系的当务之急。在当前地方政府财政普遍紧张、公共财力有限的环境下，转变体制和机制，强化市场化运作，吸引社会力量和民间资本是快速推动城市交通发展与建设的有效途径。在资金来源上，除了保证政府财政的持续投入，还可以通过债券、信托、基金、彩票、交通相关税费等多种方式拓宽资金渠道。在经营和运作方式上，鼓励公私合营、特许经营权、不同经营权捆绑、增加个性化增值服务等市场化运作方式，吸引和开拓交通运营模式，推动交通的可持续发展。

3. 综合性和创新性的城市交通体系

单一交通模式和服务的提升空间有限。城市交通体系效能的大幅提升在更大程度上有赖于整体的协调完善。政府和相关管理机构需要转变观念、开拓思路，以一体化的战略整合交通体系。将交通体系视为一个生态系统，它包含了不同维度和层次的多种要素,包括政府、机构、组织、个人,设施、车辆、道路,管理、服务、资金,公共交通、个人交通,汽车、地铁、自行车等方方面面。合理有效的资源配置整合,高效顺畅的协调沟通,不断更新的理念和技术应用是交通体系建立和可持续的关键。表6展示了城市交通体系的主要参与方的创新与整合。

表6 城市交通体系主要参与方的创新与整合

| 参与方 | 作用 | 成果 |
| --- | --- | --- |
| 公共交通管理和运营机构 | 领导整合 | 提升交通效率 |
| 其他交通运营机构 | 新型交通解决方案 | 增加运营收入 |
| 物流商 | 优化城市物流 | 增加运营收入 |
| 信息通信技术供应商 | 协调技术平台 | 获得竞争优势 |
| 通信与支付供应商 | 应用于交通的移动互联技术 | 获得新业务和竞争优势 |
| 互联网供应商 | 应用于交通的新应用开发 | 获得新业务 |
| 零售商和其他增值服务供应商 | 新的顾客群和体验 | 增加新客户 |
| 非政府组织和学术咨询机构 | 创意伙伴 | 推动交通创新与转变 |

资料来源:Arthur D, Little & UITP FUM 2.0。

城市交通不断提升的关键是城市交通体系作为一个生态系统在应对新的环境和问题时可以持续自我更新、吸纳整合。这就需要系统的每一个部分明确自身定位、功能和作用,同时评估各自的价值以及对社会经济、环境的影响。政府作为主导,需要明确界定交通体系的运行和管理机制,以及各部分的责任。公共组织、社会机构和商业组织需要在自身本职之上寻求沟通、机遇和整合。

## 三 前瞻性的城市交通

准确地判断和应对城市当前和未来的交通需求对任何城市而言都是巨大的挑战,尤其针对处于发展中的中国城市。当今技术发展迅速,用于提升和完善交通体系的创新和改革种类繁多。但是关键在于观念、管理、服务和整合，这些软件方面的提升恰恰是中国城市目前最急需的，也是最花费时间的。目前的交通战略并不能完全适应需求，很多城市的交通体系建设并未着眼于长期发展，仅是应对短期分散的问题。同时，不同交通模式之间以及交通与其他城市问题之间缺乏协调整合，导致交通体系的不完善和效率不佳。因此，对于现有城市交通体系的反思和改革的基点是建立一个长期可持续发展和更新的体系，能够充分整合交通和其他城市设施服务体系，发挥交通体系的最大整体效能。

针对中国城市交通体系部门割裂、缺少创新的现状，需要使交通体系结成紧密的网络结构，交通体系的各组成部分能够及时应对变化的需求。交通体系在追求应对需求的同时，需要着眼于整体效能最大化，具备不断吸收和自我更新的能力。这需要交通体系的各参与方，包括政府、社会组织、民间机构、企业等的合力协作。

**参考文献**

Arthur D. Little，*Strategic Directions and Ecosystems to Address China's Urban Mobility Challenges.* 2014.

Arthur D. Little，*The Future of Urban Mobility 2.0.* 2013.

Arthur D. Little，*The Future of Urban Mobility.* 2012.

# B.24
# 美国华盛顿特区的社区安全政策*

陶希东

**摘　要：** 在经济高速发展的新时代，社区安全问题，依然是城市治理的重中之重，公民的生命财产依然是最重要的财产。美国首都华盛顿特区在治理暴力犯罪等安全问题的过程中，积累了丰富的政策经验。本文基于美国城市研究所（The Urban Institute）2015年4月发布的关于华盛顿特区社区安全政策的研究报告，在分析华盛顿特区具体做法的基础上，提出了相关建议。

**关键词：** 华盛顿　社区安全　城市治理　犯罪

华盛顿特区的社区安全问题在过去十年里得到了显著改善。凶杀和其他暴力犯罪案件数量都有很大的下降。尽管取得了这样的成就，但是在特区的一些地方，依然存在较多的暴力犯罪现象。另外，华盛顿特区近期的谋杀案都是由一些小团伙所为，而且大多案件都发生在缺乏监控的地方。处理这些问题，政府需要制定创新的社区安全政策。在过去十年丰硕成果的基础上，政府应该将各种安全策略纳入法律范畴，强制执行，并采取对暴力犯罪"预防为主，防治结合"的策略。政府的政策应该将市民的诉求和政府的主张结合起来，并与社区安全有关的非营利组织达成战略合作。

---

\* 本文主要基于美国城市研究所（The Urban Institute）的关于华盛顿特区社区安全政策研究报告，特此感谢。

## 一 华盛顿特区关于暴力犯罪问题的现状及挑战

（1）华盛顿特区暴力犯罪案件历史性持续下降，特别是谋杀案，从1996年的397起下降到2014年的105起。在过去的三年里，谋杀案维持在每年100起左右（见图1）。

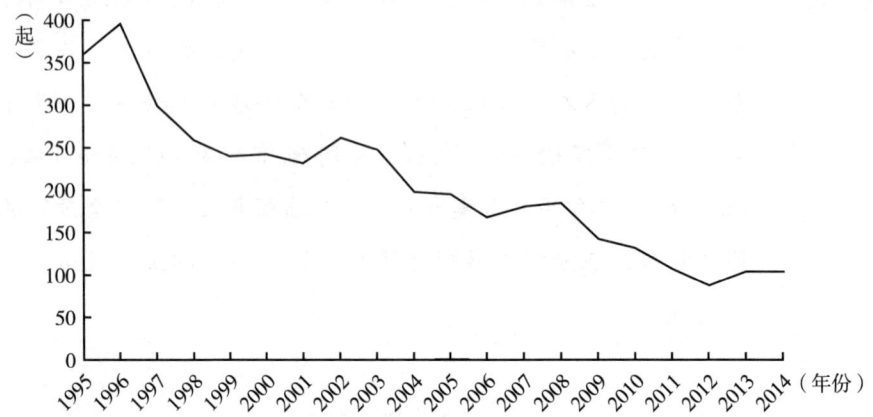

**图1 华盛顿特区从1995年到2014年的谋杀案数量**

资料来源：Urban Institute（2015）。

（2）随着谋杀案的减少，暴力犯罪案件的性质和犯罪地点也有所变化。现在，华盛顿特区的许多谋杀案都发生在室内，或者与家庭暴力有关。这些案件发生在警方监控和巡查范围之外。不易巡查的偏僻场所是暴力犯罪的高发区域。

（3）过去十多年，像 Columbia Heights、LeDroit Park、Shaw 和 U Street Corridor 这样的社区在商业和住宅建设方面发展迅速，这得益于社区安全设施的协同改善。但是 Kenilworth 和 Carver-Langston 这样的社区并没有获得太多安全设施方面的资金，所以整体发展缓慢。

为了减少社区安全问题，政府应该加强社会团体、政府和非营利组织之间的合作。解决社区安全问题不只是减少凶杀抢劫等传统意义上的"犯罪",还应包括多个方面,比如提高居民的安全感。政府应在社区安全建立非常完善的标准,并采取有针对性的策略提高安全水平,在社会成员、非营利组织中做广泛部署。

(4) 暴力犯罪率在五个警区(PSAs)仍然很高。这些警区是507、601、602、603和604。它们位于特区的北部和南部。这些地区的共同点是居住者生活贫困、失业率较高、受教育程度较低。而且这些地区与高速公路、河流等距离较远,汽车拥有量又很低、交通不便,造成了与发达地区的隔离,成为暴力犯罪的温床(见表1)。

表1 华盛顿特区五个暴力犯罪高发地区的对比

| 警区 | 2010~2011年人口 | 收入中位数(美元) | 种族构成(%) | 2007~2011年失业率(%) | 2007~2011年贫困率(%) | 2007~2011年收入中位数的变化率(%) | 2011年每千人暴力犯罪报案率(‰) |
|---|---|---|---|---|---|---|---|
| 507 | 11538 | 53504 | 非西班牙裔黑人:92 | 22 | 29 | 12 | 16 |
| 601 | 7536 | 43315 | 非西班牙裔黑人:96 | 18 | 34 | -13 | 12 |
| 602 | 9647 | 54542 | 非西班牙裔黑人:97 | 24 | 27 | 5.7 | 25 |
| 603 | 10997 | 56533 | 非西班牙裔黑人:96 | 18 | 26 | 25 | 19 |
| 604 | 13174 | 50623 | 非西班牙裔黑人:51<br>非西班牙裔白人:35<br>西班牙裔:9.1<br>太平洋岛屿人种:4.2 | 19 | 22 | -1.2 | 16 |
| 全市平均 | 10745 | 118384 | — | 10 | 18 | 16<br>最低29,<br>最高114 | 12 |

资料来源:美国城市研究所(2014)。

## 二 社区安全建设的新策略和措施

对于特区社区安全建设的策略,现任市长有着重新思考,并进行了大胆创新。市长和其管理团队可以通过联合社会机构和社区居民共同治理的方式，来确保所有居民拥有更安全的家园和社区。

为了帮助新市长达到"安居其所"的目标，美国城市研究所召集了一次关于城市安全的会议，参加此次会议的有普通居民、公共和私人慈善机构、社会安全专家等，会议对于如何构建安全社区和安全街区展开了广泛讨论，并提出了"四步走"的建议。

1. 在华盛顿特区建立安全社区战略计划

（1）2015年第二季度，召开安全战略会议来确定社区安全领域的重点目标

华盛顿特区有许多政府代理机构、非营利组织和社会团体都致力于社区安全工作。然而，它们当前的工作都过于分散。如果可以将这些组织的力量结合起来，统一部署规划，那将对安全建设有重大意义。

在2015年第二季度，市长组建社区安全战略计划小组，来确定社会安全方面的短期、中期和长期目标，并有清晰的步骤去实现这些目标。小组成员应该定期组织会议，评估进程，并提出应对各种挑战的策略。做出有意义的可行性计划，需要法律执法机构、非营利组织和社会团体进行公开讨论。最重要的是，为避免政府管理层换届而引起的政策断层，应在制订计划后进行反复修订，确保该计划能够长期实施。另外，利用新兴的CapStat①系统，可以进一步帮助特区建立数据驱动和社区驱动相结合的服务策略。

（2）2015年第三、第四季度，加快推进安全社区项目

安全社区计划需要有长期目标，但是也要落实到当下的具体工作上。小组委员会应该汇总居民、服务提供者和执法者等各个方面的声音，共同确定具体的社区安全项目，并迅速执行。

安全社区项目应包含各个方面，比如危房改造、帮助非营利组织提供服务、安置社会闲散人员等。一旦这些计划被确定，就应该尽快执行。在2015年第三季度，至少应该有两个项目进入实施阶段，其他项目应该在第

---

① CapStat：一个提供Web服务的系统，通过该系统，华盛顿特区及其周围地区的快速反应指挥中心可以在以后针对自然灾害和恐怖攻击的快速反应行动中，进行更好的协同和配合。

四季度实施。阶段性的成果能使工作组的计划得到更多信任，并增强工作组每个成员的信心，这对实现中长期目标非常有利。如果这样的项目可以逐步实施，那么对于减少犯罪、增加社会安全都会产生显著的影响。像西雅图、波士顿和萨克拉门托等城市，在一些特定的社区实施了一些具体的针对暴力犯罪的措施，都带来了显著的成效。

（3）对社区安全目标，建立可持续发展机制并进行有效评估

一份有效的计划，必然是可行的而且是可持续性的。安全社区工作组从一开始就应该考虑哪些做法需要持续、哪些需要改善、哪些活动需要持续、为维持这些业务需要哪些资源，及如何将活动纳入持续的计划中。小组应该每年评估其战略目标，以确保它们符合华盛顿特区不断变化的安全需求。组织应该根据每年的数据调整计划，确保一切行动都向着目标前进。

2. 在社区居民和政府机构之间创建一个关键的数据网络

在那些暴力犯罪事件发生很多的社区，至关重要的是建立社会对社区安全倡议的支持和得到居民的配合以寻求、实施解决方案。居民可以提供暴力犯罪的重要目击信息，另外，居民对于警察和社区关系的看法，对于构建安全社区也有重要意义。

政府应该深入了解华盛顿特区居民对社区安全建设目标的看法。在2015年第二季度，召开各组织领导的会议，政府应该开始实施第一轮社区调研，到2016年第一季度完成并做出报告。这些调查应该每年和团体会议一起进行，用数据评估社区安全工作组所做的工作是否在逐渐满足社区居民的需求。

收集这种数据的方法可以参考芝加哥评估减少暴力犯罪政策的数据模型。这个模型的成功是建立在芝加哥的公安部门和安全基金会合作的基础之上。基金会教给人们做犯罪记录的方法，并按需雇用一部分居民上门采访，收集可靠数据。

3. 多部门合作促进社区安全

（1）建立研究伙伴关系，评估《社区稳定协议》

签订《社区稳定协议》，是实施社区安全计划非常有效的一步。协议汇

集了十几个机构对暴力犯罪的应对方法，确保受害者、犯罪嫌疑人及其家人和他们的社区共同合作，找到解决办法，阻止暴力犯罪。

这种多部门的合作是一种前瞻性的应对措施，可能会对整个国家应对暴力犯罪的策略提供参考价值。但是持续协调这种合作并使它无故障运行，对于项目的效率是一种挑战。对于协议的实施要从早期就开始进行研究测试，这样可以更有效地帮助政府应对暴力犯罪。

（2）提高随身相机数据的影响力，提升警察和社区的相互信任

随身相机试点成功之后，政府已经宣布计划在未来18个月内为所有大都会警察局巡逻人员配备随身相机。这种技术的扩大应用可以帮助提高警察的办案透明度和信任度，它还提供机会加深警察和社区之间的沟通。随身相机在警察和社区的信息交流方面提供了前所未有的方便，而且这将使华盛顿特区成为随身相机数据应用的领头羊。市长办公室和警察局应确定沟通和宣传策略，以改进社区关系。一旦这些政策被实施，就要测试它们对于改善沟通和建立社区关系的有效性。

（3）在数据网站（Track DC[①]）中进行战略计划的测量

每个华盛顿特区的服务机构都应根据其完成城市短期、中期、长期社区安全目标的程度来衡量其自身进展。在2015年第三季度前，这些测量结果都应公布在数据网站上。公开这些信息能够提高政府的透明度和可信度。将更多的代理机构数据放在数据网站上也有助于测量诸如《社区稳定协议》等新兴的多机构合作倡议书的影响力。数据整合要求多个机构和部门的合作。地理信息系统可以通过利用诸如公共事业协会的共同地理单元来整合数据，从而对此过程提供帮助。通过机构间的定期会议讨论战略计划的实施并报送数据，此过程可以扩展机构与部门间的联系。

4. 进一步扩大社区安全项目的融资渠道

就社区安全议题召开慈善团体会议。在进行战略规划时，安全社区工作组应从政府机关和表现不错的非营利组织送审的社会服务方案中挑选出前景

---

① Track DC：一个提供华盛顿特区各种服务机构的公共表现评价数据的网站。

确定的方案，并考虑清楚这些方案所涉及的范围是否满足社会需要。前景好的方案应提供预防性服务来应对风险因素，提高社会闲散人员就业率，促进社区发展。

在引进有助于此战略实现的创新项目时，应考虑所有可能的融资选择，包括与慈善组织合作这样的方式。利益相关者还应考虑新兴的融资模型，比如"为成功买单"和其他的社会融资机制。慈善组织和私人团体通过"为成功买单"投入资金，而政府只有在项目目标达成时才需要掏钱。这一协定要求政府机构和非营利组织在实验新的服务模式时为更多人口提供基本服务。城市研究所的"'为成功买单'五步走工具包"为如何开展社会融资项目提供了切实可行的指导。

总体而言，应该采用整体性策略来应对社区安全。在过去的十年里，华盛顿特区的犯罪案件急剧减少，尤其是暴力犯罪。但是这些进步主要集中在经济较为发达的地区。过去，社区安全工作几乎完全集中在降低暴力犯罪率上，所以政府今后应该全方位审视社区安全问题。

安全社区建设所考虑的因素中应更多地包含那些潜在的安全因素，诸如商业、教育事业的成就、社区联系感、执法质量、社会成员对法律实施的感知度等。政府应利用公民对社区安全日益增加的关注度、对机构间合作和整体性方案的兴趣来解决社会问题。通过与非营利组织、社区成员和慈善组织的合作，政府可以创造一个对每个人来说都更安全的特区。

## 三 对中国城市社区安全工作的启示

根据美国城市研究所的研究及建议发现，华盛顿特区的社区安全问题一直在得到改善，但是在一些经济落后的地区，由于安全设施、警力等资源匮乏，社区安全情况依然堪忧。这既是城市发展的挑战，也为政府带领全市人民进入新的时期全面打造安全城市，提供了一定的机会。这对正处于全面推动新型城镇化的中国特大城市而言，同样具有积极的启示意义。尽管中国与美国之间在社区安全政策方面存在差异，但城市研究所给华盛顿市长的建议依然具有很重要的启示。笔者以为，中国特大城市在促进社区安全的进程中，重点需要注重以下几个方面。

1. 应结合各种社会资源来建立立体式的安全维护措施

当前，中国的社区安全工作过于分散，不同的部门在负责不同的事，而且界限并不明确。在发生安全事件时，便无法统一协调做出响应，预防和治理难度都很大。鉴于这种状况，我们可以学习华盛顿市，政府领头建立"社区安全小组"等组织，将执法部门、公安部门、社区安全负责人、安全有关的非营利组织、安全设备记录的信息这些方面的资源整合起来，形成一个有机的整体，对于社区安全就可以统一规划部署，提高效率和应急响应能力。社区安全小组可以起草安全计划并监督执行，某些重要内容可以写入法律强制实施。这对于提高社区安全有重大的意义。

2. 充分运用智能技术的力量

从华盛顿市治理暴力犯罪的经验来看，5个犯罪率居高不下的地区都是因为经济落后，对于安全设施的投入不够。当今的科技高度发达，应该将这些成果更多地应用在与公民生命财产有关的安全领域。奥巴马政府拨款2.63亿美元给各地警方配备随身相机等智能设备，对于执法信任感的建立、执法透明度的提升都有巨大的帮助。而这些智能设备产生的大量数据也能进一步帮助提升公共安全。我国在公共安全设施方面的投入还不够，应该加大这方面的预算，将更多的智能设备和安全设备应用在社区安全建设中。

3. 需要有切实可行的安全规划

美国城市研究所的报告提到，社区安全并不仅仅是降低犯罪率，还应包含防火防盗、危房改造、帮助闲散人员就业等各个方面。因为这些因素或多或少都与安全有关，治理安全问题不能仅仅看到表面上的问题，而忽视隐藏在其背后的深层原因。要想深入解决这些问题，需要有可行性的计划，一步一步地来，这样才能逐渐从根本上解决安全问题。

4. 建立客观公正可量化的社区安全评价体系

一个地区是否安全，不应该仅仅看犯罪率的高低，应该有综合性的评价体系。这个体系应该是以居民感知为导向，结合安全工作业务完善能力、社区安全设施使用程度等各种指标建立可以量化的评价体系。这样的评判标准，对于社区安全工作是一种专业性的指导。根据这个标准定期对各个社区进行安全评比，对于提升社区安全会产生一种激励和督促的作用。

5. 注重安全教育但不流于形式

"预防为主，防治结合"不应该仅仅是一句口号，而应该成为切实执行的准则。我们经常会举办各种安全讲座，讲解一些安全知识，比如如何使用灭火器，讲得很好，但是听众从来没有实际操作过灭火器，真正出现紧急状况时，大多数人都无法正确使用，这便是一种流于形式的安全教育。应该在加大力度提高市民的安全意识的同时，提供更多的实操式培训，真正提高市民的安全防范能力。

**参考文献**

Samuel Bieler, Caroline Ross, Nancy G. LaVigne, *Creating Partners in Public Safety, Challenges and Choices for the New Mayor*, The Urban Institute. April 2015.

ZHU Zhengwei, LV Shupeng, "On Urban Community Public Safety Management Performance Assessment," *Journal of Xi'an Jiaotong University.* November 2011.

LI Li, "Alternative Mechanisms of Public Safety Service Delivery," *J. CENT. SOUTH UNIV.（SOCIAL SCIENCE）*. August 2012.

# 城市空间篇
## Urban Space

## B.25
## 伦敦以功能混合与可持续思路推进滨河机遇区更新[*]

邓智团

**摘　要：** 伦敦滨河地区是伦敦规划的一个跨行政区的新增长区。为了实现成为伦敦未来20年里新机遇区的目标，2015年伦敦市政府制定了《伦敦滨河机遇区规划框架（OAPF）2015草案》，以功能混合开发和产业可持续发展为导向，通过制定住房、就业、交通、生态和公共设施等相关举措，加快推进机遇区从潜在增长状态转变为实际高增长状态。这对当前我国城市加快推进城市空间更新有较为重要的启示。

---

[*] 本文主要基于伦敦市政府的《伦敦滨河机遇区规划框架（OAPF）2015草案》，特此致谢。

伦敦以功能混合与可持续思路推进滨河机遇区更新

**关键词：** 滨河地区　城市更新　功能混合　跨区域规划　伦敦

根据伦敦市政府官方定义，机遇区是指伦敦市区内可以大规模更新并能带来增长的区域。根据动态调整的《伦敦规划2015》，在未来20年里，伦敦的人口将从当前的700万增加到1000万，这自然要求增加大量的住房和就业岗位来解决新增人口的需求。为实现《伦敦规划2015》提出的全市未来20年新增人口超过300万的预期目标，伦敦在全市选择了若干机遇区来解决这些新增人口带来的住房和岗位需求。伦敦滨河机遇区就是这样的一个区域。2015年伦敦市政府制定了《伦敦滨河机遇区规划框架（OAPF）2015草案》（下文简称《规划草案》），目的即是通过交通、住房和土地功能设计来实现机遇区的增长。《规划草案》十分关注伦敦滨河区的工业遗产，从全伦敦范围来考虑工业用地需求，做好保护绿地空间的战略设计，加之对可持续发展的考虑，从而使该规划草案具有较好的前瞻性。

## 一　伦敦滨河机遇区规划开拓发展新空间

伦敦滨河机遇区面积为30平方公里，西面与东面分别与皇家码头地区（Royal Docks）和雷纳姆湿地（Rainham Marshes）相接，东西距离超过12公里，地跨巴金（Barking）、达根汉姆（Dagenham）和黑弗里（Havering）三个自治市的南部区域，西面还包括纽汉姆的部分区域。目前，该区域常住人口大概有11.6万人，有3.9万个工作岗位。该区域与上利谷地区、下利谷地区以及皇家码头区等机遇区共同形成了伦敦东部和北部的"L形"机遇走廊，位于伦敦中心区和埃塞克斯经济中心之间（见图1）。该区域被定位为绿色产业区（Green Enterprise District），有充足的土地供应来满足更新与再开发所需的住房和产业用地需求。同时，这些区域将建造大量的开放空间，保障生物多样性；还通过现有交通网络与外部形成了较好的连接性，确保了机遇区更新对基础设施的需求。根据《伦敦规划2015》，滨河机遇区通过交通和其他基础设施的投资，将使该地区成为能居住2.65万人和提供1.6万个工作岗位的区域。

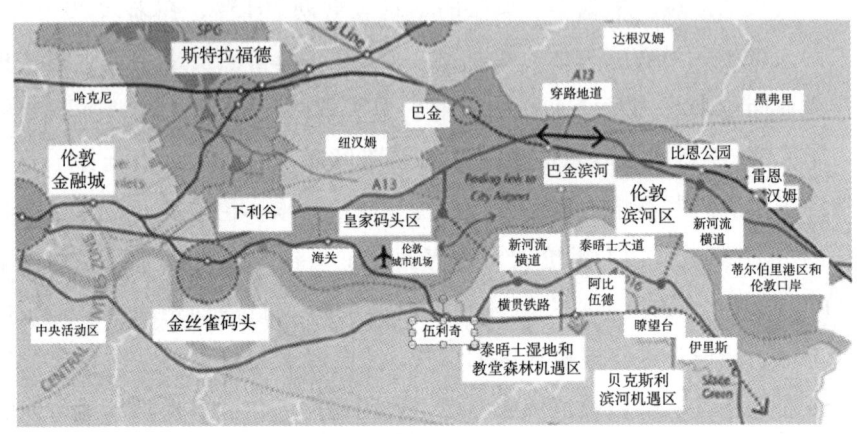

图1　伦敦滨河机遇区的空间位置

该规划的主要目标是形成一个能推动未来20年发展的规划，特别是能对伦敦东南部广阔区域的未来可持续发展有所帮助。这是一个基于空间规划，通过机遇区来综合考虑经济、社会和环境更新的规划。由于该区域是跨行政区的，因此该区域的上位规划相对较为复杂，比如国家层面的NPPF、伦敦市级层面的伦敦规划，同时还涉及大量地方层面规划，如黑弗里、巴金、达根汉姆和纽汉姆等自治市的规划。

这些既定规划推行的时间差异大，调整的余地也大，《黑弗里议会核心战略规划》（*Havering Council's Core Strategy*）是2008年制定的，达根汉姆的规划推行是在2010年，纽汉姆是在2012年。在给定的复杂条件下，为使跨区域规划得到顺利推行，OAPF设计的发展目标相关指标可以适时进行调整，以方便对伦敦2015规划、NPPF（2012）以及其他可能形成的自治市的相关规划做出反应（见图2）。

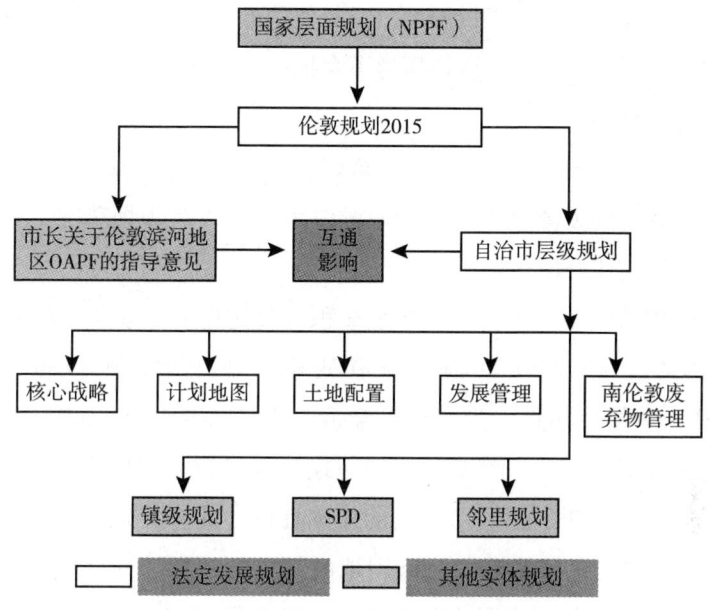

**图 2　伦敦滨河机遇区规划框架的规划体系**

## 二　产业发展、土地利用、生态环保多重措施并举

该规划草案在制定规划过程中，强调了五个方面的规划指导原则：重视工业用地规划，规划利用工业用地；注重交通通达性，提升交通连接能力；增加开放空间，开发高质量的公共和私人空间；灵活利用国有土地；重视房地产投资的收益水平，促进住房投资利益最大化。在具体贯彻这些原则时，提出了6个方面的重点内容。

1. 土地利用规划

通过用地指标的跨区域转移实现土地的集约节约使用。为了能成功激活伦敦滨河区，《规划草案》在土地的长期利用方面提供了一个明确的解决方案，包括重视住房开发和辅助社会基础设施、产业开发和交通供给方面的关系，其基本原则是任意一种类型的土地开发不能影响到其他类型的土地利用。该区域是伦敦最大型的产业用地之一，能为伦敦增长中的绿色产业和从

皇家码头区迁移出的产业提供用地，或其他的如巴金滨河区和比恩公园等提供居住用地，而且还要保证居住用地不会把产业用地过分区隔。

2. 住房开发

为了使像巴金滨河区这类通过伦敦轻轨（London Overground）的延伸就能释放发展潜能的关键地区可以新增居住用地，该《规划草案》在多个区域新增了足量的住房用地安排。

①调整用地性质增加房地产用地面积。改变克里克茅斯（Creekmouth）中泰晤士大道（Thames Road）原有战略产业用地（Strategic Industrial Land，SIL）为居住用地。为了让巴金镇中心（Barking Town Centre）和巴金滨河区能较好地连通，将泰晤士河路地区也进行了房地产开发，从而使整个区域连接了起来，形成了更大的住宅社区。此外，通过改变毗邻巴金（Barking）河畔的南河路沿线战略用地的性质，使得该地区成为新的产业区域，以能更好地将皇家码头西部和城市机场贯通起来，提供可供选择的就业机会。

②增加保障性住房。伦敦滨河区许多地方有高质量的可供租住的房地产。为了实现机遇区功能的混合开发，《规划草案》大大提高了中等需求住房的比例，特别是通过市长的首要计划，以政府和购买者共享所有权的方式，向低收入人群提供一种获得住房的路径。这将有助于加速房屋开发的速度，为伦敦贡献经济收益。而且机遇区的房价要低于伦敦房价的平均水平，使得该区域成为伦敦房价最实惠的地方之一，能帮助普通人群实现在此购买或租用物有所值的高质量的住房。

3. 产业

①确定产业用地规模。由于在《伦敦规划2015》中对该区域有明确的就业目标要求，因此，《规划草案》基于未来需求，强调了对战略工业用地（SIL）的保护，并对用地性质调整后释放的工业用地进行管理，以保持产业用地的预期规模。

②推动工业用地的工业/商业混合使用。如推动伦敦可持续产业园区（LSIP）的建成用地转变为混合的工业商业园（IBP）/首选工业区位。采用

绿色电网，以推动在更广泛的区域中显著改善公共区域，以期吸引制造、轻工等工业投资投到该地区，实现更高的价值增值。《规划草案》考虑到这种土地性质的转换需要时间，且在整个进化过程中用地性质转变的重要性，通过政策的形式，确保工业商业园（IBP）/首选工业区位使用的混合化。

③保障中小企业的发展需求。除了考虑大工业企业的用地需求外，同时还考虑中小企业的内在增长需求。由于伦敦市中心大企业的增长，迫使包括技术型的小企业往外迁移。为了推进这些中小企业的发展，《规划草案》要求该区域能提供多样性的住宅方案，从而在不影响这些小企业生存能力的同时，帮助他们更好地融入伦敦，如在达根汉姆码头（Dagenham Dock）、巴金滨河区和比恩公园（Beam Park）等区域。

4. 商业与零售业

①进一步提升机遇区区域中心的功能。在《伦敦规划2015》中，巴金镇中心被确定为一个主要中心。由于这里有高度发达的公共交通，能与其他区域进行有效连通。因此，《规划草案》进一步强化了对巴金镇中心功能的提升，认为巴金镇中心功能的塑造将决定伦敦滨河区开发是否可以成功，是伦敦滨河区建设新家园、创造新就业机会的关键。

②发展新兴中心的零售业。根据《规划草案》，虽然零售和配套设施也将出现在其他现有的和新兴的中心，但发展零售业主要应以巴金镇为中心。从长远的角度来看，地方中心的发展应与轻轨延长线上的伦敦滨河站整合在一起，这样有利于解决这些新中心的通达性，能为新入住的居民提供一系列的基础设施，包括大型超市、休闲中心、配套零售及社区设施等。如在比恩公园和C2C线上的新车站将形成一个新区中心，在切克角（Chequers Corner）扩大零售供给和确定休闲设施和社区的使用，使这些新住宅社区成为潜在的中心等。

5. 实施绿色产业区（GED）计划

市长的绿色产业区计划（GED）跨越六个伦敦东部的市镇边界，其目的是为了使伦敦成为全球低碳经济的领导者，能为该区域创造数千个就业机会，并有助于重塑首都最贫穷的地区。绿色产业区计划（GED）的目的还在于把这个区域打造成一个高度可持续的、有吸引力的目的地，可供人们生活、工作和参观。

①建立伦敦可持续发展产业园区（LSIP）。绿色产业区计划（GED）内的一项重大项目即是伦敦可持续发展产业园区（LSIP）。该园区（LSIP）建立在切克角/达根汉姆码头上，目前正在建设面积达25公顷的东伦敦废弃物管理站（ELWA），提供垃圾焚烧发电项目、热电联产方案、回收和再处理设施、可再生能源技术。这个园区很快就会成为英国环保产业和技术最集中的区域。该园区（LSIP）的位置具有良好的交通连接，能方便地获得原材料、市场和劳动力，使得整个伦敦和东南部也将拥有尖端的废弃物处理设施。

②实施废弃物联合开发计划。东伦敦废弃物管理局制订了废弃物发展计划（DPD），提出了可持续的废弃物管理战略。根据该战略，推动东伦敦废弃物管理站（ELWA）区域具备重复利用的能力。在此基础上，还增加了合适的地点，以提供新废弃物处理的基础设施来满足伦敦的需要。

6. 对码头的保护利用

基于对上位规划《伦敦规划2015》重视码头保护的响应，《规划草案》也特别重视受保护码头的发展和应用开发。对码头的保护性开发，目的旨在保护码头的水运能力，因此在泰晤士河上相邻位点的设计则应尽量减少与水运用途的潜在冲突。

①未充分利用与那些年久失修的码头。伦敦滨河地区的码头，其保护、使用和维护的状态层次不一。该区域有如此多的码头，既体现了它丰富的工业遗产，也从根本上改变了该地区的土地使用和产业实践，同时促进了伦敦的人口和经济的增长。

②废弃码头的临时利用。根据伦敦的相关政策规定，当码头不具有相应功能，如不可再用或仅作为货运装卸用途的情况下，这些受保护码头的重建才会获得批准。其条件是废弃码头的临时使用在吸引投资的同时不能影响区域的景观。通常，在具体过程中，码头的临时利用申请只有在不影响码头作为水路货运的用途的前提下才是允许的。

③新的多式联运设施的利用。福特（VOC）新联运的货运设施，能显著提高公路、铁路和水运运价之间转移的潜力。为了能更加便利，伦敦当局新建了一条铁路支线，使伦敦滨江东西向的主要铁路线直达该区域。

④对伦敦可持续产业园区和达根汉姆码头功能的强化。达根汉姆码头的伦敦可持续产业园区已经成为多项废弃物高科技处理操作的集中区域。这些新工厂代表了废弃物处理逐步改变的方式，能单独处理来自东伦敦数量相对较小的废弃物。当然，这不是达根汉姆码头使用需求增加的直接原因。这些刚刚新建的产业起到了催化剂的作用，但随着时间的推移，较大的投资预计将来自机遇区中其他工业部门和企业，如皇家码头等其他区域的需要搬迁的企业。

## 三 对中国城市滨水地带更新的启示

"滨水地带是一个城市非常珍贵的资源，也是对城市发展富有挑战性的一个机会，它是人们逃离拥挤的压力锅式的城市生活的机会，也是人们在城市生活中获得呼吸清新空气的疆界的机会"。查尔斯·摩尔对城市滨水地区的阐释，很好地揭示了该区域对城市生产、生活和生态的重要性。因此，城市滨水地区的更新与城市空间更新是有显著差异的，在注重城市产业区功能的同时，必然同等重视以居住休闲为代表的生活功能和以生态环境保护为代表的生态功能。伦敦滨河地区通过跨区域规划的方式，推动了整个区域在生产、生活和生态功能上的全面提升，这对当前新型城镇化背景下的中国城市建设与更新有着重要的借鉴与参考意义。

1. 以可持续发展为导向，优化生产功能

在城市达到一定规模后，城市空间的更新是推动城市进一步发展和能级提升的关键，而滨水区作为特殊区域，其保护与更新更是推动城市经济增长的动力之一。伦敦滨河地区的更新开发，其最重要的目标即是推动其成为伦敦新一轮发展的重要经济增长点。通过对工业用地的保障和交通设施的改善，以吸引更多的企业入驻。具体在规划更新过程中，有三点是可以值得借鉴的。

①确保产业用地规模，保障各类企业需求。与伦敦滨河区规划的制定一样，在滨河地区更新规制的制定过程中，应充分梳理土地发展现状，通过一系列方法，强化对产业用地的保护，并推动用地用途的灵活变化，以适应不同产业类型的需求，保障工业和商业服务业的混合需求。与此同时，应加强对中小企业发展用地的需求，通过提供多元的产业用地规划，保障中小企业的发展需求。

②促进土地指标的跨区域流转，保障土地利用集约化和开发的整体性。这可以借助土地指标的跨区域转移实现土地的集约使用，并在全市层面进行统筹，推动不同建设用地指标类型的跨行政区流转，流转出来的土地指标，通过土地用途的转变，使得滨河地区在更新过程中，能形成连续而不是分隔的产业区和住宅区，提升产业用地的集约水平。

③推动实施绿色产业区计划，发展低碳经济。伦敦滨河区更新一个非常重要的计划，即是以伦敦市长牵头实施的绿色产业区计划（GED），该产业区跨越伦敦东部的六个自治市，其目的就是推动伦敦成为全球低碳经济的领导者，并对首都最贫穷的地区进行改造。因此，我国的城市在滨水地带开发更新过程中，也同样可以通过最新的环保技术的使用，推动建立可持续发展产业园区，使之成为重要的环保产业和技术区域。同时，也可借助对废弃物和垃圾的综合开发，实现废弃物的联合开发。

2. 以功能混合为导向，强化居住功能

（1）区域更新需要整体推进。尽管房地产的开发建设是非常市场化的方式，但在某一个区域，能进行多大规模的房地产开发、开发哪些类型的房地产，政府则可以根据需要进行一定的干预和规划调整。如果在滨水地区更新过程中，政府不能有一个完整有效的开发战略规划，将导致开发商所开发的项目比较分散，进而引起整个区域混乱不堪，品质得不到保障。可以借鉴伦敦滨河区的开发规划，制定一个统一的开发规划，做好规划控制，使得整个区域开发能有序进行，还能提升整个区域的品质，有利于更新开发的有效进行。

（2）强调功能混合，推进产居融合式开发，并增加房地产开发的规模和多样性，提升区域活力。在伦敦滨河区规划框架草案中，为了使地铁沿线区域释放发展潜能，实施了一个较为关键的开发举措，就是大量增加居住用地，以发挥房地产开发的规模效应。因此，我国城市在进行滨水地区开发更新时，可以借鉴伦敦滨河区的经验，通过调整用地性质增加房地产用地面积，以推动建设规模适当的住宅社区。同时，通过政府的积极干预，以有效手段增加保障性住房的供给，在提供高端住宅开发的同时，大幅提高中等需求住房的比例，并通过共有产权等方式来满足低收入者的入住需求，增加更新区的活力。

3. 以保护性更新为导向，完善生态功能

滨水地区的城市空间更新，其直接的结果是能推动整个城市环境质量的提升，主要可以概括为三个层面：自然生态的改善、开放空间的增加和以工业遗产为代表的城市文化提升。伦敦滨河区在更新过程中，注重对工业遗产的保护开发以提升原有功能，同时增加私人和公共空间来改善区域生态环境，并通过自然生态环境的改善保持生物的多样性。因此，我国城市在进行滨水地区开发更新过程中，同样可以从三个方面来推动生态环境的改善和提升。

①改善滨水地带的自然环境，保持生物多样性。滨水地区的自然生态环境，包括水体、湿地和公园等。在更新过程中，不应只关注表面的繁荣，还应该注重生态环境的可持续发展，尤其是保证水体和湿地的质量。因此，在更新过程中，必须采取严格的运行标准，以保障生态环境不因更新而遭到破坏。

②增加城市的公共空间。公共空间的质和量已成为衡量一个城市区域品质的关键性标准。滨水地区作为城市非常重要的空间资源，因滨水的环境而成为各类资源相继集聚的区域。由于产业和居住功能的增加，势必给稀缺的土地资源带来压力，减少公共空间的用地可能性。因此，在滨水地区的更新过程中，公共空间或私人开放空间的增加，是区域品质得到保障的关键举措。

③对工业遗产的保护性开发更新，有利于提升区域的文化内涵。伦敦滨河区作为码头集聚区和工业遗产丰富的区域，在更新过程中，就十分重视对码头的保护性更新和开发，以延续区域的文化内涵。这对我国城市推动滨水地区开发更新有着重要的借鉴作用，在推动功能升级的同时保护了原有的工业遗产，这可以有效增加区域的文化内涵，提升区域的文化品质，能增强区域的吸引力，从而有利于吸引更多的企业和居民，形成新的增长区。

**参考文献**

Mayor of London, *London Riverside Opportunity Area Planning Framework*, Consultation Draft：February 2015.

Mayor of London, *The London Plan*, Mayor of London, 2004.

London City Hall, *London Sustainable Industrial Park*, https：//www.london.gov.uk/priorities/housing-land/land-assets/london-sustainable-industries-park-lsip.

# B.26
# 台湾都市产业园区转型发展与空间规划创新动向*

李 健

**摘 要：** 当前，台湾经济面临转型与升级困境，《台湾产业科技前瞻研究计划》提出诸多发展思路。在空间方面，提出以产业园区为基础平台，改变发展思维，推进创新经济发展和创新平台建设，具体包括组合式园区、"三化"建设、都市型园区培育等策略，再次塑造台湾经济综合竞争力。

**关键词：** 台湾　产业园区　转型发展　空间规划

当前，《台湾产业科技前瞻研究计划》编制工作正在推进，符合国际产业发展的要求，重视岛内区域产业发展平衡，促进产业全面创新发展，制定台湾未来十年产业发展策略等成为重要工作目标。作为空间策略重点的产业园区是台湾社会、政治与经济政策的载体，是实现产业政策的工具与平台。20世纪80年代，新竹科学园区的建立，促进了传统电子产业的升级，扶植了新的产业如半导体产业等，引领了新的就业形态和技术转移，对台湾经济发展做出显著贡献。可是近年来，产业园区发展几乎停滞，南部科学园区与中部科学园区的设立，似乎主要是为了扩张新竹科学园区的产能，与园区当初创新升级的构想不一致。这其中固然有产业内在发展规律与外部国际市场

---

*  本文主要基于台湾"经济部"技术处编制的《台湾产业科技前瞻研究计划》课题小组报告，特此致谢。

变化、同业竞争的原因，但也有自身发展思路的原因，只有产业转型与升级才是切实可行的出路。在台湾资源有限的前提下，亟须寻找更加有效率与效益的方式来解决当前的困境。本文主要基于台湾"经济部"技术处编制的《台湾产业科技前瞻研究计划》课题小组报告，总结台湾都市产业园区空间布局三大创新思维：以组合式园区规划带动产业结构的转型；以"三化"理念同步升级园区与产业；建设新时代都市型园区以引领区域创新。同时，本文还分析了台湾工业园区发展模式给大陆工业园区转型发展带来的启示。

## 一 以组合式园区规划带动产业结构的转型

### 1. 中长期台湾产业发展组合的概念

自2008年全球性金融危机爆发之后，全球现正走向"大停滞时代"，经济不再持续高增长，技术与产业亦在等待下一次大型革命的来临，短期内出现新一代明星产业的可能性并不高。因此，除延续现有的经营创新机制外，大范围、跨领域融合是化危机为转机的关键。因此，在台湾"经济部"2015年制订的《台湾产业与科技整合研究计划》中，提出"产业组合"的概念：产业发展应当考虑实践台湾经济稳健发展的目标，而非将所有精力都放在新兴产业上。综观台湾产业发展现况，欲突破瓶颈，首先需发展多元化产业，透过台湾整体产业发展组合的概念，突破过去依据产业结构或产业领域划分产业的思维，兼顾制造业与服务业发展，让现有主力产业[①]、中坚产业[②]、新兴潜力产业[③]，以及传统产业、文创产业等都能获得足够发展空间，塑造更为健全的产业布局，同时呼应产业发展纲领所提出的多元产业结构的愿景。

就产业的各种类型而言，主力产业主要扮演支撑与带动经济成长的角

---

① 目前产值在兆元（新台币）以上，如半导体、平面显示、石化、钢铁及基本金属、金融服务流通服务等产业，目标为2015年维持其规模。
② 目前产值3000亿~5000亿（新台币），如精密机械、宽带服务、医疗保健、数位内容、观光休闲及教育服务等产业，目标为2015年突破至兆元规模。
③ 预期2015~2020年兴起，具未来成长潜力，如新绿能源、电动车、智慧绿色建筑、生技医疗及云端服务等产业。

色；中坚产业重在策略性调整产业结构；新兴潜力产业的发展则着重挖掘新经济成长动力机会，并协调经济、环境与社会的均衡发展；传统产业则兼具地方特色维持或开发的角色，更应通过全球布局的模式维系其生存与发展。实现主力、中坚、新兴潜力与传统产业的协调发展。根据不同产业发展阶段，拟定策略促使新兴潜力产业成长、中坚产业破兆元（新台币）、主力产业固本以及传统产业实现全球布局，让台湾发展更加稳健（见图1）。

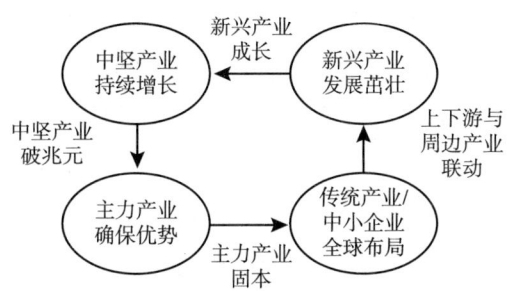

**图1　中长期台湾产业发展组合的构想**

2. 产业与园区的新组合

基于产业组合论述，进一步针对台湾产业园区发展方向进行探讨。台湾面对未来产业发展与国际竞争的需求，从资源配适角度与国土规划的高度，总体规划产业与各类型园区的搭配，确立目标并有层次地进行产业结构调整。根据目前台湾都市型园区及编制工业区、主题园区、科学园区、都市计划工业用地的特性，与其相适应的产业、定位、角色与具体发展建议如下。

（1）都市型园区：产业创新领航者

自20世纪60年代起开发的台湾工业园区，经过数十年的发展，逐渐面临公共设施不足、厂房闲置、土地私有与政府管理难以深入等问题。展望未来，无论是园区本身发展与更新的需求，还是台湾吸引外资、培植新兴产业的需要，比科学园区面积大两倍的产业园区（工业区及加工区），在新时代都市型创新园区的带动下，依靠政府的资源、更多土地、更创新的动能与更丰沛的产业基础，有机会成为下一阶段台湾产业升级的主角。

（2）主题园区：专业领域深耕者

在政府产业创新条例鼓舞下，未来政府各相关主管部门都负有产业推动的责任。这意味着未来依据各部门的需求，针对特定产业与技术发展而设立的主题式园区或实验园区可能大量出现，对目标为持续增长的中坚产业而言，推进主题园区设立有其重要性与必要性。台湾"环保署"的环保科技园区、台湾"农委会"的农业生技园区皆属此类园区。

（3）科学园区：优势竞争力建构者

在20世纪80年代，台湾为促进电子等高科技产业发展而建立科学园区。科学园区被设定为保税区，加上周边产学研资源链完整、生活配套设施完善，管理采用单一窗口服务，土地采取租赁方式降低了企业投资成本，其成为高附加值企业的聚集地。

（4）都市计划工业用地：地方产业开拓者

各地政府对于产业用地的配置更富有弹性与可调整的空间（如都市计划定期通盘检讨机制等），并将其定位为特色产业、传统产业、文化创意及综合型产业发展基地，未来更可进行全球策略性投资布局，强化国际竞争力，带动上下游产业联动发展。

产业及园区配适"组合"为抛砖引玉式的概念，依据现阶段台湾园区的类型与条件，不仅可依前述建议进行各自产业发展定位，同时也可互相协调资源的搭配与运用，形式灵活多变。各相关主管单位应当尽快确立自身发展目标，以减少台湾园区间自相竞争的内耗状况，同时搭配产业发展主轴的规划，强化集群效益，促进多元产业结构转型与升级，以期达成产业发展纲领整体愿景目标。

## 二 以"三化"理念同步升级园区与产业

现阶段，台湾企业在生产、软硬件、成本质量、财务制度往来、营销公关、物流配送与企业管理等领域，已具备相当的知识能量与人才，但目前少有跨领域合作的成功案例。民间企业凭借自己的力量向全球的各个市场拓展，是否可以成功则取决于本身的资金能量与发展机遇，缺乏统筹合作所带来的风险分担与最佳效益发挥。

另外，对于肩负协助企业经营拓展事业版图的政府单位而言，在企业经营过程中能够着力的部分较少，而公共事业资源亦经常缺乏有效发挥与利用。换言之，在提升台湾创新竞争力的前提下，能够整合各方资源、协助园区与产业同时升级的"三化"模式，将是政府在增加台湾财政营收和引导产业发展上可供参考与评估的概念。

新加坡与中国台湾同为面积狭小、资源缺乏的海岛，透过国际贸易网络建立起与全球价值链接轨的产业集群，对于台湾来说是至关重要的发展资源。但与新加坡不同，中国台湾并未真正将园区运作模式视为一个"产业"而加以规划，或思考输出的可能，使得聚集于各区域的企业多数因缺乏新的经营知识、缺乏人才流动，渐渐失去突破创新的刺激来源。对比新加坡与韩国的发展经验，建议中国台湾可以以"园区产业化""产业集群化""集群国际化"的"三化"概念，引导园区及产业的升级转型，并维系企业生存与发展。

1. 园区产业化

政府协助各园区服务中心转型为开发、设计、管理与招商的专业机构，并逐步整合相关服务如污水、废弃物、能源、仓储、物流、金融、法律、医疗、餐旅与休闲等，促进园区服务商品化，进而发展为具备台湾"科文共裕"特色的"园区产业化"。

2. 产业集群化

各园区产业集群应朝"创新走廊"的方向，进行更进一步的整合。由软实力提升制造硬实力，保障附加价值；以设计概念重塑产业集群与价值链，深耕智能资本与知识产业，带动区域创新体系的发展。

3. 集群国际化

通过园区产业及专业机构的合作，将台湾有必要或有潜力的国际布局产业导引至跨国合作的海外新建园区，带动周边服务产业开展国际化服务，提升台湾企业价值链附加值与运筹高度，腾出空间，进行新兴产业招商与产业结构调整。

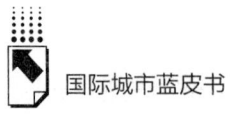

## 三 建设新时代都市型园区以引领区域创新

1. 正视地方发展与产业创新的趋势

在区域空间及产业可持续发展的前提下，如何应对社会、经济与环境等协调发展成为首要任务。近年来，人口议题逐渐为全社会所重视，根据台湾"经建会"统计，2010年底台湾都市计划区内人口占总人口数比例达79.4%，约1830万人住在都市计划区中，城市化程度与欧美等先进国家城市相近。但台湾都市计划区面积仅占总面积的12.7%，岛内的都市人口日趋稠密，都市功能搭配与就业机会的提供更显重要。然而，现有人口有向都市集中的趋势，且需要审慎面对岛内高龄少子的人口结构问题。根据台湾"资策会"MIC分析，在当前的未婚率与生育率水准下，1990年出生的女性将有三成无子、四成无孙的"9034现象"；2010年底台湾65岁以上的老年人口有248万，约占总人口的10.7%，但到2020年，预计老年人口总数将达368万。同期，20岁以下青年人口总数将由2010年的523万，缩减至398万，减少了约120万人。青少年人口与老年人口总数变动的"正负120万"人，可能会带来台湾创新动能衰退与区域活力衰退的后果。因此，产业发展效率化与自动化将是必须面对的课题。

在产业发展方面，目前台湾也面临相当严峻的形势。早期岛内的产业园区规划相对无序，对于产业的投资区位也缺乏较明确的导引，造成部分园区虽有产业集群，但在区域创新体系建立方面，台湾尚无代表各类基础工业集群的角色设定、整合与应对政策。加之都市计划区随着人口增加而范围急剧扩大，原本许多位于城市边缘的老旧园区逐渐进入都市的核心区域，进入市民的日常生活范围。此外，20世纪80年代后，台湾历经二次产业外移，形成了许多闲置待盘活的生产空间，政府如何投资以改善区域形象，引导新兴高效率集群建立，进行产业结构转型升级，实现产业弹性化与高附加值、经济成长与繁荣成为当务之急。

在总体经营环境上，世界经济论坛（WEF）的竞争力评比，连续数年将中国台湾产业集群发展指标评选为全球第一，但仍有许多产品在生产与组装上存在岛内反复运送的情况，这不仅加重了自然环境负担，也出现了时间与成本、效率不匹配的情况。为了应对节能减碳的趋势，目前各大资本市场与终端消费者对企业在ESG（环境、社会、治理）信息公开，以及在气候变化方面的关注程度日益提高，未来企业本身与所在产业园区的绿色治理，会成为企业评价、投资建厂或筛选代工厂的基本条件。换言之，对台湾而言，面对全球落实高规格环保标准能力愈来愈强的趋势，以及对可持续发展的追求，制造业的压力已不仅限于降低成本，如何掌握国际相关规范，同时发展绿色高值化产业，亦是未来产业与企业的重要生存挑战。

2. 打造兼具地方特色与竞争力的区域创新系统

面对前述各项发展趋势与创新经济时代的来临，科技创新成为产业发展的主要命题，更是促进地方经济成长的重要动力。全世界各国无不积极投入创新系统的发展，包括促进系统内知识的生产、扩散和应用。由于不同区域创新主体的组成和专业能力并不相同，创新活动和绩效也不尽相同，原有的产业集群的形态也会因地而异，因此，如何推动区域创新和带动区域经济发展，不只是地方性工作，也逐渐受到"国科会"等更多部门机构关注。

区域创新与"国家创新"最大的不同点在于，区域创新系统具有独特的地方特色，着眼于思考如何通过区域内政府、企业、大学、研究机构、中介机构和投资者等成员之间的知识和资源的流动，以及通过彼此的合作与竞争，有效激发区域内创新活动的动能，提升区域的竞争力，实现区域经济成长的目标。更值得注意的是，在一个创新系统之中，每个成员都有其功能和任务：政府负责为大学、研究机构和企业提供良好的科学与技术创新的环境，并建立健全的资本市场来协助企业的发展；学研机构承担开发与解决区域内产业的技术需求以及人才培育的角色；至于区域内产业，则扮演着将知识和技术商业化、市场化的任务，也通常是影响创新系统是否可以成功运作的关键。换言之，成功建构一个好的创新系统，必须要能够吸引一群优秀企业集聚在此，并且可充分有效地运用地方的研发能量，让企业获益，进而带动区域发展，也对每个创新系统内成员的发展有所帮助，如学校培育的人才有好的出口等，形成一个正向的循环。

为建构区域创新平台，并有效联结政府、企业、学研机构等成员，具有科技创新能力的新型产业园区是很适合的载体：园区内外既有的集群和企业是区域创新的基础，有足够多与多样化的企业可形成相应的支持体系，学研机构则是创新技术与可持续概念的带动者，而政府更能借助明确的政策、优惠措施与基础建设等，提供利于创新的产业环境。根据国际科学园区学会（IASP）与美国大学研究园区协会（AURP）的研究，新型科技创新园区的区位选择、发展形态、服务内容与传统产业园区最不同的是区位选择的概念，拥有大企业、人流、物流、资金流与信息流群聚效益的都市计划区，是新型园区设置与区域创新体系建立的重点场域。

3. 都市型产业园区是带动区域创新的引擎

借助台湾众多的都市化人口，审视台湾当前面对的环境、社会、经济等趋势性课题，在地狭人稠的都市计划区（如台北市南港软件园区、新北市新庄区等五都核心产业发展区域）中建构创新生态体系，投入高价值、自动化的创新活动，将有助于激活区域竞争力、优化产业结构，并强化可持续发展。延续在都市建立新型园区引领区域创新的概念，建立一个能够结合政府政策投入、人力与人才培育、空间及产业规划、创投与创业企业资源的"都市型产业园区"是值得考虑的推动方向。

随着产业高端化转型的需求与生态环保理念深入人心，岛内过去高污染、高耗能的厚、重、长、大产业已逐渐远离民众的居住空间，然而原先位于都市区内或周边的园区，以及区内的中小型、传统产业更需要创新能量带动其迈向新时代的发展。拥有创意与创造能量，以及绿色、低耗能、自动化特色的"都市型产业园区"将可以在区域创新系统的发展中，扮演火车头的角色。对于新型产业园区的区位选择而言，都市区是重要的经济节点，是运筹管理、知识创造、信息汇流与技术创新的中心，亦因贴近市场而具有融资与营销的功能，更有相当的人力资源支持园区的经营。而园区所提供的就业机会、产学合作空间、研发试验场所与技术创新升级，对于区域产业结构转型、承载能力（Carrying Capacity）的提升，都能带来正向循环的效果。

相对地，在全球的城市网络中，一个都市所能吸纳、产生、鉴别与处理的资金流、信息流与创新能力越强，也越能在全球都市区中发挥影响力。

## 四 台湾都市产业园区创新思维带来的启示

自我国大陆1984年设立第一批工业园区之后，园区主要以做大和外延式扩张为主，注重项目和人才引进，规模不断壮大，形式呈现多样化。到2000年，受产业空间、规模收益递减规律等因素制约，工业园区外延式增长的空间有限，"园区二次创业"提出主要以内涵式增长为主，低耗能、集约用地、高附加值制造业成为发展重点。2008年金融危机之后，随着传统制造业模式暴露了技术层次较低、资源耗费、环境污染、人力成本上升等问题，产业园区转型发展议题再次被提出，特别是作为产业平台如何促进创新发展及转型升级成为重点。而台湾产业园区作为海峡两岸劳动分工中占据价值链高端的空间平台，其转型与发展的经验值得中国大陆工业园区学习。

第一，将产业园区作为组织工具，以"产业组合"理念统筹产业转型与升级。从技术到产业的商品化过程需要时间，因此短时间内出现明星产业的可能性较小，在产业升级发展进程中应当考虑实现地方经济稳健发展的目标，而非完全聚焦新兴产业。将地方产业体系细分为支柱、主导、潜力与传统产业，形成多层组织、多元策略的城市产业体系。在空间落地的层面，将不同产业园区与细分产业体系依据产业基础、区位联系、社会组织以及产业集群等组合联系，确定发展重点，循序推进地方产业转型与升级。

第二，借助"园区产业化""产业集群化""集群国际化"三化概念，积极融入"一带一路"国家战略。随着大陆"一带一路"战略的推进，对外投资将成为重要趋势，把台湾具有三十多年建设经验的工业园区通过"产业化"包装成资本并且对外输出实现"国际化"具有重要意义，这其中关键在于选择合适的地点作为投资地。此外，在对外投资进程中，坚持工业园区的产业"集群化"运作，实现进一步的整合。在对外转移的过程中，引导本地园区及产业升级转型。

第三，社会结构转型和全新理念，引导工业园区未来发展新趋势。从台湾经验看，人口老龄化和年轻劳动力减少导致的创新动能衰退与区域活力衰退较为突出。这也要求未来园区转型必须要提升产业发展效率化与自动化，以现代技术解决未来社会问题所导致的生产困境。此外，城市更新、旧区改造是将来城市转型发展的重要平台，政府必须加大投资改善区域形象，引导新兴高科技集群建立，进行产业结构转型升级，实现产业弹性化与高附加值、经济成长与繁荣。而可持续发展与环保标准等都是未来产业发展的重要基础，新兴产业必须严格遵守未来国际经济和贸易的基础规则，才能融入全球商品市场。

第四，都市型产业园区将是未来区域创新系统的强劲引擎。园区再次创业发展的方向已经基本明确：创新新兴技术、培育战略产业。这是中国大陆工业园区未来转型发展的基本方向，按照"产业组合"发展的概念，不是所有的工业园区都能承担此类高端功能。若要承担此类功能必须具备交流资源的功能，如成为运筹管理、知识创造、信息汇流与技术创新的中心，贴近市场且有融资与营销的功能，有相当的人力资源支持园区的转型发展。因此，应结合城市更新与旧区改造，以创新城区概念重新谋划都市型工业园区，打造城市创新系统的强劲引擎。

**参考文献**

台湾"经济部"技术处：《台湾产业科技前瞻研究计划》报告，2015。

谢良杰：《内湖科技园区与周边微型企业创业绩效之研究》，中国科技大学管理学院企业管理研究所硕士学位论文，2013。

简祯富等：《在新竹科学工业园区及周边规划研究园区之研究》，《管理与系统》2013年第2期。

# B.27
# 国外城市重视贫民区改造中的街道功能重塑*

林 兰

**摘　要：** 街道是城市空间形态的重要组成部分，街道功能重塑在贫民区改造中扮演着十分重要的角色。本文通过发展中国家大城市贫民区改造的案例，总结了贫民区街道功能重塑的原则和路径，并提出了中国旧区改造的借鉴性做法。

**关键词：** 街道　旧区改造　功能重塑

## 一　街道在贫民区改造中的意义

街道作为城市空间形态的重要组成部分，相比社区的其他空间，具备更强的城市文化塑造功能。对于大多数城市的贫民区/旧区/老旧区（以下统称贫民区）来说，由于街道是大多数居民唯一的公共空间，它往往是多层次的空间实体，而非明确划分使用功能的区域。街道成为连接邻居、商业和经济活动，以及共享公共空间的关键。

街道的功能普通又特殊：是一天中并存或相互替代的多个活动的载体；其承载着多个系统，如通路管道、电源线、街道照明和排水系统；包括非正式经济功能，如贩卖、小型制造、修理、垃圾回收等经济活动，也包括一些

---

\* UN-HABITAT. "Streets as Tools for Urban Transformation in Slums," Nairobi；2014. http://unhabitat.org/books/streets-as-tools-for-urban-transformation-in-slums/.

文化活动，如游行、庆祝和表演等。由于贫民区的房屋比较小，街道经常成为居住空间的延伸，儿童常常在街道上玩耍，居民在街道上互动，街道甚至被用于洗衣、做饭、社交活动和睡眠。因此，街道在公共和私人空间之间的界限变得模糊，往往被融入居民的共同意识。

发展中国家的经验表明，人们对提高生活质量和城市节奏变化的渴望决定了街道的特征。因此，贫民区改造方案总是将街道纳入考虑范围，如利用街道提高流动性、保持清洁面貌和铺设服务网络。对贫民区街道的改造通常建立在增强街道实用性和象征性作用的基础上，并基于街道优先程度进行渐进性改造。被选中进行改造的街道应该是能够最快降低居民贫困程度，最能促进贫民区经济发展、居民融入社会，以及最大程度优化土地使用和创造财富，并在此基础上确保和城市层面的连通性和流动性。

## 二 国外贫民区街道改造的原则

从发展中国家和地区贫民区街道改造的国际经验来看，成功的城市贫民区街道改造应该在规划管理、经济发展、基础设施建设、公共治理、立法和居民参与、物权和人权保障等各方面遵循"有所为有所不为"的原则。

1. 城市规划与管理

在城市规划与管理领域，应着力于：整合贫民区改造；根据城市布局及优先考虑社区和城市发展的道路网络，来进行区域规划；在贫民区改造中，采用渐进性和阶段性的方法，且优先考虑街道作为公共空间对社会开放；将贫民区的街道网络与城市总体街道规划、城市交通网络相连接；以合理的密度和最大限度地减少搬迁为准则来规划城市布局；以高参与性、咨询性的方式设计、规划和执行贫民区改造；使被改造区域或附近的土地可用于新房建设和安置；利用合适的沟通手段来增加当地居民对改造行为的理解；以可靠的数据收集为基础设计贫民区改造措施；调查每个贫民区的特点、人口和所在地的物理和环境背景。

同时，应避免：孤立贫民区且零散地执行改造计划；不以城市布局规划、道路网络为基础改善基础设施；试图一次性对所有街道实施改造；在单一贫民区实施零散的改造措施；制定不切实际的标准和法规；在设计措施和安置计划时本末倒置；在没有确认土地使用权和产权之前启动改造计划；理所当然地认为居民能够了解改造计划；低估了适当调查居民人口信息的重要性；实行"一揽子"的解决方案；低估"邻避效应"；不考虑灾害管理和可能对环境产生的影响。

2. 城市经济

在城市经济领域，应着力于：通过开放与城市网络相连的贫民区街道，加强现有的经济活动；允许土地的多样性使用，促进商业和创业活动；利用市政收入、外部资金和居民捐赠的组合，发展长期融资策略用来改造和新建住房；提高产权安全性来促进私人在住房改造、生意运作和创业活动上的投资；建立物业税制度、用户收费、成本回收机制，整合形成自我融资策略，以促进改造方案的可持续发展；形成市级财政的定期分配，来促进改造方案的长期持续性；保证资金首先投入主要贫民区的主要街道改造项目，来证明改造方案的可行性；在改造期间或改造后，整合就业机会和职业培训，以促进创业和小企业发展；与城市或当地工商部门共同发展信托基金，以促进与改造相关的创新和企业培育项目。

同时，应避免：忽视贫民区街道网络与购物街道、城市主干线的连通性；区别对待非正规经济体及家庭企业；将贫民区改造与投资计划和城区管理相分离；低估产权以及企业在贫民区投资中的安全性；仅仅依靠国家预算拨款和政府补贴资金实施改造方案；试图从贫民区居民处收回改造成本，而忽视他们的能力和意愿；试图投入资金一次性完成改造，而不是先试点改造；地方经济发展战略与利用街道改造贫民区方案相互脱离；忽视促进商业、创业活动及工作机会的长期融资策略。

3. 基础公共设施

在基础公共设施领域，应着力于：使街道成为实施改造的基础，优先在贫民区改造计划中的主要街道提供基础设施网络；通过改进公共照明系统、排水系统和垃圾收集系统来增加街道改造带来的好处；让居民参与决定基础设施改造的优先程度、设计情况、实施情况、运行和维护情况；以居民公共空间的实用性最大化为目的，设计街道和基础设施网络；以基础设施建设和更新的衡量标准，增加税收实现自我融资；让所有的弱势群体如儿童、中年妇女和老年人参与决策基本城市基础设施的类型和规范；根据城市基础设施的供给标准，改造贫民区的基础设施；重新考虑基础设施的技术标准，并适应不同的贫民区环境；与贫民区改造相结合，设计基础设施投资方案；在贫民区基础设施投资和城市财政、税收之间建立协同关系。

同时，应避免：试图一次到位建设所有基础设施网络；政府无法或不能持续提供基础设施和服务；在基础设施规划初期，忽略居民的参与；在发展现有和未来住房的安全公共空间时，忽略居民和街道的作用；将贫民区改造与公共事业公司提供基础设施的成本相分离；在基础设施的设计和使用时，忽略性别原因和其他团体的作用；贫民区的基础设施水平超过城市整体基础设施水平，可能造成贫民区改造后的中产阶级化和社会阶层扭曲；将规范性的技术标准强加于贫民区的非正式背景；没有从改造初期就开始考虑对基础设施网络、硬件设施和服务的运行、维护。

4. 治理、立法和居民参与

在治理、立法和居民参与领域，应着力于：通过街道进行贫民区改造，并将其融入现有的地方政府结构与公共政策中，使其制度化；在改造正式开始前，建立相关制度和组织；在设计、实施和维护时，引入民间社会组织、民营经济、学术界、服务提供商和其他利益相关者；通过街道，建立地方进行贫民区改造的能力和合作伙伴关系；将进行贫民区改造的方案融入城市所有的战略规划，使其制度化；准备改造后的立法和指导方针；在实施改造时，引入公开招标、竞标和透明化流程；设立居民参与的制度，包括街道和公共空间的规划与管理；在地方政府层面设立贫民区改造制度；创建一个可参与决策的论坛；建立公民社区意识；解决住房和饮水问题。

同时，应避免：创建特设项目组，规划和管理全市贫民区改造；低估设计和实施改造时组织与制度的作用；脱离本地组织；忽略现有法律、城市监管框架、管理和实施改造的综合能力；不考虑立法者、议员、其他制度、政策和指导城市发展的战略框架；不考虑改造后的维护和巩固机制；在方案设计和实施时建立政府垄断；从中央政府层面而非项目所在地层面管理贫民区改造。

5. 使用权保障

在使用权保障领域，应着力于：利用街道形成公共和私人领域的合法界限；查阅土地使用权的区域连续性；确保土地使用权，保障所有者权益；设计和沟通安置计划、考虑布局及街道开放程度；实现房屋及建筑物的正规化；利用城市布局来设立产权登记基准；在国家公共注册处注册登记城市布局、街道地址。

同时，应避免：将街道设立与确定地块、界限、公共和私人领域相分离；歧视使用权转让、出租；不采取使用权替代方案；将产权监管与使用权保障相分离；在城市布局确定地块、界限之前，调整或私有化土地；推广单一地块调整；在搬迁和拆迁时，忽略居民的所有权和补偿金诉求。

6. 人权保障

在人权保障领域，应着力于：在通过街道改造贫民区时，认识到居民的参与权及其他形式的权利；在设计和实施方案时，考虑到居民和他们组织的合法民间组织；在设计城市布局和道路网络的贫民区区域规划时，融入合法的多元化元素和风俗习惯；当涉及安置布局和街道开放程度时，设计并沟通搬迁计划；在搬迁期间和搬迁后，基于正当原则实施居民拆迁和搬迁工作，例如参与性、事先通知、沟通、补偿金、提供替代方案、事先扶持创业等。

同时，应避免：在改造时，忽视居民的任何形式的使用权和产权；歧视参与贫民区改造的居民；不采取使用权替代方案；在改造街道时，采取强制拆迁和本末倒置的安置办法；将居民不负责地搬迁到零散、遥远的地方。

## 三 国外贫民区街道功能重塑的经验借鉴

1. 将贫民区街道与城市道路网络合理衔接

巴西里约热内卢市首次将城市地图中街道的命名和编号扩展到贫民区，

并赋予贫民区在城市中的位置；开放街道让警务和城市服务辐射到贫民区。哥伦比亚麦德林市把新街道和公共空间通过一个创新的缆车系统与城市交通网络连接，提高了与外界的连通性，并创造了经济发展的机会。印度阿格拉市在贫民区设立历史纪念碑，在开放街道的同时，提供了文化遗产景观供游客步行参观，为贫民区居民创造经济机会。巴基斯坦卡拉奇市通过末端道路拓宽手段，提高了贫民区居民与外界的连通性，同时提高贫民区资产价值和地块的商业应用价值。

2. 切实保障本地居民对街道的使用权

巴基斯坦卡拉奇市把街道使用权转让正规化，如明确规定基础设施改善的获益主体、年限、获益比例等。印度艾哈迈达巴德市的贫民区改造计划保障了居民对街道10年的共同使用权，鼓励居民对改造的投资。印度孟买市实行渐进式、层次清晰的街道、公共空间开放及设施开放方案，根据街道重要性，有步骤地修正现有的安置方案。在印度也有反面的案例，如在艾哈迈达巴德市，10年的使用权保障并没有兑现，改造方案突破了原有街道的边界，在街道以外的地块大面积建设宽阔道路和立交桥，导致原本属于贫民区改造网络计划的一部分居民被驱逐。

3. 保证本地居民能够参与改造计划的制订和决策

坦桑尼亚达累斯萨拉姆市在贫民区改造之前，召开咨询研讨会、严格设定街道改造的优先级别和行动计划，并向居民公开征求意见。几内亚比绍的城市贫民区居民可以根据规划改造后的城市布局，投票决定拆除和重建哪一条街道及其附属相关建筑与设施。阿尔巴尼亚地拉那市和巴基斯坦卡拉奇市保证了广泛的公民参与，使居民自觉自愿维护开放空间的安全、开放自己住宅的临街空间，自愿拆除篱笆和围墙，为实现更好的城市布局重新划分街道边界。巴西里约热内卢市和尚比亚卢萨卡市组织社区团体，在居民中建立"道路委员会"作为一个参与性团体来设计街道，组织拆迁和搬迁。以最小化搬迁为改造原则，当不可避免需要搬迁时，确保为居民找到就近的搬迁地点。泰国"班满空"计划将社区改造计划设定为由贫民主导，通过社区团体与当地利益关联者如市政、高校和非政府组织（NGO）的沟通，保障土地使用权和住房权，不断完善基础设施。

4. 实现可持续的利益平衡机制

值得注意的是，贫民区街道改造的增值并不是土地性质的改变，而是街道的开放，导致贫民区社会文化多元化，有利于原有的商业和经济活动增长。这样做的另一个结果是旧房子的房产价值增值，间接促进了贫民区居民财富增加和税收增长。

基础设施的提供和产权由形式化最终到合法化，意味着用户在消费水、电、污物处理、排水系统和房产税时必须缴费。通过改造和城市转型带来的税收能够用于发展，同时为城市贡献税收也增加了贫民区居民的合法性及地位，从而增加其争取优质和可靠公共服务的权利。印度的 APUSP 计划证明，城市房产税的 4%~5% 来源于改造后的贫民区。印度尼西亚雅加达市的街道改造完成后，作为贫民区的居民和使用者，组建社区团体负责维护下水道和公共厕所，实现权责统一，减少了街道改造以后的追加性投入。

巴基斯坦卡拉奇是一个反面案例，由于缺乏改造后的配套激励机制，贫民区的居民最终失去了开放街道的利益。建筑法规虽然存在但没有被遵守。纯粹的私人投资导致改造的公益化属性降低，路面的破损和固体废物的管理不当引发了居民对健康和安全问题的担忧。

5. 政策、制度和组织框架是改造主体的关键

巴基斯坦信德省规定非正式的安置管理政策奠定在正式法律之上，并授权当局来实施这一政策，包括建造街道。贫民区改造方案采取了灵活的制度框架，可根据改造需求和策略的不同，允许市政府和一系列不同的组织之间形成合作伙伴关系。印度尼西亚雅加达市和巴西里约热内卢市的贫民区街道改造已经从一个集中管理的、自上而下的国家模式转变为由地方政府管理的、分散的参与式方法。为了保证自下而上治理的质量，有一个专门做研究和培训的机构负责为社区团体提供培训和技术支持，包括项目管理、团队建设、监测和项目影响评估。巴西里约热内卢市实行贫民区街道改造与预防的双轨制政策，即在制订改造计划的同时还制订一套预防贫民区扩大的计划。

#### 6. 担保融资是贫民区街道改造战略持续的关键

菲律宾"社区贷款计划"（CMP）和泰国"班满空计划"将贫民区街道改造资金交由政府设立的社区组织管理，即将小额贷款和补贴直接导入社区组织，用于改造、重建和新建房屋。由于这些资金是社区自管资金，又是改造的直接受益者，可以产生"低成本、高速度"的效应，降低违约风险。如果发生暂时资金紧张的情况，改造资金将由社区储蓄补充，或逐渐被私人基金会、宗教组织和市政基础设施投资所替代。

#### 7. 做好信息收集编制工作，有限度改造贫民区

坦桑尼亚达累斯萨拉姆市的街道改造项目第一步是编制贫民区地图。在许多情况下，地理信息系统（GIS）地图是为了识别贫民区而编制的。对街道用途的规划以及对相关冲突和兼容性的认识，能够帮助理解贫民区街道所扮演的多重角色，进而设计与街道相关的干预措施。意大利卡普里岛是最成功的案例之一。其在进行贫民区改造时并未采取大规模的道路修缮方式，而是十分注重对原有功能的保留和应用，至今还有一些房子只能徒步穿越复杂地形才能到达。但卡普里岛如今是意大利价格最为昂贵的旅游区和居住区。

#### 8. 安全和保障是贫民区街道改造的重要原则

哥伦比亚麦德林市通过对贫民区自然结构的干预，创建和恢复街道，提高连通性，创造更好的公共空间，优化公民文化环境，使贫民区安全性得到显著改善。巴西里约热内卢市在贫民区街道改造的第三阶段，将安全和保障作为公共空间规划和社会组织的主要驱动力。在这一过程中，不同社会主体的融合对增加安全非常重要，因而特别注意避免将一个贫困家庭安置在中等和高收入住宅区附近形成的"邻避效应"。

## 四 对中国旧区改造的启示

中国大城市的旧区与其他发展中国家的贫民区在经济、社会功能和地理空间构成方面有很多相似之处，其在改造过程中往往实行区域性整体搬迁改造，这可能造成两个常见的结果：一是搬迁成本过高；二是资金短缺造成改

造受阻（如"钉子户"的出现）。

综观其他发展中国家的相关经验，中国大城市旧区改造可以有如下借鉴：①随着土地成本日益增加，应避免一次到位的全面性改造和片区性改造，而是实行街道改造。通过对旧区街道功能的拓展或改变，通过将旧区街道并入城市主要交通路网，在不对房屋进行拆迁和改造的情况下提高旧区的地块价值和经济应用前景。②旧区往往是中国许多大城市地图上的"盲区"，地理标识不全，造成投递与搜寻成本增加，人为增加了旧区的"孤岛效应"。在旧区改造中，应充分做好改造前的地理信息统计和编制工作，分出需要改造的街道的等级，按照优先原则，做到有选择性的重点改造。③保障居民参与改造和使用的权利。由于街道改造是线性（街道）改造而非区域性改造，本地居民仍然是旧区改造后的主人，是街道新增功能的使用者。因此，可以尝试自下而上的旧区改造方法。

## 参考文献

UN-HABITAT. *Streets as Tools for Urban Transformation in Slums*, Nairobi：2014，http：//unhabitat.org/books/streets-as-tools-for-urban-transformation-in-slums/.

Banerjee，2006. *Also Viloria-Williams' Findings Show that Clearance and Relocation can Cost up to Three Times as Much Per Household as Upgrading can Cost between Ten and Fifteen Times as Much*，(Viloria-Williams，2006).

See for a Detailed Discussion：Acioli Davidson，1996；Banerjee，2010 and UN-HABITAT UNECAP 2008.

# Abstract

Chinese Government has issued < Vision and Actions on Jointly Building Silk Road Economic Belt and 21st-Century Maritime Silk Road > in 2015 and "The Belt and Road Initiative" has therefore become a global focus. "The Belt and Road Initiative" is aimed to balance the development of developed and undeveloped countries, which implies the shift of national relationship from traditional one way "Aid and Intervention" to mutual "Market and Supplier". "The Belt and Road Initiative" will provide opportunities for China's outward investment and for the development of countries along the Belt and Road, which will become a power for the reconstruction of world city network. This will become a new perspective for the study of world cities-regional development, rather than the conventional research focused key cities and flows. These cities are termed as "Silk road cities" in the study.

The definition of silk road cities discussed in the book is a contemporary succession and upgrading of historical post houses, trading ports and cities. What to be successes is the communication function of these cities on culture, economy, science and thinking. What to be upgraded is the communication and coordination network spatially and functionally. The historical Silk Road was located along Eurasia and part of Southeast Asia and North Africa, with a major function of trading. Silk road cities boomed by "The Belt and Road Initiative" are distributed in all the continents. The function of "The Belt and Road Initiative" is the communication of raw material, commodity, finance, service, information, human resource, technology, development experience and governance.

In view of geographic study, the implementation of "The Belt and Road Initiative" will accelerate the development of cities along the Belt and Road. The interrelationships and network of silk road cities are essential to their sustainable development. The construction of silk road city network will promote the exchange and communication of the cities, is therefore a solution to the regional disparity, urban problems, fake urbanization, and insufficient infrastructure of the cities.

Silk road cities provide a demonstration of their potential and the regional disparity of present global city network. For instance, only 2 of the 273 Central Asian cities can be listed in 2012 World City Ranking of GaWC, while there were 12 South Asian Cities in the ranking. The unbalanced regional development has demonstrated the demand and potential of upgrading of regional city network. Therefore silk road cities have become a new topic for world city 2.0. World city 2.0 focuses on the connotative and denotative conceptualization of world cities, particularly on the amendment of conventional concept of world cities. Studies of silk road cities of Central Asia, South Asia, South-east Asia and West Asia have explored urban development experience of these regions, so that to find different city network model and method.

# Contents

## I General Reports

B. 1 Silk Road Cities—A New Perspative of World Cities

*Su Ning, Tu Qiyu etc.* / 001

**Abstract:** Chinese Government has issued < Vision and Actions on Jointly Building Silk Road Economic Belt and 21st-Century Maritime Silk Road > in 2015 and "The Belt and Road Initiative" has therefore become a global focus. This will become a new perspective for the study of global cities-regional development, rather than the conventional research focused key cities and flows. Key cities and trading cities along the Belt and Road can be termed as "Silk road cities" in the study. The study, based on the development of economic geography, has explored concepts, characteristics, theoretical and practical meanings of silk road cities, analyzed contribution of silk road cities to regional development and problems facing the cities. Silk road cities are the revision and complementation of world city network-as new dynamics for developing regions and world city network. Silk road cities will provide regional framework, market and governance for "The Belt and Road Initiative". The development of silk road cities largely depends on their scale, function, infrastructure and communication and facing challenges such as over urbanization, overwhelming metropolis and insufficient infrastructure. Based on theoretical reasoning, the study has detailed case studies of silk road cities of Central Asia, South Asia, South-east Asia and West Asia, had conclusions on development models of the cities and the roles and functions of Chinese cities to the development of these silk road cities.

**Keywords:** Silk Road Cities; World City Network; Geoeconomics; The Belt and Road Initiatire

B. 2  The Convergence of Comprehensive Ability, the Polarization of Innovation Ability
—2016 Trends of World Cities' Development

*Deng Zhituan, Tu Qiyu* / 071

**Abstract**: Based on the world city 2.0 evaluation index system proposed by "Annual Report on World Cities", this paper analyzes the upgrading capacity of 40 cities in 7 dimensions. The findings shows that all the scores of comprehensive upgrading ability, social upgrading ability, ecological upgrading ability, management upgrading ability and spatial upgrading ability have the convergence trend, and their gap between cities is relatively small. The score of the upgrading ability related to innovation has a large differentiation, shows that the polarization trends of innovation ability. The overall trends are the convergence of the comprehensive ability and the polarization of innovation ability, which indicates that the city government should attach importance to the improvement of economy and culture.

**Keywords**: World City 2.0; Convergence; Polarization

## II  Urban Innovation

B. 3  Cities as a Lab and Its Cases Study: Designing the Space in Innovative Age *Li Jian* / 112

**Abstract**: Currently cities have become important laboratories for urban innovation and transformation. Basing on the report of *Cities as a Lab: Designing the Innovation Eeconomy* issued by the American Institute of Architects, the paper mines advanced experience from other international cities in designing urban space to promote the innovation economy development, improve public services level

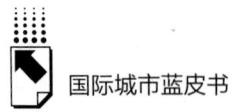

and other fields. The paper puts forward some suggestions to Chinese cities including that urban planning will become the crowbar for city transformation and innovation; to pay more attention to the resilience in urban planning; urban innovation planning still focus on internal urban space; intelligence, ecology, share, security have become the core subjects in designing the innovative space.

**Keywords:** Spatial Design; Innovation Economy; Innovative Districts; Urban Lab

B. 4 Development and Spatial Distribution of Science and Technology Industry in: London

*Deng Zhituan, Fan Haobin* / 120

**Abstract:** Industries with high scientific and/or technological content are very important for London's economy. However, there has been no agreed statistical definition which in the UK Standard Industrial Classification can be categorized as having a significant "Science and Technology" content. A classification of 'Science and Technology' drawn up by the ONS London statisticians working with the GLA attempts to address this issue. It contains five sub-categories as follows: digital technologies; life sciences and healthcare; Publishing and broadcasting; other scientific/technological manufacture; and other scientific/technological services. Through applying this category we can find how employee jobs and workplaces change in science and technology in London and the boroughs, and map the spatial distribution of employment for London and Inner London.

**Keywords:** London; Science and Technology Category; Development; Spatial Distribution

B. 5  The 22@Project Guiding Function Restructure in Poblenou
—The Planning and Development for First Innovation
District in the World                     Li Jian / 134

**Abstract**: Once being Barcelona's manufacturing center, Pubunuo has declined with global industrial economic adjustment and transformation. Through the implementation of 22@ project to promote knowledge intensive industry, 22@ distrct became the world's first innovative urban and Pubunuo revived. The planning concept, transformation content, policy measures and implementation path of 22@project are worth using for reference.

**Keywords**: Barcelona; Poblenou; Innovation District; 22@Project

## Ⅲ  Urban Strategy

B. 6  The Shaping and the Development of City Competitiveness
                                           Su Ning / 144

**Abstract**: This paper, based on the report *The Competitiveness of Cities* issued by World Economic Forum, tried to explore the taxonomy of drivers of city. In this report, six global "megatrends" especially relevant to cities are identified. It examines the definition of cities competitiveness as the set of factors-policies, institutions, strategies and processes. The paper discussed a simple taxonomy of four drivers of city competitiveness, included institutions, policies and regulation of the business environment, "hard connectivity", and "soft connectivity". It summarized major path ways to promote the city competitiveness.

**Keywords**: Urban; City Competiveness; Urban Strategy; Development Environment

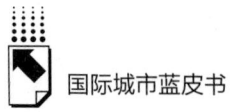

B.7　Housing a Changing City: Boston 2030　　　Zhang Jiantao / 157

**Abstract**: Boston has a world-class network of colleges and research institutes and is famous for its innovation-based economy. The population of Boston has been growing since the 1980s. The City of Boston has formulated its housing strategy towards 2030, aiming to meet the diversified needs of different demographic groups, is to support the sustainable development of the city.

**Keywords**: Boston; 2030; Housing Strategy; Planning

B.8　*London Plan 2015*: The Vision of London in 2036

Hu Suyun / 166

**Abstract**: *London Plan 2015* version is the overall strategic plan for London, setting out an integrated economic, environmental, transport and social framework for the development of London till 2036 that brings together the geographic and locational aspects of the Mayor's other strategies. As a plan for growth, it focused on the influences from population, climate change and environment and preparation for the change. The enlightenment also comes from its highlight the continuously improvement of quality of life of Londoners as well as its Humanism, forward-looking and policy steering.

**Keywords**: London; Urban Plan; Comprehensive; Life Vision

# Ⅳ　Urban Economy

B.9　Solutions to Climate Change and Economic
　　　Development of Cities　　　　　　　　　Tang Wei / 177

**Abstract**: Along with worldwide urbanization, cities seat half of the world's population, 80% of economic output, 70% of energy use and energy related greenhouse gases. In the next 20 years, the world population would be increasing mainly in urban areas, especially in developing countries. By 2050, 2/3 of the world's population would be dwelling in cities. Thus the way of urban development would decide the effectiveness of world economy, development and of climate policy. The new climate economics report, issued by The Commission of Global Climate and Economic Commission, notes that cities sprawl considerably, resulting in urban traffic congestion, air pollution and other heavy economic, social and environmental costs. World pioneering cities try to find a new way of development, as developing public traffic system with large capacity, building compact, connected and coordinated urban form. In fact, the new model of the city will not only be more attractive and more competitive, but also lead to the improvement of quality of life, as well as continuous resource storage and lower greenhouse gas emissions, so as to achieve a win-win situation.

**Keywords**: New Climate Economy; City; Climate Change; Urban Low Carbon; Public Transportation

B. 10　Singapore's Environmental Governance in Petrochemical Industry　　　　　　　　　Yan Yanming / 188

**Abstract**: The petrochemical industry is an important pillar industry of Singapore during a long time. Which matched Singapore's another name of "Garden City" well. During the development of petrochemical industry, Singapore try to improve the law system and industry planning, put forward a series of measures to strengthen governance and gained good effects on environmental protection.

**Keywords**: Singapore; Petrochemical Industry; Environment Governance

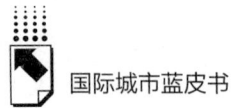
国际城市蓝皮书

B.11 Immigrants Entrepreneurship and Their Contribution to Unban Economy　　　　　　　　　　　　*Hu Suyun* / 196

**Abstract**: Immigrants are widely perceived to be highly entrepreneurial, contributing to urban economic growth and innovation. Self-employment is often viewed as a means of enhancing labor market and immigrant integration. Accordingly, many countries and cities have established special visas and entry requirements to attract immigrant entrepreneurs. Much research has pointed to significantly positive contributions. However, promoting self-employment has not been shown to lead to widespread improvements in economic outcomes for less-skilled immigrants.

**Keywords**: Entrepreneurship; Self-employment; Urban immigrants

B.12　Small Business First to make New York City a Better City
　　　　　　　　　　　　　　　　　　　　　　*Zhang Jiantao* / 204

**Abstract**: The prosperity of small businesses is a key factor to the economic reconstruction and sustainable development of New York City. It is also a core competitiveness of New York City as a global city. Mayor Bill de Blasio announced *Small Business First*, a comprehensive plan to improve government service to and to reduce the regulatory burden on small businesses in New York City. This will ensure small businesses have the resources and support they need to flourish.

**Keywords**: New York City; Small Businesses; Service; Regulation

# V　Urban Society

B.13　The City of London's Communications Strategy
　　　　　　　　　　　　　　　　　　　　　　*Tao Xidong* / 213

**Abstract**: The communication strategy of the city government is very important to the government function. The city of London has accumulated a wealth of experience in the practice of handling communications strategy. In 2015, The City of London Corporation released study on London's communications strategy. This article reviews and summarizes the study, and puts forward proposals for enlightenment.

**Keywords:** The City of London; Communications Strategy; Government Communication

B. 14　Welfare and Women: The 2030 Seoul Plan Highlights
　　　　　　　　　　　　　　　　　　　　*Xiao Lichun* / 221

**Abstract:** *The 2030 Seoul Plan* is a plan of hope for the life and home that one child can have until he/she becomes an adult, which involves development directions of all fields in the future, and formulates 17 targets and 58 strategies specifically, including Welfare and Women which are two of the most emphasized fields. This paper is based on the information provided by Seoul government's official website, introducing the policy planning in the two fields and putting forward the enlightenment to Chinese cities.

**Keywords:** 2030; Seoul; Plan; Welfare; Women

B. 15　"Sun City" Pension Community in the U. S. A.
　　　　　　　　　　　　　　　　　　　　*Yan Yanming* / 232

**Abstract:** During 1960's, some real estate companies of the United States began to develop the construction of the Community Pension. "Sun City" has become a model of community pension all over the world. The paper analyzes the development process and characteristics of the "Sun City" and the operation mode of the old age community. The paper puts forward the enlightenment of the development of the urban community to China.

**Keywords**: Sun City; Pension Community; Pension Real Estate

## Ⅵ Urban Culture

B.16  Post-2015 Dialogues on Culture and Development

*Zhang Jiantao* / 241

**Abstract**: The elaboration of the *Post-2015 Development Agenda* has been a unique intergovernmental policy process led by UNDG, UNESCO and UNFPA and informed by a comprehensive global consultation. One theme of the Agenda is "Culture and Development", consisting of three major topics: 1) culture, sustainable cities and urbanization; 2) culture and poverty reduction; and, 3) culture, the environment and climate change.

**Keywords**: Culture; Cities; Sustainable Development

B.17  Artist's Perspective of International Cultural Metropolis

*Chun Yan* / 252

**Abstract**: In the 21st Century urban development presents new trends and characteristics that urban culture has become an important way to promote economic development and shaping a city's image. Cities have different types of strategic planning, intending to win in this field, displaying a city's characteristic to gain a competitive advantage. In the "Global Cities Power Ranking" Annual Report released since 2008 there is the artist perspective evaluation showing the structure of cultural metropolis, providing a reference for China's cultural metropolis.

**Keywords**: Urban Competitiveness; The Artist Perspective; Urban Innovation

B. 18　Historic Urban Landscape Approach in Conservation and
　　　　Management of Urban Heritage　　　　　Zhao Xiaomei / 263

**Abstract**: Urban heritage is an essential cultural resource, whose effective conservation and management will promote the sustainable development. As a living heritage, urban heritage includes not only physical components such as the buildings, the alleys and the spaces; but also intangible elements like the residents, the sense of place and the local experiences. Landscape approach has been applied to the cultural heritage fields, with the development of the interdisciplinary research on both cultural and natural as well as both the tangible and the intangible, especially on the urban heritage. Based on the analysis of landscape approach, this paper will talk about the concept and the origin of Historic Urban Landscape (HUL) as well as the issues and implementation in this approach. The future challenges for urban conservation will be addressed with a discussion of the current situation in China.

**Keywords**: Historic Urban Landscape; Approach; Urban Heritage; Conservation; Management

# Ⅶ　Urban Ecology

B. 19　The Nexus of City and Infectious Diseases
　　　　and Its implication　　　　　　　　　　Tang Wei / 274

**Abstract**: The outbreak of Ebola in West Africa clearly indicates the important role of city and world city network in the emergence and spreading of infectious diseases. Modern city itself has been continuously shaped by the public health. Nowadays, with the rapid urbanization, new infectious disease not only emerges but also spread in an unprecedented pace. Three reasons can be listed: the intersection and overlapping of human and animal habitat which carry new types of diseases, the mutation enhanced; Urbanization clearly changes the traditional urban-rural interaction; big city especially metropolitan cities become the spreading center, and the overall situation of prevention and control deeply related with position of global city in the world city network. When city dealing with infectious diseases, there is a standard pattern, namely prevention, preparation, response, recovery, but individual living habits play an increasingly important role. Considering the social condition and economic inequality during disease outbreak, some policy intervention is necessary. Policy intervention should be based on the data gathering, coordination between governments, private corporations and civil organizations, or various partnerships. It is needed to point that poor and disadvantaged people always stay in house, community of low-quality or Slum which does not have any health service delivery system, thus how to guarantee the supply of primary health service should seriously taken into consideration.

**Keywords**: Infectious Disease; World City; Health Inequality; Urbanization

## B.20 A Comparative Study on Air Quality of Global Cities

*Fan Haobin, Deng Zhituan / 282*

**Abstract**: AMEC Environment & Infrastructure UK Ltd (AMEC) was commissioned by the Greater London Authority (GLA) to undertake a comparison of air quality in cities around the world. After completely considering factors of nation, geography, climate, demography and others, AMEC chooses 36 important cities to do the comparison study, named Comparison of Air Quality in London with a Number of World and European Cities. The report develops an air quality index to rank the cities basing on the justifiable and consistent urban monitored air quality data. Two cities from China listed on the report Beijing and Shanghai, they rank at the lowest level among 36 cities, and they have to action.

**Keywords**: City; Air Quality Index; Comparative Study; Ranking

B. 21    The Control of Noise in Europe　　　　　Xiao Lichun / 294

**Abstract**: Noise pollution is a major environmental health issue in Europe and road traffic is the key noise source. The paper, based on the European Environmental Agency's (EEA) assessment report, has formulated (1) data and methodology; (2) noise exposure in European cities; (3) reducing and managing noise exposure; (4) European Green Capital 2016: The experience in noise reduction of Ljubljana; (5) enlightenment to China. It has provided suggestions to urban noise management to China.

**Keywords**: European Cities; Noise Exposure; Manage Measures

## Ⅷ    Urban Management

B. 22    Promotion of High Quality Life in Singapore　　　Lin Lan / 303

**Abstract**: Singapore has entered a new stage of development in recent years. The development focuses on 'Innovation Driven Production' and 'High Quality Life'. In order to achieve high quality growth and maintain the rising living standards, Singapore government has from 2013 to 2014 promoted economic restructuring work, with the key to make up for the service and construction gap. This paper described in detail the measures on promoting healthy life, enhancing social cohesion implementation, building better public living environment, in order to provide experience to the developed area of China.

**Keywords**: Singapore; Healthy Life; Public Environment; Social Cohesion

B. 23    An International Comparative Study on China's Urban
　　　　Mobility Strategies　　　　　　　　　　　　Zhang Jiantao / 310

**Abstract**: Urban mobility is a huge challenge to Chinese cities experiencing

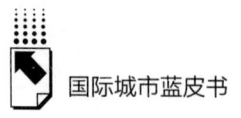

rapid urbanization progress and the pressure. The solution is to establish a sustainable long-term urban mobility system. The paper, based on < Strategic Directions and Ecosystems to Address China's Urban Mobility Challenges > of Arthur D. Little, has provided suggestions to China's urban mobility in views of challenges and opportunities for Chinese urban mobility systems, vision and solutions for China to set the foundations of superior urban mobility systems and, insights for the executive.

**Keywords**: China; Urban Mobility; System; Solution

B.24 Community Safety Policy of Washington D. C.

*Tao Xidong* / 321

**Abstract**: With rapid economic development in the new era, community safety becomes the most essential issue in respect of Urban Governance and citizens' lives and properties are the main assets of our society. Local government of Washington D. C. has accumulated a wealth of experience in the practice of handling security issues. In April 2015, The Urban Institute released the study on public safety policy of Washington D. C. , analyzing challenges of affordable safety problems, put forward improvement suggestions. This article reviews and summarizes the study and puts forward proposals for enlightenment.

**Keywords**: Washington D. C. ; Community Safety; Governance; Crime

# IX Urban Space

B.25 Mixed Function and Sustainable Development: The Regeneration of Urban Riverside *Deng Zhituan* / 330

**Abstract**: London Riverside Opportunity Area is a new growth area designed by London Plan (2015). In order to achieve the target of London Plan over the next 20 years, many new opportunity areas are designed to be the new growth areas in

London, the London Riverside Opportunity Area Planning Framework (OAPF) is formulated by London Authority in 2015. The main principle are function mixed and sustainable development through housing, employment, transport, ecology and public facilities and other related initiatives to accelerate the zone from the potential growth opportunities into actual area of high growth area

**Keywords**: Riverside Areas; Urban Renewal; Functional Mix; Inter-regional Planning; London

B. 26　New Thinking on Transformation Development and Spatial Layout of Industrial Park in Taiwan　　*Li Jian* / 341

**Abstract**: Taiwan is facing many difficulties in economic transformation and upgrading. The report of *Taiwan industrial science and technology research plan* proposed many development ideas. For space, the plan proposes taking industrial parks as platforms and making innovative thinking on development to promote innovative economic development and construct the innovative platform, including the combined Parks, three strategies for transformation, the strategy of inner urban parks and so on to promote the economic competitiveness for Taiwan.

**Keywords**: Taiwan; Industrial Park; Transformation; Spatial Layout

B. 27　Functional Remodeling of Streets in Slum Upgrading in Overseas Developing Countries　　*Lin Lan* / 351

**Abstract**: Street is an important form of urban spatial, and plays a very important role in the function reshape of the transformation of the slum. Through the cases of slums transformation in developing countries, we summed up the principles and path of functional remodeling of ghetto streets, and made a practice reference of shantytowns in China.

**Keywords**: Street; Slum Upgrading; Functional Remodeling

社会科学文献出版社　皮书系列

## ❖ 皮书起源 ❖

"皮书"起源于十七、十八世纪的英国,主要指官方或社会组织正式发表的重要文件或报告,多以"白皮书"命名。在中国,"皮书"这一概念被社会广泛接受,并被成功运作、发展成为一种全新的出版形态,则源于中国社会科学院社会科学文献出版社。

## ❖ 皮书定义 ❖

皮书是对中国与世界发展状况和热点问题进行年度监测,以专业的角度、专家的视野和实证研究方法,针对某一领域或区域现状与发展态势展开分析和预测,具备原创性、实证性、专业性、连续性、前沿性、时效性等特点的公开出版物,由一系列权威研究报告组成。

## ❖ 皮书作者 ❖

皮书系列的作者以中国社会科学院、著名高校、地方社会科学院的研究人员为主,多为国内一流研究机构的权威专家学者,他们的看法和观点代表了学界对中国与世界的现实和未来最高水平的解读与分析。

## ❖ 皮书荣誉 ❖

皮书系列已成为社会科学文献出版社的著名图书品牌和中国社会科学院的知名学术品牌。2011年,皮书系列正式列入"十二五"国家重点出版规划项目;2012~2015年,重点皮书列入中国社会科学院承担的国家哲学社会科学创新工程项目;2016年,46种院外皮书使用"中国社会科学院创新工程学术出版项目"标识。

# 中国皮书网

### www.pishu.cn

发布皮书研创资讯，传播皮书精彩内容
引领皮书出版潮流，打造皮书服务平台

## 栏目设置：

- □ 资讯：皮书动态、皮书观点、皮书数据、皮书报道、皮书发布、电子期刊
- □ 标准：皮书评价、皮书研究、皮书规范
- □ 服务：最新皮书、皮书书目、重点推荐、在线购书
- □ 链接：皮书数据库、皮书博客、皮书微博、在线书城
- □ 搜索：资讯、图书、研究动态、皮书专家、研创团队

中国皮书网依托皮书系列"权威、前沿、原创"的优质内容资源，通过文字、图片、音频、视频等多种元素，在皮书研创者、使用者之间搭建了一个成果展示、资源共享的互动平台。

自2005年12月正式上线以来，中国皮书网的IP访问量、PV浏览量与日俱增，受到海内外研究者、公务人员、商务人士以及专业读者的广泛关注。

2008年、2011年中国皮书网均在全国新闻出版业网站荣誉评选中获得"最具商业价值网站"称号；2012年，获得"出版业网站百强"称号。

2014年，中国皮书网与皮书数据库实现资源共享，端口合一，将提供更丰富的内容，更全面的服务。

# 法律声明

"皮书系列"(含蓝皮书、绿皮书、黄皮书)之品牌由社会科学文献出版社最早使用并持续至今,现已被中国图书市场所熟知。"皮书系列"的LOGO( )与"经济蓝皮书""社会蓝皮书"均已在中华人民共和国国家工商行政管理总局商标局登记注册。"皮书系列"图书的注册商标专用权及封面设计、版式设计的著作权均为社会科学文献出版社所有。未经社会科学文献出版社书面授权许可,任何使用与"皮书系列"图书注册商标、封面设计、版式设计相同或者近似的文字、图形或其组合的行为均系侵权行为。

经作者授权,本书的专有出版权及信息网络传播权为社会科学文献出版社享有。未经社会科学文献出版社书面授权许可,任何就本书内容的复制、发行或以数字形式进行网络传播的行为均系侵权行为。

社会科学文献出版社将通过法律途径追究上述侵权行为的法律责任,维护自身合法权益。

欢迎社会各界人士对侵犯社会科学文献出版社上述权利的侵权行为进行举报。电话:010-59367121,电子邮箱:fawubu@ssap.cn。

社会科学文献出版社

权威·前沿·原创

# 社会科学文献出版社
## 皮书系列
### 2016年

盘点年度资讯　预测时代前程

# 社长致辞

我们是图书出版者,更是人文社会科学内容资源供应商;

我们背靠中国社会科学院,面向中国与世界人文社会科学界,坚持为人文社会科学的繁荣与发展服务;

我们精心打造权威信息资源整合平台,坚持为中国经济与社会的繁荣与发展提供决策咨询服务;

我们以读者定位自身,立志让爱书人读到好书,让求知者获得知识;

我们精心编辑、设计每一本好书以形成品牌张力,以优秀的品牌形象服务读者,开拓市场;

我们始终坚持"创社科经典,出传世文献"的经营理念,坚持"权威、前沿、原创"的产品特色;

我们"以人为本",提倡阳光下创业,员工与企业共享发展之成果;

我们立足于现实,认真对待我们的优势、劣势,我们更着眼于未来,以不断的学习与创新适应不断变化的世界,以不断的努力提升自己的实力;

我们愿与社会各界友好合作,共享人文社会科学发展之成果,共同推动中国学术出版乃至内容产业的繁荣与发展。

社会科学文献出版社社长
中国社会学会秘书长

2016 年 1 月

**社会科学文献出版社**
SOCIAL SCIENCES ACADEMIC PRESS (CHINA)

社会科学文献出版社成立于1985年，是直属于中国社会科学院的人文社会科学专业学术出版机构。

成立以来，特别是1998年实施第二次创业以来，依托于中国社会科学院丰厚的学术出版和专家学者两大资源，坚持"创社科经典，出传世文献"的出版理念和"权威、前沿、原创"的产品定位，社科文献立足内涵式发展道路，从战略层面推动学术出版五大能力建设，逐步走上了智库产品与专业学术成果系列化、规模化、数字化、国际化、市场化发展的经营道路。

先后策划出版了著名的图书品牌和学术品牌"皮书"系列、"列国志"、"社科文献精品译库"、"全球化译丛"、"全面深化改革研究书系"、"近世中国"、"甲骨文"、"中国史话"等一大批既有学术影响又有市场价值的系列图书，形成了较强的学术出版能力和资源整合能力。2015年社科文献出版社发稿5.5亿字，出版图书约2000种，承印发行中国社科院院属期刊74种，在多项指标上都实现了较大幅度的增长。

凭借着雄厚的出版资源整合能力，社科文献出版社长期以来一直致力于从内容资源和数字平台两个方面实现传统出版的再造，并先后推出了皮书数据库、列国志数据库、"一带一路"数据库、中国田野调查数据库、台湾大陆同乡会数据库等一系列数字产品。数字出版已经初步形成了产品设计、内容开发、编辑标引、产品运营、技术支持、营销推广等全流程体系。

在国内原创著作、国外名家经典著作大量出版，数字出版突飞猛进的同时，社科文献出版社从构建国际话语体系的角度推动学术出版国际化。先后与斯普林格、博睿、牛津、剑桥等十余家国际出版机构合作面向海外推出了"皮书系列""改革开放30年研究书系""中国梦与中国发展道路研究丛书""全面深化改革研究书系"等一系列在世界范围内引起强烈反响的作品；并持续致力于中国学术出版走出去，组织学者和编辑参加国际书展，筹办国际性学术研讨会，向世界展示中国学者的学术水平和研究成果。

此外，社科文献出版社充分利用网络媒体平台，积极与中央和地方各类媒体合作，并联合大型书店、学术书店、机场书店、网络书店、图书馆，逐步构建起了强大的学术图书内容传播平台。学术图书的媒体曝光率居全国之首，图书馆藏率居于全国出版机构前十位。

上述诸多成绩的取得，有赖于一支以年轻的博士、硕士为主体，一批从中国社科院刚退出科研一线的各学科专家为支撑的300多位高素质的编辑、出版和营销队伍，为我们实现学术立社，以学术品位、学术价值来实现经济效益和社会效益这样一个目标的共同努力。

作为已经开启第三次创业梦想的人文社会科学学术出版机构，我们将以改革发展为动力，以学术资源建设为中心，以构建智慧型出版社为主线，以"整合、专业、分类、协同、持续"为各项工作指导原则，全力推进出版社数字化转型，坚定不移地走专业化、数字化、国际化发展道路，全面提升出版社核心竞争力，为实现"社科文献梦"奠定坚实基础。

# 经 济 类

经济类皮书涵盖宏观经济、城市经济、大区域经济，提供权威、前沿的分析与预测

### 经济蓝皮书
#### 2016年中国经济形势分析与预测
李 扬 / 主编　　2015年12月出版　　定价：79.00元

◆ 本书为总理基金项目，由著名经济学家李扬领衔，联合中国社会科学院等数十家科研机构、国家部委和高等院校的专家共同撰写，系统分析了2015年的中国经济形势并预测2016年我国经济运行情况。

### 世界经济黄皮书
#### 2016年世界经济形势分析与预测
王洛林　张宇燕 / 主编　　2015年12月出版　　定价：79.00元

◆ 本书由中国社会科学院世界经济与政治研究所的研究团队撰写，2015年世界经济增长继续放缓，增长格局也继续分化，发达经济体与新兴经济体之间的增长差距进一步收窄。2016年世界经济增长形势不容乐观。

### 产业蓝皮书
#### 中国产业竞争力报告（2016）NO.6
张其仔 / 主编　　2016年12月出版　　估价：98.00元

◆ 本书由中国社会科学院工业经济研究所研究团队在深入实际、调查研究的基础上完成。通过运用丰富的数据资料和最新的测评指标，从学术性、系统性、预测性上分析了2015年中国产业竞争力，并对未来发展趋势进行了预测。

经济类

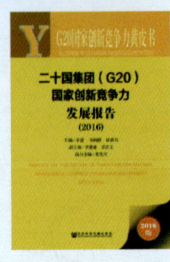

## G20国家创新竞争力黄皮书

二十国集团（G20）国家创新竞争力发展报告（2016）

李建平 李闽榕 赵新力/主编　2016年11月出版　估价:138.00元

◆ 本报告在充分借鉴国内外研究者的相关研究成果的基础上，紧密跟踪技术经济学、竞争力经济学、计量经济学等学科的最新研究动态，深入分析G20国家创新竞争力的发展水平、变化特征、内在动因及未来趋势，同时构建了G20国家创新竞争力指标体系及数学模型。

## 国际城市蓝皮书

国际城市发展报告（2016）

屠启宇/主编　2016年1月出版　估价:79.00元

◆ 本书作者以上海社会科学院从事国际城市研究的学者团队为核心，汇集同济大学、华东师范大学、复旦大学、上海交通大学、南京大学、浙江大学相关城市研究专业学者。立足动态跟踪介绍国际城市发展实践中，最新出现的重大战略、重大理念、重大项目、重大报告和最佳案例。

## 金融蓝皮书

中国金融发展报告（2016）

李扬 王国刚/主编　2015年12月出版　定价:79.00元

◆ 本书由中国社会科学院金融研究所组织编写，概括和分析了2015年中国金融发展和运行中的各方面情况，研讨和评论了2015年发生的主要金融事件。本书由业内专家和青年精英联合编著，有利于读者了解掌握2015年中国的金融状况，把握2016年中国金融的走势。

## 农村绿皮书

中国农村经济形势分析与预测（2015～2016）

中国社会科学院农村发展研究所　国家统计局农村社会经济调查司/著
2016年4月出版　估价:69.00元

◆ 本书描述了2015年中国农业农村经济发展的一些主要指标和变化，以及对2016年中国农业农村经济形势的一些展望和预测。

经济类　皮书系列 重点推荐

### 西部蓝皮书
中国西部发展报告（2016）

姚慧琴　徐璋勇 / 主编　2016年7月出版　估价：89.00元

◆ 本书由西北大学中国西部经济发展研究中心主编，汇集了源自西部本土以及国内研究西部问题的权威专家的第一手资料，对国家实施西部大开发战略进行年度动态跟踪，并对2016年西部经济、社会发展态势进行预测和展望。

### 民营经济蓝皮书
中国民营经济发展报告No.12（2015~2016）

王钦敏 / 主编　2016年1月出版　估价：75.00元

◆ 改革开放以来，民营经济从无到有、从小到大，是最具活力的增长极。本书是中国工商联课题组的研究成果，对2015年度中国民营经济的发展现状、趋势进行了详细的论述，并提出了合理的建议。是广大民营企业进行政策咨询、科学决策和理论创新的重要参考资料，也是理论工作者进行理论研究的重要参考资料。

### 经济蓝皮书夏季号
中国经济增长报告（2015~2016）

李扬 / 主编　2016年8月出版　估价：69.00元

◆ 中国经济增长报告主要探讨2015~2016年中国经济增长问题，以专业视角解读中国经济增长，力求将其打造成一个研究中国经济增长、服务宏微观各级决策的周期性、权威性读物。

### 中三角蓝皮书
长江中游城市群发展报告（2016）

秦尊文 / 主编　2016年10月出版　估价：69.00元

◆ 本书是湘鄂赣皖四省专家学者共同研究的成果，从不同角度、不同方位记录和研究长江中游城市群一体化，提出对策措施，以期为将"中三角"打造成为继珠三角、长三角、京津冀之后中国经济增长第四极奉献学术界的聪明才智。

皮书系列 重点推荐 | 社会政法类

# 社会政法类

社会政法类皮书聚焦社会发展领域的热点、难点问题，提供权威、原创的资讯与视点

### 社会蓝皮书
#### 2016年中国社会形势分析与预测

李培林　陈光金　张　翼 / 主编　2015年12月出版　定价：79.00元

◆ 本书由中国社会科学院社会学研究所组织研究机构专家、高校学者和政府研究人员撰写，聚焦当下社会热点，对2015年中国社会发展的各个方面内容进行了权威解读，同时对2016年社会形势发展趋势进行了预测。

### 法治蓝皮书
#### 中国法治发展报告No.14（2016）

李　林　田　禾 / 主编　2016年3月出版　估价：105.00元

◆ 本年度法治蓝皮书回顾总结了2015年度中国法治发展取得的成就和存在的不足，并对2016年中国法治发展形势进行了预测和展望。

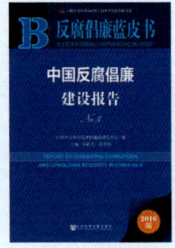

### 反腐倡廉蓝皮书
#### 中国反腐倡廉建设报告No.6

李秋芳　张英伟 / 主编　2017年1月出版　估价：79.00元

◆ 本书抓住了若干社会热点和焦点问题，全面反映了新时期新阶段中国反腐倡廉面对的严峻局面，以及中国共产党反腐倡廉建设的新实践新成果。根据实地调研、问卷调查和舆情分析，梳理了当下社会普遍关注的与反腐败密切相关的热点问题。

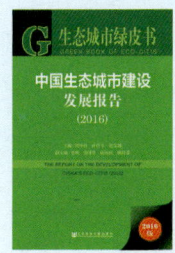

### 生态城市绿皮书
#### 中国生态城市建设发展报告（2016）

刘举科 孙伟平 胡文臻 / 主编　2016 年 6 月出版　估价 :98.00 元

◆ 报告以绿色发展、循环经济、低碳生活、民生宜居为理念，以更新民众观念、提供决策咨询、指导工程实践、引领绿色发展为宗旨，试图探索一条具有中国特色的城市生态文明建设新路。

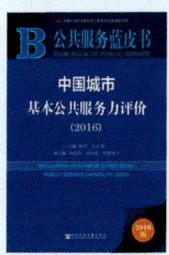

### 公共服务蓝皮书
#### 中国城市基本公共服务力评价（2016）

钟　君　吴正杲 / 主编　2016 年 12 月出版　估价 :79.00 元

◆ 中国社会科学院经济与社会建设研究室与华图政信调查组成联合课题组，从 2010 年开始对基本公共服务力进行研究，研创了基本公共服务力评价指标体系，为政府考核公共服务与社会管理工作提供了理论工具。

### 教育蓝皮书
#### 中国教育发展报告（2016）

杨东平 / 主编　2016 年 5 月出版　估价 :79.00 元

◆ 本书由国内的中青年教育专家合作研究撰写。深度剖析 2015 年中国教育的热点话题，并对当下中国教育中出现的问题提出对策建议。

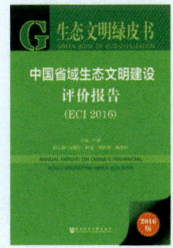

### 生态文明绿皮书
#### 中国省域生态文明建设评价报告（ECI 2016）

严耕 / 主编　2016 年 12 月出版　估价 :85.00 元

◆ 本书基于国家最新发布的权威数据，对我国的生态文明建设状况进行科学评价，并开展相应的深度分析，结合中央的政策方针和各省的具体情况，为生态文明建设推进，提出针对性的政策建议。

皮书系列重点推荐

行业报告类

# 行业报告类

行业报告类皮书立足重点行业、新兴行业领域，提供及时、前瞻的数据与信息

### 房地产蓝皮书
中国房地产发展报告 No.13（2016）

魏后凯　李景国／主编　　2016年5月出版　　估价：79.00元

◆ 蓝皮书秉承客观公正、科学中立的宗旨和原则，追踪2015年我国房地产市场最新资讯，深度分析，剖析因果，谋划对策，并对2016年房地产发展趋势进行了展望。

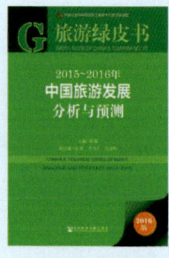

### 旅游绿皮书
2015～2016年中国旅游发展分析与预测

宋　瑞／主编　　2016年1月出版　　估价：98.00元

◆ 本书中国社会科学院旅游研究中心组织相关专家编写的年度研究报告，对2015年旅游行业的热点问题进行了全面的综述并提出专业性建议，并对2016年中国旅游的发展趋势进行展望。

### 互联网金融蓝皮书
中国互联网金融发展报告（2016）

李东荣／主编　　2016年8月出版　　估价：79.00元

◆ 近年来，许多基于互联网的金融服务模式应运而生并对传统金融业产生了深刻的影响和巨大的冲击，"互联网金融"成为社会各界关注的焦点。本书探析了2015年互联网金融的特点和2016年互联网金融的发展方向和亮点。

行业报告类　皮书系列 重点推荐

### 资产管理蓝皮书
中国资产管理行业发展报告（2016）

智信资产管理研究院 / 编著　　2016年6月出版　　估价:89.00元

◆ 中国资产管理行业刚刚兴起，未来将中国金融市场最有看点的行业，也会成为快速发展壮大的行业。本书主要分析了2015年度资产管理行业的发展情况，同时对资产管理行业的未来发展做出科学的预测。

### 老龄蓝皮书
中国老龄产业发展报告（2016）

吴玉韶　党俊武 / 编著
2016年9月出版　估价:79.00元

◆ 本书着眼于对中国老龄产业的发展给予系统介绍，深入解析，并对未来发展趋势进行预测和展望，力求从不同视角、不同层面全面剖析中国老龄产业发展的现状、取得的成绩、存在的问题以及重点、难点等。

### 金融蓝皮书
中国金融中心发展报告（2016）

王　力　黄育华 / 编著　　2017年11月出版　　估价:75.00元

◆ 本报告将提升中国金融中心城市的金融竞争力作为研究主线，全面、系统、连续地反映和研究中国金融中心城市发展和改革的最新进展，展示金融中心理论研究的最新成果。

### 流通蓝皮书
中国商业发展报告（2016）

荆林波 / 编著　2016年5月出版　　估价:89.00元

◆ 本书是中国社会科学院财经院与利丰研究中心合作的成果，从关注中国宏观经济出发，突出了中国流通业的宏观背景，详细分析了批发业、零售业、物流业、餐饮产业与电子商务等产业发展状况。

9

皮书系列 重点推荐　　国别与地区类

# 国别与地区类

国别与地区类皮书关注全球重点国家与地区，提供全面、独特的解读与研究

### 美国蓝皮书
美国研究报告（2016）

黄　平　郑秉文/主编　2016年7月出版　估价：89.00元

◆ 本书是由中国社会科学院美国所主持完成的研究成果，它回顾了美国2015年的经济、政治形势与外交战略，对2016年以来美国内政外交发生的重大事件以及重要政策进行了较为全面的回顾和梳理。

### 拉美黄皮书
拉丁美洲和加勒比发展报告（2015~2016）

吴白乙/主编　2016年5月出版　估价：89.00元

◆ 本书对2015年拉丁美洲和加勒比地区诸国的政治、经济、社会、外交等方面的发展情况做了系统介绍，对该地区相关国家的热点及焦点问题进行了总结和分析，并在此基础上对该地区各国2016年的发展前景做出预测。

### 日本经济蓝皮书
日本经济与中日经贸关系研究报告（2016）

王洛林　张季风/编著　2016年5月出版　估价：79.00元

◆ 本书系统、详细地介绍了2015年日本经济以及中日经贸关系发展情况，在进行了大量数据分析的基础上，对2016年日本经济以及中日经贸关系的大致发展趋势进行了分析与预测。

国别与地区类　皮书系列 重点推荐

### 俄罗斯黄皮书
俄罗斯发展报告（2016）

李永全 / 编著　2016 年 7 月出版　估价 :79.00 元

◆ 本书系统介绍了 2015 年俄罗斯经济政治情况，并对 2015 年该地区发生的焦点、热点问题进行了分析与回顾；在此基础上，对该地区 2016 年的发展前景进行了预测。

### 国际形势黄皮书
全球政治与安全报告（2016）

李慎明　张宇燕 / 主编　2015 年 12 月出版　定价 :69.00 元

◆ 本书旨在对本年度全球政治及安全形势的总体情况、热点问题及变化趋势进行回顾与分析，并提出一定的预测及对策建议。作者通过事实梳理、数据分析、政策分析等途径，阐释了本年度国际关系及全球安全形势的基本特点，并在此基础上提出了具有启示意义的前瞻性结论。

### 德国蓝皮书
德国发展报告（2016）

郑春荣　伍慧萍 / 主编　2016 年 6 月出版　估价 :69.00 元

◆ 本报告由同济大学德国研究所组织编撰，由该领域的专家学者对德国的政治、经济、社会文化、外交等方面的形势发展情况，进行全面的阐述与分析。

### 中欧关系蓝皮书
中欧关系研究报告（2016）

周弘 / 编著　2016 年 12 月出版　估价 :98.00 元

◆ 本书由欧洲所暨欧洲学会推出，旨在分析、评估和预测年度中欧关系发展态势。本报告的作者均为欧洲方面的专家，他们对欧洲与中国在各个领域的发展情况进行了深入地分析和研究，对读者了解和把握中欧关系是非常有益的参考。

皮书系列 重点推荐 地方发展类

# 地方发展类

地方发展类皮书关注中国各省份、经济区域，提供科学、多元的预判与资政信息

### 北京蓝皮书

北京公共服务发展报告（2015~2016）

施昌奎 / 主编　　2016年1月出版　估价：69.00元

◆ 本书是由北京市政府职能部门的领导、首都著名高校的教授、知名研究机构的专家共同完成的关于北京市公共服务发展与创新的研究成果。

### 河南蓝皮书

河南经济发展报告（2016）

河南省社会科学院 / 编著　　2016年12月出版　估价：79.00元

◆ 本书以国内外经济发展环境和走向为背景，主要分析当前河南经济形势，预测未来发展趋势，全面反映河南经济发展的最新动态、热点和问题，为地方经济发展和领导决策提供参考。

### 京津冀蓝皮书

京津冀发展报告（2016）

文　魁　祝尔娟 / 编著　　2016年4月出版　估价：89.00元

◆ 京津冀协同发展作为重大的国家战略，已进入顶层设计、制度创新和全面推进的新阶段。本书以问题为导向，围绕京津冀发展中的重要领域和重大问题，研究如何推进京津冀协同发展。

 文化传媒类

皮书系列
重点推荐

# 文化传媒类

文化传媒类皮书透视文化领域、文化产业，
探索文化大繁荣、大发展的路径

### 新媒体蓝皮书

中国新媒体发展报告 No.7（2016）

唐绪军 / 主编　　2016 年 6 月出版　　估价：79.00 元

◆ 本书是由中国社会科学院新闻与传播研究所组织编写的关于新媒体发展的最新年度报告，旨在全面分析中国新媒体的发展现状，解读新媒体的发展趋势，探析新媒体的深刻影响。

### 移动互联网蓝皮书

中国移动互联网发展报告（2016）

官建文 / 编著　　2016 年 6 月出版　　估价：79.00 元

◆ 本书着眼于对中国移动互联网 2015 年度的发展情况做深入解析，对未来发展趋势进行预测，力求从不同视角、不同层面全面剖析中国移动互联网发展的现状、年度突破以及热点趋势等。

### 文化蓝皮书

中国文化产业发展报告（2016）

张晓明　王家新　章建刚 / 主编　　2016 年 4 月出版　　估价：79.00 元

◆ 本书由中国社会科学院文化研究中心编写。从 2012 年开始，中国社会科学院文化研究中心设立了国内首个文化产业的研究类专项资金——"文化产业重大课题研究计划"，开始在全国范围内组织多学科专家学者对我国文化产业发展重大战略问题进行联合攻关研究。本书集中反映了该计划的研究成果。

# 经济类

**G20国家创新竞争力黄皮书**
二十国集团(G20)国家创新竞争力发展报告(2016)
著(编)者:李建平 李闽榕 赵新力
2016年11月出版 / 估价:138.00元

**产业蓝皮书**
中国产业竞争力报告(2016)NO.6
著(编)者:张其仔 2016年12月出版 / 估价:98.00元

**城市创新蓝皮书**
中国城市创新报告(2016)
著(编)者:周天勇 旷建伟 2016年8月出版 / 估价:69.00元

**城市蓝皮书**
中国城市发展报告 NO.9
著(编)者:潘家华 魏后凯 2016年9月出版 / 估价:69.00元

**城市群蓝皮书**
中国城市群发展指数报告(2016)
著(编)者:刘士林 刘新静 2016年10月出版 / 估价:69.00元

**城乡一体化蓝皮书**
中国城乡一体化发展报告(2015~2016)
著(编)者:汝信 付崇兰 2016年7月出版 / 估价:85.00元

**城镇化蓝皮书**
中国新型城镇化健康发展报告(2016)
著(编)者:张占斌 2016年5月出版 / 估价:79.00元

**创新蓝皮书**
创新型国家建设报告(2015~2016)
著(编)者:詹正茂 2016年11月出版 / 估价:69.00元

**低碳发展蓝皮书**
中国低碳发展报告(2016)
著(编)者:齐晔 2016年3月出版 / 估价:89.00元

**低碳经济蓝皮书**
中国低碳经济发展报告(2016)
著(编)者:薛进军 赵忠秀 2016年6月出版 / 估价:85.00元

**东北蓝皮书**
中国东北地区发展报告(2016)
著(编)者:马克 黄文艺 2016年8月出版 / 估价:79.00元

**工业化蓝皮书**
中国工业化进程报告(2016)
著(编)者:黄群慧 吕铁 李晓华 等
2016年11月出版 / 估价:89.00元

**管理蓝皮书**
中国管理发展报告(2016)
著(编)者:张晓东 2016年9月出版 / 估价:98.00元

**国际城市蓝皮书**
国际城市发展报告(2016)
著(编)者:屠启宇 2016年1月出版 / 估价:79.00元

**国家创新蓝皮书**
中国创新发展报告(2016)
著(编)者:陈劲 2016年9月出版 / 估价:69.00元

**金融蓝皮书**
中国金融发展报告(2016)
著(编)者:李扬 王国刚 2015年12月出版 / 定价:79.00元

**京津冀产业蓝皮书**
京津冀产业协同发展报告(2016)
著(编)者:中智科博(北京)产业经济发展研究院
2016年6月出版 / 估价:69.00元

**京津冀蓝皮书**
京津冀发展报告(2016)
著(编)者:文魁 祝尔娟 2016年4月出版 / 估价:89.00元

**经济蓝皮书**
2016年中国经济形势分析与预测
著(编)者:李扬 2015年12月出版 / 定价:79.00元

**经济蓝皮书·春季号**
2016年中国经济前景分析
著(编)者:李扬 2016年5月出版 / 估价:79.00元

**经济蓝皮书·夏季号**
中国经济增长报告(2015~2016)
著(编)者:李扬 2016年8月出版 / 估价:99.00元

**经济信息绿皮书**
中国与世界经济发展报告(2016)
著(编)者:杜平 2015年12月出版 / 定价:89.00元

**就业蓝皮书**
2016年中国本科生就业报告
著(编)者:麦可思研究院 2016年6月出版 / 估价:98.00元

**就业蓝皮书**
2016年中国高职高专生就业报告
著(编)者:麦可思研究院 2016年6月出版 / 估价:98.00元

**临空经济蓝皮书**
中国临空经济发展报告(2016)
著(编)者:连玉明 2016年11月出版 / 估价:79.00元

**民营经济蓝皮书**
中国民营经济发展报告 NO.12(2015~2016)
著(编)者:王钦敏 2016年1月出版 / 估价:75.00元

**农村绿皮书**
中国农村经济形势分析与预测(2015~2016)
著(编)者:中国社会科学院农村发展研究所
国家统计局农村社会经济调查司
2016年4月出版 / 估价:69.00元

**农业应对气候变化蓝皮书**
气候变化对中国农业影响评估报告 No.2
著(编)者:矫梅燕 2016年8月出版 / 估价:98.00元

经济类·社会政法类　皮书系列 2016全品种

**企业公民蓝皮书**
中国企业公民报告 NO.4
著(编)者：邹东涛　2016年1月出版／估价:79.00元

**气候变化绿皮书**
应对气候变化报告（2016）
著(编)者：王伟光　郑国光　2016年11月出版／估价:98.00元

**区域蓝皮书**
中国区域经济发展报告（2015～2016）
著(编)者：梁昊光　2016年5月出版／估价:79.00元

**全球环境竞争力绿皮书**
全球环境竞争力报告（2016）
著(编)者：李建平　李闽榕　王金南
2016年12月出版／估价:198.00元

**人口与劳动绿皮书**
中国人口与劳动问题报告 NO.17
著(编)者：蔡昉　张车伟　2016年11月出版／估价:69.00元

**商务中心区蓝皮书**
中国商务中心区发展报告 NO.2（2016）
著(编)者：魏后凯　李国红　2016年1月出版／估价:89.00元

**世界经济黄皮书**
2016年世界经济形势分析与预测
著(编)者：王洛林　张宇燕　2015年12月出版／定价:79.00元

**世界旅游城市绿皮书**
世界旅游城市发展报告（2016）
著(编)者：鲁勇　周正宇　宋宇　2016年6月出版／估价:88.00元

**西北蓝皮书**
中国西北发展报告（2016）
著(编)者：孙发平　苏海红　鲁顺元
2015年12月出版／估价:79.00元

**西部蓝皮书**
中国西部发展报告（2016）
著(编)者：姚慧琴　徐璋勇　2016年7月出版／估价:89.00元

**县域发展蓝皮书**
中国县域经济增长能力评估报告（2016）
著(编)者：王力　2016年10月出版／估价:69.00元

**新型城镇化蓝皮书**
新型城镇化发展报告（2016）
著(编)者：李伟　宋敏　沈体雁　2016年11月出版／估价:98.00元

**新兴经济体蓝皮书**
金砖国家发展报告（2016）
著(编)者：林跃勤　周文　2016年7月出版／估价:79.00元

**长三角蓝皮书**
2016年全面深化改革中的长三角
著(编)者：张伟斌　2016年10月出版／估价:69.00元

**中部竞争力蓝皮书**
中国中部经济社会竞争力报告（2016）
著(编)者：教育部人文社会科学重点研究基地
　　　　　南昌大学中国中部社会发展研究中心
2016年10月出版／估价:79.00元

**中部蓝皮书**
中国中部地区发展报告（2016）
著(编)者：宋亚平　2016年12月出版／估价:78.00元

**中国省域竞争力蓝皮书**
中国省域经济综合竞争力发展报告（2015～2016）
著(编)者：李建平　李闽榕　高燕京
2016年2月出版／估价:198.00元

**中三角蓝皮书**
长江中游城市群发展报告（2016）
著(编)者：秦尊文　2016年10月出版／估价:69.00元

**中小城市绿皮书**
中国中小城市发展报告（2016）
著(编)者：中国城市经济学会中小城市经济发展委员会
　　　　　中国城镇化促进会中小城市发展委员会
　　　　　《中国中小城市发展报告》编纂委员会
　　　　　中小城市发展战略研究院
2016年10月出版／估价:98.00元

**中原蓝皮书**
中原经济区发展报告（2016）
著(编)者：李英杰　2016年6月出版／估价:88.00元

**自贸区蓝皮书**
中国自贸区发展报告（2016）
著(编)者：王力　王吉培　2016年10月出版／估价:69.00元

## 社会政法类

**北京蓝皮书**
中国社区发展报告（2016）
著(编)者：于燕燕　2017年2月出版／估价:79.00元

**殡葬绿皮书**
中国殡葬事业发展报告（2016）
著(编)者：李伯森　2016年4月出版／估价:158.00元

**城市管理蓝皮书**
中国城市管理报告（2016）
著(编)者：谭维克　刘林　2017年2月出版／估价:118.00元

**城市生活质量蓝皮书**
中国城市生活质量报告（2016）
著(编)者：张连城　张平　杨春学　郎丽华
2016年7月出版／估价:89.00元

**皮书系列 2016全品种 — 社会政法类**

### 城市政府能力蓝皮书
中国城市政府公共服务能力评估报告（2016）
著(编)者：何艳玲　2016年7月出版 / 估价：69.00元

### 创新蓝皮书
中国创业环境发展报告（2016）
著(编)者：姚凯 曹祎遐　2016年1月出版 / 估价：69.00元

### 慈善蓝皮书
中国慈善发展报告（2016）
著(编)者：杨团　2016年6月出版 / 估价：79.00元

### 地方法治蓝皮书
中国地方法治发展报告 NO.2（2016）
著(编)者：李林 田禾　2016年1月出版 / 估价：98.00元

### 法治蓝皮书
中国法治发展报告 NO.14（2016）
著(编)者：李林 田禾　2016年3月出版 / 估价：105.00元

### 反腐倡廉蓝皮书
中国反腐倡廉建设报告 NO.6
著(编)者：李秋芳 张英伟　2017年1月出版 / 估价：79.00元

### 非传统安全蓝皮书
中国非传统安全研究报告（2015～2016）
著(编)者：余潇枫 魏志江　2016年5月出版 / 估价：79.00元

### 妇女发展蓝皮书
中国妇女发展报告 NO.6
著(编)者：王金玲　2016年9月出版 / 估价：148.00元

### 妇女教育蓝皮书
中国妇女教育发展报告 NO.3
著(编)者：张李玺　2016年10月出版 / 估价：78.00元

### 妇女绿皮书
中国性别平等与妇女发展报告（2016）
著(编)者：谭琳　2016年12月出版 / 估价：99.00元

### 公共服务蓝皮书
中国城市基本公共服务力评价（2016）
著(编)者：钟君 吴正杲　2016年12月出版 / 估价：79.00元

### 公共管理蓝皮书
中国公共管理发展报告（2016）
著(编)者：贡森 李国强 杨维富
2016年4月出版 / 估价：69.00元

### 公共外交蓝皮书
中国公共外交发展报告（2016）
著(编)者：赵启正 雷蔚真　2016年4月出版 / 估价：89.00元

### 公民科学素质蓝皮书
中国公民科学素质报告（2016）
著(编)者：李群 许佳军　2016年3月出版 / 估价：79.00元

### 公益蓝皮书
中国公益发展报告（2016）
著(编)者：朱健刚　2016年5月出版 / 估价：78.00元

### 国际人才蓝皮书
海外华侨华人专业人士报告（2016）
著(编)者：王辉耀 苗绿　2016年8月出版 / 估价：69.00元

### 国际人才蓝皮书
中国国际移民报告（2016）
著(编)者：王辉耀　2016年2月出版 / 估价：79.00元

### 国际人才蓝皮书
中国海归发展报告（2016）NO.3
著(编)者：王辉耀 苗绿　2016年10月出版 / 估价：69.00元

### 国际人才蓝皮书
中国留学发展报告（2016）NO.5
著(编)者：王辉耀 苗绿　2016年10月出版 / 估价：79.00元

### 国家公园蓝皮书
中国国家公园体制建设报告（2016）
著(编)者：苏杨 张玉钧 石金莲 刘锋 等
2016年10月出版 / 估价：69.00元

### 海洋社会蓝皮书
中国海洋社会发展报告（2016）
著(编)者：崔凤 宋宁而　2016年7月出版 / 估价：89.00元

### 行政改革蓝皮书
中国行政体制改革报告（2016）NO.5
著(编)者：魏礼群　2016年4月出版 / 估价：98.00元

### 华侨华人蓝皮书
华侨华人研究报告（2016）
著(编)者：贾益民　2016年12月出版 / 估价：98.00元

### 环境竞争力绿皮书
中国省域环境竞争力发展报告（2016）
著(编)者：李建平 李闽榕 王金南
2016年11月出版 / 估价：198.00元

### 环境绿皮书
中国环境发展报告（2016）
著(编)者：刘鉴强　2016年5月出版 / 估价：79.00元

### 基金会蓝皮书
中国基金会发展报告（2016）
著(编)者：刘忠祥　2016年4月出版 / 估价：69.00元

### 基金会绿皮书
中国基金会发展独立研究报告（2016）
著(编)者：基金会中心网 中央民族大学基金会研究中心
2016年6月出版 / 估价：88.00元

### 基金会透明度蓝皮书
中国基金会透明度发展研究报告（2016）
著(编)者：基金会中心网 清华大学廉政与治理研究中心
2016年9月出版 / 估价：85.00元

### 教师蓝皮书
中国中小学教师发展报告（2016）
著(编)者：曾晓东 鱼霞　2016年6月出版 / 估价：69.00元

## 社会政法类 — 皮书系列 2016全品种

**教育蓝皮书**
中国教育发展报告（2016）
著（编）者：杨东平　2016年5月出版　估价：79.00元

**科普蓝皮书**
中国科普基础设施发展报告（2016）
著（编）者：任福君　2016年6月出版　估价：69.00元

**科学教育蓝皮书**
中国科学教育发展报告（2016）
著（编）者：罗晖　王康友　2016年10月出版　估价：79.00元

**劳动保障蓝皮书**
中国劳动保障发展报告（2016）
著（编）者：刘燕斌　2016年8月出版　估价：158.00元

**连片特困区蓝皮书**
中国连片特困区发展报告（2016）
著（编）者：游俊　冷志明　丁建军
2016年3月出版　估价：98.00元

**民间组织蓝皮书**
中国民间组织报告（2016）
著（编）者：黄晓勇　2016年12月出版　估价：79.00元

**民调蓝皮书**
中国民生调查报告（2016）
著（编）者：谢耘耕　2016年5月出版　估价：128.00元

**民族发展蓝皮书**
中国民族发展报告（2016）
著（编）者：郝时远　王延中　王希恩
2016年4月出版　估价：98.00元

**女性生活蓝皮书**
中国女性生活状况报告 NO.10（2016）
著（编）者：韩湘景　2016年4月出版　估价：79.00元

**汽车社会蓝皮书**
中国汽车社会发展报告（2016）
著（编）者：王俊秀　2016年1月出版　估价：69.00元

**青年蓝皮书**
中国青年发展报告（2016）NO.4
著（编）者：廉思　等　2016年4月出版　估价：69.00元

**青少年蓝皮书**
中国未成年人互联网运用报告（2016）
著（编）者：李文革　沈杰　季为民
2016年11月出版　估价：89.00元

**青少年体育蓝皮书**
中国青少年体育发展报告（2016）
著（编）者：郭建军　杨桦　2016年9月出版　估价：69.00元

**区域人才蓝皮书**
中国区域人才竞争力报告 NO.2
著（编）者：桂昭明　王辉耀
2016年6月出版　估价：69.00元

**群众体育蓝皮书**
中国群众体育发展报告（2016）
著（编）者：刘国永　杨桦　2016年10月出版　估价：69.00元

**人才蓝皮书**
中国人才发展报告（2016）
著（编）者：潘晨光　2016年9月出版　估价：85.00元

**人权蓝皮书**
中国人权事业发展报告 NO.6（2016）
著（编）者：李君如　2016年9月出版　估价：128.00元

**社会保障绿皮书**
中国社会保障发展报告（2016）NO.8
著（编）者：王延中　2016年4月出版　估价：99.00元

**社会工作蓝皮书**
中国社会工作发展报告（2016）
著（编）者：民政部社会工作研究中心
2016年8月出版　估价：79.00元

**社会管理蓝皮书**
中国社会管理创新报告 NO.4
著（编）者：连玉明　2016年11月出版　估价：89.00元

**社会蓝皮书**
2016年中国社会形势分析与预测
著（编）者：李培林　陈光金　张翼
2015年12月出版　定价：79.00元

**社会体制蓝皮书**
中国社会体制改革报告（2016）NO.4
著（编）者：龚维斌　2016年4月出版　估价：79.00元

**社会心态蓝皮书**
中国社会心态研究报告（2016）
著（编）者：王俊秀　杨宜音　2016年10月出版　估价：69.00元

**社会组织蓝皮书**
中国社会组织评估发展报告（2016）
著（编）者：徐家良　廖鸿　2016年12月出版　估价：69.00元

**生态城市绿皮书**
中国生态城市建设发展报告（2016）
著（编）者：刘举科　孙伟平　胡文臻
2016年9月出版　估价：148.00元

**生态文明绿皮书**
中国省域生态文明建设评价报告（ECI 2016）
著（编）者：严耕　2016年12月出版　估价：85.00元

**世界社会主义黄皮书**
世界社会主义跟踪研究报告（2015～2016）
著（编）者：李慎明　2016年4月出版　估价：258.00元

**水与发展蓝皮书**
中国水风险评估报告（2016）
著（编）者：王浩　2016年9月出版　估价：69.00元

**皮书系列 2016全品种** 社会政法类·行业报告类

**体育蓝皮书**
长三角地区体育产业发展报告（2016）
著(编)者：张林　2016年4月出版 / 估价：79.00元

**体育蓝皮书**
中国公共体育服务发展报告（2016）
著(编)者：戴健　2016年12月出版 / 估价：79.00元

**土地整治蓝皮书**
中国土地整治发展研究报告 NO.3
著(编)者：国土资源部土地整治中心
2016年5月出版 / 估价：89.00元

**土地政策蓝皮书**
中国土地政策发展报告（2016）
著(编)者：高延利　李宪文　唐健
2016年12月出版 / 估价：69.00元

**危机管理蓝皮书**
中国危机管理报告（2016）
著(编)者：文学国　范正青　2016年8月出版 / 估价：89.00元

**形象危机应对蓝皮书**
形象危机应对研究报告（2016）
著(编)者：唐钧　2016年6月出版 / 估价：149.00元

**医改蓝皮书**
中国医药卫生体制改革报告（2016）
著(编)者：文学国　房志武　2016年11月出版 / 估价：98.00元

**医疗卫生绿皮书**
中国医疗卫生发展报告 NO.7（2016）
著(编)者：申宝忠　韩玉珍　2016年4月出版 / 估价：75.00元

**政治参与蓝皮书**
中国政治参与报告（2016）
著(编)者：房宁　2016年7月出版 / 估价：108.00元

**政治发展蓝皮书**
中国政治发展报告（2016）
著(编)者：房宁　杨海蛟　2016年5月出版 / 估价：88.00元

**智慧社区蓝皮书**
中国智慧社区发展报告（2016）
著(编)者：罗昌智　张辉德　2016年7月出版 / 估价：69.00元

**中国农村妇女发展蓝皮书**
农村流动女性城市生活发展报告（2016）
著(编)者：谢丽华　2016年12月出版 / 估价：79.00元

**宗教蓝皮书**
中国宗教报告（2016）
著(编)者：邱永辉　2016年5月出版 / 估价：79.00元

## 行业报告类

**保健蓝皮书**
中国保健服务产业发展报告 NO.2
著(编)者：中国保健协会　中共中央党校
2016年7月出版 / 估价：198.00元

**保健蓝皮书**
中国保健食品产业发展报告 NO.2
著(编)者：中国保健协会
　　　　　中国社会科学院食品药品产业发展与监管研究中心
2016年7月出版 / 估价：198.00元

**保健蓝皮书**
中国保健用品产业发展报告 NO.2
著(编)者：中国保健协会
　　　　　国务院国有资产监督管理委员会研究中心
2016年2月出版 / 估价：198.00元

**保险蓝皮书**
中国保险业创新发展报告（2016）
著(编)者：项俊波　2016年12月出版 / 估价：69.00元

**保险蓝皮书**
中国保险业竞争力报告（2016）
著(编)者：项俊波　2015年12月出版 / 估价：99.00元

**采供血蓝皮书**
中国采供血管理报告（2016）
著(编)者：朱永明　耿鸿武　2016年8月出版 / 估价：69.00元

**彩票蓝皮书**
中国彩票发展报告（2016）
著(编)者：益彩基金　2016年4月出版 / 估价：98.00元

**餐饮产业蓝皮书**
中国餐饮产业发展报告（2016）
著(编)者：邢颖　2016年4月出版 / 估价：69.00元

**测绘地理信息蓝皮书**
测绘地理信息转型升级研究报告（2016）
著(编)者：库热西·买合苏提　2016年12月出版 / 估价：98.00元

**茶业蓝皮书**
中国茶产业发展报告（2016）
著(编)者：杨江帆　李闽榕　2016年10月出版 / 估价：78.00元

**产权市场蓝皮书**
中国产权市场发展报告（2015～2016）
著(编)者：曹和平　2016年5月出版 / 估价：89.00元

**产业安全蓝皮书**
中国出版传媒产业安全报告（2016）
著(编)者：北京印刷学院文化产业安全研究院
2016年4月出版 / 估价：69.00元

**产业安全蓝皮书**
中国文化产业安全报告（2016）
著(编)者：北京印刷学院文化产业安全研究院
2016年4月出版 / 估价：89.00元

**行业报告类**

**皮书系列 2016全品种**

产业安全蓝皮书
中国新媒体产业安全报告（2016）
著（编）者：北京印刷学院文化产业安全研究院
2016年5月出版 / 估价：69.00元

大数据蓝皮书
网络空间和大数据发展报告（2016）
著（编）者：杜平　2016年2月出版 / 估价：69.00元

电子商务蓝皮书
中国电子商务服务业发展报告 NO.3
著（编）者：荆林波　梁春晓　2016年5月出版 / 估价：69.00元

电子政务蓝皮书
中国电子政务发展报告（2016）
著（编）者：洪毅　杜平　2016年11月出版 / 估价：79.00元

杜仲产业绿皮书
中国杜仲橡胶资源与产业发展报告（2016）
著（编）者：杜红岩　胡文臻　俞锐
2016年1月出版 / 估价：85.00元

房地产蓝皮书
中国房地产发展报告 NO.13（2016）
著（编）者：魏后凯　李景国　2016年5月出版 / 估价：79.00元

服务外包蓝皮书
中国服务外包产业发展报告（2016）
著（编）者：王晓红　刘德军
2016年6月出版 / 估价：89.00元

服务外包蓝皮书
中国服务外包竞争力报告（2016）
著（编）者：王力　刘春生　黄育华
2016年11月出版 / 估价：85.00元

工业和信息化蓝皮书
世界网络安全发展报告（2016）
著（编）者：洪京一　2016年4月出版 / 估价：69.00元

工业和信息化蓝皮书
世界信息化发展报告（2016）
著（编）者：洪京一　2016年4月出版 / 估价：69.00元

工业和信息化蓝皮书
世界信息技术产业发展报告（2016）
著（编）者：洪京一　2016年4月出版 / 估价：79.00元

工业和信息化蓝皮书
世界制造业发展报告（2016）
著（编）者：洪京一　2016年4月出版 / 估价：69.00元

工业和信息化蓝皮书
移动互联网产业发展报告（2016）
著（编）者：洪京一　2016年4月出版 / 估价：79.00元

工业设计蓝皮书
中国工业设计发展报告（2016）
著（编）者：王晓红　于炜　张立群
2016年9月出版 / 估价：138.00元

互联网金融蓝皮书
中国互联网金融发展报告（2016）
著（编）者：李东荣　2016年8月出版 / 估价：79.00元

会展蓝皮书
中外会展业动态评估年度报告（2016）
著（编）者：张敏　2016年1月出版 / 估价：78.00元

节能汽车蓝皮书
中国节能汽车产业发展报告（2016）
著（编）者：中国汽车工程研究院股份有限公司
2016年12月出版 / 估价：69.00元

金融监管蓝皮书
中国金融监管报告（2016）
著（编）者：胡滨　2016年4月出版 / 估价：89.00元

金融蓝皮书
中国金融中心发展报告（2016）
著（编）者：王力　黄育华　2017年11月出版 / 估价：75.00元

金融蓝皮书
中国商业银行竞争力报告（2016）
著（编）者：王松奇　2016年5月出版 / 估价：69.00元

经济林产业绿皮书
中国经济林产业发展报告（2016）
著（编）者：李芳东　胡文臻　乌云塔娜　杜红岩
2016年12月出版 / 估价：69.00元

客车蓝皮书
中国客车产业发展报告（2016）
著（编）者：姚蔚　2016年2月出版 / 估价：85.00元

老龄蓝皮书
中国老龄产业发展报告（2016）
著（编）者：吴玉韶　党俊武　2016年9月出版 / 估价：79.00元

流通蓝皮书
中国商业发展报告（2016）
著（编）者：荆林波　2016年5月出版 / 估价：89.00元

旅游安全蓝皮书
中国旅游安全报告（2016）
著（编）者：郑向敏　谢朝武　2016年5月出版 / 估价：128.00元

旅游绿皮书
2015~2016年中国旅游发展分析与预测
著（编）者：宋瑞　2016年1月出版 / 估价：98.00元

煤炭蓝皮书
中国煤炭工业发展报告（2016）
著（编）者：岳福斌　2016年12月出版 / 估价：79.00元

民营企业社会责任蓝皮书
中国民营企业社会责任年度报告（2016）
著（编）者：中华全国工商业联合会
2016年7月出版 / 估价：69.00元

# 皮书系列 2016全品种 — 行业报告类

### 民营医院蓝皮书
中国民营医院发展报告（2016）
著(编)者：庄一强　　2016年10月出版 / 估价：75.00元

### 能源蓝皮书
中国能源发展报告（2016）
著(编)者：崔民选　王军生　陈义和
2016年8月出版 / 估价：79.00元

### 农产品流通蓝皮书
中国农产品流通产业发展报告（2016）
著(编)者：贾敬敦　张东科　张玉玺　张鹏毅　周伟
2016年1月出版 / 估价：89.00元

### 期货蓝皮书
中国期货市场发展报告(2016)
著(编)者：李野　王在荣　　2016年11月出版 / 估价：69.00元

### 企业公益蓝皮书
中国企业公益研究报告（2016）
著(编)者：钟宏武　汪杰　顾一　黄晓娟　等
2016年12月出版 / 估价：69.00元

### 企业公众透明度蓝皮书
中国企业公众透明度报告（2016）NO.2
著(编)者：黄速建　王晓光　肖红军
2016年1月出版 / 估价：98.00元

### 企业国际化蓝皮书
中国企业国际化报告（2016）
著(编)者：王辉耀　　2016年11月出版 / 估价：98.00元

### 企业蓝皮书
中国企业绿色发展报告NO.2（2016）
著(编)者：李红玉　朱光辉　　2016年8月出版 / 估价：79.00元

### 企业社会责任蓝皮书
中国企业社会责任研究报告（2016）
著(编)者：黄群慧　钟宏武　张蒽　等
2016年11月出版 / 估价：79.00元

### 企业社会责任能力蓝皮书
中国上市公司社会责任能力成熟度报告（2016）
著(编)者：肖红军　王晓光　李伟阳
2016年11月出版 / 估价：69.00元

### 汽车安全蓝皮书
中国汽车安全发展报告（2016）
著(编)者：中国汽车技术研究中心
2016年7月出版 / 估价：89.00元

### 汽车电子商务蓝皮书
中国汽车电子商务发展报告（2016）
著(编)者：中华全国工商业联合会汽车经销商商会
　　　　　北京易观智库网络科技有限公司
2016年5月出版 / 估价：128.00元

### 汽车工业蓝皮书
中国汽车工业发展年度报告（2016）
著(编)者：中国汽车工业协会　中国汽车技术研究中心
　　　　　丰田汽车（中国）投资有限公司
2016年4月出版 / 估价：128.00元

### 汽车蓝皮书
中国汽车产业发展报告（2016）
著(编)者：国务院发展研究中心产业经济研究部
　　　　　中国汽车工程学会　大众汽车集团（中国）
2016年8月出版 / 估价：158.00元

### 清洁能源蓝皮书
国际清洁能源发展报告（2016）
著(编)者：苏树辉　袁国林　李玉崙
2016年11月出版 / 估价：99.00元

### 人力资源蓝皮书
中国人力资源发展报告（2016）
著(编)者：余兴安　　2016年12月出版 / 估价：79.00元

### 融资租赁蓝皮书
中国融资租赁业发展报告（2015~2016）
著(编)者：李光荣　王力　　2016年1月出版 / 估价：89.00元

### 软件和信息服务业蓝皮书
中国软件和信息服务业发展报告（2016）
著(编)者：洪京一　　2016年12月出版 / 估价：198.00元

### 商会蓝皮书
中国商会发展报告NO.5（2016）
著(编)者：王钦敏　　2016年7月出版 / 估价：89.00元

### 上市公司蓝皮书
中国上市公司社会责任信息披露报告（2016）
著(编)者：张旺　张杨　　2016年11月出版 / 估价：69.00元

### 上市公司蓝皮书
中国上市公司质量评价报告（2015~2016）
著(编)者：张跃文　王力　　2016年11月出版 / 估价：118.00元

### 设计产业蓝皮书
中国设计产业发展报告（2016）
著(编)者：陈冬亮　梁昊光　　2016年3月出版 / 估价：89.00元

### 食品药品蓝皮书
食品药品安全与监管政策研究报告（2016）
著(编)者：唐民皓　　2016年7月出版 / 估价：69.00元

### 世界能源蓝皮书
世界能源发展报告（2016）
著(编)者：黄晓勇　　2016年6月出版 / 估价：99.00元

### 水利风景区蓝皮书
中国水利风景区发展报告（2016）
著(编)者：兰思仁　　2016年8月出版 / 估价：69.00元

### 私募市场蓝皮书
中国私募股权市场发展报告（2016）
著(编)者：曹和平　　2016年12月出版 / 估价：79.00元

### 碳市场蓝皮书
中国碳市场报告（2016）
著(编)者：宁金彪　　2016年11月出版 / 估价：69.00元

## 行业报告类 — 皮书系列 2016全品种

**体育蓝皮书**
中国体育产业发展报告（2016）
著(编)者：阮伟 钟秉枢　2016年7月出版 / 估价：69.00元

**投资蓝皮书**
中国投资发展报告（2016）
著(编)者：谢平　2016年4月出版 / 估价：128.00元

**土地市场蓝皮书**
中国农村土地市场发展报告（2016）
著(编)者：李光荣 高传捷　2016年1月出版 / 估价：69.00元

**网络空间安全蓝皮书**
中国网络空间安全发展报告（2016）
著(编)者：惠志斌 唐涛　2016年4月出版 / 估价：79.00元

**物联网蓝皮书**
中国物联网发展报告（2016）
著(编)者：黄桂田 龚六堂 张全升
2016年1月出版 / 估价：69.00元

**西部工业蓝皮书**
中国西部工业发展报告（2016）
著(编)者：方行明 甘犁 刘方健 姜凌 等
2016年9月出版 / 估价：79.00元

**西部金融蓝皮书**
中国西部金融发展报告（2016）
著(编)者：李忠民　2016年8月出版 / 估价：75.00元

**协会商会蓝皮书**
中国行业协会商会发展报告（2016）
著(编)者：景朝阳 李勇　2016年4月出版 / 估价：99.00元

**新能源汽车蓝皮书**
中国新能源汽车产业发展报告（2016）
著(编)者：中国汽车技术研究中心
　　　　　日产（中国）投资有限公司 东风汽车有限公司
2016年8月出版 / 估价：89.00元

**新三板蓝皮书**
中国新三板市场发展报告（2016）
著(编)者：王力　2016年6月出版 / 估价：69.00元

**信托市场蓝皮书**
中国信托业市场报告（2015～2016）
著(编)者：用益信托工作室
2016年2月出版 / 估价：198.00元

**信息安全蓝皮书**
中国信息安全发展报告（2016）
著(编)者：张晓东　2016年2月出版 / 估价：69.00元

**信息化蓝皮书**
中国信息化形势分析与预测（2016）
著(编)者：周宏仁　2016年8月出版 / 估价：98.00元

**信用蓝皮书**
中国信用发展报告（2016）
著(编)者：章政 田侃　2016年4月出版 / 估价：99.00元

**休闲绿皮书**
2016年中国休闲发展报告
著(编)者：宋瑞
2016年10月出版 / 估价：79.00元

**药品流通蓝皮书**
中国药品流通行业发展报告（2016）
著(编)者：佘鲁林 温再兴
2016年8月出版 / 估价：158.00元

**医药蓝皮书**
中国中医药产业园战略发展报告（2016）
著(编)者：裴长洪 房书亭 吴滌心
2016年3月出版 / 估价：89.00元

**邮轮绿皮书**
中国邮轮产业发展报告（2016）
著(编)者：汪泓　2016年10月出版 / 估价：79.00元

**智能养老蓝皮书**
中国智能养老产业发展报告（2016）
著(编)者：朱勇　2016年10月出版 / 估价：89.00元

**中国SUV蓝皮书**
中国SUV产业发展报告（2016）
著(编)者：靳军　2016年12月出版 / 估价：69.00元

**中国金融行业蓝皮书**
中国债券市场发展报告（2016）
著(编)者：谢多　2016年7月出版 / 估价：69.00元

**中国上市公司蓝皮书**
中国上市公司发展报告（2016）
著(编)者：中国社会科学院上市公司研究中心
2016年9月出版 / 估价：98.00元

**中国游戏蓝皮书**
中国游戏产业发展报告（2016）
著(编)者：孙立军 刘跃军 牛兴侦
2016年4月出版 / 估价：69.00元

**中国总部经济蓝皮书**
中国总部经济发展报告（2015～2016）
著(编)者：赵弘　2016年9月出版 / 估价：79.00元

**资本市场蓝皮书**
中国场外交易市场发展报告（2016）
著(编)者：高峦　2016年8月出版 / 估价：79.00元

**资产管理蓝皮书**
中国资产管理行业发展报告（2016）
著(编)者：智信资产管理研究院
2016年6月出版 / 估价：89.00元

皮书系列 2016全品种 文化传媒类

# 文化传媒类

**传媒竞争力蓝皮书**
中国传媒国际竞争力研究报告（2016）
著(编)者：李本乾 刘强
2016年11月出版 / 估价：148.00元

**传媒蓝皮书**
中国传媒产业发展报告（2016）
著(编)者：崔保国 2016年5月出版 / 估价：98.00元

**传媒投资蓝皮书**
中国传媒投资发展报告（2016）
著(编)者：张向东 谭云明
2016年6月出版 / 估价：128.00元

**动漫蓝皮书**
中国动漫产业发展报告（2016）
著(编)者：卢斌 郑玉明 牛兴侦
2016年7月出版 / 估价：79.00元

**非物质文化遗产蓝皮书**
中国非物质文化遗产发展报告（2016）
著(编)者：陈平 2016年5月出版 / 估价：98.00元

**广电蓝皮书**
中国广播电影电视发展报告（2016）
著(编)者：国家新闻出版广电总局发展研究中心
2016年7月出版 / 估价：98.00元

**广告主蓝皮书**
中国广告主营销传播趋势报告 NO.9
著(编)者：黄升民 杜国清 邵华冬 等
2016年10月出版 / 估价：148.00元

**国际传播蓝皮书**
中国国际传播发展报告（2016）
著(编)者：胡正荣 李继东 姬德强
2016年11月出版 / 估价：89.00元

**纪录片蓝皮书**
中国纪录片发展报告（2016）
著(编)者：何苏六 2016年10月出版 / 估价：79.00元

**科学传播蓝皮书**
中国科学传播报告（2016）
著(编)者：詹正茂 2016年7月出版 / 估价：69.00元

**两岸创意经济蓝皮书**
两岸创意经济研究报告（2016）
著(编)者：罗昌智 董泽平 2016年12月出版 / 估价：98.00元

**两岸文化蓝皮书**
两岸文化产业合作发展报告（2016）
著(编)者：胡惠林 李保宗 2016年7月出版 / 估价：79.00元

**媒介与女性蓝皮书**
中国媒介与女性发展报告(2015~2016)
著(编)者：刘利群 2016年8月出版 / 估价：118.00元

**媒体融合蓝皮书**
中国媒体融合发展报告（2016）
著(编)者：梅宁华 宋建武 2016年7月出版 / 估价：79.00元

**全球传媒蓝皮书**
全球传媒发展报告（2016）
著(编)者：胡正荣 李继东 唐晓芬
2016年12月出版 / 估价：79.00元

**少数民族非遗蓝皮书**
中国少数民族非物质文化遗产发展报告（2016）
著(编)者：肖远平（彝） 柴立（满）
2016年6月出版 / 估价：128.00元

**视听新媒体蓝皮书**
中国视听新媒体发展报告（2016）
著(编)者：国家新闻出版广电总局发展研究中心
2016年7月出版 / 估价：98.00元

**文化创新蓝皮书**
中国文化创新报告（2016）NO.7
著(编)者：于平 傅才武 2016年7月出版 / 估价：98.00元

**文化建设蓝皮书**
中国文化发展报告（2016）
著(编)者：江畅 孙伟平 戴茂堂
2016年4月出版 / 估价：108.00元

**文化科技蓝皮书**
文化科技创新发展报告（2016）
著(编)者：于平 李凤亮 2016年10月出版 / 估价：89.00元

**文化蓝皮书**
中国公共文化服务发展报告（2016）
著(编)者：刘新成 张永新 张旭 2016年10月出版 / 估价：98.00元

**文化蓝皮书**
中国公共文化投入增长测评报告（2016）
著(编)者：王亚南 2016年12月出版 / 估价：79.00元

**文化蓝皮书**
中国少数民族文化发展报告（2016）
著(编)者：武翠英 张晓明 任乌晶
2016年9月出版 / 估价：69.00元

**文化蓝皮书**
中国文化产业发展报告（2016）
著(编)者：张晓明 王家新 章建刚
2016年4月出版 / 估价：79.00元

**文化蓝皮书**
中国文化产业供需协调检测报告（2016）
著(编)者：王亚南 2016年2月出版 / 估价：79.00元

**文化蓝皮书**
中国文化消费需求景气评价报告（2016）
著(编)者：王亚南 2016年2月出版 / 估价：79.00元

**文化传媒类·地方发展类**

**皮书系列 2016全品种**

**文化品牌蓝皮书**
中国文化品牌发展报告（2016）
著(编)者：欧阳友权　2016年4月出版／估价：89.00元

**文化遗产蓝皮书**
中国文化遗产事业发展报告（2016）
著(编)者：刘世锦　2016年3月出版／估价：89.00元

**文学蓝皮书**
中国文情报告（2015～2016）
著(编)者：白烨　2016年5月出版／估价：69.00元

**新媒体蓝皮书**
中国新媒体发展报告NO.7（2016）
著(编)者：唐绪军　2016年7月出版／估价：79.00元

**新媒体社会责任蓝皮书**
中国新媒体社会责任研究报告（2016）
著(编)者：钟瑛　2016年10月出版／估价：79.00元

**移动互联网蓝皮书**
中国移动互联网发展报告（2016）
著(编)者：官建文　2016年6月出版／估价：79.00元

**舆情蓝皮书**
中国社会舆情与危机管理报告（2016）
著(编)者：谢耘耕　2016年8月出版／估价：98.00元

## 地方发展类

**安徽经济蓝皮书**
芜湖创新型城市发展报告（2016）
著(编)者：张志宏　2016年4月出版／估价：69.00元

**安徽蓝皮书**
安徽社会发展报告（2016）
著(编)者：程桦　2016年4月出版／估价：89.00元

**安徽社会建设蓝皮书**
安徽社会建设分析报告（2015～2016）
著(编)者：黄家海　王开玉　蔡宪
2016年4月出版／估价：89.00元

**澳门蓝皮书**
澳门经济社会发展报告（2015～2016）
著(编)者：吴志良　郝雨凡　2016年5月出版／估价：79.00元

**北京蓝皮书**
北京公共服务发展报告（2015～2016）
著(编)者：施昌奎　2016年1月出版／估价：69.00元

**北京蓝皮书**
北京经济发展报告（2015～2016）
著(编)者：杨松　2016年6月出版／估价：79.00元

**北京蓝皮书**
北京社会发展报告（2015～2016）
著(编)者：李伟东　2016年7月出版／估价：79.00元

**北京蓝皮书**
北京社会治理发展报告（2015～2016）
著(编)者：殷星辰　2016年6月出版／估价：79.00元

**北京蓝皮书**
北京文化发展报告（2015～2016）
著(编)者：李建盛　2016年5月出版／估价：79.00元

**北京旅游绿皮书**
北京旅游发展报告（2016）
著(编)者：北京旅游学会　2016年7月出版／估价：88.00元

**北京人才蓝皮书**
北京人才发展报告（2016）
著(编)者：于淼　2016年12月出版／估价：128.00元

**北京社会心态蓝皮书**
北京社会心态分析报告（2015～2016）
著(编)者：北京社会心理研究所
2016年8月出版／估价：79.00元

**北京社会组织管理蓝皮书**
北京社会组织发展与管理（2015～2016）
著(编)者：黄江松　2016年4月出版／估价：78.00元

**北京体育蓝皮书**
北京体育产业发展报告（2016）
著(编)者：钟秉枢　陈杰　杨铁黎
2016年10月出版／估价：79.00元

**北京养老产业蓝皮书**
北京养老产业发展报告（2016）
著(编)者：周明明　冯喜良　2016年4月出版／估价：69.00元

**滨海金融蓝皮书**
滨海新区金融发展报告（2016）
著(编)者：王爱俭　张锐钢　2016年9月出版／估价：79.00元

**城乡一体化蓝皮书**
中国城乡一体化发展报告·北京卷（2015～2016)
著(编)者：张宝秀　黄序　2016年5月出版／估价：79.00元

**创意城市蓝皮书**
北京文化创意产业发展报告（2016）
著(编)者：张京成　王国华　2016年12月出版／估价：69.00元

**创意城市蓝皮书**
青岛文化创意产业发展报告（2016）
著(编)者：马达　张丹妮　2016年6月出版／估价：79.00元

## 皮书系列 2016全品种 — 地方发展类

**创意城市蓝皮书**
台北文化创意产业发展报告（2016）
著(编)者：陈耀竹 邱琪瑄　2016年11月出版／估价：89.00元

**创意城市蓝皮书**
无锡文化创意产业发展报告（2016）
著(编)者：谭军 张鸣年　2016年10月出版／估价：79.00元

**创意城市蓝皮书**
武汉文化创意产业发展报告（2016）
著(编)者：黄永林 陈汉桥　2016年12月出版／估价：89.00元

**创意城市蓝皮书**
重庆创意产业发展报告（2016）
著(编)者：程宇宁　2016年4月出版／估价：89.00元

**地方法治蓝皮书**
南宁法治发展报告（2016）
著(编)者：杨维超　2016年12月出版／估价：69.00元

**福建妇女发展蓝皮书**
福建省妇女发展报告（2016）
著(编)者：刘群英　2016年11月出版／估价：88.00元

**甘肃蓝皮书**
甘肃经济发展分析与预测（2016）
著(编)者：朱智文 罗哲　2016年1月出版／估价：79.00元

**甘肃蓝皮书**
甘肃社会发展分析与预测（2016）
著(编)者：安文华 包晓霞　2016年1月出版／估价：79.00元

**甘肃蓝皮书**
甘肃文化发展分析与预测（2016）
著(编)者：安文华 周小华　2016年1月出版／估价：79.00元

**甘肃蓝皮书**
甘肃县域社会发展评价报告（2016）
著(编)者：刘进军 柳民 王建兵
2016年1月出版／估价：79.00元

**甘肃蓝皮书**
甘肃舆情分析与预测（2016）
著(编)者：陈双梅 郝树声　2016年1月出版／估价：79.00元

**甘肃蓝皮书**
甘肃商务发展报告（2016）
著(编)者：杨志武 王福生 王晓芳
2016年1月出版／估价：69.00元

**广东蓝皮书**
广东全面深化改革发展报告（2016）
著(编)者：周林生 涂成林　2016年11月出版／估价：69.00元

**广东蓝皮书**
广东社会工作发展报告（2016）
著(编)者：罗观翠　2016年6月出版／估价：89.00元

**广东蓝皮书**
广东省电子商务发展报告（2016）
著(编)者：程晓 邓顺国　2016年7月出版／估价：79.00元

**广东社会建设蓝皮书**
广东省社会建设发展报告（2016）
著(编)者：广东省社会工作委员会
2016年12月出版／估价：99.00元

**广东外经贸蓝皮书**
广东对外经济贸易发展研究报告（2015~2016）
著(编)者：陈万灵　2016年5月出版／估价：89.00元

**广西北部湾经济区蓝皮书**
广西北部湾经济区开放开发报告（2016）
著(编)者：广西北部湾经济区规划建设管理委员会办公室
　　　　广西社会科学院广西北部湾发展研究院
2016年10月出版／估价：79.00元

**广州蓝皮书**
2016年中国广州经济形势分析与预测
著(编)者：庾建设 沈奎 谢博能　2016年6月出版／估价：79.00元

**广州蓝皮书**
2016年中国广州社会形势分析与预测
著(编)者：张强 陈怡霓 杨秦　2016年6月出版／估价：79.00元

**广州蓝皮书**
广州城市国际化发展报告（2016）
著(编)者：朱名宏　2016年11月出版／估价：69.00元

**广州蓝皮书**
广州创新型城市发展报告（2016）
著(编)者：尹涛　2016年10月出版／估价：69.00元

**广州蓝皮书**
广州经济发展报告（2016）
著(编)者：朱名宏　2016年7月出版／估价：69.00元

**广州蓝皮书**
广州农村发展报告（2016）
著(编)者：朱名宏　2016年8月出版／估价：69.00元

**广州蓝皮书**
广州汽车产业发展报告（2016）
著(编)者：杨再高 冯兴亚　2016年9月出版／估价：69.00元

**广州蓝皮书**
广州青年发展报告（2015~2016）
著(编)者：魏国华 张强　2016年7月出版／估价：69.00元

**广州蓝皮书**
广州商贸业发展报告（2016）
著(编)者：李江涛 肖振宇 荀振英
2016年7月出版／估价：69.00元

**广州蓝皮书**
广州社会保障发展报告（2016）
著(编)者：蔡国萱　2016年10月出版／估价：65.00元

**广州蓝皮书**
广州文化创意产业发展报告（2016）
著(编)者：甘新　2016年8月出版／估价：79.00元

**广州蓝皮书**
中国广州城市建设与管理发展报告（2016）
著(编)者：董皞 陈小钢 李江涛　2016年7月出版／估价：69.00元

**地方发展类** | **皮书系列 2016全品种**

**广州蓝皮书**
中国广州科技和信息化发展报告（2016）
著(编)者：邹采荣 马正勇 冯 元  2016年8月出版 / 估价:79.00元

**广州蓝皮书**
中国广州文化发展报告（2016）
著(编)者：徐俊忠 陆志强 顾涧清  2016年7月出版 / 估价:69.00元

**贵阳蓝皮书**
贵阳城市创新发展报告·白云篇（2016）
著(编)者：连玉明  2016年10月出版 / 估价:89.00元

**贵阳蓝皮书**
贵阳城市创新发展报告·观山湖篇（2016）
著(编)者：连玉明  2016年10月出版 / 估价:89.00元

**贵阳蓝皮书**
贵阳城市创新发展报告·花溪篇（2016）
著(编)者：连玉明  2016年10月出版 / 估价:89.00元

**贵阳蓝皮书**
贵阳城市创新发展报告·开阳篇（2016）
著(编)者：连玉明  2016年10月出版 / 估价:89.00元

**贵阳蓝皮书**
贵阳城市创新发展报告·南明篇（2016）
著(编)者：连玉明  2016年10月出版 / 估价:89.00元

**贵阳蓝皮书**
贵阳城市创新发展报告·清镇篇（2016）
著(编)者：连玉明  2016年10月出版 / 估价:89.00元

**贵阳蓝皮书**
贵阳城市创新发展报告·乌当篇（2016）
著(编)者：连玉明  2016年10月出版 / 估价:89.00元

**贵阳蓝皮书**
贵阳城市创新发展报告·息烽篇（2016）
著(编)者：连玉明  2016年10月出版 / 估价:89.00元

**贵阳蓝皮书**
贵阳城市创新发展报告·修文篇（2016）
著(编)者：连玉明  2016年10月出版 / 估价:89.00元

**贵阳蓝皮书**
贵阳城市创新发展报告·云岩篇（2016）
著(编)者：连玉明  2016年10月出版 / 估价:89.00元

**贵州房地产蓝皮书**
贵州房地产发展报告NO.3（2016）
著(编)者：武廷方  2016年6月出版 / 估价:89.00元

**贵州蓝皮书**
册亨经济社会发展报告(2016)
著(编)者：黄德林  2016年1月出版 / 估价:69.00元

**贵州蓝皮书**
贵安新区发展报告（2016）
著(编)者：马长青 吴大华  2016年4月出版 / 估价:69.00元

**贵州蓝皮书**
贵州法治发展报告（2016）
著(编)者：吴大华  2016年5月出版 / 估价:79.00元

**贵州蓝皮书**
贵州民航业发展报告（2016）
著(编)者：申振东 吴大华  2016年10月出版 / 估价:69.00元

**贵州蓝皮书**
贵州人才发展报告（2016）
著(编)者：于杰 吴大华  2016年9月出版 / 估价:69.00元

**贵州蓝皮书**
贵州社会发展报告（2016）
著(编)者：王兴骥  2016年5月出版 / 估价:79.00元

**海淀蓝皮书**
海淀区文化和科技融合发展报告（2016）
著(编)者：陈名杰 孟景伟  2016年5月出版 / 估价:75.00元

**海峡西岸蓝皮书**
海峡西岸经济区发展报告（2016）
著(编)者：福建省人民政府发展研究中心
福建省人民政府发展研究中心咨询服务中心
2016年9月出版 / 估价:65.00元

**杭州都市圈蓝皮书**
杭州都市圈发展报告（2016）
著(编)者：董祖德 沈翔  2016年5月出版 / 估价:89.00元

**杭州蓝皮书**
杭州妇女发展报告（2016）
著(编)者：魏颖  2016年4月出版 / 估价:79.00元

**河北经济蓝皮书**
河北省经济发展报告（2016）
著(编)者：马树强 金浩 刘兵 张贵
2016年3月出版 / 估价:89.00元

**河北蓝皮书**
河北经济社会发展报告（2016）
著(编)者：周文夫  2016年1月出版 / 估价:79.00元

**河北食品药品安全蓝皮书**
河北食品药品安全研究报告（2016）
著(编)者：丁锦霞  2016年6月出版 / 估价:79.00元

**河南经济蓝皮书**
2016年河南经济形势分析与预测
著(编)者：胡五岳  2016年2月出版 / 估价:69.00元

**河南蓝皮书**
2016年河南社会形势分析与预测
著(编)者：刘道兴 牛苏林  2016年4月出版 / 估价:69.00元

**河南蓝皮书**
河南城市发展报告（2016）
著(编)者：谷建全 王建国  2016年3月出版 / 估价:79.00元

**河南蓝皮书**
河南法治发展报告（2016）
著(编)者：丁同民 闫德民  2016年6月出版 / 估价:79.00元

**河南蓝皮书**
河南工业发展报告（2016）
著(编)者：龚绍东 赵西三  2016年1月出版 / 估价:79.00元

## 皮书系列 2016全品种 — 地方发展类

**河南蓝皮书**
河南金融发展报告（2016）
著(编)者：河南省社会科学院
2016年6月出版 / 估价：69.00元

**河南蓝皮书**
河南经济发展报告（2016）
著(编)者：河南省社会科学院
2016年12月出版 / 估价：79.00元

**河南蓝皮书**
河南农业农村发展报告（2016）
著(编)者：吴海峰　2016年4月出版 / 估价：69.00元

**河南蓝皮书**
河南文化发展报告（2016）
著(编)者：卫绍生　2016年3月出版 / 估价：79.00元

**河南商务蓝皮书**
河南商务发展报告（2016）
著(编)者：焦锦淼　穆荣国　2016年4月出版 / 估价：88.00元

**黑龙江产业蓝皮书**
黑龙江产业发展报告（2016）
著(编)者：于渤　2016年10月出版 / 估价：79.00元

**黑龙江蓝皮书**
黑龙江经济发展报告（2016）
著(编)者：曲伟　2016年1月出版 / 估价：79.00元

**黑龙江蓝皮书**
黑龙江社会发展报告（2016）
著(编)者：张新颖　2016年1月出版 / 估价：79.00元

**湖南城市蓝皮书**
区域城市群整合（主题待定）
著(编)者：童中贤　韩未名　2016年12月出版 / 估价：79.00元

**湖南蓝皮书**
2016年湖南产业发展报告
著(编)者：梁志峰　2016年5月出版 / 估价：98.00元

**湖南蓝皮书**
2016年湖南电子政务发展报告
著(编)者：梁志峰　2016年5月出版 / 估价：98.00元

**湖南蓝皮书**
2016年湖南经济展望
著(编)者：梁志峰　2016年5月出版 / 估价：128.00元

**湖南蓝皮书**
2016年湖南两型社会与生态文明发展报告
著(编)者：梁志峰　2016年5月出版 / 估价：98.00元

**湖南蓝皮书**
2016年湖南社会发展报告
著(编)者：梁志峰　2016年5月出版 / 估价：88.00元

**湖南蓝皮书**
2016年湖南县域经济社会发展报告
著(编)者：梁志峰　2016年5月出版 / 估价：98.00元

**湖南蓝皮书**
湖南城乡一体化发展报告（2016）
著(编)者：陈文胜　刘祚祥　邝奕轩　等
2016年7月出版 / 估价：89.00元

**湖南县域绿皮书**
湖南县域发展报告 NO.3
著(编)者：袁准　周小毛　2016年9月出版 / 估价：69.00元

**沪港蓝皮书**
沪港发展报告（2015～2016）
著(编)者：尤安山　2016年4月出版 / 估价：89.00元

**吉林蓝皮书**
2016年吉林经济社会形势分析与预测
著(编)者：马克　2016年2月出版 / 估价：89.00元

**济源蓝皮书**
济源经济社会发展报告（2016）
著(编)者：喻新安　2016年4月出版 / 估价：69.00元

**健康城市蓝皮书**
北京健康城市建设研究报告（2016）
著(编)者：王鸿春　2016年4月出版 / 估价：79.00元

**江苏法治蓝皮书**
江苏法治发展报告 NO.5（2016）
著(编)者：李力　龚廷泰　2016年9月出版 / 估价：98.00元

**江西蓝皮书**
江西经济社会发展报告（2016）
著(编)者：张勇　姜玮　梁勇　2016年10月出版 / 估价：79.00元

**江西文化产业蓝皮书**
江西文化产业发展报告（2016）
著(编)者：张圣才　汪春翔　2016年10月出版 / 估价：128.00元

**经济特区蓝皮书**
中国经济特区发展报告（2016）
著(编)者：陶一桃　2016年12月出版 / 估价：89.00元

**辽宁蓝皮书**
2016年辽宁经济社会形势分析与预测
著(编)者：曹晓峰　张晶　梁启东
2016年12月出版 / 估价：79.00元

**拉萨蓝皮书**
拉萨法治发展报告（2016）
著(编)者：车明怀　2016年7月出版 / 估价：79.00元

**洛阳蓝皮书**
洛阳文化发展报告（2016）
著(编)者：刘福兴　陈启明　2016年7月出版 / 估价：79.00元

**南京蓝皮书**
南京文化发展报告（2016）
著(编)者：徐宁　2016年12月出版 / 估价：79.00元

**内蒙古蓝皮书**
内蒙古反腐倡廉建设报告 NO.2
著(编)者：张志华　无极　2016年12月出版 / 估价：69.00元

**地方发展类**

**皮书系列 2016全品种**

**浦东新区蓝皮书**
上海浦东经济发展报告（2016）
著(编)者:沈开艳 陆沪根　2016年1月出版 / 估价:69.00元

**青海蓝皮书**
2016年青海经济社会形势分析与预测
著(编)者:赵宗福　2015年12月出版 / 估价:69.00元

**人口与健康蓝皮书**
深圳人口与健康发展报告（2016）
著(编)者:陆杰华 罗乐宣 苏杨
2016年11月出版 / 估价:89.00元

**山东蓝皮书**
山东经济形势分析与预测（2016）
著(编)者:李广杰　2016年11月出版 / 估价:89.00元

**山东蓝皮书**
山东社会形势分析与预测（2016）
著(编)者:涂可国　2016年6月出版 / 估价:89.00元

**山东蓝皮书**
山东文化发展报告（2016）
著(编)者:张华 唐洲雁　2016年6月出版 / 估价:98.00元

**山西蓝皮书**
山西资源型经济转型发展报告（2016）
著(编)者:李志强　2016年5月出版 / 估价:89.00元

**陕西蓝皮书**
陕西经济发展报告（2016）
著(编)者:任宗哲 白宽犁 裴成荣
2016年1月出版 / 估价:69.00元

**陕西蓝皮书**
陕西社会发展报告（2016）
著(编)者:任宗哲 白宽犁 牛昉
2016年1月出版 / 估价:69.00元

**陕西蓝皮书**
陕西文化发展报告（2016）
著(编)者:任宗哲 白宽犁 王长寿
2016年1月出版 / 估价:65.00元

**陕西蓝皮书**
丝绸之路经济带发展报告（2016）
著(编)者:任宗哲 石英 白宽犁
2016年8月出版 / 估价:79.00元

**上海蓝皮书**
上海传媒发展报告（2016）
著(编)者:强荧 焦雨虹　2016年1月出版 / 估价:69.00元

**上海蓝皮书**
上海法治发展报告（2016）
著(编)者:叶青　2016年5月出版 / 估价:69.00元

**上海蓝皮书**
上海经济发展报告（2016）
著(编)者:沈开艳　2016年1月出版 / 估价:69.00元

**上海蓝皮书**
上海社会发展报告（2016）
著(编)者:杨雄 周海旺　2016年1月出版 / 估价:69.00元

**上海蓝皮书**
上海文化发展报告（2016）
著(编)者:荣跃明　2016年1月出版 / 估价:74.00元

**上海蓝皮书**
上海文学发展报告（2016）
著(编)者:陈圣来　2016年1月出版 / 估价:69.00元

**上海蓝皮书**
上海资源环境发展报告（2016）
著(编)者:周冯琦 汤庆合 任文伟
2016年1月出版 / 估价:69.00元

**上饶蓝皮书**
上饶发展报告（2015~2016）
著(编)者:朱寅健　2016年3月出版 / 估价:128.00元

**社会建设蓝皮书**
2016年北京社会建设分析报告
著(编)者:宋贵伦 冯虹　2016年7月出版 / 估价:79.00元

**深圳蓝皮书**
深圳法治发展报告（2016）
著(编)者:张骁儒　2016年5月出版 / 估价:69.00元

**深圳蓝皮书**
深圳经济发展报告（2016）
著(编)者:张骁儒　2016年6月出版 / 估价:89.00元

**深圳蓝皮书**
深圳劳动关系发展报告（2016）
著(编)者:汤庭芬　2016年6月出版 / 估价:79.00元

**深圳蓝皮书**
深圳社会建设与发展报告（2016）
著(编)者:张骁儒 陈东平　2016年6月出版 / 估价:79.00元

**深圳蓝皮书**
深圳文化发展报告(2016)
著(编)者:张骁儒　2016年1月出版 / 估价:69.00元

**四川法治蓝皮书**
四川依法治省年度报告 NO.2（2016）
著(编)者:李林 杨天宗 田禾
2016年3月出版 / 估价:108.00元

**四川蓝皮书**
2016年四川经济形势分析与预测
著(编)者:杨钢　2016年1月出版 / 估价:89.00元

**四川蓝皮书**
四川城镇化发展报告（2016）
著(编)者:侯水平 范秋美　2016年4月出版 / 估价:79.00元

**四川蓝皮书**
四川法治发展报告（2016）
著(编)者:郑泰安　2016年1月出版 / 估价:69.00元

**皮书系列 2016全品种**
地方发展类·国家国别类

**四川蓝皮书**
四川企业社会责任研究报告（2015~2016）
著（编）者：侯水平 盛毅　　2016年4月出版 / 估价：79.00元

**四川蓝皮书**
四川社会发展报告（2016）
著（编）者：郭晓鸣　　2016年4月出版 / 估价：79.00元

**四川蓝皮书**
四川生态建设报告（2016）
著（编）者：李晟之　　2016年4月出版 / 估价：79.00元

**四川蓝皮书**
四川文化产业发展报告（2016）
著（编）者：侯水平　　2016年4月出版 / 估价：79.00元

**体育蓝皮书**
上海体育产业发展报告（2015~2016）
著（编）者：张林 黄海燕　　2016年10月出版 / 估价：79.00元

**体育蓝皮书**
长三角地区体育产业发展报告（2015~2016）
著（编）者：张林　　2016年4月出版 / 估价：79.00元

**天津金融蓝皮书**
天津金融发展报告（2016）
著（编）者：王爱俭 孔德昌　　2016年9月出版 / 估价：89.00元

**图们江区域合作蓝皮书**
图们江区域合作发展报告（2016）
著（编）者：李铁　　2016年4月出版 / 估价：98.00元

**温州蓝皮书**
2016年温州经济社会形势分析与预测
著（编）者：潘忠强 王春光 金浩　　2016年4月出版 / 估价：69.00元

**扬州蓝皮书**
扬州经济社会发展报告（2016）
著（编）者：丁纯　　2016年12月出版 / 估价：89.00元

**长株潭城市群蓝皮书**
长株潭城市群发展报告（2016）
著（编）者：张萍　　2016年10月出版 / 估价：69.00元

**郑州蓝皮书**
2016年郑州文化发展报告
著（编）者：王哲　　2016年9月出版 / 估价：65.00元

**中医文化蓝皮书**
北京中医药文化传播发展报告（2016）
著（编）者：毛嘉陵　　2016年5月出版 / 估价：79.00元

**珠三角流通蓝皮书**
珠三角商圈发展研究报告（2016）
著（编）者：王先庆 林至颖　　2016年7月出版 / 估价：98.00元

**遵义蓝皮书**
遵义发展报告（2016）
著（编）者：曾征 龚永育　　2016年12月出版 / 估价：69.00元

## 国别与地区类

**阿拉伯黄皮书**
阿拉伯发展报告（2015~2016）
著（编）者：罗林　　2016年11月出版 / 估价：79.00元

**北部湾蓝皮书**
泛北部湾合作发展报告（2016）
著（编）者：吕余生　　2016年10月出版 / 估价：69.00元

**大湄公河次区域蓝皮书**
大湄公河次区域合作发展报告（2016）
著（编）者：刘稚　　2016年9月出版 / 估价：79.00元

**大洋洲蓝皮书**
大洋洲发展报告（2015~2016）
著（编）者：喻常森　　2016年10月出版 / 估价：89.00元

**德国蓝皮书**
德国发展报告（2016）
著（编）者：郑春荣 伍慧萍
2016年5月出版 / 估价：69.00元

**东北亚黄皮书**
东北亚地区政治与安全（2016）
著（编）者：黄凤志 刘清才 张慧智 等
2016年5月出版 / 估价：69.00元

**东盟黄皮书**
东盟发展报告（2016）
著（编）者：杨晓强 庄国土　　2016年12月出版 / 估价：75.00元

**东南亚蓝皮书**
东南亚地区发展报告（2015~2016）
著（编）者：厦门大学东南亚研究中心 王勤
2016年4月出版 / 估价：79.00元

**俄罗斯黄皮书**
俄罗斯发展报告（2016）
著（编）者：李永全　　2016年7月出版 / 估价：79.00元

**非洲黄皮书**
非洲发展报告 NO.18（2015~2016）
著（编）者：张宏明　　2016年9月出版 / 估价：79.00元

**皮书系列 重点推荐**

**国家国别类**

**国际形势黄皮书**
全球政治与安全报告（2016）
著(编)者：李慎明 张宇燕
2015年12月出版 / 定价：69.00元

**韩国蓝皮书**
韩国发展报告（2016）
著(编)者：牛林杰 刘宝全
2016年12月出版 / 估价：89.00元

**加拿大蓝皮书**
加拿大发展报告（2016）
著(编)者：仲伟合 2016年4月出版 / 估价：89.00元

**拉美黄皮书**
拉丁美洲和加勒比发展报告（2015~2016）
著(编)者：吴白乙 2016年5月出版 / 估价：89.00元

**美国蓝皮书**
美国研究报告（2016）
著(编)者：郑秉文 黄平
2016年6月出版 / 估价：89.00元

**缅甸蓝皮书**
缅甸国情报告（2016）
著(编)者：李晨阳 2016年8月出版 / 估价：79.00元

**欧洲蓝皮书**
欧洲发展报告（2015~2016）
著(编)者：周弘 黄平 江时学
2016年7月出版 / 估价：89.00元

**日本经济蓝皮书**
日本经济与中日经贸关系研究报告（2016）
著(编)者：王洛林 张季风
2016年5月出版 / 估价：79.00元

**日本蓝皮书**
日本研究报告（2016）
著(编)者：李薇 2016年4月出版 / 估价：69.00元

**上海合作组织黄皮书**
上海合作组织发展报告（2016）
著(编)者：李进峰 吴宏伟 李伟
2016年7月出版 / 估价：98.00元

**世界创新竞争力黄皮书**
世界创新竞争力发展报告（2016）
著(编)者：李闽榕 李建平 赵新力
2016年1月出版 / 估价：148.00元

**土耳其蓝皮书**
土耳其发展报告（2016）
著(编)者：郭长刚 刘义 2016年7月出版 / 估价：69.00元

**亚太蓝皮书**
亚太地区发展报告（2016）
著(编)者：李向阳 2016年1月出版 / 估价：69.00元

**印度蓝皮书**
印度国情报告（2016）
著(编)者：吕昭义 2016年5月出版 / 估价：89.00元

**印度洋地区蓝皮书**
印度洋地区发展报告（2016）
著(编)者：汪戎 2016年5月出版 / 估价：89.00元

**英国蓝皮书**
英国发展报告（2015~2016）
著(编)者：王展鹏 2016年10月出版 / 估价：89.00元

**越南蓝皮书**
越南国情报告（2016）
著(编)者：广西社会科学院 罗梅 李碧华
2016年8月出版 / 估价：69.00元

**越南蓝皮书**
越南经济发展报告（2016）
著(编)者：黄志勇 2016年10月出版 / 估价：69.00元

**以色列蓝皮书**
以色列发展报告（2016）
著(编)者：张倩红 2016年9月出版 / 估价：89.00元

**中东黄皮书**
中东发展报告No.18（2015~2016）
著(编)者：杨光 2016年10月出版 / 估价：89.00元

**中欧关系蓝皮书**
中欧关系研究报告（2016）
著(编)者：周弘 2016年12月出版 / 估价：98.00元

**中亚黄皮书**
中亚国家发展报告（2016）
著(编)者：孙力 吴宏伟 2016年8月出版 / 估价：89.00元

社会科学文献出版社　皮书系列

## ❖ 皮书起源 ❖

"皮书"起源于十七、十八世纪的英国，主要指官方或社会组织正式发表的重要文件或报告，多以"白皮书"命名。在中国，"皮书"这一概念被社会广泛接受，并被成功运作、发展成为一种全新的出版形态，则源于中国社会科学院社会科学文献出版社。

## ❖ 皮书定义 ❖

皮书是对中国与世界发展状况和热点问题进行年度监测，以专业的角度、专家的视野和实证研究方法，针对某一领域或区域现状与发展态势展开分析和预测，具备原创性、实证性、专业性、连续性、前沿性、时效性等特点的公开出版物，由一系列权威研究报告组成。

## ❖ 皮书作者 ❖

皮书系列的作者以中国社会科学院、著名高校、地方社会科学院的研究人员为主，多为国内一流研究机构的权威专家学者，他们的看法和观点代表了学界对中国与世界的现实和未来最高水平的解读与分析。

## ❖ 皮书荣誉 ❖

皮书系列已成为社会科学文献出版社的著名图书品牌和中国社会科学院的知名学术品牌。2011年，皮书系列正式列入"十二五"国家重点出版规划项目；2012~2015年，重点皮书列入中国社会科学院承担的国家哲学社会科学创新工程项目；2016年，46种院外皮书使用"中国社会科学院创新工程学术出版项目"标识。

# 中国皮书网
### www.pishu.cn

发布皮书研创资讯，传播皮书精彩内容
引领皮书出版潮流，打造皮书服务平台

**栏目设置：**

- □ 资讯：皮书动态、皮书观点、皮书数据、皮书报道、皮书发布、电子期刊
- □ 标准：皮书评价、皮书研究、皮书规范
- □ 服务：最新皮书、皮书书目、重点推荐、在线购书
- □ 链接：皮书数据库、皮书博客、皮书微博、在线书城
- □ 搜索：资讯、图书、研究动态、皮书专家、研创团队

中国皮书网依托皮书系列"权威、前沿、原创"的优质内容资源，通过文字、图片、音频、视频等多种元素，在皮书研创者、使用者之间搭建了一个成果展示、资源共享的互动平台。

自 2005 年 12 月正式上线以来，中国皮书网的 IP 访问量、PV 浏览量与日俱增，受到海内外研究者、公务人员、商务人士以及专业读者的广泛关注。

2008 年、2011 年，中国皮书网均在全国新闻出版业网站荣誉评选中获得"最具商业价值网站"称号；2012 年，获得"出版业网站百强"称号。

2014 年，中国皮书网与皮书数据库实现资源共享，端口合一，将提供更丰富的内容，更全面的服务。

权威报告　热点资讯　海量资源

# 当代中国与世界发展的高端智库平台

皮书数据库 www.pishu.com.cn

皮书数据库是专业的人文社会科学综合学术资源总库,以大型连续性图书——皮书系列为基础,整合国内外相关资讯构建而成。包含六大子库,涵盖两百多个主题,囊括了近十几年间中国与世界经济社会发展报告,覆盖经济、社会、政治、文化、教育、国际问题等多个领域。

皮书数据库以篇章为基本单位,方便用户对皮书内容的阅读需求。用户可进行全文检索,也可对文献题目、内容提要、作者名称、作者单位、关键字等基本信息进行检索,还可对检索到的篇章再做二次筛选,进行在线阅读或下载阅读。智能多维度导航,可使用户根据自己熟知的分类标准进行分类导航筛选,使查找和检索更高效、便捷。

权威的研究报告,独特的调研数据,前沿的热点资讯,皮书数据库已发展成为国内最具影响力的关于中国与世界现实问题研究的成果库和资讯库。

## 皮书俱乐部会员服务指南

1. 谁能成为皮书俱乐部成员?
   ● 皮书作者自动成为俱乐部会员
   ● 购买了皮书产品(纸质书/电子书)的个人用户

2. 会员可以享受的增值服务
   ● 免费获赠皮书数据库100元充值卡
   ● 加入皮书俱乐部,免费获赠该纸质图书的电子书
   ● 免费定期获赠皮书电子期刊
   ● 优先参与各类皮书学术活动
   ● 优先享受皮书产品的最新优惠

3. 如何享受增值服务?

**(1) 免费获赠100元皮书数据库体验卡**

第1步 刮开皮书附赠充值的涂层(右下);
第2步 登录皮书数据库网站(www.pishu.com.cn),注册账号;
第3步 登录并进入"会员中心"—"在线充值"—"充值卡充值",充值成功后即可使用。

**(2) 加入皮书俱乐部,凭数据库体验卡获赠该书的电子书**

第1步 登录社会科学文献出版社官网(www.ssap.com.cn),注册账号;
第2步 登录并进入"会员中心"—"皮书俱乐部",提交加入皮书俱乐部申请;
第3步 审核通过后,再次进入皮书俱乐部,填写页面所需图书、体验卡信息即可自动兑换相应电子书。

4. 声明

解释权归社会科学文献出版社所有

---

皮书俱乐部会员可享受社会科学文献出版社其他相关免费增值服务,有任何疑问,均可与我们联系。
图书销售热线: 010-59367070/7028  图书服务QQ: 800045692  图书服务邮箱: duzhe@ssap.cn
数据库服务热线: 400-008-6395  数据库服务QQ: 2475522410  数据库服务邮箱: database@ssap.cn
欢迎登录社会科学文献出版社官网(www.ssap.com.cn)和中国皮书网(www.pishu.cn)了解更多信息

# 皮书大事记
## （2015）

☆ 2015年11月9日，社会科学文献出版社2015年皮书编辑出版工作会议召开，会议就皮书装帧设计、生产营销、皮书评价以及质检工作中的常见问题等进行交流和讨论，为2016年出版社的融合发展指明了方向。

☆ 2015年11月，中国社会科学院2015年度纳入创新工程后期资助名单正式公布，《社会蓝皮书：2015年中国社会形势分析与预测》等41种皮书纳入2015年度"中国社会科学院创新工程学术出版资助项目"。

☆ 2015年8月7~8日，由中国社会科学院主办，社会科学文献出版社和湖北大学共同承办的"第十六次全国皮书年会（2015）：皮书研创与中国话语体系建设"在湖北省恩施市召开。中国社会科学院副院长李培林、国家新闻出版广电总局原副总局长、中国出版协会常务副理事长邬书林，湖北省委宣传部副部长喻立平，中国社会科学院科研局局长马援，国家新闻出版广电总局出版管理司副司长许正明，中共恩施州委书记王海涛，社会科学文献出版社社长谢寿光，湖北大学党委书记刘建凡等相关领导出席开幕式。来自中国社会科学院、地方社会科学院及高校、政府研究机构的领导及近200个皮书课题组的380多人出席了会议，会议规模又创新高。会议宣布了2016年授权使用"中国社会科学院创新工程学术出版项目"标识的院外皮书名单，并颁发了第六届优秀皮书奖。

☆ 2015年4月28日，"第三届皮书学术评审委员会第二次会议暨第六届优秀皮书奖评审会"在京召开。中国社会科学院副院长李培林、蔡昉出席会议并讲话，国家新闻出版广电总局原副局长、中国出版协会常务副理事长邬书林也出席本次会议。会议分别由中国社会科学院科研局局长马援和社会科学文献出版社社长谢寿光主持。经分学科评审和大会汇评，最终匿名投票评选出第六届"优秀皮书奖"和"优秀皮书报告奖"书目。此外，该委员会还根据《中国社会科学院皮书管理办法》，审议并投票评选出2015年纳入中国社会科学院创新工程项目的皮书和2016年使用"中国社会科学院创新工程学术出版项目"标识的院外皮书。

☆ 2015年1月30~31日，由社会科学文献出版社皮书研究院组织的2014年版皮书评价复评会议在京召开。皮书学术评审委员会部分委员、相关学科专家、学术期刊编辑、资深媒体人等近50位评委参加本次会议。中国社会科学院科研局局长马援、社会科学文献出版社社长谢寿光出席开幕式并发表讲话，中国社会科学院科研成果处处长薛增朝出席闭幕式并做发言。

# 皮书数据库
## www.pishu.com.cn

### 皮书数据库三期

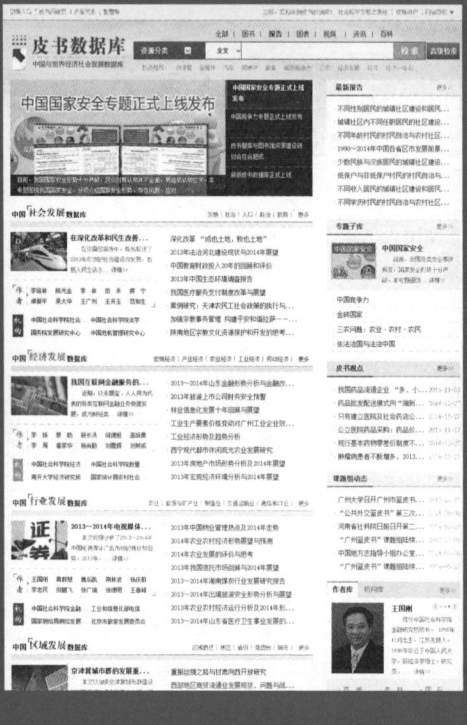

• 皮书数据库（SSDB）是社会科学文献出版社整合现有皮书资源开发的在线数字产品，全面收录"皮书系列"的内容资源，并以此为基础整合大量相关资讯构建而成。

• 皮书数据库现有中国经济发展数据库、中国社会发展数据库、世界经济与国际政治数据库等子库，覆盖经济、社会、文化等多个行业、领域，现有报告30000多篇，总字数超过5亿字，并以每年4000多篇的速度不断更新累积。

• 新版皮书数据库主要围绕存量+增量资源整合、资源编辑标引体系建设、产品架构设置优化、技术平台功能研发等方面开展工作，并将中国皮书网与皮书数据库合二为一联体建设，旨在以"皮书研创出版、信息发布与知识服务平台"为基本功能定位，打造一个全新的皮书品牌综合门户平台，为您提供更优质更到位的服务。

### 更多信息请登录

**中国皮书网**
http://www.pishu.cn

**皮书微博**
http://weibo.com/pishu

**中国皮书网的BLOG**（博客）
http://blog.sina.com.cn/pishu

**皮书博客**
http://blog.sina.com.cn/pishu

**皮书微信**
皮书说

---

**请到各地书店皮书专架/专柜购买，也可办理邮购**

咨询/邮购电话：010-59367028　59367070　　邮　　箱：duzhe@ssap.cn
邮购地址：北京市西城区北三环中路甲29号院3号楼华龙大厦13层读者服务中心
邮　　编：100029
银行户名：社会科学文献出版社
开户银行：中国工商银行北京北太平庄支行
账　　号：0200010019200365434
网上书店：010-59367070　　qq：1265056568
网　　址：-www.ssap.com.cn　　www.pishu.cn